莱布尼茨科学方法论研究

On Leibniz's Scientific Methodology

张 璐 著

中国社会科学出版社

图书在版编目（CIP）数据

莱布尼茨科学方法论研究／张璐著．—北京：中国社会科学出版社，2023.6
（中国社会科学博士后文库）
ISBN 978－7－5227－1701－2

Ⅰ.①莱… Ⅱ.①张… Ⅲ.①莱布尼兹（Leibniz，Gottfried Wilhelm Von 1646－1716）—哲学思想—思想评论 Ⅳ.①B516.22

中国国家版本馆 CIP 数据核字（2023）第 052862 号

出 版 人 赵剑英
责任编辑 冯春凤
责任校对 张爱华
责任印制 李寡寡

出　　版 中国社会科学出版社
社　　址 北京鼓楼西大街甲 158 号
邮　　编 100720
网　　址 http://www.csspw.cn
发 行 部 010－84083685
门 市 部 010－84029450
经　　销 新华书店及其他书店

印　　刷 北京君升印刷有限公司
装　　订 廊坊市广阳区广增装订厂
版　　次 2023 年 6 月第 1 版
印　　次 2023 年 6 月第 1 次印刷

开　　本 710×1000 1/16
印　　张 19
字　　数 325 千字
定　　价 98.00 元

凡购买中国社会科学出版社图书，如有质量问题请与本社营销中心联系调换
电话：010－84083683

第十批《中国社会科学博士后文库》编委会及编辑部成员名单

《中国社会科学博士后文库》出版说明

为繁荣发展中国哲学社会科学博士后事业，2012年，中国社会科学院和全国博士后管理委员会共同设立《中国社会科学博士后文库》（以下简称《文库》），旨在集中推出选题立意高、成果质量好、真正反映当前我国哲学社会科学领域博士后研究最高水准的创新成果。

《文库》坚持创新导向，每年面向全国征集和评选代表哲学社会科学领域博士后最高学术水平的学术著作。凡入选《文库》成果，由中国社会科学院和全国博士后管理委员会全额资助出版；入选者同时获得全国博士后管理委员会颁发的“优秀博士后学术成果”证书。

作为高端学术平台，《文库》将坚持发挥优秀博士后科研成果和优秀博士后人才的引领示范作用，鼓励和支持广大博士后推出更多精品力作。

《中国社会科学博士后文库》编委会

摘　要

书集矢于系统性地审视莱布尼茨的科学方法论，既是事实与阐释相结合的思想史研究，又是带有强烈现实关切的反思性探讨。力求从统一性的观察角度入手，考索莱布尼茨科学方法论的立足点：其关于形而上学－数学还原法的力本论、充足理由律是科学方法论的核心原则、实体观的数学方法论内涵、时空观；在莱布尼茨科学方法论的形式与内容特别讨论了其理性主义和经验主义相结合的体系化方法论、符号表征与计算主义方法论、数学方法论、逻辑方法论以及科学实践。在透析了莱布尼茨科学方法论的理性神学的形而上学奠基、单子与物质、目的主义因果决定论的形而上学预设之后，从中西比较视野出发，对科学本体论及方法论的导向和莱布尼茨科学方法论面对的问题及影响进行了探讨。最后尝试澄清时空观、单子本体、“外部世界”问题等存在的历史和现实的偏差。

关键词： 莱布尼茨；近代科学；科学方法论

Abstract

Focusing on a systematic examination of Leibniz's scientific methodology, this book is both a factual and interpretive study of the history of ideas, and a reflective exploration with strong practical concerns. Seeking to start from the perspective of the observation of unity, examining the grounding of Leibniz's scientific methodology: his theories on the force principle of metaphysical-mathematical reduction, the law of sufficient reason as the core principle of scientific methodology, the mathematical methodological connotations of the entity view and the space-time view, In particular, the form and content of Leibniz's scientific methodology are discussed in the context of his systematic methodology combining rationalism and empiricism, symbolic representation and computationalist methodology, mathematical methodology, logical methodology, and scientific practice. After analyzing the metaphysical foundations of Leibniz's scientific methodology of rational theology, the metaphysical presuppositions of monads and matter, and purposivist causal determinism, the author from a comparative perspective between the East and the West, the ontological and methodological orientation of science and the problems and implications of Leibniz's scientific methodology are discussed. Finally, the author makes an attempt to clarify the historical and practical deviations of the spatio-temporal view, the singleton ontology, and the "external world" problem.

Keywords: Leibniz; modern science; scientific methodology

目　录

Contents

绪　论

呈现在读者面前的这本专著是2015年国家社科基金项目“莱布尼茨科学方法论研究”的结题成果，以作者的博士论文《论莱布尼茨科学方法的统一性》为基础，聚焦于莱布尼茨的科学方法论。博士论文主要将莱布尼茨置于自然科学发端的“纪元阈”中，将被称为“17世纪的亚里士多德”的莱布尼茨百科全书式的思想中的诸多科学方法的概念、范围、对象与理论进行澄清与归类，将其科学方法中体现出的观念原子主义、百科全书式的折中主义、整体主义、演绎主义归结为其科学方法的形而上学统一性的特征；将数学与计算对自然的数学化处理作为其科学方法统一性的主旋律；将实体与物理世界的二元论与一元论批判、有形实体与自然、物理世界本质的物质化与精神化的处理方法归结为其科学方法的合法性基础；将语言、知识与真理的科学方法——分析与综合、反省与推证等具体方法归结为其实现科学理论的统一性的科学方法；最后，将微积分思想作为一个案例，对应上述四种归类或维度，具体分析其科学方法在其现实科学实践活动中的统一性应用。博士论文与本书相比较而言，前者在莱布尼茨2010年新面世的文献材料方面更加详尽，后者在论题选择与观念凝练方面稍有进步。本书涉及的想法是毕业以后不断在博士论文的基础上就某些关键的核心问题“缓慢”思考的结果，对一些“细枝末节”进行了具体的考据，对一些博士论文中略显莽撞的观点进行了及时或适当的改正。笔者认为最重要的还是将博士论文的“科学方法”提升为“科学方法论”的努力，即使建构性特征明显，且“辉格解释”也层出不穷，但还是始终试图呈现出莱布尼茨科学方法论的总体形象。本书中有些章节就某些具体的细节议题是作为独立的论文而撰写的，但这些细节的具体研究渐进渐累，便也算有所心得，算是从博士论文中得以“出发并成长”的见证。现最终集结成文，亦请各位学界同仁批判指正，以激励作者继续向前。

一 对莱布尼茨科学方法论研究的价值述略

17—18 世纪是欧洲继文艺复兴运动之后哲学、科学与文化蓬勃发展的时期，直至今日，当下文明的诸多领域正是在那个时候奠基甚至成形的。回望那段历史，看似充满各种禁忌的黑夜天空似银河般群星闪耀，无论在哲学史还是科学史中，属于这段时期的名字也似乎格外多，这些思想泰斗在距离“地球村”这种现实极其遥远的时代早已开始各种互联，一个人的名字会牵出许多人的名字，他们跨越了地区、国界、民族，甚至跨越了宗教，他们多数会因其供职、游历、通信等方式实现着“万物互联”的观念或信仰。如果说动力是那个时代典型的概念，那动力或活动性更是在那个时代的各个现实方面都获得了淋漓尽致的体现。在这些灿若星辰的思想泰斗中，戈特弗里德·威廉·莱布尼茨（Gottfried Wilhelm Leibniz，1646 年 7 月 1 日—1716 年 11 月 14 日）无疑是一颗耀眼的明星。这位被誉为德国“启蒙之父”的 17 世纪著名的数学家、科学家、哲学家、语言与逻辑学家、外交家，除以上领域之外，还投资过矿山，担任过炼金协会的秘书，做过贵族的儿童家庭教师，甚至还给德国皇帝写信建言如何种桑养蚕、制作丝绸、增加财政收入，这位具有无限精力与浓厚兴趣的人坚持着每天工作超过 15 个小时的勤奋与乐观，为一个他似乎笃定马上要到来的新世界而论述、证明、辩论、调和与实践，他带着典型德国理性思想家的冷静、耐心、稳定与坚毅在思想和现实中都努力表明这是最好的世界。任何一段思想史，往往集中在一个人的具体思想理路以及生命历程之上就会显示出应有的浓度，而莱布尼茨包罗万象且充实丰富的思想与人生，作为一个丰盈充沛的单子浓缩并折射着这个人类精神的宇宙。研究他，这恐怕是不证自明、毋庸置疑，甚至无关乎时代的意义所在吧。

当然，对于莱布尼茨这样一位“贯通古人与今人”且百科全书式的“17 世纪的亚里士多德”，随便罗列一些他的具体成果，其伟大就可见一斑。在逻辑学上，他的通用文字思想奠定了形式逻辑的基础；在科学上，其二进制思维演算成为计算机的前奏；他的哲学著作不断启迪着一代又一代思想家反思，尤其是单子论，在沉寂多年后又开启了现象学的先河；建立在单子论基础上的多样性统一的文化观，为冲突的世界找到了一条和解的出路。他不仅在哲学方面，而且在自然科学的许多领域中都作出了重要的贡献，促进了哲学和自然科学的发展。尤其是莱布尼茨的科学哲学以其精湛的创新性科学发明、科学方法等一系列思想一直吸引和影响着后人。他在西方哲学史和西方科学史上乃至在整个人类哲学史与人类文化史上的卓越地位是很少有人能与之相匹敌的。

目前，国内外学界的学者对莱布尼茨的专门研究取得了许多成就，费尔巴哈、卡西尔、罗素和海德格尔等大思想家都撰写过关于莱布尼茨思想研究的专著。国内陈修斋、段德智、安文铸、刘孝廷等学者的研究也达到了一定的高度，但是较之对德国古典哲学思想家的研究，在原始材料、议题的深度与广度以及思想的整体性与有机统一性方面，都略显不足。这种情况在国内外均是如此。当然，这里面存在客观原因，也存在主观原因。客观原因主要在于莱布尼茨本人并未对他的思想体系作出专门的、系统的、清晰明确的论述。除了与人论战形成的“专著”，如《人类理智新论》，或应人之邀，如《神义论》之外，他并未真正有意识地去撰写专门的论著去详尽地阐述自己的思想体系。他的真实的思想大多散落在他与朋友、学者、雇主等大量的通信或短篇文章之中，而这些大量的私人手稿在他死后即被汉诺威家族“以防泄露家族秘密”为由封存，直到二战后才开始将其整理和公开出版，目前至少三分之二都未面世。这些文献的数量与复杂性为莱布尼茨的思想研究增加了许多难度。莱布尼茨散落在各种学术期刊、与多人的通信、未发表的短篇手稿里的思想星罗棋布、数量惊人。据初步统计，他留下的信件多达1.5万多封，其他手稿多达5万多件，且他的书写语言包括拉丁语、法语、德语，甚至还有英语。另外，17世纪的宗教文化作为某种意识形态，使得莱布尼茨的论述并非无所顾忌。因此，即便是他本人的论述，难免在不同的场合与不同的时期出现不同、甚至是相互矛盾的文字语言。也许正是这样的原因，罗素才断言说莱布尼茨建立了两套不同的理论——一套是公开论述中的“媚俗哲学”，另一套是熟人之间的“隐秘哲学”。当然，罗素的论述未免有些武断，但这种情况或多或少在莱布尼茨的论述中是存在的。不管是莱布尼茨有意为之，还是他本人的思想流变在不同时期发生过变化，这都增加了“还原”莱布尼茨真实思想的难度和复杂性。

研究莱布尼茨思想的难度还在于其思想的复杂与深刻。莱布尼茨被称为“17世纪的亚里士多德”，这样称呼他的原因在于其思想包罗万象、错综复杂。仅从关于莱布尼茨科学方法论的学术史梳理来看，研究视角和侧重点就极为不同，大致分为欧陆传统和英语世界传统。前者集中于科学方法论的形而上学、本体论与认识论的基础以及其综合方式的宏观研究；后者集中于莱布尼茨的自然实体、逻辑学、理性秩序等较为具体的主题或概念等微观或中观研究。这些现象说明对莱布尼茨科学方法论进行研究的视角、层次、范式等是多样化的，选择从什么角度入手基本上决定了构建其科学方法论的不同结构体系及其逻辑进路。

二　学术史梳理与反思

（一）学术史简略梳理

莱布尼茨科学技术哲学的原文文献集中在德国柏林—勃兰登堡科学院出版的《莱布尼茨手稿与书信全集》（*Sämtliche Schriften und Briefe*，*Akademieausgabe*）[①] 的第三系列（数学、自然科学和技术书信集）、第七系列（数学）、第八系列（数学、自然科学和技术手稿集），截至 2019 年 5 月，这三个系列一共出版了 16 本，编撰和出版还在继续进行。国际莱布尼茨研究学界目前普遍认可并广泛使用的资料是格尔哈特（C. I. Gerhardt）编撰的 7 卷本《莱布尼茨数学手稿》（*Leibnizens Mathematische Schriften*，1849—1863）[②] 与 7 卷本《莱布尼茨哲学手稿》（*Die Philosophischen Schriften von Gottfried Wilhelm Leibniz*，1865—1890）[③]。

如前所述，对莱布尼茨的科学方法论的研究大致分为两个传统，研究层次和视角也各有侧重。

直接将莱布尼茨的科学方法论作为专门论述主题的专著比较少，但是将莱布尼茨的科学思想及其方法以一种“百科全书式”展现的综合研究专著则有很多，其中英语世界大多站在近代机械主义的科学方法论的视角为莱布尼茨承认经验自然、单子拥有形体、归纳具有合法性等观点和方法辩护，从而证明莱布尼茨为近代科学的产生发挥了重要作用。这些研究成果在 20 世纪后半叶成为一股热潮，可能原因在于麦森（H. T. Mason）编撰的英文版《莱

① Berlin Academy, Sämtliche Schriften und Briefe, Darmstadt and Berlin: Berlin Academy, 1923 –.

② C. I. Gerhardt, ed., *Leibnizens Mathematische Schriften*, 7 Vols., Berlin: A. Asher; Halle: H. W. Schimidt, 1849 – 1863.

③ C. I, Gerhardt, ed., *Die Philosophischen Schriften von Gottfried Wilhelm Leibniz*, 7 Vols., Berlin: Weidman, 1875 – 1890. Reprint, Hildesheim: Olms, 1965 –.

布尼茨与阿诺德通讯集》[①] 与洛姆科（L. E. Loemker）编撰的英文版《莱布尼茨哲学手稿与通讯集》[②] 的出版。其中包括沃尔豪斯（R. S. Woolhouse）的《莱布尼茨：形而上学与科学的哲学》[③]；鲁特福德（Donald Rutherford）的《莱布尼茨与自然的理性秩序》[④]《莱布尼茨：自然与自由》[⑤]；其中，英国学者安东尼娜扎（Maria Rosa Antognazza）的《莱布尼茨：一个智慧的百科全书》[⑥] 按照传记体的方式以莱布尼茨神学与科学为中心议题勾勒出莱布尼茨一生的思想发展脉络。关于莱布尼茨科学方法论的论述大多散落其中，并未形成专题，更未形成体系化的研究。

关于莱布尼茨数理逻辑主义科学方法论的研究始于罗素《对莱布尼茨哲学的批评性解释》，[⑦] 它为莱布尼茨的形而上学提供了一个公理化的演绎重构。法国的库蒂拉（Louis Couturat）《莱布尼茨的逻辑学》（La Logique de Leibniz）[⑧] 与《莱布尼茨的形而上学》（*Sur la Métaphysique de Leibniz*）[⑨] 用现代逻辑的视角介绍了莱布尼茨的逻辑学。这两位主要依托莱布尼茨的《形而上学导论》和《莱布尼茨与阿诺德的通讯集》等文献，对提出莱布尼茨从极少数的前提中推演出并建立起他的形而上学的逻辑主义论点，打开了一条富有成效的新路径，并且主导了后来几乎整个20世纪的莱布尼茨研究。德国的恩斯特·卡西尔（Ernst Carssirer）的《莱布尼茨的系统——及其科学基础》（*Leibniz' System in seinen wissenschaftlichen Grundlagen*）[⑩] 以一种新康德主义的视角，集中从莱布尼茨的形而上学与逻辑学的内容、关系、层次、系统

---

① M. T. Mason, *Correspondence with Arnauld*, Manchester: Manchester University Press, 1967.

② L. E. Loemker, trans. & ed., G. W. Leibniz: *Philosophical Papers and Letters*, *2nd* ed., Dordrecht: Reidel, 1969.

③ R. S. Woolhouse: Leibniz, *Metaphysics and Philosophy of Science*, Oxford: Oxford University Press, 1981.

④ Donald Rutherford, *Leibniz and the Rational Order of Nature*, Cambridge: Cambridge University Press, 1995.

⑤ Donald Rutherford and J. A. Cover, *Leibniz*: *Nature and Freedom*, Oxford: Oxford University Press, 2005.

⑥ Maria Rosa Antognazza, *Leibniz*: *An Intellectual Biography*, Cambridge: Cambridge University Press, 2008.

⑦ [英] 罗素：《对莱布尼茨哲学的批判性解释》，段德智等译，商务印书馆2010年版。

⑧ Louis Couturat, *La Logique de Leibniz*, *Appendice* Ⅱ, Paris, Félix Alcan, 1904.

⑨ Louis Couturat, *Sur la Métaphysique de Leibniz*, Paris, Félix Alcan, 1902.

⑩ E. Cassirer, *Leibniz' System in Seinen Wissenschaftlichen Grundlagen*, Marburg: N. C. Elwert'sche Verlagsbuchhandlung, 1902.

等方面论述了莱布尼茨的科学观及其方法论。在20世纪后半叶，拉力·考皮（Raili Kauppi）研究了莱布尼茨解决内涵与外延问题的逻辑方法[①]；沃夫冈·棱岑（W. Lenzen）对莱布尼茨的逻辑进行了系统重构，揭示出了五个不同的演算方法[②]。

关于莱布尼茨机械主义的方法论，塞尔（Michel Serres）完全以机械论的视角研究莱布尼茨的思想体系并提出数学计算的方法论模型[③]；菲利普·贝利（Philip Beeley）以莱布尼茨的观念论的历史发展文献为基础，认为莱布尼茨早期坚持一种基于连续律的机械主义方法论的观点[④]。

关于莱布尼茨的语言与逻辑的方法论，主要涉及"莱布尼茨的语言思想的理性与多样性的统一性"，其中涉及了如下几个主题：亚普·迈特（Jaap Maat）提出莱布尼茨将理性语法作为联结自然语言与人工语言的纽带；露丝亚·奥利弗利（Lucia Oliveri）讨论了莱布尼茨语言哲学中的介词的逻辑与语义功能；马提亚·格勒图（Mattia Geretto）提出了莱布尼茨认为自然语言、上帝语言以及普遍语言是本质上具有一致性的观点；玛丽·皮肯（Marine Picon）和孔诗亚·罗达（Concha Roldán）等认为莱布尼茨定义科学的方法［Modum definitions investigandi］就是他的哲学及其证明科学的基础，而他的历史语义学和普遍语言可以称为概念发展史的一种开端；安妮特·安东尼（Annette Antoine）研究了莱布尼茨对于语言政策以及语言批判的思想，以此为基础提出了一种更好地发挥语言功能作用的方法；埃里克·J. 艾顿（E. J. Aiton）和弗朗茨·斯库普（F. Schupp）对莱布尼茨的普遍文字以及以此为基础的逻辑演算思想在逻辑史中的重要地位做了论述。

关于莱布尼茨关系方法论的研究比较少。罗素在《数学原理》[⑤]（1903）中概括了单子论的关系理论方法。罗素批判了莱布尼茨的关系还原论，提出莱布尼茨主张"关系可以还原为命题主项的性质"，但是他并

---

① Kauppi, Raili, *Über die Leibnizsche Logik mit besonderer Berücksichtigung des Problems der Intension und der Extension*, Helsinki (Acta Philosophica Fennica), 1960.

② W. Lenzen, *Das System der Leibnizschen Logik*, Berlin (de Gruyter), 1990.

③ Michel Serres, *Le Système de Leibniz et ses modèles mathématiques*, Presses Universitaires de France-PUF, 1990.

④ Philip Beeley, *Kontinuität und Mechanismus-Zur Philosophie des jungen Leibniz in ihrem ideengeschichtlichen Kontext*, Studia Leibnitiana-Supplementa (STL-Su), 1996.

⑤ Bertrand Russell, *The Principles of Mathematics*, 2nd., W. W. Norton & Company, 1938.

未将关系作为莱布尼茨的一种科学方法论。

关于莱布尼茨机体方法论的研究并未系统化。法国哲学家德勒兹(Gilles Deleuze)① 的《褶子：莱布尼茨与巴洛克风格》主要对单子进行本体论分析，提出单子具有“向上”的精神维度和“向下”的形体维度，并且已经蕴含了单子的生成性与机体性的思想，但并未明确。怀特海在《科学与近代世界》、《自然的概念》和《观念的冒险》中明确指出，莱布尼茨是机体哲学的开创者，他提出“摄入”、“过程”、“生成”等概念构建了他的机体的过程哲学方法论。

就国内而言，关于莱布尼茨的研究中直接涉及其科学方法论的研究并不多。一方面大家几乎都是在对其哲学的研究中旁及其科学方法论，如段德智在系统讨论莱布尼茨的本体论和认识论时提出莱布尼茨与现象学和存在主义哲学方法论的联系。桑靖宇由李约瑟的猜想出发，论证了莱布尼茨和朱熹的有机论哲学的异同。杨静、朱新春等在讨论莱布尼茨科学观和自然观中提到了莱布尼茨的数理逻辑和有机的科学方法论。但是另一方面，国内学界尚缺特别有系统性和原创性的专题性研究成果。

（二）反思与回应

关于莱布尼茨科学方法论的研究按照其特点及相应的困难大致可以分为以下三类，而这三类困难也是本书试图努力克服的目标。

第一，综上已经表明，由于莱布尼茨面世文献的特殊情况带来的文本困难及其一些相关性的渠道困境，关于莱布尼茨科学方法论大多都是零散的论述，或者就某一个具体的方法或细节进行个别阐释，主题意识及系统性研究不足。尽管尽力穷尽目前就莱布尼茨科学方法论研究的情况与发展动态，但涉及整个问题的研究十分稀少，如果有也仅仅是捎带讨论，基本没有就莱布尼茨的科学方法论的专门研究。因此，本书尝试性地将莱布尼茨科学方法论聚焦成为一个成型的议题，在总结并分析前人思想家的研究基础之上，努力创建一个具有统一性的科学方法论体系。本书在第一章的第二节就目前为止对莱布尼茨科学思想、科学方法论以及涉及此议题的两种研究层次、三种研究视角、重要思想家——勃兰特·罗素、路易·库蒂拉、恩斯特·卡西尔、吉尔·德勒兹等各自的研究范式进行了分析，目的是将本书的研究层次、视角与范式进行一个基本的界定。

① ［法］德勒兹：《褶子：莱布尼茨与巴洛克风格》，杨洁译，湖南文艺出版社 2001 年版。

第二，综上学术史的简要概述展示出，尽管莱布尼茨作为伟大的科学家的身份地位使得学界对于莱布尼茨科学方法论的关注度很高，但研究成果很少的“尴尬局面”。其中的原因当然一方面出于面世文献的局限性；另一方面还在于莱布尼茨的纷繁复杂、论述分散、涉及的问题广泛的思想与文本特点。由于这诸多客观困难，学界的注意力主要集中于对培根、笛卡尔、牛顿科学方法论的研究，目前国内外学界尚未形成对莱布尼茨科学方法论的统一性研究。此处的统一性，既是莱布尼茨科学方法论一以贯之的本质，又是本书试图将其科学方法论呈现出的形式。如果没有从统一性的前提内涵进入，根本无法深入剖析其方法论的本质内涵。如果不能呈现出一种统一性的形式，莱布尼茨的科学方法论势必被表现为分散的、随意的或者模糊的样式，无系统性、随意性、缺乏研究性，甚至还有可能因为某些对其表达“断章取义”的理解从而提出其方法存在内在矛盾的浅见，罗素对莱布尼茨“外部世界”客观性的质疑就是十分典型的例子。本书在第二章莱布尼茨以关系实在论奠基的科学方法论中讨论了罗素为何会对莱布尼茨产生这样的质疑的原因，并在第五章莱布尼茨科学方法论的遗留问题及其解决路径中对此进行了尝试性解答。这都是在本身具有统一性的莱布尼茨科学方法论的结构中得以实现的。

第三，针对学界目前就莱布尼茨的数学符号、文字、微积分、形式逻辑等具体的方法已经完成的相关研究讨论，以上述的“统一性”为莱布尼茨科学方法论的研究视角与出发点，分析其理论环境、立足点、表现形式和内容、形而上学预设四个主要方面，系统分析并建构莱布尼茨科学方法论的理论大厦，在其中清晰展示其科学方法论的第一原理、具体方法内容、方法的适用范围、作用机制、合法性等问题。例如，莱布尼茨与牛顿这对著名的“对手”在争论时空的绝对性和相对性时有很大一部分其实是在争论理性推理和经验归纳两种主要的科学方法论的可行性、可信性和合法性的问题，但诸多学者仅就时空观进行分析时忽略了二者在方法论的趋同性，以及最终二者在推动近代自然科学产生的道路上的“殊途同归”。本书将试图佐证二者并非通常认为的“势不两立”，并以此为基础论证二者同样重视经验法、思维实验法、假设法等一系列的科学方法，提出二者的关键分歧其实落入的是关于世界和实体的自足性问题，而这种问题的背后却是二者神学信条的差异。这些在本书第二章与第四章等多个部分均有详细的讨论。

此外，本书针对学界存在的一些问题尝试性地进行了进一步的挖掘分析，尤其针对某些通常称为“常识”的普遍观点尝试性地进行了一些纠正和澄清，试图证得莱布尼茨科学方法论即使在20—21世纪物理学与生物学发生重大突破之后，仍然具有极强的原创性、前瞻性和现代性。

三 研究旨趣与目标

本书的研究旨趣主要在于对莱布尼茨科学方法论内容的整理提炼，在结构安排、研究层级与视角、内在逻辑、科学事实等方面进行梳理与分析。本书将从莱布尼茨科学方法论产生的理论背景入手，在分析对其科学方法论的两种研究层次、三种研究视角及其多种研究范式的基础上，得出本研究的立场与视角。突出莱布尼茨科学方法论的立足点、主要内容和展现形式、形而上学预设三大主体内容，重点突出莱布尼茨的力本论和动力学本质的本体论奠基以便证得其以此为基础的方法论选择；充足理由律被“提升”为第一原理的理由与方法论机制；单子论的数学思维及其方法论基础；时空观的关系实在论本质。这四部分构成莱布尼茨科学方法论的立足点，只有在分析了这四大立足点之后才能着力探讨莱布尼茨科学方法论的展开形式和主要内容，证得其始终贯穿其科学方法论的内核和关键，以此为“阿基米德基点”真正将莱布尼茨纷繁复杂、包罗万象的科学方法论整合成为一个真正统一的系统体系，反过来印证莱布尼茨毕生追求的统一性理论和方法的目标理想。除立足点和主体内容之外，莱布尼茨的科学方法论体系中存在大量未能详尽说明的细节和思想，这部分可以尝试从莱布尼茨科学方法论的形而上学预设中找到答案。本书认为，理性神学与目的主义的因果决定论是其两大主导性的形而上学预设，理性与信仰的一致为其科学方法论的合法性奠基，而目的因在被造世界与单子知觉世界中的优先性使得科学方法论具有决定论的内核。本书的最后一部分讨论一下莱布尼茨科学方法论的影响及其问题。本书将影响放置在中西比较的视野中，选取宋明理学大家张载的思想，将其与莱布尼茨在本体论和宇宙论的构建进路与理论目标进行比较，重点选取二者关于“气”和“力”为核心概念为切入点，分析二者动态宇宙论的异同，最终揭示二者分别伦理导向和科学导向的方法论选择，在反向映衬中呈现以莱布尼茨为代表的西方近代自然哲学的科学方法论归旨。接下来，本书尝试性地展示莱布尼茨科学方法论面对的“外部世界”的客观性问题。在力图澄清其方法论面临的主要问题的起源和理论基础之上，提出辩证唯物主义为解决这个问题的尝试性方案，为莱布尼茨之后科学哲学及其方法论的发展方向与进展趋势作出引导与诠释。

本书对莱布尼茨科学方法论进行研究的主要目标在于：（1）澄清莱布尼茨科学方法论产生的理论环境和研究视角，在对莱布尼茨科学方法论的统一性重建的基础上确定对其进行研究的层次与视角，从而展现本书的理论依据与研究范式；（2）证得莱布尼茨科学方法论的四个立足点。从力的本体论和动力学、充足理由律、实体观的数学内涵、关系实在论奠基的时空观四个立足点出发，展示莱布尼茨科学方法论的逻辑前提和第一原理，揭示莱布尼茨获得并运用其科学方法论的根据、合法性、机制、适用性的哲学思考和思维进路，更深刻地厘清莱布尼茨为何选择、如何选择、何种情况下选择了这样一套逻辑自洽、包罗万象、结构清晰的科学方法论体系；（3）系统展现并分析莱布尼茨科学方法论的表现形式及其内容。从其综合理性主义和经验主义的体系化方法论、符号表征与计算主义方法论、数学方法论、逻辑方法论以及他在从事科学实践活动的一些具体方法等几个方面展开论述，全面且层次分明地展示莱布尼茨科学方法论的主体内容；（4）深入分析莱布尼茨科学方法论的形而上学预设。作为一个重视本体论构建的哲学家与科学家，理性神学是其形而上学的奠基，以此为基础的目的主义因果决定论是其构建并应用其科学方法论体系的重要基础，只有明晰这两个重要的柱石才能理解莱布尼茨在似乎“未能言明”的地方大胆地运用其科学方法论的原因；（5）在中西方思想对比中展现东西方思想家基于各自的本体论和宇宙论而建立各自方法论进路的异同，突显二者最终在伦理导向和科学导向的分道扬镳，侧面尝试性地解答“李约瑟问题”。最后，将莱布尼茨科学方法论面对的“外部世界”客观性问题作为结语部分，以辩证唯物主义哲学对这个问题的解决方案作为解决“外部世界”客观性问题的一种典型方法论，一方面回应罗素对单子论哲学的“质询”，另一方面为莱布尼茨科学方法论的当今价值提供辩护。

四　研究特点与相关省思

本书的特色主要包括以下几点：（1）将莱布尼茨科学方法论作为一个

明确的研究主题，使问题域得到突显、梳理、分析和讨论。（2）着力探讨莱布尼茨贯穿始终的科学方法论内核，将莱布尼茨科学方法的诸方面集中整合到一个理论框架中，确立莱布尼茨始终如一坚持的科学方法论，力图成为国内外已有研究的一个重要补充。（3）从莱布尼茨科学方法论的统一性范式出发，力图澄清国内外学界关于莱布尼茨的力本论、逻辑学、因果律、时空观以及自由与必然等问题存在的一些误解或模糊，重新诠释莱布尼茨科学方法论的原创价值及对现代科学思维与方法的理论贡献。

除上述的主要特色以外，本书就以下三个相关具体问题也进行了较为详尽的讨论：首先，从科学方法的选择和实践入手，讨论莱布尼茨和牛顿各自达成其时空观的逻辑进路与思想实验，抓住二者针锋相对的核心问题，从而重新诠释二者所谓“对立”时空观的异同以及对自然科学发展的贡献。其次，在中西比较的视野中，选取宋明理学中自然哲学特征明显的张载的气本论与莱布尼茨的力本论进行对比，呈现二者由于目标导向的巨大差异而选择了不同的方法论进路，在科学方法论的议题中侧面地回答“李约瑟问题”。最后，莱布尼茨的科学方法论会面临一些质疑，其中最典型的质疑就是“外部世界”问题，本书用辩证唯物主义的方法论回应这个质疑，同时也试图为莱布尼茨的科学方法论提供一定的辩护。

第一章　莱布尼茨科学方法论的理论环境与研究视角

第一节　17 世纪前后探索自然方式的转变及其原因

在 17 世纪，人们称之为“科学”的领域是一个不稳定的领域。这个领域既可谓危机四伏，也可谓生机勃勃。此时，科学的内涵较现代意义上的科学而言具有更为宽泛的含义和范围。古代思想虽然扮演了这个时期判断科学标准的权威角色，但已经表现出内在的不协调、甚至紧张的状态，因此其完全受信赖的权威地位也开始发生动摇。伴随着中世纪哲学科学论辩术典范的形成，尤其是印刷产业的迅速发展，古代典籍以及各种同时代的前沿研究著作得以迅速传播。尽管此时的作者通常采用匿名或假名的方式以免于宗教与政治审查，但从 15 世纪下半叶开始，不论是非亚里士多德哲学派的古代典籍的大量发现，还是古代中世纪科学难题和新现象的出现，都激发了文艺复兴之前的智力爆发和激变。面对这种情况，欲盖弥彰的诡辩术已经不能成为提供令人满意答案的唯一方法，具备可靠性、规范性、确定性的新科学方法论已经呼之欲出。

纵观作为新时期的 17 世纪，欧洲主要出现了三种探索自然的新模式，即自然的数学化模式、运动原子论模式、实验实践主义模式。这三种模式在不断的发展中分别逐渐形成数学方法论、动力学方法论、实验主义方法论，成为近代自然科学发展的三种主体方法论。这三种方法论潜移默化地在莱布尼茨的科学方法论中均有体现。因此，简述这三种方法论的背景对于深入理解莱布尼茨的科学方法论是极其必要的，分析这三种模式的形成原因也势在必行。这三种研究自然的新模式包含直接的原因，如继承古典及中世纪思想、确立精确的理想宇宙模型、选取经验论与实在论的立场。同时，受到内在固有动力的推动以及外在社会根源的作用因素，探讨并澄清这三种探索自然的新模式，对于更加全面深入地了解莱布尼茨庞大思想体系中的科学方法论也具有举足轻重的关键作用。

一　三种探索自然的新模式

文艺复兴时期哲学家们的研究更多地体现在努力修补原有知识体系的缺陷和漏洞，修正经院思想对古典知识的歪曲。尽管他们尚无任何“推翻旧思想”的思想革命的企图，仅仅采取了“旧瓶装新酒”的方式，但结果却大大改变了从古人那里继承的整套智力工具，酝酿了一场即将翻天覆地的科学革命。因此，自文艺复兴开始至17世纪的欧洲近代科学在本质上就带有明显的矛盾，而这种本质恰恰是欧洲的近代科学产生之初就带有的最重要的特征。它既表现出对旧时代的不舍与怀念，又表现出对新时代的兴趣与向往，跨越古今的莱布尼茨正是这种矛盾体的典型代表。历史的动力在这个时期开创了一幅新的世界图景，而这个新时代的世界图景比中世纪更协调、更统一、更具生命力。这三种探索自然的新模式对于新时代科学方法论的出现功不可没。

（一）自然的数学化模式

希腊文化遗产中的数学思想，尤其是亚历山大里亚学派的遗产，经过伊斯兰文明、文艺复兴时期的传承，在开普勒和伽利略的继承与发展中，被当时的社会加以接受并逐渐丰富，最终转而形成一种对自然进行数学化的模式，尤其是亚历山大里亚学派传统中关于杠杆和浮体的数学内容被吸收进具有新意义的力学这种新兴科学中。通过对自然的数学化而建立的精确的理想宇宙模型，是形成这种新出现的探索自然方法的决定性因素。从文艺复兴时期的几何透视空间的艺术表现形式，哥白尼、伽利略将经验观察、数据计算、数学建模等多种方法相结合的近代天文学、物理学、宇宙观，到机械论的钟表、统一化的全球标准时空观、蒸汽腾腾的工厂与流水线的世界图景，无不被这种人类探索自然的数学化新模式所影响。对自然对象的聚焦与抽象、根据数学的形式与计算、赋予相应的符号与理论、结合经验的观察与实验的设计，最终建立了一个可以扩展到整个自然乃至宇宙的数学化模型。

（二）运动原子论模式

关于世界基点或单元的原子思想，伴随着亚里士多德的哲学在笛卡尔与其他一些持微粒说观点的哲学思想家的继承与发展中，产生了一种起源于原子说的新自然哲学，丰富了伽利略思想中关于运动数学的概念，为一个动力的数学宇宙模型提供了基础。

除了大名鼎鼎的伽利略之外，艾萨克·皮克曼（Isaac Beeckman）作为笛卡尔的老师，也许不如其学生那样为人所知，但是早在1618年就试图建立起一种新的自然哲学，这种自然哲学的许多方面都采用数学的定量的方法，并试图用一种全新的成分充实原子论，即所谓的“运动微粒说”，这是一个有关运动的概念，这个概念与伽利略在17世纪30年代出版的《对话集》和《方法论》中公开的概念非常相似。如果说皮克曼是运动原子论的先驱的话，另外还有三位哲学家把古代知识资源、个人创造天分和个人机遇结合起来，最终促使运动原子说成为一种普遍流行的探索自然的新模式。他们分别是笛卡尔、伽桑迪和霍布斯，而这些人对莱布尼茨的影响是直接且显著的，他们都对当时的亚里士多德主义自然哲学表示不满，但是又以传统雅典学派的研究方法与认识模式为方法论依靠。他们并非简单地复兴古代原子论，而是利用新的运动学说来丰富它，旨在使其成为能够全面理解世界基本原理的基础。他们进行了大量的实验，试图通过一些似乎完全相符的零碎的经验显示来巩固这种新的运动原子论模式。原子、实体、“一”等语词在这个时代的出现率逐渐增加，这不但与近代科学方法论相一致，而且也与启蒙精神的主体相呼应。

（三）实验实践主义模式

如果仅仅是思维抽象与建模的思辨传统在近代科学的新时期得到了大力发展，那么这对于自然科学方法论的产生是不充分的，因为实验实践的新模式是近代科学方法论的必要组成部分。如果说17世纪没有出现实验实践主义的探索自然的新模式，近代科学及其方法论都是不会产生的。甚至可以说，实验实践主义的新模式是近代自然科学家们的“姿态”，这种“姿态”展示了近代科学的基本形象：一种转向精确描述和实际应用的研究方式在15世纪末的欧洲出现了，这种具有欧洲特色的研究方式于17世纪在弗朗西斯·培根思想的影响下被大大加强，最终成了一种面向实践的经验主义。这种新的“实验实践主义”将欧洲当时所有探索自然的方式集合成为一种面向控制的广泛的经验实践主义，并在针对性越来越明确且被精心设计的实验中得到加强。从 15 世纪开始，这种新的“实验实践主义”模式的能力在各方面表现出来并不断增强，同时也促进了思想家们对自然现象进行一定控制的热情和信心不断增长。

二　形成新的探索自然模式的直接理论渊源

上述三种新探索自然模式在 16—17 世纪发生了全面的交融，直至牛顿《自然哲学的数学原理》问世，最终促成了我们通常所说的科学革命。那么，这三种模式为何能在这个时期产生？它们具体是受到哪些思想或理论的影响？穷尽所有的观念当然是不可能的，但是一些明显带有启发性和承接关系的关键思想是无法绕开的，这些观念成为这些探索自然新模式产生的直接因素。

如果说在 1600 年前后，对自然现象进行全面的实验探索在培根思想促进下获得了特有的一致动机，那么在此阶段，探索自然的模式发生巨大的转变背后还存在着一种内部思潮的形成与触动，也正是在这种包含多种因素的思潮的作用下，探索自然的模式才发生了根本性的改变。这种思潮不是面对未来，而是面向过去，不是面向人们满怀信心、考虑并积极准备迎接的未知的未来，而是面向希腊先驱们粗略提出的概念、知识或理论。但恰恰是在对过去的审视中开创了朝向未来的新气象。

（一）古典以及中世纪哲学关于思考自然存在的积极影响因素

（1）柏拉图的理念

在古希腊思想中，理念似乎可被看作柏拉图的代名词。在柏拉图看来，所有可感的东西都是变动不居的，因此它们只是感觉的对象而非知识的对象，理念是与具体的可感事物相分离、超越感性事物的实在。理念是事物的类概念或本质，可感事物由理念派生而来并且以理念为原因和根据。柏拉图从理念论出发，论述了世界万物存在生灭的原因。事物存在的目的就是实现其本质，而理念才是事物的本质，理念才是完满的存在。以理念与事物的区别为基础，柏拉图将世界划分为理念世界和事物世界。

柏拉图的理念论哲学体系，作为反思古希腊的经济、政治现实的哲学思想，围绕着理念论概括了当时等各个门类的文化、科学、政治、社会知识，形成了一个博大的思想体系，成为自古希腊之后，西方智慧中包括宇宙论和自然哲学等在内的人类知识宏大框架的核心思想体系。即使历经千年，依旧历久弥新，似乎成为西方思想中如影随形般无法消除的元素。自然到了 17 世纪，理念论首当其冲成为近代自然科学方法论的思想资源与构建基底，以新的形态潜移默化地出现在研究自然的新模式之中。

（2）亚里士多德的实体形式

亚里士多德的思想经由经院哲学的亚里士多德主义，成为近代思想中更加直接的思想资源与问题域。亚里士多德的实体概念由于神学中的“三位一体”“圣餐化体”等主题而被反复地借用讨论，结合四因说的“因果问题”更是成为自然哲学“天然地”应该关注的问题，于是实体成为笛卡尔、斯宾诺莎、莱布尼茨等近代哲学家直面的关键问题，对这个问题的解决成为理解其各自理论的关键。

亚里士多德将形而上学的问题界定为研究存在者之为存在者的学科，因此，形而上学涉及的是对存在及其诸原则与原因的探究。不同于柏拉图，亚里士多德认为，所有的存在者都是个别的、具有特定本质的事物。这种事物在逻辑学上只能作为主词，亚里士多德在《范畴篇》中提出，所有范畴或属性用于其上的这个主词就被称为“实体”（ousia），实体正是一个事物的本然性质，是所有事物偶然性质的基底（substratum）。但是，亚里士多德坚持认为，这种类似于柏拉图的理念的基底是实体的形式，而这种实体形式在现实世界中是不能单独存在的，即形式必须与质料结合在一起才构成现实的存在物。他的四因说、潜能和现实的观点为近代自然科学思想及其方法提供了诸多的视角与焦点，甚至成为近代思想家超越经院哲学的直接理论武器。

（3）真空中运动原子的分散和聚合

不同于埃利亚学派，尤其是巴门尼德关于存在和空间的理论，留基波首先肯定了空间的实在性，为万物由原子构成的观点作出了理论准备；德谟克利特对原子论进行了更为详尽的阐述。原子论的基本内容包括：事物的本质在于无限数量的微粒或单元，即原子；原子具有不可入性和不可分割性，它们存在于空间之中，在形状和大小上相互区别；原子在空间中运动，它们相互碰撞的运动所产生的结果形成我们所经验到的物体。这是机械论的雏形。

之后，古希腊的伊壁鸠鲁对德谟克利特的原子论进行了发展和完善，他认为原子在真空中运动，具体事物的存在与消亡是原子在真空中运动时结合与分离的结果。原子是物体最小的要素，是不可分割的、不变的，重量是原子固有的特性。运动是原子的本性，运动中的原子既能垂直下落，又会因为发生偏斜而发生碰撞，自身有差异的原子在虚空中结合与分离的运动造成宇宙和万物的生成与毁灭。这是一种崭新的自然模型和科学的物质结构假说，是人类对万物起源认识史上的一次飞跃。

原子论的生命力十分顽强，在经历了中世纪之后，在文艺复兴时期再次活跃并流传甚广。在16—17世纪，近代哲学更是复活了古代原子论，牛顿的虚空、时间、运动等都与之一脉相承，甚至在近代自然科学或科学革命中具有支配性的地位，为机械论成为主流的科学观点奠定了坚实的基础。它对西方近代唯物论哲学和科学的兴起与发展，包括对著名科学家道尔顿建立近代的原子论，都有重大影响。甚至直至20世纪量子理论的出现，原子论与虚空观都是西方主导的科学理论范式。

（4）斯多亚哲学渗透万物的“理性神”以及“普纽玛”所表达的动态连续性

斯多亚学派勾画了不同于原子论的另一种物质形式的唯物论与世界观，他们提出整个宇宙的每一个事物都是物质的某种形式，认为宇宙万物具有双重本原：质料和普纽玛。宇宙的原初质料没有性质规定，因为普纽玛渗透其中，赋予它们冷、热、干、湿等基本性质，由此才产生水、土、气、火四种基本元素，贯穿其中的普纽玛能够整合、结集这四种元素，从而形成万物。他们认为普纽玛具有一种“张力”（tension），使得万物和自然成为一种连续性的整体，并且普纽玛具有收缩与膨胀的功能，由此万物和各部分结合成一种内在联结的、动态的连续体。

这种普纽玛渗透万物、结成自然的连续整体的观点，不同于伊壁鸠鲁描述的原子在真空中的结合与分离，也不同于亚里士多德的自然实体观。有的西方学者将普纽玛和近现代的物理学概念相类比，认为其类似于17世纪以前科学家设想的无处不在的“以太”，或者类似于激活物质的“力场”。的确，莱布尼茨的单子、牛顿的空间介质以太、摩尔的宇宙精神等概念都含有一些普纽玛的内涵。

由此可见，古典思想对宇宙起源和万物本原的思考以及古典思想自身的发展路线对后世产生了巨大影响，后世的许多自然科学思想的萌芽都可以在古典思想中找到源头，为其后科学的发展和探索自然方式的转变提供了思想基础和理论依据。

（二）自然的机械化

虚空中的原子碰撞开创了机械论自然观的先河，经历了中世纪“洗礼”的自然需要安顿上帝的角色。如果说中世纪跟炼金术具有千丝万缕联系的实验体现了人们“征服自然”的实践与信心的话，未免过于言过其实，甚至南辕北辙；但自然的观念本身却发生了关键的改变。首先是自然的人格化被逐步取消。自然作为神的创造物的生命力和（或）自身活动性被逐渐淡化，以至于成为“一架机器”。于是，上帝就成了自然或世界机器的制造者，经常被誉为“伟大的工程师”“建筑师”或“钟表匠”，上帝被置于自然或世界之外。这是自然被机械化的第一步。既然自然是一部机器，且部件精密、运转良好，因此，机器自有机械的法则。无论这种法则是被上帝所赋予，还是被上帝所遵循，机械的法则是理性规律的展现。进而上帝制定或遵循的理性法则首先规定了上帝一定深谙数学原理，因此，作为数学家与几何学家的上帝按照度量、数和质量来安排万物，这种思想在培根、笛卡尔、斯宾诺莎、帕斯卡等思想家中广为流行。最后，从古希腊对人造物进行力学研究的科学思想的传承中，近代数学物理学成为与机械化自然相匹配的一套机械自然的图景，为科学革命完美地铺好了方法论的道路。

（三）科学革命对科学方法论的综合

继宗教改革和文艺复兴而来的科学革命，对科学研究的领域、内容与方法都产生了重大影响。如果说经验观察的方法广泛地存在于古希腊的思想渊源中，中世纪的思想家则更加注重对于经典文本的思辨论证。尽管在13—15世纪的某个时期，人们一度对于古典力学、数学物理学或技术发明充满了信心，例如，罗吉尔·培根设计过没有人划桨的自动船，人坐在里面像鸟一样扇动翅膀的飞行器，人在海底行走及更好地观看遥远物体或引起光学错觉的装置等。[①] 但是，这与我们当今所理解的技术观念与心态都是十分遥远的，这种看似经验的方式始终置于神学的框架之内，这种“自然的经验”在当时被称作“自然的魔法”。由于这些经验是人类理智无法理解的神迹，这种神政学的目的也正是在于护教与传教。当然，这里不无一些积极的因素。例如，人们开始从对自然的深思中分散了一些精力从事

① ［法］皮埃尔·阿多：《伊西斯的面纱——自然的观念史随笔》，张卜天译，华东师范大学出版社2019年版，第163页。

实践，这种实践体现在经院学者与继承古典力学或机械论的技师的密切接触，并出现了像达·芬奇这样的“工程师”代表。但“无论如何，科学工作和大胆想象在这一时期的发酵以及力学和自然魔法的愿望在这一时期趋于一致，这将为17世纪的科学革命创造有利条件”①。

除了上述的科学发现与发明，对于近代科学发挥推进功能的还有科学研究新方法的综合出现。逻辑演绎的科学方法在中世纪神学思想中亦如游丝般延续下来，但对于新的科学现象的归纳推理逐渐突显，尤其在数学方法论突飞猛进地激励之下，结合了经验观察、归纳推理、逻辑演绎、数学计算等多种方法的自然科学方法论在科学革命的进程中得以完成且发挥作用，成为17世纪“以牛顿命名”的科学时代的关键因素。

16、17世纪的思想家一方面要承袭古典思想中关于自然科学的遗产，比如，托勒密与阿基米德对于自然现象的探索；另一方面又怀有对数理化宇宙观的“信仰”，一种数学化的精确宇宙模型对于17世纪欧洲的自然探索产生了深远的影响，也取得了令人瞩目的成就。这种宇宙模型的形成主要归功于两个人的工作，他们就是约翰内斯·开普勒和伽利略·伽利来。开普勒毕生坚持的信念是“上帝以几何的方式创造了世界，使之符合在音乐上的协和音程基础上建立起来的和谐模型”②。因此，他以第谷的真实的天文观测数据为基础，对以前曾经按照一种虚拟的方式从数学上进行研究的对象重新研究，将数学建模变成“真实”的物理建模。伽利略则将原来属于自然哲学范围的对象按照实在论的立场进行了数学化的研究。

因此，两人都共同奠定了一个“精确的理想宇宙模型”，“这个理想宇宙被认为没有了与现实生活所有直接有关的障碍，可通过一些定律、模型或一些偏重数学的理论来逼近实际生活，并通过有目的的实验与日常经验的现实相关联。这些实验是在精神上虚构的或通过对多少忠实于这种理想宇宙的模拟人为构造的现实而构想的”③。于是，在机械自然观的世界图景中，自然的奥秘成为通过人类感官凭借科学仪器的帮助而获得的隐藏在经验现象背后的运作机制。但自然的不可把控因素的杂多使得实验的方式得以再现自然的情形，结合数学计算获得的支配物质运动的符号方程使得构

① ［法］皮埃尔·阿多：《伊西斯的面纱——自然的观念史随笔》，张卜天译，华东师范大学出版社2019年版，第163页。

② ［法］米歇尔·布莱：《科学的欧洲》，高煜译，中国人民大学出版社2007年版，第64页。

③ ［法］米歇尔·布莱：《科学的欧洲》，高煜译，中国人民大学出版社2007年版，第66页。

成世界这个大机器的机械原理得以呈现。

历史当然是复杂的，虽然在严格的意义上，这个时期的思想家们不能说是彻底地或者说有意识地运用近代自然科学方法论的科学实在论者，但是他们的科学研究过程以及以此为基础形成的科学理论已经出现了这种综合性的科学方法论的萌芽。1543 年哥白尼的《天体运行论》的出版并未被视作科学革命的开端，甚至在某种程度上他还被视作托勒密方法的最后且重要的继承人，但是，他对中世纪经院哲学的冲击是毋庸置疑的。在这本书的第二卷至第六卷，哥白尼作为数学家，受到阿里斯塔克的启发提出太阳中心说，把旨在“拯救现象”的技艺再次向前推进。所谓“拯救现象”，这是古代天文学家的方法论原则，即给出解释来说明我们看到的东西。当我们所看到的东西与我们所设想或相信的理论不一致时，我们要根据现象来提出假说，以达到“拯救现象”的目的。某些学者从《天体运行论》的第一卷中找到了哥白尼断言太阳中心说以“拯救现象”的论断，即他从人们在自然哲学中所提出的实在论断言中，挑选出一种他认为最符合经验事实的观点，即地球每年绕太阳转一圈，每天自转一圈。他在第一卷中直接就提出了太阳中心说的科学观点，当然这种科学观点坚持了经验观察的可信性，也兼具了科学假说的合法性。“就这些假说发生分歧不会引起非议，因为我们旨在了解必须把什么作为假说提出来，从而拯救现象。因此，如果一些人试图通过某些假说来拯救现象，另一些人试图通过另一些假说来拯救现象，这并不让人奇怪。”① 开普勒在处理第谷的数据时，他本人持有某种先验性的观点，即上帝按照某种“原型关系”创立了宇宙，他试图确立这种“原型关系”以及其在自然中的位置与过程，这些先验的观点是否是被“假设的”假说在科学的世纪之前是无关紧要的。例如，17 世纪的科学家奥西安德尔在《天体运行论》的序言介绍中说：“这些假说无须为真，甚至并不一定可能为真，只要它们能够提供一套与观测［即现象］相符的计算方法，那就足够了。……既然是假说，谁也不能指望能从天文学中得到任何确定的东西，因为天文学提供不了这样的东西。”② 但是无论如何，这个时期的思想家都综合了假说与经验，或者说甚至有些人提

① 转引自［法］皮埃尔·阿多《伊西斯的面纱——自然的观念史随笔》，张卜天译，华东师范大学出版社 2019 年版，第 226—227 页。

② ［法］皮埃尔·阿多：《伊西斯的面纱——自然的观念史随笔》，张卜天译，华东师范大学出版社 2019 年版，第 227 页。

出了要坚持经验验证的方法论，也为亚历山大里亚学派的思想找到了一个新的目标，即要扎根于经验基础。尽管这些似乎离近代科学理想或近代实验科学的情况有所差距，但是科学的巨大进步在科学革命的综合方法论中实现了，观察和实验逐渐展现了质疑那些曾经被视作权威或理所应当的观点，科学革命在各种科学方法的综合中逐渐地“完成革命”。

三 新模式出现的固有动力

探索自然新模式的出现除了比较直接的思想渊源和传承关系，思想“外部的”诸多因素同样提供了诸多契机，对这种新模式的出现发挥了固有动力的作用。接着进一步将我们视角的镜头拉近，暗流涌动的欧洲社会同样充当了“外部助推器”的角色，发挥了不可替代的现实因素。

（一）自然主义表现手法的艺术

自然主义的表现手法作为欧洲文艺复兴时期艺术的主流特点在17世纪的欧洲极为流行，它是由乔托（Giotto）与杜乔（Duccio）等艺术家运用自然主义的表现手法进行艺术创作，逐渐摆脱以表达神圣性为主题的中世纪艺术手法的艺术形式。在某种程度上，他们在艺术的领域促进了科学的发展，如在维萨里的解剖学著作中的图集或布朗菲斯和柏固的植物图集都是由当时的画家作的插图，达·芬奇绘制的人体肌肉解剖素描与机械设计图甚至模糊了艺术和自然知识之间的区别。

（二）功利目的的异域探险精神

兴起于14世纪左右的异域探索已经在15—16世纪的欧洲十分流行。如果说哥伦布发现新大陆带有某种不确定的偶然性，那么，16世纪达·伽马的印度之行是带有明确的功利主义目的，即填补世界地图的空白领域，这也拉开了之后一系列填补世界的连续性链条的行动的随后环节。世界探险与自然科学不仅具有内在精神的一致性，而且具有外在行动的相似性。

（三）对机械制造的“迷恋”

14世纪起，使用擒纵机制、以重力为动力的原始机械钟出现在西欧的教堂和钟楼，这种机械装置成为欧洲近代科学的一种标志，也成为映入人们眼帘的日常事务。到1584年伽利略发现了摆的等时性原理，此后惠更斯于1657年制作了摆钟，1675年发明的摆轮游丝成为怀表的重要装置之后，机械进入了人们的日常生活。尽管机械工具在欧洲的发明和引进已经有很长的历史，但在16—17世纪欧洲对于机械工具的热衷与需求表现得尤其迫切，机械工具的传播也十分迅速，对城市的日常生活产生了较大的影响。在某种程度上，此时的欧洲对于机械工具的热情可以称得上是“迷恋”，无论是科学家、工匠，甚至是艺术家都对机械进行研究和创造。莱布尼茨正是因为制造了一台能够进行乘除计算的计算机而成为英国皇家协会的院士，可见机械发明在当时的重要地位。

（四）新教伦理观

宗教改革是不容忽视的重要社会事件。无论是路德宗、加尔文宗及英国的清教，还是天主教内部的保守派和改革派，基督教对于近代欧洲的思想发展与变革都发挥了巨大的能动作用。具体的神学或哲学观点的争辩在学界层面广泛存在，但具体到民众的层面，改革后的新教对于自然与劳作的观点发生了显著的变化。一方面，劳作被视作崇拜上帝的方式；另一方面自然也视作上帝的作品，并作为恩赐给与人，从而使得人们可以对自然几乎随心所欲地开发利用。人的世俗价值观在宗教教义与伦理价值上获得支持，从而成为推动探索自然模式的改变的动力。

（五）新的社会风气与社会阶层

本身自然资源匮乏的欧洲大陆在16—17世纪正处于分崩离析的状态，极少数的统一实力与众多的分裂势力之间不断发生矛盾冲突，造成了严重的社会动荡。这迫使欧洲不能对文明的发展自给自足，因而出现了所谓的文艺复兴，即复兴古代思想的文化和社会运动。因此，古典思想中诸学派的科学方法的内容的再发现也顺理成章。当然，欧洲文艺复兴时期对自然知识的探求的目的并非都是恢复古典时期的旧知识，反而这个时期问世的许多作品都试图带有“新”字，这些“新”更是体现了一种面向未来的积极研究事物的信心，而在这种心态之后隐藏着一股巨大的社会洪流。这股社会洪流既非像亚历山大里亚学派那种从自然现实中挑选并抽象得到一组有限的几何或数字序列的数学研究，也非雅典学派那种凭经验论证普遍原理的自然哲学，而是表现为如下三种特征，即对生活的尽职尽责的努力、对确凿证据的追求和对事物精确描述的热情。这个时期许多著名人物的工作都体现了上述这三种特征，如维萨里的解剖学，第谷对行星和恒星的描述记录和分类，佩德罗·努内斯绘制的地图，莱昂纳多·达·芬奇作品中如此清晰甚至让人惊奇的插图，帕拉赛尔苏斯的化学医学等。

中世纪后期至文艺复兴时期的欧洲，探索自然的群体较之希腊文明和伊斯兰文明不同，后两者探求自然知识的方式背后的文化价值观大多都产生并受制于社会的上流群体中，即所谓在有钱有闲的贵族人群中，这使得这种探索自然的方式受限制在一个十分狭小的范围之内。而中世纪后期至文艺复兴时期的欧洲却存在一个具有重要鲜明特色的社会阶层，他们的行为不完全直接受到宗教的文化价值观的束缚，但又处于信仰允许的范围之内，因而有机会产生获取自然知识的特殊模式。这是一个由能工巧匠、水手、商人等组成的十分广泛的社会阶层，他们并非直接从事探求自然知识的工作，而是从事由信仰导致或支持的活动。比如对植物或人体骨骼进行精确表述的活动，或利用数学知识进行开凿运河的活动等，所产生的效用或益处对于直接从事这些工作的人们来说并非总是十分清楚的，但是最终都是处于信仰允许的限度之内。因此，维萨里能够获得进行解剖研究用途的尸体，帕拉赛尔苏斯更是能够进行“前卫”的医学实验。这些行为所产生的后果是十分具有欧洲特色的，由此而来的探索自然的新模式及其用途，在隐藏的共有价值观的指引下成为 17 世纪欧洲的一个被广泛认可与接受的事实。

除了这种独具特色的“特殊阶层”人士之外，欧洲的大学体制也充当了不可取代的重要角色。虽然古典思想中孕育了科学思想的萌芽，伊斯兰文明对于古典思想进行了充实与发展，但是真正的近代自然科学范式却未在前两种文明阶段最终完成，而是在文艺复兴之后的欧洲文明中完成了，其中一个不容忽视的原因就在于欧洲的大学体制。正是在大学这种机构中聚集了诸多了解希腊思想的学者，既包括哥白尼与开普勒这样的神职人员，又包括众多了解与熟知亚里士多德的三段论等数学、逻辑、几何思想的大学教授。

总之，上述多种“外围”的因素为三种探索自然的新模式提供了固有的动力，对生活的尽职尽责的努力，对确凿证据的追求以及对事物精确描述的热情形成的一股强大的社会洪流，对于新的科学时代的到来发挥了巨大的推波助澜的作用，不仅使得探索自然新模式具有不可阻挡的强大潜力，也解释了科学如何在逐渐获得社会认可的同时最终取得了合法性。

莱布尼茨作为 17 世纪这个科学新时代的集大成者，他的科学观及其方法论中无一不包含上述各种元素的影子。这个倡导百科全书式的折中主义的方法论风格的思想家，付出了巨大的努力，将各种通向科学新时代的研究自然的模式综合、兼顾、融合、统一成一个完整的方法论体系。这个体系化的科学方法论中不但包括了自然的数学化模式方法、动力学方法、原子机械论的方法、实验实践模式的方法，而且还包含了理性神学的形而上学的预设方法、几何化推论方法、逻辑演绎的方法，甚至还包含了政治学、伦理学、工程管理、建立科学院等一系列与科学密切相关的方法。这无疑是在 17 世纪前后探索自然模式转变的时代大环境中孕育并发展而来的。

第二节　莱布尼茨科学方法论的研究视角

亨利·格柏森的老师法国哲学家布鲁特（Emile ß. Boutroux）在 1881 年出版的《单子论》的前言中这样写道："他（莱布尼茨）的使命不同于古代人的使命，他面对着因基督徒和现代思想而产生的突出对立，即种种互不相容的情况，如果还不是古希腊罗马人所熟知的那种程度上的矛盾的话。一般与特殊、可能与事实、逻辑上的东西与形而上学的东西、数学上的东西与物理学上的东西、机械论与目的论、物质与精神、经验与天赋知识、普遍联系与自发性、因果联系与人的自由、天意与邪恶、哲学与宗教——所有这种种对立经过分析愈来愈被夺取其共同因素，因而相互尖锐对峙，似乎不可能达到相互和谐，似乎一种追求明确和逻辑性的思想为了选择此一方面而不得不全然拒绝彼一方面。在这种情况之下，莱布尼茨为自己规定的目的是，重复亚里士多德的使命、去发现人的精神似乎无法理解、也许不愿意承认的事物之统一性与和谐。"① 可以说，布鲁特说出了每一位莱布尼茨研究者对莱布尼茨思想认识的最强烈的印象和感受——包罗万象、彼此联系、统一和谐。

由此可见，包含诸多元素且多种方法但表现出来的统一性是莱布尼茨思想及其方法论的最大特色。统一性，无论是作为莱布尼茨哲学的目的追求，还是作为其思想方法的本质内涵，都是莱布尼茨思想所蕴含的最根本的属性。单子的统一性、宇宙的统一性、自然的统一性、主体的统一性、

① 转引自［德］莱布尼茨《神义论》，朱雁冰译，商务印书馆 2001 年版，第 17—18 页。

科学的统一性，都是莱布尼茨思想本质的必然表达，宇宙因统一而获得完美正是作为“前定和谐理论的发现者”的莱布尼茨毕生试图表达的终极观点。因此，无论是从统一性的本质出发，还是达到统一性的终极目标，要进入莱布尼茨科学方法论的研究，统一性无疑是一种正面切入的视角或路径。但是，正如莱布尼茨“城市的不同方位”的比喻，即站在不同的角度或不同的层次去看同一座城市，看到的风景一定是不同的。不同的研究层级和不同的研究视角就像选择了不同的立足点，不同的立足点势必会呈现其思想和方法统一性的不同内容、不同预设、不同功能。因此，从统一性切入莱布尼茨的科学方法论，势必要明确不同的研究层级和研究视角，本部分就莱布尼茨统一性思想和方法论的两种研究层次与三种研究视角分别展开论述，以便全面深刻地分析莱布尼茨科学方法论的统一性、内在相互融合性、综合性和逻辑性。

一　对莱布尼茨科学方法论的研究的重建性

莱布尼茨所提出的每一个有生命的物体都是一种有知觉的、内在的有机单子统一体，而单子作为个性或特性，都无一例外地被“关系”地包含在物体与宇宙的统一性中，这种层层包含的统一性环环相扣，紧密无间。这种景象正是莱布尼茨思想的真实写照，这也是莱布尼茨给出的一条线索，即莱布尼茨的众多具体科学方法是被严密地包含在他方法的统一性之中的。莱布尼茨每一种科学发明、科学发现或科学行为，如微积分的方法、二进制、动能守恒定理，形式逻辑等，在这个和谐的方法论统一体中都能找到其对应的部分和方面。莱布尼茨科学方法论这个和谐的整体是一个普遍和谐的统一体，统一与和谐的决定性因素明显地展示在他的科学方法论之中。

但是只有线索是远远不够的，莱布尼茨的思想和方法是一部百科全书，而莱布尼茨本人就是一座“科学院”。这座“科学院”留下的材料的现实是：除了他公开出版的基本著作之外，还留下了数量可观的手稿与通信。据德国柏林—勃兰登堡科学院的初步统计，莱布尼茨生前大约有 1000 多个通信者，书信大约有 15000 多封，涉及的议题有哲学、神学、法律、外交、历史、政治、科学、技术、经济、社会等几乎各个学科领域。情况更加复杂的是，莱布尼茨的手稿与书信，甚至是他公开发表的著作，呈现在世人面前的大多是分散的、具体的议题，其涉及面之广、资料数量之多足以让人产生眼花缭乱、无从下手的感觉。材料的杂乱无序是国际莱布尼茨研究学界普遍公认的最大困难之一，李文潮教授曾遗憾地表示，“无限的”材料使得研究莱布尼茨的学者不断减少，“断章取义”似乎成为莱布尼茨研究中无法跨越的障碍。而且莱布尼茨本人也并未对他的思想做统一性的表达。虽然学界公认他的单子论是他统一性思想的表达，但是与其说单子论共 90 条简短的叙述是他的思想及其方法的表述，毋宁说是他各种思想的一种抽象简约的“诗歌”表达。他松散的表述并无明显的逻辑推理过程，其中更加不乏带有隐喻的启发与抒情，这当然不能完全表达莱布尼茨所有思想的统一性内涵，也不能表达它们之间的结构层次或思想进路，反而激发了人们对于莱布尼茨所讲述的单子以及单子世界的无限想象以及由此产生的众多困惑。但是，作为理性主义集大成的思想家，统一性作为莱布尼茨思想研究的线索是学界公认的，如何以统一性为线索进入莱布尼茨跌宕复杂、交互渗透的科学思想及其方法论的统一体中，必然需要依靠一条解释学的重建之路，这种重建首先是将研究者作为主体，在理解的基础上解释莱布尼茨文献中语言或符号的意义。这种个体性的理解当然带有研究者的思想经验。因此，对莱布尼茨思想的“重建”是不可避免的。尽管我们难免“辉格解释”之嫌，但是这种重建的方法似乎也正是对莱布尼茨思想研究的当代意义所在。这种重建的本质之一就是一种创新。这种创新既包含了莱布尼茨思想中最新面世的新材料、新观点、新思想，又包含了莱布尼茨思想对当下时代的新启发和新灵感；更进一步，这种重建既“还原”了莱布尼茨思想中的既定框架，又为以其既定思想为对象的批判性“前进”提供了可能性，铺平了道路。总而言之，对莱布尼茨思想及其科学方法论的研究不可避免地要建立在重建的研究方法之上。

二　对莱布尼茨科学方法论研究的两个层次

对莱布尼茨思想及其科学方法论重建性研究需要明确两个层次。第一个层次的重建包括：（1）莱布尼茨本人对于科学方法论的理解；（2）莱布尼茨关于科学方法论的某些原则、方法的具体论述；第二个层次的重建是对莱布尼茨科学方法论及其本质、结构、层次、主体等方法的重建性解读。第一个层级是一阶性研究，是建立在思想史料的历史学与考古学等研究方法之上的。第二个层次是二阶性研究，这个层级的研究本质上是一种解读，即这并非莱布尼茨本人的表达，而是研究者以莱布尼茨本人的表达为基础，以某种具体的研究范式、站在某种具体哲学的立场上，运用如历史哲学等传统方法论，依照某种具体概念的内涵，或者与某种具体概念和方法相联系的历史哲学或历史科学相结合的方法（如哲学体系原则与系统概念法或一般系统理论相结合的方法），将莱布尼茨的科学方法论作为这种研究路径得出的结论而给予评价或批判。这两个研究层级或方式都具有相应的合法性与研究意义。第一种层次的研究无论是作为哲学思想史、历史哲学等学科的研究对象，还是以哲学诠释学的方式“还原”莱布尼茨的科学方法论及其统一性，都对莱布尼茨思想及其方法研究具有奠基作用。第二个层次的研究在哲学思想创新方面更显卓著，许多哲学家，如罗素、库蒂拉、卡西尔、杜威等，都是将莱布尼茨的哲学作为一种统一性的哲学为研究起点，从重建走向批判，从“走进莱布尼茨”到“走出莱布尼茨”，最终开创了各自的新的思想。这个层次的研究是以第一层次的还原性重建为基础的。在某种意义上可以说，第二个层次呈现出的重建结果并非莱布尼茨的思想，而是研究者按照自己的思想范式呈现出的一种新思想。

将莱布尼茨的科学方法论研究仅仅分为两个研究层次也是远远不够的，研究者还需选取不同的视角进入莱布尼茨的科学方法论，而不同的视角往往综合了上述两个研究层次才得以完成。总体而言，对莱布尼茨具有统一性的科学方法论的研究可以从三个视角展开：（1）整体性研究视角，按照莱布尼茨本人对其方法体系的追求，全局性地重建他提出的“综合科学”“人类知识的百科全书”“科学树”的具体思想，展示莱布尼茨科学方法论的统一性。（2）结构层次性研究视角，将莱布尼茨的科学方法论看成由若干组成要素按照一定的秩序或要素相互之间的联系组成的统一体，揭示其科学方法论的多因素、多性质、多层次、多等级相对稳定的结构。例如，可以将莱布尼茨科学方法论的统一体分为形而上学、本体论、知识论等诸多方面，分别论述这些方面所包含的内容、所处的层次以及相互之间的联系，在结构层次中以分析法为起点，以综合法为重点，最终阐释莱布尼茨科学方法论的统一性。（3）范式研究视角，将莱布尼茨的科学方法论研究建立在某种具体的理论基础、研究方法、模型或范式上，认为莱布尼茨按照这样一种范式对其思想及其方法论的统一性具有基本的承诺或默许，其思想统一体中的各个动力的、目的的或本质的要素、方面、联系、结构等都是围绕这个范式为核心展开的。本部分接下来将具体分析上述三种研究视角。

三 莱布尼茨思想及其方法统一性重建的三种研究视角①

（一）整体性研究视角

莱布尼茨作为17—18世纪欧陆唯理论思想家的集大成者，是理性主义统一性思想的典型代表，也是启蒙运动关于逻辑、真理、科学等思想发展的重要推动者。“唯理论的统一性要求支配了18世纪的精神，统一性概念和科学的概念是相互依赖的。达朗贝尔在重复笛卡尔《恒性活动的准则》的开首语说：‘所有科学加到一起无非是人类理智而已，它永远是同一个东西，永远与自身相同一，无论它所研究的对象是如何千差万别。’”② 对统一性始终如一的要求使得17—18世纪的思想表现出了一种内在稳定性，“一个王国、一种法律、一样信仰”是17世纪的箴言。因此，统一性不仅要求思想的统一，还支配了政治、法律、宗教、文学等众多领域的统一。在那个时代，人们确信没有严格的统一性就不可能合理地排列和把握经验材料，而人类理性的基本功能就是发现这种统一性，即从丰富多彩的经验认识中确定经验的各个组成部分之间的相互关系，按照某种恒定的、一般的规则将这些成分联系成为一种整体。笛卡尔按照数学方法的思维模式开创了这样一种理性推理的方法，即知识的推论永远都类似一种还原，即从复杂到简单、从表面的多样性到基础的统一性。由此，数学计算的方法从一种纯“计算”的概念扩展为一种普遍的科学方法，不仅能够运算量和数，也可以运算质。莱布尼茨同样是这种统一性方法的追随者，他在1664年完成的《论组合术》中涉及的关于排列和组合的方法是他一生思想的基点之一。他试图建立一门“一般科学”［Scientia generalis］，建立一种“观念的字母系统”，将一切复杂的问题还原为简单的概念，通过数学计算的

① 因国内外学界就“莱布尼茨科学方法论”及其统一性为主题的研究成果相对较少，本部分只能将视域扩大，将莱布尼茨“思想及其方法的统一性”分为三个视角展开论述，以便结合相应的学界研究成果给出佐证并充实相应的结论。

② ［德］恩斯特·卡西尔：《启蒙哲学》，顾伟铭译，山东人民出版社1988年版，第20页。

方法实现统一性。莱布尼茨通过这样的方法使他的整个思想的表现形式体现了统一性的要求，这一点也证实了他一贯主张数学、几何学、逻辑学与他的形而上学之间的统一，即他的形而上学与他的其他任何思想尤其是科学思想是没有任何鸿沟的。他的哲学正是建立在数学的深层内核的基础之上的，他甚至认为他的哲学是一种数学化的哲学。他称他这种数学化的“普遍的方法”建立了一种“长远的哲学”（perennial philosophy），获得了共同的真理，并且将这种真理在限定的符号或语言中进行了表达，这便是对统一性最直接也是最本质的追求。因此，按照莱布尼茨本人对思想及其方法的追求以及他提出建立统一性的理念、步骤与具体内容，可以形成对他思想及其方法的整体性研究视角。

关于莱布尼茨这种追求统一性的综合科学的方法，他在 1697 年发表的《综合科学》中给出了具体的说明。他认为，所谓方法，包括两个部分，即证明的技艺［*ars judicandi or demonstrandi*］和发现的技艺［*ars inveniendi*］，即分析法和综合法。这两种方法使得综合科学是莱布尼茨建立哲学理论的基本原则与方法，它们能够将所有的思想作为“元素”纳入一个整体性统一的体系之中，这个思想的体系包含了人类理性追求的所有真理与智慧。“通过综合科学，我的意思是说科学应该包含所有其他科学的原则，也包含使用这些原则的方法，以至于每一个拥有正常能力的人可以从任何具体的事物中通过简单的思考与短暂的经验使用到它来理解最为困难的事物，同时也将能够发现最为美丽的真理和最为有用的推论，直到从这些给出原则所能推论出的所有可能。综合科学必须因此处理有效图例的方法——即发现、判断、控制情绪、记忆与调和的方法；以及找出整个百科全书中所有对善恶的考察，即任何思考发生的原因和关于快乐的智慧［*scientia felicitatis*］。”① 因此，莱布尼茨的这种“综合科学”在本质上代表了近代哲学对于统一性的追求，也表达了近代哲学试图通过模仿欧几里得几何学公理的理论形式建立哲学思想的框架，从而使哲学具有与数学、几何学与逻辑学一样的明确性、清晰性与系统性。莱布尼茨关于这方面的研究大约集中在 1677 年至 1682 年，其手稿基本上集中收录在《莱布尼茨手

① *Definitio Brevis Scientiar Generalis*, summer 1683 – beginning 1685 *Sämtliche Schriften und Briefe*. Darmstadt and Berlin: Berlin Academy, 1923, Ⅵ, p. 532.

稿与书信全集》第五系列“莱布尼茨哲学手稿”的第四卷中。①

因此，对莱布尼茨“观念的字母体系”、“综合科学”、普遍计算与一般科学方法的研究都是从整体性的视角对莱布尼茨思想及其方法展开研究的。这种研究视角属于一阶性的思想史研究，对于还原与揭示莱布尼茨思想及其方法的内容具有十分重要的意义。

（二）结构层次性研究视角

在“对莱布尼茨的颂扬”（Eloge de Monsieur Leibniz）一文中，法国皇家协会的秘书伯纳德·冯特奈尔（Bernard de Fontenelle）这样写道：“如同古人可以同时驾驭八匹马，莱布尼茨可以同时驾驭所有的科学。因此我们需要将他分离开来，也就是说，在哲学上讲，是去分析他。古代总是用许多大力士组成一个整体；但我们将一个人即莱布尼茨身上分离出几个仆人。”② 这篇文章是皇家协会在莱布尼茨去世一年之后对他的思想贡献作出的总体评价。由此可见，莱布尼茨的所有思想本身就是一个浑然一体的整体，这种思想的统一性不仅是莱布尼茨思想以及方法的特征，也是莱布尼茨毕生致力追求的目标理想。如果我们想要研究莱布尼茨的思想，可以采用将其“拆分”成不同的几个结构层次分别进行分析。但是“拆分”的分析法的目的是为研究需要，其思想的统一性内涵是不会因此被取消的。这种研究视角旨在以结构清晰且层次分明的形式展示莱布尼茨统一性思想的博大精深。

近代哲学对统一性的追求我们在上一部分已经进行了论述，而且对于如何分析统一性的内部结构也提出了相应的见解。笛卡尔提出的“科学树”统一性结构是17世纪被普遍接受且广为流行的观点。笛卡尔在《数学通论》［*Mathesis universalis*］中提出试图建立一种将一切事物统一成为一体化的广博科学的方法规则——“合成的综合法”，从而将一切知识联结成为一个整体。他将这种“综合的整体科学”比喻成一棵树，它的根基是

---

① 莱布尼茨关于“一般科学”［*Scientia generalis*］、“字符”［*characteristica*］、“普遍计算”［*calculus universalis*］等建立他思想及其方法的理念或方法集中在柏林—勃兰登堡科学院出版的《莱布尼茨手稿与书信全集》的第6系列。这部分由德国明斯特大学莱布尼茨研究中心编撰完成，具体请见 Leibniz，*Sämtliche Schriften und Briefe*，Hrsg. v. d. Berlin-Brandenburgischen Akad. d. Wiss. und d. Akad. D. Wiss. in Göttingen. Reihe Ⅵ：Philosophische Schriften，Hrsg. v. d. Leibniz-Forschungsstelle der Universität Münster，Bd. 4，1677 – Juni 1690，Berlin：Akademie Verlag 1999，CXXII，2949S.（Teile A – C），Teil D（Verseichnisse）500 S.，1.400，– DM。

② *Opera Omnia*，ed.，by L. Dutens，Geneva：Fratres De Tournes：1768，Vol. 1，p. XX.

形而上学，基干是物理学，各分支是诸如医学、力学和伦理学等所有其他的科学。莱布尼茨继承了笛卡尔这种“科学树”的思想与“合成的综合法”，他在《科学总论》[*Scientia generalis*] 中表达了其方法的系统结构分层思想。这便为对莱布尼茨思想及其方法论的统一性的结构层次性研究视角提供了理论基础的合法性。

段德智教授的《莱布尼茨哲学研究》正是从结构层次性的视角“系统全面地深入论述莱布尼茨深奥的哲学体系”① 的优秀著作。作为一本对莱布尼茨思想及其方法进行结构层级研究的范例，段德智教授将莱布尼茨的统一性哲学思想体系分为形而上学、本体论、认识论与道德学四个部分及层级，从不同的系统层次剖析其各自不同的内容及其功能：在形而上学部分，他分析了“莱布尼茨哲学的生成、主要旨趣及其所依据的基本原则”，他提出莱布尼茨作为一位17世纪理性主义的集大成者，在折中主义的立场上坚持了“矛盾原则”、“充足理由原则”、“圆满性原则”这三个形而上学特征，并且指出这三条大原则在莱布尼茨的哲学思想中享有元哲学的逻辑地位，对于诸如“动力学原则”、“连续性原则”等次级原则具有统摄和支配的作用；在本体论部分，他分别从“单子的内在性原则”、“连续性原则”、“前定和谐原则”、“现象主义与单子主义的一致性原则”四个维度进行解读；在认识论部分，他从“天赋观念潜在说”、“微知觉理论”、“理性真理与事实真理两重真理说”、“综合科学”四个维度进行解读；在道德学部分，他从“自由学说”、“乐观主义”、“神义论”、“自然和神恩两个王国”四个维度进行解读。正是“通过三大基本原则和十二次级原则的严整结构，晦涩而庞杂的莱布尼茨哲学的整体面貌就被清晰地呈现出来。”②

值得提出的是，段德智教授这种结构分层的多部分和多维度研究视角不仅体现了西方近代哲学思想的整体统一性特点，即以认识论为主体，以本体论为前提和出发点，以人类的主体自由、圆满为目标核心，而且这三个部分都具有共同的形而上学大前提，这正是笛卡尔的“科学树”思想的典型体现，他还克服了莱布尼茨哲学经常由于主题、原则、论述等大而庞

① 桑靖宇：《莱布尼茨思想迷宫的探索——读段德智〈莱布尼茨哲学研究〉》，《哲学研究》2012年第5期。

② 桑靖宇：《莱布尼茨思想迷宫的探索——读段德智〈莱布尼茨哲学研究〉》，《哲学研究》2012年第5期。

杂的形式而出现的界限模糊、多元并存而造成的入手与驾驭的困难。他所提出的莱布尼茨哲学思想的三大基本形而上学原则分别对应了之后他所论述的本体论、认识论和道德学这三个结构板块。正如之前所述，“拆分”是方法，“统一”是本质。段德智教授采用结构层次性的研究视角，在层级分明、原则清晰的基础上解释了莱布尼茨哲学思想诸原则部分之间的辩证逻辑关系，使得莱布尼茨哲学思想的复杂多样的原则并非以一种单项的并列或多元线性排列的形式简单地呈现出来，而是以整体的、系统的、明晰的，具有多项互补、辩证有机且环环相扣的统一体呈现在读者面前，完成了来自于统一性，也归于统一性的研究目标。

（三）范式研究视角

范式是科学哲学中的一个概念，本书将其概念内涵及应用范围进行了扩展，主要指一种公认的模型或模式，是对思想的本体论、认识论、方法论的基本承诺，包括统一设定的假说、理论、准则或方法的总和。对莱布尼茨思想及方法论的统一性的范式研究视角是指从某种特定的范式为切入点，通过范式的具体概念、规范、前提、形式等进入莱布尼茨思想的统一性整体。选择的范式决定切入的立场。范式性研究视角对于切入统一性思想研究具有特殊的优势，不仅能清晰地表明莱布尼茨思想及方法论的统一性形式，也能够从某种特殊的范式揭示莱布尼茨思想及其方法的具体进路。① 范式的选择是多样的，所呈现的各种形态的内涵却是一致的，原因在于莱布尼茨的思想本身就是统一的，他的思想体系的各个不同部分都是相互一致、相互反映、相互解释的。“我们可以在微积分学中读到单子论，或者在折射几何中读到神全知。每一论题都用一系列不同的语言——逻辑的、几何的、动力的、生物学的、形而上学的、神秘的……语言来表达和阐发。每一个部分都能以某种方式通向整体体系。因此，一些评论家试图通过从某个特殊的领域出发（例如 L. 库蒂拉、B. 罗素，以及在某种意义上还有 B. 马泰从逻辑学出发，而 M. 盖鲁则从动力学出发）来重构整个体系，这种做法是毫无足怪的。”② 因此，将莱布尼茨思想中的某个概念或者某种方法作为范式展开对其统一性思想整体的研究是许多著名的思

① ［奥］马赫：《感觉的分析》，洪谦、梁志学等译，商务印书馆 1997 年版，第 240 页。

② ［法］洛朗斯·布吉奥：《单子与混沌——莱布尼茨哲学中充满活力的因素》，水金译，《第欧根尼》（*Diogenes*）第 161 卷，1993 年，第 39—40 页。

想家采取的研究视角与方法，这便可以视作对莱布尼茨思想及方法论的范式研究视角。以下将以几位思想家的研究为例对范式研究视角进行阐述。

1. B. 罗素对莱布尼茨思想及其方法的研究范式

英国哲学家B. 罗素（Bertrand Russell）在1900年发表的《对莱布尼茨哲学的批评性解释》主要讨论莱布尼茨的逻辑学与形而上学的关系。他的主要观点是“莱布尼茨的哲学差不多完全来源于他的逻辑学”①。他认为，莱布尼茨的哲学是从定义和公理出发的几何学演绎体系，其哲学体系是完全能够从非常简单的“前提”中推演出来的。罗素将莱布尼茨的哲学“前提”归纳为5条：（1）每个命题都有一个主项和一个谓项；（2）一个主项可以具有若干个关于存在于不同时间性质的谓项；（3）不断言处于特定时间的真命题是必然的和分析的，而那些断言处于特定时间的存在的命题是偶然的和综合的，后者依赖于终极因；（4）自我是一个实体；（5）知觉产生于外部世界，关于除了我自己以及我的状态之外的存在物的知识。总之，莱布尼茨的形而上学从这些前提演绎出来，单子是这些前提演绎的必然结果。② 因此，罗素由此推论得出莱布尼茨的哲学虽然并未作为一个系统的整体呈现在世人面前，但是其思想确实是一个完整与连贯的整体。他的思想是按照主项谓项逻辑学范式将其思想的各个具体内容连接起来，从而实现其思想的统一性的。

2. 路易·库蒂拉对莱布尼茨思想及其方法的研究范式

法国哲学家路易·库蒂拉（Louis Couturat）同样也将莱布尼茨的逻辑学作为他对莱布尼茨的统一性思想切入研究的范式，但是他试图将莱布尼茨思想体系的诠释与重建的工作与莱布尼茨思想的历史发生顺序调和在一起：“我非常清楚要调和这两个秩序是非常困难的，但是，我相信这对于像莱布尼茨这样雄辩的思想家的研究却是必不可少的。”③ 他在1901年出

---

① ［英］罗素：《对莱布尼茨哲学的批评性解释》，段德智、张传有、陈家琪译，商务印书馆2010年版，第二版序，第16页。

② ［英］罗素：《对莱布尼茨哲学的批评性解释》，段德智、张传有、陈家琪译，商务印书馆2010年版，第二版序，第4—5页。

③ 库蒂拉在1900年10月20日写给罗素的信，收录在Bertrand Russell，*Correspondance sur la philosophie*，*la logique et la politique avec Louis Couturat*（*1897 – 1913*），ed.，by Anne-Françoise Schmid，transcription Tazio Carlevaro，2 Vol.，Paris Kimé，2001，p. 202。

版的《莱布尼茨的逻辑学》（*La Logique de Leibniz*）一书中讨论了莱布尼茨关于三段论与组合术的观点，诠释了莱布尼茨试图通过建立通用字符与普遍语言的方法，建立一般科学与百科全书的思想，最后指出莱布尼茨的思想是按照逻辑计算与几何学的公理体系展开的。与罗素的主项谓项逻辑形式的范式不同，他将充足理由律与真理原则作为莱布尼茨思想及其方法论的范式。① 他在1902年出版的《莱布尼茨的形而上学》（*Sur la Métaphysique de Leibniz*）中提出，不仅仅莱布尼茨的单子论与形而上学，还有莱布尼茨关于自由、理性、上帝创世的观点都是按照充足理由律这个逻辑原则演绎出来的。② 具体来说，库蒂拉认为，莱布尼茨思想及方法论的统一性建立在以下四种主要观点上：（1）逻辑学是莱布尼茨思想系统的中心、来源与核心；③（2）但是莱布尼茨的形而上学是一种“反逻辑主义”的；④（3）逻辑掩藏在他的思想系统中发挥着引导的作用；（4）没有任何其他具体的科学，如几何学、数学、神学，能够被认作莱布尼茨思想及其方法的来源，即使它们可以从各自的观点对莱布尼茨的思想的统一性整体给出解释。⑤ 只有逻辑学意义上的真理原则与充足理由律原则是莱布尼茨思想及其方法论的本质范式。

3. 恩斯特·卡西尔对莱布尼茨思想及其方法的研究范式

德国哲学家恩斯特·卡西尔（Ernst Cassirer）在1902年出版了《莱布尼茨的系统——及其科学基础》（*Leibniz' System in seinen wissenschaftlichen Grundlagen*）。在这本书中，卡西尔按照符号与结构功能的范式讨论了莱布尼茨统一性思想系统的科学基础。在卡西尔看来，莱布尼茨的真理概念是

---

① 库蒂拉在1900年10月20日写给罗素的信，收录在Bertrand Russell，*Correspondance sur la philosophie*，*la logique et la politique avec Louis Couturat*（*1897－1913*），ed.，by Anne-Françoise Schmid，transcription Tazio Carlevaro，2 Vol.，Paris Kimé，2001。

② Louis Conturat，“Sur la Métaphysique de Leibniz（avedun opuscule inédit）”，Revue de Métaphysique et de Morale 10. 1902，pp. 1－25.

③ 库蒂拉在1900年5月13日写给罗素的信，收录在Bertrand Russell，*Correspondance sur la philosophie*，*la logique et la politique avec Louis Couturat*（*1897－1913*），ed.，by Anne-Françoise Schmid，transcription Tazio Carlevaro，2 Vol.，Paris Kimé，2001，pp. 178－179。

④ Louis Conturat，*La Logique de Leibniz*，Alcan，Paris，Hildesheim. Olms，1901，p. 6.

⑤ 库蒂拉在1900年5月13日写给罗素的信，收录在Bertrand Russell，*Correspondance sur la philosophie*，*la logique et la politique avec Louis Couturat*（*1897－1913*），ed.，by Anne-Françoise Schmid，transcription Tazio Carlevaro，2 Vol.，Paris Kimé，2001，p. 98。

他的思想一贯认同且始终坚持的关键点。[①] 他曾经说过：“莱布尼茨的全部哲学的内容是根植于他关于认识概念的形式特殊性中的。”[②] 卡西尔指出逻辑在莱布尼茨的思想中具有十分宽泛的作用，并非在于它仅仅被限制在描述思想的形式连接，而在于它能够通过验证必然真理与条件真理的逻辑基础来处理知识本身各自的具体内容，[③] 其中最本质的原因在于莱布尼茨的一般真理的概念对知识的形式与内容之间的原则性的连接。莱布尼茨关于真理的概念被卡西尔转变成为一种结构功能主义，即认为真理包含了一种“功能性的结构与结构的对应”。作为马堡新康德主义学派的代表人物以及近代科学哲学领域的重要思想家，卡西尔致力于将近代思想的发展视作哲学与科学联系在一起的统一体。卡西尔的《莱布尼茨的系统——及其科学基础》的主要目的是通过莱布尼茨建立在科学基础之上的统一性思想系统“修正”康德的“先验”（a priori）的概念。卡西尔关于逻辑学构成莱布尼茨思想的核心基础观点与罗素、库蒂拉的逻辑范式的具体内涵不同，他认为莱布尼茨思想及方法论的基础并非仅仅在于他的逻辑学，莱布尼茨思想系统的逻辑结构也构成另外一个本质性的基础。在他看来，莱布尼茨的思想及方法论的统一性兼顾了逻辑论证与系统结构两个方面，正是由于这两个方面的相辅相成，莱布尼茨为他的整个思想的统一性奠定了坚实的基础。卡西尔始终坚持：“系统功能这种特殊的科学方法论所产生的结果在莱布尼茨的一般方法论中的意义是非同寻常的。”[④] 具体来说，卡西尔在《莱布尼茨的系统——及其科学基础》一书中分四个部分讨论了：（1）莱布尼茨的数学基础问题，涉及数学与逻辑、数量、几何学以及大小的分析问题、连续律、大小与无限、连续与系统概念；（2）机械论的基础问题，涉及时间与空间、力的概念与实在问题、守恒定律与因果问题的关系；（3）形而上学的问题，涉及意识、个体性、生物性（形体）、人文科学系统的个体概念、伦理学与美学；（4）莱布尼茨系统的起源问题，涉及在他去巴黎之前、在巴黎期间、回到德国之后三个时期对逻辑学、算术、几何学、运动学、神学问题的研究及其思想发展的历史脉络。卡西尔关于莱布尼茨思想研究的这种逻辑与结构功能的范式为他之后的思想发展发挥了十

---

① E. Cassirer, *Leibniz' System in seinen wissenschaftlichen Grundlagen*, Marburg: Elwert. 1902.

② E. Cassirer, *Leibniz' System in seinen wissenschaftlichen Grundlagen*, Marburg: Elwert. 1902, p. 132.

③ E. Cassirer, *Leibniz' System in seinen wissenschaftlichen Grundlagen*, Marburg: Elwert. 1902, p. 138.

④ E. Cassirer, *Leibniz' System in seinen wissenschaftlichen Grundlagen*, Marburg: Elwert. 1902, p. 164.

分关键的启发性作用，他在长达 36 年的时间中不断地坚持并完善此观点，[①] 并且他对这个问题研究所得出的结论对哲学史与科学史都产生了极具权威的深刻影响。

4. 吉尔·德勒兹对莱布尼茨思想及其方法的研究范式

与上述逻辑学范式的三位思想家不同，吉尔·德勒兹（Gilles Deleuze）直接将单子作为范式和他对莱布尼茨思想的统一性进行研究的视角。他在其著作《褶子：莱布尼茨与巴洛克风格》中阐述了这个观点，“褶子”也就是莱布尼茨的单子，成为德勒兹整个论述体系中的核心概念之一。单子是莱布尼茨晚年对实体的称谓，单子论也被认为是莱布尼茨哲学成熟的最终呈现。德勒兹坚持认为单子在莱布尼茨整个思想及其方法论中一直发挥着关键且核心的作用。正如他在上书中提到，莱布尼茨的哲学一直是朝物质和灵魂两个“褶子”的方向而展开的。所谓物质的方向，即“物质的重褶”，是位于下层的，“物质是按照最初的褶子样式被堆积成团块的”，但这种团块在灵魂中以或多或少的方式展开，并且能够被灵魂重新认知；所谓灵魂的方向，即“灵魂的褶子”，是位于上层的，它面向无穷并展示自身。莱布尼茨的单子具有物质与灵魂的两重性，即上述上下两重“褶子”。毋庸置疑，这两重“褶子”势必是相互联系的，位于下层的物质是能够“上升”到位于上层的灵魂的。但这种“上升”会遭遇到实体统一性的“连续体的迷宫”。按照笛卡尔的观点，部分之间的真正区别导致了整体的可分离性；但是莱布尼茨却持相反的观点，在他的微积分对于曲线“无穷小”部分的处理方法上便可见一斑。他认为部分并无真正的可分离性的差别，部分的可分离性仅仅在于知觉对事物整体的处理。例如世界上最小的部分并非作为所谓的个体的点，点也不能称之为一个部分，而只是被知觉“视作”线的一个极端。[②] 正是按照这样的理路，莱布尼茨解决了“连续体的迷宫”，证明了宇宙的连续性与统一性。德勒兹将单子的概念作为范式，使得莱布尼茨的所有思想都被统摄到这个范式的内涵之中：单子作为隐德莱希、最初元级、主动的力等使得潜能与实现之间不断转换，可能性不断变成现实性，个体与世界永远处于不断“展开”的连续动态过程中。

---

① 卡西尔的《认识论问题》第一卷在 1906 年出版，第四卷在 1942 年出版，可以说明卡西尔对此问题的研究时跨 30 多年。

② ［法］德勒兹：《褶子：莱布尼茨与巴洛克风格》，杨洁译，湖南文艺出版 2001 年版，第 154 页。

由此，充足理由律与最终理由律在上帝赋予的前定和谐中被确定。整个宇宙被多样性的个体充满，物质运动的无穷分解却合成一股合力，体现上帝赋予现实世界的真善美。这便是德勒兹以单子作为范式对莱布尼茨思想及其方法论的统一性的研究视角。

5. 米歇尔・塞尔等其他学者对莱布尼茨思想及其方法的研究范式

法国哲学家米歇尔・塞尔（Michel Serres）在《莱布尼茨的体系及其数学模式》（*Le Système de Leibniz et ses modèles mathématiques*，1968）中以数学模式为范式将莱布尼茨的思想分为几个部分，并通过分析这些部分之间的“相互说明”关系证明了莱布尼茨思想体系的统一性。[①] 塞尔指出，他之所以选择数学模式，原因在于数学不仅本身就是自成系统的，而且能够将整体作出系统化的说明，但是塞尔认为数学在莱布尼茨的思想中并没有处于特殊的地位，也没有任何的优先性。因此，塞尔的研究是将自成系统的数学作为一种方法论对莱布尼茨的思想及方法论的统一性进行研究，而研究的呈现结果则是一种按照数学论证方法展开的相互统一的结构。这种多种层级与视角相结合的研究也是对莱布尼茨思想即方法统一性进行研究的合理方法。

另外，I. 普利高津与 L. 斯滕格尔斯的《新联盟》从动力学的模型、G. 德勒伊泽的《莱布尼茨与巴洛克风格》从美学的视角论述了莱布尼茨的思想是一种具有统一联系的关系网，这都是解释莱布尼茨思想体系统一性的范式研究视角。

综上可见，莱布尼茨思想及方法论的统一性大致可以从上述三种研究视角展开研究。三种研究视角各有利弊，但都不失为切实可行的切入点。面对莱布尼茨从未以统一性的整体呈现的“纷繁复杂”的思想及方法论，选择哪种研究视角要根据研究者个人的立场、智识、信念与时代等因素来决定；但无论是哪种研究视角，研究者都是从莱布尼茨思想的统一性为出发点，以诠释莱布尼茨思想及其方法论为目的，旨在最终以重建的形式展现莱布尼茨理论的内涵，并在精神的发展中呈现新时代的新意与生命力。

---

① Michel Serres, *Le Système de Leibniz et ses modèles mathématiques*, Paris: Presses Universitaires de France, 1968 年第一版，1982 年第二版。

第二章　莱布尼茨科学方法论的立足点

第一节　形而上学—数学还原法的力本论

如果说莱布尼茨试图建立一套科学方法论的体系似乎走得有点远，但是说他已经意识到要建立一套成体系的人类理智与知识的统一体绝不为过。这是一个融合了必然真理和偶然真理的大全体系。这个体系是以原初的基础概念为起点，以建立一个从抽象到具体、从潜在到实现、从一到多、从可能到现实的包罗万象的连续整体。这个连续的和谐的整体朝向完美性、具有纵向的等级、在理性主义的计算方法中按照质和量的展开又展示了网状的关系结构。这是莱布尼茨科学方法论得以成立的理论基础，而他科学方法论的“主体”正在于力这个概念。

一　走向力本论的初衷

莱布尼茨在《神义论》的序言中提到了“两个著名的迷宫”（deux labyrinths famoux）——自由与必然、不可分的点和连续体这两个“迷宫”问题，而他自信地认为其单子论同时解决了这两个问题。第一个自由与必然的“迷宫”问题并非本部分讨论的核心，此处不展开论述；第二个不可分的点与连续体的“迷宫”问题的解决与莱布尼茨的科学方法论密切相关，可以说，莱布尼茨解决不可分的点与连续体问题的关键就是其科学方法论“行之有效”的成功方案。分析他如何将不可分的单子与世界的连续性调和起来的方法，最能直观地了解他整个科学方法论的精髓。

实体观是莱布尼茨思想的基底，这似乎已成为学界的常识，单子也几乎成为莱布尼茨思想的代名词。与此同时，单子内涵的丰富性常常使莱布尼茨的思想显得更加复杂，以致缺乏了某种清晰性，这与后世康德等德国古典哲学家的理论相比尤为明显。但是，作为一个试图建立宏大理论体系的典型德意志思想家，莱布尼茨对单子的含义是笃定的，但他也绝不否认单子论的复杂。复杂当然不意味着不清晰，复杂性如果是建立在明确的概念、逻辑严密的逻辑论证、坚实可靠的事实经验等严密的体系之上，任何理论都可以是清晰的，都可以拥有一套完整且合理的方法论体系。

将单子界定为复杂的，恐怕这与单子的本质相悖，这是不能被接受的观点。但是，将单子论界定为复杂的，恐怕这也是难以被轻易反驳的结论。其中的原因就在于单子论中除单子这个核心概念之外，还包括有形实体、灵魂与形体、心灵与物质等诸多内容。但是，力的概念是莱布尼茨单子论的关键核心，力的概念也是其科学方法论的基底，正在这个基底上莱布尼茨建立起他直面世界与解释科学的方法论框架。

具体来说，莱布尼茨正是将世界与物质的本源还原为力，将力与运动作为其科学方法论的主要对象与内容，从动力学或运动学的角度，将“无限小的量”变成“瞬间存在的心灵与知觉”，这不仅是他改造传统形而上学的伟大举措，也是其科学方法论初始的一种必然逻辑路径。

（一）“连续体迷宫”的问题所在

“不可入且坚硬的”原子概念与笛卡尔的广延概念是莱布尼茨首要的批判对象。莱布尼茨质疑的关键点是合理的：物质是可分的，因此物质是一种复多。原子是“那种完全硬的，或有牢不可破的坚固性的物质的部分”。作为复多的物质才具有广延。如果这样的观点成立，首先面临如下两个问题：（1）物质是无限可分的，无限可分的结果绝非是原子，因为可以堆集成物质的原子也是无限可分的，因此，原子绝非是本体的单元；（2）本体的单元一定是“不可分的点”，如果这种“不可分的点”是原子，那么原子作为“独立的单元”，如何解释世界的连续性，因此，原子的概念与连续律是不相容的。这便是“连续体的迷宫”。

虽然原子论在量的层面上推进了近代科学图景的机械化与数学化，促进了近代科学思维方式的发展，但是原子论面对无限可分但又充当世界基本单元的身份时却具有内在的不可调和性。如果广延作为一种实体，其概念本身在莱布尼茨看来就是自相矛盾的。“除广延外，必定还存在有一个主项，这个主项是广延的；也就是说，必定存在有一个实体，广延是属于这一类重复或持续着的实体的。因为广延仅仅表示广延的东西的一种重复和连续的增殖，表示一种复多、连续性和诸多部分的共存。因此，用广延来解释广延的或被重复着的实体自身的本性，理由便不充分；实体的概念是先于它的重复的概念的。"① 实体一定是作为主项的，广延只能是实体的一个属性。

莱布尼茨在与惠更斯的通信中，多次阐述了他反对有广延的原子论的观点。首先，广延表示重复或团块，是能被分割因而是有部分的，因此，既然有部分则不能成为物质的终极单元；其次，莱布尼茨的动力学要求物体是完全弹性的，具有不可入性和坚硬性的原子不能维护莱布尼茨的运动原则；最后，具有原初刚性的原子违反了充足理由律。如果有坚硬的原子，那么就会有没有原子的虚空。莱布尼茨始终坚持广延和虚空是必然联系在一起的。上帝的圆满性要求他在能放入物体的地方一定放入物体，什么都没有的虚空违反了上帝的圆满性，在更高的层次上违反了充足理由律。

概括来说，莱布尼茨认为物质具有广延这种性质，而广延不是别的，只是重复。因此，物质是重复的团块，是可分的。每个事物都拥有各自的广延和绵延，但是并不拥有各自的空间和时间。因此，与实体有关系的是广延，而非空间。广延是实体的一种性质或属性，实体的概念是先于实体的重复的概念的，即先于广延的。广延是所属实体的重复和持续的性质，表示有广延的就是表示一种能重复和连续的增殖，从而表示世界和实体的复多、连续、多样及诸多部分的共存。同笛卡尔与霍布斯持有的物体的运动与位置变化有关的观点不同，莱布尼茨在跟马勒伯朗士的一篇对话中指出广延并非一个具体物，而是对广延的东西的一种抽象。他认为这是他与马勒伯朗士所拥护的笛卡尔的实体观的本质区别。② 那么此处提到的"广延的东西"是什么，莱布尼茨提到了力的概念。他说："广延的唯一性质就是阻力，这种阻力是初级物质的本质。"③ 因此，初级物质的本质是阻

---

① C. I. Gerhardt, ed., *Die Philosophischen Schriften von Gottfried Wilhelm Leibniz*, 7 Vols., Berlin: Weidman, 1875 – 1890, Reprint, Hildesheim: Olms, 1965 –, Ⅳ, p. 467.

② 参见 C. I. Gerhardt, ed., *Die Philosophischen Schriften von Gottfried Wilhelm Leibniz*, 7 Vols., Berlin: Weidman, 1875 – 1890, Reprint, Hildesheim: Olms, 1965 –, Ⅵ, pp. 582 – 584。

③ 转引自［英］罗素《对莱布尼茨哲学的批评性解释》，段德智、张传有、陈家琪译，商务印书馆2010年版，第126页；原文出自 C. I. Gerhardt, ed., *Die Philosophischen Schriften von Gottfried Wilhelm Leibniz*, 7 Vols., Berlin: Weidman, 1875 – 1890, Reprint, Hildesheim: Olms, 1965 –, Ⅵ, p. 394。

力，而广延的唯一性质就是阻力，广延就是重复，既然可以被重复，那么广延或初级物质则可以被一切物质所共同拥有。这个结论可以推导得出广延是具体的有广延的东西的一种抽象，而非具体的事物的广延。具体的事物都是个体化的，这符合莱布尼茨的不可辨识的同一性原则，但是每一个实体都有初级物质——每一个事物都是单子的聚集，单子的聚集就会有重复，有重复就是有广延。因此，我们对于物体的辨识便可以通过其广延，但广延是实体对应的重复和堆集的抽象。

（二）力与碰撞问题

莱布尼茨认为，具有活动性的力是单子的本质，知觉是单子的活动力的规范。如果说仅仅认为莱布尼茨复兴了或“再次引入”了亚里士多德的隐德莱希的概念来解决单子的活动性问题的话，未免过于武断且片面。作为一名处于科学时代的曙光已经出现的伟大时刻的哲学家，莱布尼茨眼前出现的一定是与近代自然科学有关的议题。果不其然，17 世纪思想家们集中讨论的热门话题——碰撞问题，正是莱布尼茨集中思考力学问题的重要契机，也是其建立动力学的起点。

具体来说，莱布尼茨认同牛顿的第一定律——作用力与反作用力定律。莱布尼茨认为，原初的力或第一隐德莱希不仅存在于物体内部，也仅仅作用于本物体，物体自发自觉地根据原初的力这个第一原则活动。原初的力作为朝向未来的某种倾向或欲求，当遭遇到某种具体现实的时候就开始具有某种限制，由于这种限制就会出现派生的力及其对应的阻力，在这个层面就有主动性和被动性。什么叫作被动？莱布尼茨认为，一个物体“看似好像”受到另一个物体的作用，这种状态就叫被动。但是，“我是把下述情况理解为真正被动的，这就是由碰撞所产生的情况，或者不论最终归因于什么样的假设，不论我们最终把绝对静止或运动归因于什么东西都保持一样的情况。因为，既然对运动最后所从属的无论什么东西来说，碰撞都是一样的，那么由此便可以推出碰撞的结果是被平均地分配给这两个物体之间的，而这样一来，‘物体在遭遇中也就同等地作用着’；因此，有一半结果为其中一个物体的活动所产生，而另外一半结果则为另外一个物体的活动所产生”①。罗素

① 转引自［英］罗素：《对莱布尼茨哲学的批评性解释》，段德智、张传有、陈家琪译，商务印书馆 2010 年版，第 118 页；原文出自：C. I. Gerhardt，ed.，*Leibnizens Mathematische Schriften*，7 Vols.，Berlin：A. Asher；Halle：H. W. Schmidt，1849 – 1863，Ⅵ，p. 251。

由此认为这正是莱布尼茨单子思想的自相矛盾的二律背反。既然鉴于两个物体碰撞之后产生的结果是碰撞的量的一半，这种“分享”很容易让人认为两个物体之间发生了相互作用，从而“分享”了碰撞的共同结果。莱布尼茨也承认既然碰撞的结果的一半在一个物体中，另一半在另一个物体中，这使得物体具有的被动性足以得到说明。莱布尼茨当然意识到了物体“相互作用”的问题，他认为这种“分享”并不能说明两个物体在碰撞中发生了直接的相互作用，即使由于碰撞发生了某种结果，仍然只能说这种结果是物体自行产生的，两个物体之间的作用也是通过前定和谐的系统展现出来的。

这就是莱布尼茨的解答，但是“前定和谐”一定不是解决所有问题的急救神或万金油。在莱布尼茨对碰撞问题的解决方法中，关键点是力的内涵及其分类，以及在此基础上各种力的方法论功能。

二　力的概念的科学方法论意义

（一）力是点的承载

莱布尼茨认为“无广延、无形状、无可分性”的单子是世界的基点，这种思维是原子论的思维，即需要确定组成整体的部分。莱布尼茨始终坚信“存在有不可分的事物或无广延的存在者”①。他从运动的终点和起点给出了证明。假设有线段及其两个端点 a 和 b，设其中点为 c，取 a 和 c 的中点为 d，设 a 和 d 的中点为 e……“设始点在左边的终点，即 a 点找到。由此，我可以得出结论说，ac 并非它的始点，因为倘若不破坏这一始点，便不可能从中得到 cd；其始点也不可能是 ad，因为 ed 是能够被取走的，如此等等。”② 因此，他得出结论是没有任何东西可以构成一个始点，使得其他的非此点的东西能被撤走，撤走的只能是广延，如果不能被撤走，那么物体就是没有广延的。于是，始点是一定要有的，我们不能说任何一个点、努力或运动的主体是没有始点的，我们只能说它的这个始点是没有广延的：“倘若说它们的始点为无，这是荒谬的，但倘若它们的始点是无广

① ［德］莱布尼茨：《莱布尼茨自然哲学文集》，段德智编译，商务印书馆 2018 年版，第 5 页。
② ［德］莱布尼茨：《莱布尼茨自然哲学文集》，段德智编译，商务印书馆 2018 年版，第 4 页。

延的，这可以说是得到了推证的。”[①] 因此，在科学方法论层面上，点是要被确定的，只要确定点，才能进行科学量化与科学描述，而这个点既然是无广延的不可分割之单位，那么它该如何被量化，就会涉及运动与空间的问题。

（二）力的量化

当涉及点与空间的关系时，笛卡尔和霍布斯都认为物质是有广延且充实空间的东西，尽管空间是相对的，但物质的运动可以理解为物质与空间关系的变动。笛卡尔提出“所谓运动……乃是指一个物体由此地到彼地的动作而言。”[②] 霍布斯将运动直接表述为物质连续地从一个位置到另一个位置，即“放弃”一个位置再“取得”另一个位置。莱布尼茨不同意这种对运动的本质的认识。他认为位置与空间的本质仅仅在于关系，笛卡尔也持相同的观点，但是没有任何一种方式能够精确地确定究竟有多少绝对的运动应当归属于哪一个实体。

运动的力和运动量是有区别的，这是莱布尼茨对笛卡尔哲学最大的修正，也是其取得的重要理论进展之一。这种将力进行量化的方法是莱布尼茨形而上学思想在其科学方法论中的延展。他提出，因为只有将力与运动量区别开来，才能在物理学或机械学层面发现自然的真正规律和运动的本性。运动仅仅考察其形式所包含的变化——位置，是不完全的。因为当若干事物同时运动，产生的只是相对的变化，仅仅考察这些相对变化来决定运动和静止应该归属于其中哪一个运动主体（物体）是无法达到的。

（三）力对现实的抽象

因此，运动的力不能仅仅是现象界或机械论层面的，数学的方法论在这里是必需的，但仅仅使用算术或几何学的方法并不充分，还需要形而上学为机械学的一般原理提供根本性的原因，这就有必要引入形式的概念。因为实体形式包含的内在的活动或运作系列在自身的主动和受动的力的共同作用下以系列展开的方式表象宇宙，这符合实体的本性，在这个过程中，实体不断成为真正的存在者。“这一活动的原则，或者说这一原初的能动的力的原则［*hoc principium actionum*，*seu vis agendi primitiva*］乃实体

---

① ［德］莱布尼茨：《莱布尼茨自然哲学文集》，段德智编译，商务印书馆 2018 年版，第 5 页。

② ［法］笛卡尔：《哲学原理》，关文运译，商务印书馆 1959 年版，第 45 页。

的形式，实体的一系列各种不同的状态都是由此产生出来的。”① 莱布尼茨更进一步，他并不简单地仅仅思考物质单元的运动状态，而是考虑在物质本质的层面上建构时空、解释位置与空间、描述物质的状态，最终也要为物质为何具有这样的本质以及物质运动的根源问题给出一个满意的答案。他的方案便是建立一种力的本体论，使力在本体层面获得实在性，这种实在性可以为物质作为重复、堆集、团块提供某种统一性，其本身的同一性要求它必须是一个“真正的统一体”，这种实在性由力来完成并展现。

莱布尼茨将力分为原初的力和派生的力。莱布尼茨所谓的在现象界或机械论层面的活力就是派生的力。派生的力与原初的力不同，原初的力是每一个物体无论何时都恒定不变且持续不断地发挥作用，是物质最本质的主动的力，提供物质运动系列的法则；派生的力是原初的力的一种情状，是一种实际的、现实的状态，是物体的一个具体的系列的规定性或法则。“主动的力……是双重的，也就是说，或者是原初的，它存在于每个有形实体本身（因为我认为，一个完全静止的物体与事物的本性是不一致的）；或者是派生的，由于派生的力可谓是通过物体间相互冲突而产生的对原初的力的限定，它便被以各种各样的方式实施出来。实际上，原初的力（它不是别的任何东西而只是第一个隐德莱希）相当于灵魂或实体的形式，但是由于它作为一种真实的原因仅仅与一般的原因有关，所以便不足以解释现象。这样，我们的见解同这样一些人相一致，它们否认形式必定要被运用于推演可感觉事物的特殊的和专门的原因的过程中。”② 派生的力是现实的力，其在整个宇宙中的总量恒定不变，但同一个物体中的量并非保持不变。我们已经明确莱布尼茨的动力学中的力是派生的力，这种力“不是在同一个物体中保持不变，而是分散到许多物体中间，维系着一个恒定的总数；而且，它也不同于运动，因为运动的量并不是恒定不变的。”③

① ［德］莱布尼茨：《莱布尼茨自然哲学文集》，段德智编译，商务印书馆 2018 年版，第 138 页。

② 转引自［英］罗素《对莱布尼茨哲学的批评性解释》，段德智、张传有、陈家琪译，商务印书馆 2010 年版，第 119 页；C. I. Gerhardt，ed.，*Leibnizens Mathematische Schriften*，7 Vols.，Berlin：A. Asher；Halle：H. W. Schmidt，1849 – 1863，Ⅵ，p. 236。

③ 转引自［英］罗素：《对莱布尼茨哲学的批评性解释》，段德智、张传有、陈家琪译，商务印书馆 2010 年版，第 119 页；C. I. Gerhardt，ed.，*Die Philosophischen Schriften von Gottfried Wilhelm Leibniz*，7 vols.，Berlin：Weidman，1875 – 1890，Reprint，Hildesheim：Olms，1965 –，Ⅳ，p. 396。

（四）力的计量

上述的能量守恒定律是莱布尼茨关于运动问题的思考结果。“这些力实际上并不在于运动，也不在于运动的努力或开始，而是在于运动的原因或内在的理由［*causa sive ratione intrinseca motus*］，而这即是连续运动所要求的那种规律［*lege continuandi consistunt*］。”① 尽管物质有质量，因此具有自然惯性。自然惯性越大，施与它的动力所产生的速度越小。各个物体的运动，都包括主动和受动［*actoines passionesque*］两个方面，但是仅从这种可被测量或现象层面的“表观运动”是不能够表现物质的本质的。物质真实的运动也是无法真正得到解释的。应该将被动性原则和物质的本质放置到“不可入性（或抗变形性）和阻力（或惯性）”之中对物质的实质进行考察。同时应该认识到物质完全的流动性，是抽象的物质，是作为物质原初的性质。除广延之外，还具有借以抵抗穿透作用的东西，这种东西正是物质的被动性或阻力的根源。造物主放置的真正的自然的力，还包含一种意向、一种努力，使得物质显示出运动的经验。

初级物质被作为阻力的广延的原则所规定，阻力通过物体占据的空间或处所而显示出性质，这种性质可以被称为不可入性或坚硬性——抗变形性；阻力既然占据了位置或处所，它也显示出借以抵抗任何使其改变已经占有的位置或处所的作用力的性质。这种性质可以被称为惯性，这也是狭义上的阻力。对于莱布尼茨来说，这两种性质所蕴含的阻力是相等的，这种阻力的本质是被动的，表现为物体不但具有抵抗穿透作用的力，而且也抵抗试图改变其原有运动状态的力。这两种阻力都与广延有关。这两种阻力本身与次级物质和派生的力相联系，这种联系不仅在现象界的层面是必然的，在形而上学的层面同样是必然的。

虽然阻力与广延存在关系，但是仅从这种联系并不能推演出来初级物质的不可入性和惯性。因为广延并非不可入的，惯性与物质的质量相关而非与大小相关。因此，即使物质是纯粹被动的，广延也并非物质的本质。

（五）绝对运动的量化问题

作为单子或实体本质的力是原始的主动力，实体运动的原因在其本身之中。运动是绝对的，在这一点上莱布尼茨与牛顿是一致的。但在如下情

---

①［德］莱布尼茨：《莱布尼茨自然哲学文集》，段德智编译，商务印书馆2018年版，第65页。

况，运动主体的确定却存在分歧：在两个发生相对位置变化的物质中，如何确定运动所归属的主体？牛顿坚持认为绝对运动可以推论出绝对空间的存在性，如果绝对空间存在，运动的主体便可以确定。这个问题在牛顿那里似乎很简单，但莱布尼茨认为不能仅仅通过绝对运动便可以轻而易举地得出结论，例如这两者中即使发生了绝对运动，但确定究竟哪一个物体真正运动从而发生位置改变，或者说两个物体都发生绝对运动也是可能的。

莱布尼茨坚持从运动的原因来确定绝对运动的主体，但无论如何是无法推论出绝对空间的存在的。他说："先前，我把空间看作不可运动的实在的场所，仅仅具有广延性，由此，我能够把绝对的运动定义为这种实在空间的改变。但是，逐渐地，我开始怀疑自然里是否有被称作空间的这样一种存在。由此而来的是，对绝对运动的怀疑也可能产生……似乎可以由此推出：那种在运动中实在的和绝对的东西并不在于纯粹数学的东西，例如领域或位置的改变，而是在于动力本身；如果没有动力，也就根本没有绝对的和实在的运动……因此，除再假定'结果的总量始终等于它的全部原因'这种形而上学原则的前提下进行力的计算外，我们就找不到别的阿丽亚娜思路使我们走出这座迷宫。"①

按照莱布尼茨的空间观，空间的本质是关系。因此运动只是相对位置的变化而非绝对位置的变化。运动的现象也不能证明绝对运动。但是，他借助形而上学的力赋予了在相对位置变化的物体中哪一个发生了运动，哪一个并未发生运动。他说："关于绝对运动和相对运动的差异，我认为，如果运动，或者确切地说，物体的动力，是某种实在的东西，就好像一个人必须承认运动有一个主体是必然的一样……那么我就赞同，这种现象并不能提供给我们（或许乃至于天使）决定运动主体或运动程度的确实可靠的理由。同时，我还赞同：每一个运动都可以分开来被设想为处于静止状态之中……但是，我认为，你也不会否认，实际上，它们每一个都有一定程度的运动，或者如果你乐意的话，也可以说它们都有一定程度的力；尽管这两个假设是相同的。的确，我是从这里引出下面这条结论的，即在自

---

① 转引自［英］罗素《对莱布尼茨哲学的批评性解释》，段德智、张传有、陈家琪译，商务印书馆2010年版，第104页，原文出自：Robert Latta，trans. & ed.，*Leibniz*：*The Monadology and other Philosophical Writings*，London：Oxford University Press，1898，p. 253。

然界里，除了几何学能够规定的东西外，还有某种东西存在。”① 这种东西就是力。莱布尼茨认为牛顿证明空间绝对性的理由是不充分的。但是，他同样认为一个物体的真实绝对的运动与相对于另一个物体发生的纯粹相对位置的变化之间是存在一定差异的。②

那么既然相对位置是确定的，为何还要坚持力的绝对性呢？除了上述形而上学的需求之外，莱布尼茨和牛顿在此处都依赖于实验或经验的结果。在动力学的现象中，相对位置的变化需要区别加速度在两个物体间的分配比例，因此动力学的现象使得莱布尼茨坚信绝对的力的存在。于是，力的绝对性和运动的相对性之间存在一种张力，如何调和这种张力是摆在莱布尼茨面前的问题。

（六）动力学的数学还原法

莱布尼茨在物理学中将力与运动视作两种完全不同的事物，运动是相对的，力是绝对的，力的结果的量是可以被测量的。但是，结果只能通过运动的现象来表现并测量，在这个节点上，牛顿和莱布尼茨走向了不同的方向，牛顿走向了绝对空间，莱布尼茨则引入了运动的原因的归属进而继续坚持了运动和空间的相对性。“如果在运动中没有别的，只有这种各自的变化，那么就会推出在自然界里找不到运动必定归于某一个东西而不归于其他东西的原因。其结论将是根本不存在什么实在的运动。因此，为使一个东西可以说成是被推动的，我们就不仅需要它改变其相对于其他东西的位置，而且也需要在它自身中就有变化的原因，即力或活动。”③ 作为形而上学中具有本质原因并提供动力因的力在物体本身之中就是被先天赋予的力，这种可以被称为亚里士多德的隐德莱希的本质，内含一种努力和倾向，这种努力和倾向如果没有阻力就会达成取得事物欲求的完满。在莱布尼茨看来，这种力是可以被感官和理性所认知的。这种力是物体最内在的

① 转引自［英］罗素《对莱布尼茨哲学的批评性解释》，段德智、张传有、陈家琪译，商务印书馆2010年版，第105页，原文出自：C. I. Gerhardt, ed., *Leibnizens Mathematische Schriften*, 7 Vols., Berlin: A. Asher; Halle: H. W. Schmidt, 1849－1863, Ⅱ, p. 184。

② 参见C. I, Gerhardt, ed., *Die Philosophischen Schriften von Gottfried Wilhelm Leibniz*, 7 Vols., Berlin: Weidman, 1875－1890, Reprint, Hildesheim: Olms, 1965－, Ⅶ, p. 404。

③ 转引自［英］罗素《对莱布尼茨哲学的批评性解释》，段德智、张传有、陈家琪译，商务印书馆2010年版，第107页；C. I. Gerhardt, ed., *Die Philosophischen Schriften von Gottfried Wilhelm Leibniz*, 7 Vols., Berlin: Weidman, 1875－1890, Reprint, Hildesheim: Olms, 1965－, Ⅳ, p. 369。

本性，并一定由物体本身所产生。这种力求实现的力势必使物体产生运动，莱布尼茨认为这种意义上的力就是绝对的力。如果要测量这种力的量需要观察其产生的运动的现象。

此外，莱布尼茨引入了第二条形而上学的原则——连续律，用以处理运动、位置与力的问题。运动的连续性问题早已出现在芝诺悖论中，如果运动是位置的变化，那么每一瞬间位置是没有变化的，运动是没有发生的，因此运动不会是位置的变化。但是莱布尼茨却通过微积分中连续增量的启发，认为每一个瞬间的增量或增值是真实的，原因在于作用于物体的力是实在的。由于这种具有实在性的力，在运动的每一瞬间，运动的状态和静止的状态是不一样的，前者具有真实的力的增量，后者则无。莱布尼茨认为这不仅可以解释运动的连续变化，也能够解决时间的连续绵延。

因此，我们可以看出，为了解决绝对的力和相对运动之间的张力，莱布尼茨采用的方法是将运动与位置的关系性还原为物体的一种性质，其思维方式仍然是数学式的，受到微积分的最小增量的启发。可以说，莱布尼茨使用了一种“数学还原法”，“和解”了力的绝对性和运动的相对性之间的矛盾。

第二节　充足理由律是科学方法论的核心原则

在某种意义上，科学是一种跟人类思维相关的观念与实践的集合体系，其体系中的任何部分必定是相互联系的统一体。倘若整体及其部分无相互联系，即使不违反矛盾律也不能称之为科学。这种相互联系的本质就是能够提出原因—结果、根据—推理这样联系形式的充足理由律。在莱布尼茨的原文中，拉丁语 *principium rationis sufficientis* 可以翻译成充足理由原则或充足理由律。海因利希·科勒（Heinrich Kohler，1685—1737）将莱布尼茨法语原文《单子论》译成德语时，他将充足理由律翻译为 Prinzip des zureichenden Grunds。在德语中，Grund 通常表示理由、根据，Ursache 通常表示原因。这两个名词的区别正说明充足理由律具有不同的内涵和不同的适用范围。

充足理由律为一切科学提供了基础，它不仅为科学作为一门学科或领域成为可能提供了理由，也构成了一切科学方法论的核心。探求充足理由既是科学的原初追求，也是科学家乃至人类的科学探索精神的呈现。但是充足理由律在不同的科学学科对应了不同形态，如数学的演绎法对应的是先验直观的充足理由，几何学的演绎法对应的是感性直观的空间概念，自然科学的归纳法对应的是经验现象的因果规律……因此充足理由律本身的内容也存在不同的层次与类别，以对应不同的学科及其所遵循的科学方法论。

一　充足理由律的提出

（一）古希腊与中世纪

找到理由并对理由进行规律概括的抽象表达的历史从古希腊就已开始，虽然寻找充足理由的知识与实践原则并未成为具有指导意义的普遍法则，但其在柏拉图、亚里士多德、布鲁塔克的著述中均有表现。柏拉图在《美诺篇》中对充足理由律作过这样的抽象表述：“即使是些真实的观点，如果不是有人通过因果的证明而把它们联系在一起，也不具有多大的价值。”① 在《斐力布斯篇》中提道：“事物的发生都是必然的，都将由于某种原因而发生；否则它们怎么会发生呢？”② 在《蒂迈欧篇》中又说：“一切发生的事物，必然来自某种原因；因为没有原因，任何事物都是不可能产生的。”③ 普鲁塔克在其著作《命运》中引证了斯多亚学派的观点：“看来这是一个尤其首要的原则：没有无原因而产生的事物，每一个事物都遵循其在先的原因。”④

亚里士多德的概括最为经典，在《形而上学》中，他提出“全部本源的共同之点就是存在或生出或认识由之开始之点”。⑤ 因此，原因（ἀϱχη）或根据因其内涵出现了许多变式：什么存在（Was-sein）的根据、如此这样存在（Daß-sein）的根据、真实存在（Wahr-sein）的根据。这些根据的

① 转引自［德］叔本华《充足理由律的四重根》，陈晓希译，商务印书馆 1996 年版，第 7 页。
② 转引自［德］叔本华《充足理由律的四重根》，陈晓希译，商务印书馆 1996 年版，第 8 页。
③ 转引自［德］叔本华《充足理由律的四重根》，陈晓希译，商务印书馆 1996 年版，第 8 页。
④ 转引自［德］叔本华《充足理由律的四重根》，陈晓希译，商务印书馆 1996 年版，第 8 页。
⑤ 转引自［德］海德格尔《路标》，孙周兴译，商务印书馆 2016 年版，第 145 页。

共性被亚里士多德称为“第一起源（τὸ πϱ ῶτου ὅθε）”，认为我们只有知道了一件事成其所以然的真正原因才算真正了解了这个事物。① 因此，他将原因划分为了四种：基体（ὑποκείμευου）、是其所是（τὸτίῆυ εἶυαι）、变化之始点（ἀρχ ἡ τῆς μεταβολῆς）、始点（οὖἕυεκα）。在此四种原因的基础上，亚里士多德提出了与之对应的被后人所称的四因说，即“存在着四种原因：其一，事物本身的本质；其二，事物存在的必要条件；其三，最初使事物运动起来的东西；其四，事物所趋向的目的”②。中世纪经院哲学将其归纳为质料因、形式因、动力因及目的因。在中世纪之前关于充足理由律的观点与表述都表明，充足理由律已经作为一种不证自明的真理成为我们认识世界的基本内在原则之一。

（二）西方近代哲学

矛盾律与同一律在笛卡尔与斯宾诺莎的哲学中均已充当了最高原则的角色。笛卡尔的“我思故我在”这条“清楚的、明晰的”结论成为近代理性主义的信条。当然这个结论是否能被当作真理并非此处应该具体讨论的问题，但其中“我思”得到的“自明的”结论属于直接当下的确定性“直观”，这种直观的原则就是矛盾原则，能够确保思维知识的一致性和确证性。同样，“我思”与“我在”体现了直接的一致性，遵循了思维的同一性。“我是一个实体，这个实体的全部本质或本性只是思想。”③ 因此，思维的同一性与实体的同一性是一致的，或者说思维的同一性确保了实体的同一性。“如果我判断得对，现在你应该开始发现，只要一个人正当地运用他的怀疑，便能从中推出最确切的知识，这种知识之确切有用，有过于经那一般认作一切原则所从和所归的基础与中心的大原则中所推出的那些知识，这种大原则便是：‘同一事物不可能同时既是又不是’。”④ 这就是矛盾律。“我思故我在”在笛卡尔的意义上“我思”与“我在”是直接同一性的关系，并非因果律意义上的有先有后的推证关系，而是一种遵循矛盾律与同一律的直观关系。

相比于笛卡尔将矛盾律和同一律作为最高原则，斯宾诺莎有过之而无

---

① 转引自［德］叔本华《充足理由律的四重根》，陈晓希译，商务印书馆1996年版，第8页。

② 转引自［德］叔本华《充足理由律的四重根》，陈晓希译，商务印书馆1996年版，第8页。

③ 北京大学哲学系外国哲学史教研室编译：《西方哲学原著选读》（上卷），商务印书馆2016年版，第369页。

④ 转引自段德志《莱布尼茨哲学研究》，人民出版社2011年版，第97页。

不及。斯宾诺莎在《知性改进论》中将认识的方式［*modi percipiendi*］或知识的种类分为四项：（1）通过传闻或符号得来的知识；（2）由泛泛的经验得来的知识，即尚未由理智所规定的经验知识；（3）推理得来的知识，即由一件事物推出另一件事物的本质而得来的知识；（4）纯粹对事物的本质或最近因［*causa proxima*］的认识而得来的知识。[①] 只有第四种知识才是直接认识事物本质的真知识，这种知识也称"直观知识（*scientia intuitiva*）"。在《伦理学》中，斯宾诺莎又将这四类知识归结为三种：第一种是"意见或想象"，包括前两类知识在内。这种感性的知识是没有确定性的，不能使我们洞见事物的本质。这种知识是片面的、混淆的、不必然的观念，是错误和谬误产生的原因。第二种是"理性知识"，即由"共同概念"演绎推论或由果求因而得来的知识，数学知识就是其典型形式。斯宾诺莎认为这类知识在一般意义上是必然和可靠的，但其必然性和可靠性又是相对的。因为推论有可能出错，所以这类知识并不必然正确。第三种是"直观知识"，"这种知识是由神的某一属性的形式本质的正确观念出发，进而达到对事物本质的正确知识"[②]。由于这种知识直接把握了事物的正确本质而不会陷入错误，具有"最高的确定性"和"绝对的必然性"，能最完满、最确定地认识一个对象，因而是最高的认识。这类知识是推论知识的前提和基础，是一切真理的源泉。

斯宾诺莎认为"直观知识"比理性知识——理性推证知识更加可靠，因为"直观知识"在于神的观点的属性而获得事物的正确性。这种直观知识具有直接性，它之所以为真在于其自身的清楚明白，它无须推证也拒绝推证，这种依靠直观获得真观念，以真观念为公理，结合定义，推论出一套逻辑自洽的命题系统，这种被他称为"几何学方法"的演绎方法几乎成为近代理性主义哲学的"模范方法论"，成为同时期与之后一段时间西方科学方法论的主流核心方法。

二　莱布尼茨的充足理由律

与笛卡尔、斯宾诺莎不同，莱布尼茨是第一位正式将充足理由律作为

① 参见［荷兰］斯宾诺莎《知性改进论》，贺麟译，上海人民出版社 2009 年版，第 252—253 页。

② ［荷兰］斯宾诺莎：《伦理学》，贺麟译，上海人民出版社 2009 年版，第 74 页。

一切认识和科学的主要原则的思想家，他将充足理由律的地位提升到了第一原则。他注意到了理由—结论与原因—结果两种不同的充足理由律的联系模式。理由—结论模式对应的是 Grund（根据），它属于事物存在的范畴；原因—结果模式对应的是 Ursache（原因），它属于事物观念的范畴。笛卡尔意义上的充足理由适用的范围是人类的认识，斯宾诺莎意义上的充足理由适用的范围是事物的存在。莱布尼茨将这两个范围都囊括在内，体现了他集大成的百科全书式的思想风格。

不仅如此，莱布尼茨也是首次将充足理由律（根据律）称为根据之原理［*principium rations*］的思想家，按照克里斯蒂安·沃尔夫在其《本体论》（*Ontologie*）中对 *principium* 含义的解释："原理是指在自身中包含了另一种东西的根据的东西［*Principium dicitur id*，*quod in se continet rationem alterius*］"①。因此，拉丁语的"原理［*principium*］"对应的是德语的"定律、命题（Grundsatz）"，"根据之原理［*principium rationis*］"译为德文是"根据之定律（der Grund des Grundes）"。由此，当充足理由律（根据律）成为定律，而莱布尼茨将定律等同于如欧几里得几何学公理那样的公理时，公理就成为这样一些命题，它们被所有人都视为清楚明白的，并且这些命题——认真看来——是由在内容上被界定了的、明确的概念构成的。②同理，充足理由律也是这样一种公理。充足理由律（根据律）被提到第一原理的地位，也成为我们认识的权杖和行为的引导。

（一）原因

总体来说，莱布尼茨为何将充足理由律"提升"为第一原理可以分为两个层面的原因。一个层面是出于解决具体问题的直接原因，即作为解决具体问题的方法论需要；另一个层面是解决形而上学一般问题的深层次原因，即作为构建他整个思想与方法论体系的需要。

1. 身心相互关系问题——直接原因

笛卡尔的身心二元论问题几乎成为近代哲学的核心问题。正是对这个核心问题的解决推动了斯宾诺莎、莱布尼茨、马勒普朗士、洛克等一批大思想家的理论进展，生发了一个思想百花齐放的欧洲新时代。身心二元问

---

① ［德］海德格尔：《根据律》，张柯译，商务印书馆 2016 年版，第 27 页。

② 库迪拉：《莱布尼茨未刊小册和残篇》，第 32 页，转引自［德］海德格尔《根据律》，张柯译，商务印书馆 2016 年版，第 30 页。

题作为那个时代“哲学的难题”，不仅仅涉及身心相互作用，还涉及实体与自然界各物质之间的关系、上帝的角色与作用等一系列从中世纪“遗留”下来的问题。

具体来说，17 世纪出现了两种主流的因果论观点——自然主义的因果论（influxus physics）与偶因论因果论（Occasionalism）。[①] 自然主义的因果论也称物理流入主义和纯粹的保守主义（Mere conservationism），认为原因与结果之间存在某种“流入”的关系，可以直接相互作用。身心之间以及各个自然界物质之间可以通过“流入”直接发生作用，原因与结果之间是直接必然联系在一起的。莱布尼茨称这是经院学派所主张的“彼此影响的系统”。弗朗西斯科·苏亚雷斯（Francisco Suárez）、托马斯·霍布斯（Thomas Hobbes）、皮埃尔·伽桑迪（Pierre Gassendi）、罗伯特·波义耳（Robert Boyle）等都坚持这种观点；偶因论因果论被称为偶因系统（le Système des Causes occasionnelles），它表示“机缘”、“时机”、“原因”、“理由”等含义，这是尼古拉斯·马勒普朗士（Nicolas Malebranche）在他《对真理的追求》中提出的思想，与物理流入主义和纯粹的保守主义的观点相反，他否认有限的物质之间以及有限的物质与非物质之间能够产生因果相互作用，之所以两者产生类似于原因结果的联系，原因仅仅在于上帝。上帝在物质的任何变化阶段以及任何的“相互”作用中都充当了“幕后推手”的角色，对所有的物质变化和“相互”关系负责。莱布尼茨称这种理论为“有一个永久守候者的系统”，或“急救神理论”［*Deus ex machina*］，顾名思义，上帝只能充当事物的永久守候者或急救神，任何时候都监护他所创造的这个世界的万事万物。因此，很明显，将上帝放到这个位置解决了身心二元问题，找到了解决灵肉二分带来的实体世界割裂状态的原因或理由。但是在莱布尼茨看来，这是以牺牲上帝的全知全能全善的神圣地位与其尊严为代价的。因为在这个系统中，上帝不得不一直创造奇迹以维持他所创造的这个世界的正常运转。这很容易使人联想到一个笨拙的工匠制造了一个粗劣的机械，他不得不不断地修理它以使它能够运转下去，这明显与上帝的身份不符。莱布尼茨不同意上述两种在当时颇为流行的解决方案，于是莱布尼茨的充足理由律应运而生。

---

① Kenneth Clatterbaugh, *The Causation Debate in Modern Philosophy, 1637 - 1739*, New York: Rougledge, 1999, p. 97.

2. 构建形而上学体系——深层次原因

虽然笛卡尔、斯宾诺莎等将矛盾律作为世界的最高法则，但是矛盾律即反面不包含矛盾即为真的判断原则，只能在逻辑学这个最基础或最普遍的层级上对于真假进行判断，并非所有的命题、判断、理论、观点等都可以“还原”成为最简单的命题并通过矛盾律进行真假判断，比如，经验性的命题“太阳从东边升起”。再者，即使所有的命题能够被还原成为一些简单命题，最终获得的只是一些空洞的、形式的、抽象的结论，如 A = A 这样没有实质内容的知识。于是莱布尼茨引入了充足理由律。他的理由是矛盾律是理性真理的原则，涉及的是必然性的判断，而与必然性相对的偶然性范畴仅仅依照矛盾律是不够的。因为涉及偶然性的判断，无关彼此是否相互矛盾，只关乎事物是否存在，这样关于偶然性的判断则需要一个新的法则来给出根据或理由，即使不能给出一个事物原则的绝对终极理由，至少也能给出一个充分的理由，这就是充足理由律。值得注意的是，莱布尼茨不仅引入了充足理由律，而且还将充足理由律与矛盾律并列，成为他形而上学体系的两大基本支柱。以矛盾律与充足理由律两个并列的“第一原则”为基础，不可辨识的同一性、连续律、“前定和谐”的新系统等一系列“二阶”的原则作为“派生的”原理，构成了莱布尼茨整个思想体系和方法论的统一性。因此，充足理由律在莱布尼茨那里发挥着形而上学奠基性的功能。

（二）内容

海德格尔对莱布尼茨引入充足理由律的观点给出了肯定的评价：“在每一个肯定真理（真理陈述）中的确是真实的，无论它是普遍的还是个别的真理，无论它是必然的还是偶然的真理，并且在内在的还是外在的名称中也是真实的。这里隐藏着一个惊人的奥秘，它包含着偶然性之本性或者必然真理与偶然真理的本质区别，而且也消除了那种关于命运般的必然性甚至在自由的现实事物也存在的困难。”① 这道出了充足理由律（根据论原则）的持续存在根源于真理的本质，同时也表明充足理由律不仅涉及逻辑问题，也涉及存在问题，是关乎个体自由的现实事物的重要原理。

如果科学在广义上可以被理解为根据与后果的统一，那么统一根据与理由的充足理由律则成为一切科学的基础。在莱布尼茨看来，充足理由律

① ［德］海德格尔：《路标》，孙周兴译，商务印书馆 2016 年版，第 152 页。

无非就是“没有什么东西是没有理由的”［*Nihil est sine ratione*］，而且他甚至将充足理由律从自然规律上升到了形而上学的原则，“我们像十足的自然科学家那样，扯得太远了。现在我们必须上升到形而上学，利用那不常使用的伟大的原则，这个伟大的原则断言没有充足理由，就没有东西能够发生［*qui porte que rien ne se fait sans raison suffisante*］。”①《单子论》中对充足理由律的表述最具有概括意义：“我们根据这个原则衡量，只要没有充足理由说明其为此而非彼——尽管这些理由在大多数情况下对我们完完全全是未知的——任何事实都不能被认为是真正存在着或者生存着的，任何论断都不能被认识是真实无妄的。”② 这是莱布尼茨意义上充足理由律的全部内容。

（三）范围

但是充足理由律并非仅仅像其表述的内容那样简单明了，在莱布尼茨的科学方法论中，充足理由律作为第一原理的含义就包含了其在科学方法论中的关键作用，既然地位如此重要，那么其存在与适用的范围和领域应该首先得到澄清。

单子的重要属性就是“无窗”：“没有任何一种手段可以解释，一个单子怎么可能经由其他某一创造物而在自己内部陷于躁动或者发生改变，因为人们不可能在它的内部移动某种东西；人们也无法理解在它内部会有某种运动被促成、制导、增多或减少，正如在其部分中可能产生改变的复合体中的情况那样。单子没有使某种东西能够藉以进出的窗口。偶然的东西不可能脱离实体而游荡于其外，如以往的经院学者们的感觉心象所做的那样。可见，不论实体还是偶然的东西都不可能从外部进入一个单子之内。”③ 这是恐怕是莱布尼茨对其“无窗单子”最详细的说明了。这个说明恰恰也表明了充足理由律所处的“内在性”——单子（实体）之间不存在因果相互作用（intersubstantial causation），单子之间的因果相互作用只存在于单子内部的因果作用（intrasubstantial causation）。单子在上帝被造之始就被赋予了原初的主动力，它促使单子的知觉发生变化，这种呈现在实体内部的知觉、统觉、表象、意识等都遵循充足理由律。这不仅体现了

---

① 转引自段德志《莱布尼茨哲学研究》，人民出版社 2011 年版，第 105 页。

② ［德］莱布尼茨：《神义论》，朱雁冰译，生活·读书·新知三联书店 2007 年版，第 487 页。附录中《单子论》第 32 条。

③ ［德］莱布尼茨：《神义论》，朱雁冰译，生活·读书·新知三联书店 2007 年版，第 481 页。

实体不依赖其他实体的自主性或自因性，也体现了个体的自由。那么，内部的充足理由律的作用领域与机制是怎样的呢？

三　充足理由律的方法论的领域与机制

在整体上，可以将莱布尼茨的充足理由律的机制分为两大领域——观念领域和存在领域，它在这两种领域中分别发挥不同的原则性的规范作用。单子遵循知觉法则，知觉在欲求或隐德莱希的作用下在单子内部呈现存在的领域和本质的领域。不同于康德认为充足理由律只是客体的形式，只在现象界中发挥功效，莱布尼茨的充足理由律的范围更大，它涵盖人类整个理智的领域（机械论）：包含经验表象的内容——现象界、感性直观的内容——时间与空间，理性认识的领域——概念与抽象的抽象（符号）、动机——个体意志，同时也涵盖存在的领域（目的论）：综合地包含着真理、世界、超越与自由。

（一）人类理智的观念领域

单子在其内在知觉的观念领域中的展开是以欲求为动力完成的。“欲求，是灵魂中变化法则的即时动力。”① 欲求作为单子内最初元极的原初动力，推动单子知觉的不断变化，或不断产生新的知觉。莱布尼茨 1712 年在《理性原则结果的形而上学》中提出：“因为单纯实体的本性由知觉和欲求组成，显然在每个灵魂中存在一系列的欲求和知觉，通过它们从目的到达手段，从一个事物的知觉到达另外一个事物。”② 处在连续状态的知觉序列首先成为充足理由律的第一个领域——关于存在领域的经验现象。关于存在的领域是我们知觉形成表象的领域，在这个领域，充足理由律具有了康德意义上的先天综合性质，它成为我们认识能力的一种原始原则，为相对的、动态的、暂时的、变化的及有限的知觉表象提供理智形式的整合，使得认识所得的经验现象世界可以被人所把握，表象之间的联系实质是遵循原因—结果的充足理由律形式。正如叔本华的观点：对表象世界的描述与充足理由律相符的表述已经是科学的表述，与哲学的

① C. I. Gerhardt, ed., *Die Philosophischen Schriften von Gottfried Wilhelm Leibniz*, 7 Vols., Berlin: Weidman, 1875 - 1890, Reprint, Hildesheim: Olms, 1965 - . Ⅵ, p. 598.

② L. E. Loemker, trans. & ed., *G. W. Leibniz: Philosophical Papers and Letters*, 2nd ed., Dordrecht: Reidel, 1969, p. 175.

超越了充足理由律的形而上学的表述不同，也正是在此处科学与哲学分道扬镳了。

1. 形式——时空的纯粹直觉

莱布尼茨认为时间只是一种绵延的关系，这种关系提供了所谓在前与在后的一种连续相继的秩序，康德将时间视为一切直观之基础的先天的内感官形式。不同于莱布尼茨处于不同单子之间的“第三方”的援助体系［*systema assiscntiae*］“前定和谐”，康德将“共联性”范畴置于内感官与外直观之间，使得当外感官获得刺激之后，“外感官的表象在内感官中构成了我们用来占据心灵的真正材料”①，通过内感官，心灵直观自身或内在状态，在内直观中产生对自身的意识。内直观产生的是对主体自身的显象，内感官是只包含直观的形式，时间就是这种内感官的形式，直观我们自己和我们内部状态的形式。这就是康德解释莱布尼茨将显象理智化的分析。这种秩序的理智化首先就是形式化的时空观。

海德格尔认为世界的筹划与被存在者所占取的状态，作为“建基的方式”——获取根据的方式，归属于一种时间性（Zeitlichkeit），因为它们共同构成了时间性之到时（Zeitigung）。按照海德格尔的诠释，莱布尼茨的时间——过去、现在与未来，正是在这种特殊的“时间性”中呈现出来。“正如将来‘在’时间‘之中’领先，但只要时间亦即曾在和当前也在特殊的时间统一体中自行到时，则将来就自行到时（sich zeitigen）”②。这是一种开放方式的秩序化。但无论如何，时空一定是莱布尼茨充足理由律的建基基础。

2. 对知觉知识的处理方法——概念思维、符号表征与理性反思

莱布尼茨认为植物、动物都具有灵魂，但人具有高于它们的表象和理性能力，因此，人具有灵性的灵魂被称作精神。这种动物不具备的表象能力就是概念的能力——与直觉表象对立的抽象表象。概念在自身中或自身下包含了无数的个别事物，具有综合和抽象的性质，因此，概念也可称为来自表象的表象。因为在形成概念的过程中，抽象的能力将直觉的表象分解成不同的部分，或按照不同的性质、或按照不同的关系等对其分解的部

① ［德］康德：《纯粹理性批判》（第二版），李秋零译，中国人民大学出版社 2004 年版，第 64 页。

② ［德］海德格尔：《路标》，孙周兴译，商务印书馆 2016 年版，第 197 页。

分进行思维。这种思维是通过自身的思维，并不能获得自身的知觉。由于我们在抽象的过程中必定会丢掉知觉提供给我们的多样性，以便使剩下的部分能够被我们所思维，概念的思维就是知觉提供给我们的范围。

概念的获得涉及抽象的方法，在考察了知觉的多样性对象之后，我们舍弃了属于每一个表象不同的东西，而把共同的东西保留下来就获得了种的属。属的概念就是在扣除了那些并非每个种都具有的东西之后在其中包含了每一个种概念的概念。因为每一个可能的概念都可以是一个属，因此，概念一定是一般的东西，它并不能被我们直接知觉，只能被我们所思维。当我们在抽象思维的过程中不断地推进，同时不断地舍弃更多的多样性，剩下的东西就越少。当抽象到一定的程度，形成的概念则丧失了一切可知觉性。因此，为了保留这些概念，我们创造了符号（文字）。符号会标识出一般的表象（概念），而非可知觉的对象。符号或文字承载了即使没有受过任何专业训练也能表述出一套广阔、完整而连贯的表述，因此符号作为概念的标识具有无法取代的有用性。

理性的整个机制在于将世界的全部本质简化为概念，这不仅需要抽象能力，也要借助符号语言能力，理性将一切逻辑中本质的东西带入我们的意识中。抽象能力决定了形成概念的能力。借助概念，我们能够思维所有表象中为每一个别的目的所要求的那些部分和关系。而理智借助于概念的占有和运用使得抽象的表象可以呈现在我们的意识中，这就形成了反思。

反思（reflection）作为从光学中借鉴而来的名词表达了认识的派生性和第二性的特征。反思为人的深入思考提供了可能，使得人在一个概念中思考众多事物时，可以根据自己的意愿进行选择，因此充足理由律获得了发生作用的空间。概念是科学的素材，一切科学的目的最终可以归纳为从特殊到一般，获得世界的普遍规律；从一般到特殊，获得具体的特殊知识。正如亚里士多德在《形而上学》中提到“没有一般，就不可能有知识”①，思维利用符号进行抽象反思（纯粹的逻辑推理），“在这种情况下，它严格地把自己保持在自己固有的范围内，或者为了同知觉表象达成一个知性而涉及了知觉表象的界限，以便使经验所给予并为知觉所把握的东西同清晰的反思所导致的抽象概念联系起来，并且由此而达到对它的完全占

① ［古希腊］亚里士多德：《形而上学》Ⅻ，第九章；转引叔本华《充足理由律的四重根》，陈晓希译，商务印书馆1996年版，第105页。

有。因此，在思维中，我们不是在探索概念或者既定的知觉所从属的规则，就是在探索对既定的概念或者规则予以证明的特殊场合”[①]。因此，思维是逻辑学在判断理论中所表明的在各种限制中两个或多个抽象概念之间的联系和关系。判断就是被清晰的思想表达出来的概念之间的关系。充足理由律在此充当了判断的内在原则——如果一个判断试图表达任何种类的知识，它必须有一个充足理由。真理由此成为一个不同于某种事物的本身的、被称之为该事物的理由或根据的判断的联系。

理性（ratio）在一切起源于拉丁语中的词汇均具有表述认识的理由的含义，证明的方法是寻求某种已被认识的事物的依据，不断地证明会得到这样一些命题——表达了思维和认识的形式和规律，因而也表达了它们的条件，因为思维和认识是对这些命题、规律和条件的运用。

3. 充足理由律对经验现象的“归置”方法

海德格尔认为根据论指的是人类的知性本身处处并始终在寻求根据，“无论在什么地方和什么时候活动，它立刻就去寻求根据了，而知性所碰到的东西正是从这种根据而来才是其所是。只要知性本身要求说明根据，知性就是在寻求根据”[②]。也就是说，知性要求对断言或主张提供根据（Be-gründung）[③]，只有提供了根据的断言或主张才是可理解的和符合理智的。“在所有的探究（Er-gründung）与提供根据（Be-gründung）中我们发现自己处于一条通向根据（Grund）的路上。即便对此没有确切认知，我们也一直以某种方式被召唤了（angesprochen），被召唤着去留意那些根据与那个唯一的根据。”[④]

因此，按照海德格尔的解释，莱布尼茨对于此在的一切思想的论证过程应该需要这两个最高原则——矛盾原则和“应被归置的根据的原则［*das Prinzip* reddendae rationis］”[⑤]。于是，充足理由律的实质在于将知觉获得的表象活动为了真实命题或真理而被归置（reddere），归置带有“回（zurück）”的含义，表象活动作为再现（das Vorstellen ist re-praesentatio）

---

① ［德］叔本华：《充足理由律的四重根》，陈晓希译，商务印书馆 1996 年版，第 106 页。

② ［德］海德格尔：《根据律》，张柯译，商务印书馆 2016 年版，第 5 页。

③ 在《根据律》中，张珂此处将 Be-gründung 译为“论证”，本书根据思想需要，认为译为提供根据更加准确，故此处引用较之出处有所修改。

④ ［德］海德格尔：《根据律》，张柯译，商务印书馆 2016 年版，第 6 页。

⑤ ［德］海德格尔：《根据律》，张柯译，商务印书馆 2016 年版，第 45 页。

即表示将“置于前面（Vorstellen）”的显现“放回”到充足理由原理之中。“按照应被归置的根据的原理，前置［表象］活动——倘若它应当是一种认知着的活动的话——必须把所对待者的根据朝向（zu）表象活动，并且这也意味着，回予［reddere（归置）］给表象活动自身。在认知着的表象活动中，根据将被归置（zugestellt）给认知着的自我。”① 因此，在莱布尼茨看来，只有将根据律作为表象论证活动的原理，断言、命题才可以是真实的或真的。对断言、命题的根据的归置任何时候都是可能且必要的，充足理由律因此具有了统治、引导与承受所有认知活动的强大功能，即认知的活动是“前置表象”活动（Vorstellen）的一种类型，在这种活动中，“对象（Gegenstand）”在主体面前“伫立”起来，诸对象的被表象状态归属于对于表象活动而言的对象之对象。

（二）存在领域——真理、筹划与超逾

莱布尼茨正是因为认为笛卡尔、斯宾诺莎仅将矛盾律作为第一原理并不足以支撑起形而上学体系，所以才将充足理由律再次引入形而上学，甚至将其作为最高或最初的原理。在海德格尔看来，莱布尼茨最早明确地对充足理由律这个“伟大原理（principium grande）”作出了明确表述并赋予这个定律以作用。当然，关于莱布尼茨将充足理由律仅仅作为一个逻辑学的原理还是形而上学的原理，抑或两者兼有的问题仍颇具争议。我们关于莱布尼茨对于充足理由律的原初意图似乎仍不明确，尤其是作为超越知识论的最原初的存在领域的充足理由律的基础、内涵、机制等仍需澄清。

1. 对真理的先天证明

海德格尔认为“根据”是一般存在的先验本质特征，因此根据律适用于存在者。根据包含在存在之本质之中，在作为筹划着世界而处身的建基的超越中，只有存在。“谓词或结论常常内在于主词中，或者在前提中；而且一般真理的本性或者陈述的诸概念之间的联结恰恰就在于此，正如亚里士多德已经看到的那样。在同一性中，谓词在主词中的那种联结和那种蕴涵乃是明显的，在其他情况下则是隐含的，而且必须通过一种对概念的分析而得到显示，表明其中还有先天性的证明。”② 这种“先天的证明”本身指向的就是原因或根据的存在，同样，“这在一个肯定真理（真理陈

① ［德］海德格尔：《根据律》，张柯译，商务印书馆 2016 年版，第 46 页。
② 转引自［德］海德格尔《路标》，孙周兴译，商务印书馆 2016 年版，第 152 页。

述）中的确是真实的，无论它是普遍的还是个别的真理，无论它是必然的还是偶然的真理，并且在内在的还是外在的名称中也是真实的。这里隐藏着一个惊人的奥秘，它包含着偶然性之本性或者必然真理与偶然真理的本质区别，而且也消除了那种关于命运般的必然性甚至在自由的现实事物也存在的困难”①。所有的命题、所有的偶然性与必然性、自由与命运等这些范畴的关键都在于一个问题，“在这里立即就可以得出这样一个已经普遍接受的公理：没有根据便一无所有，或者，没有原因就没有结果。否则的话，就会有那种不能先天地证明的真理，或者那种拒不化解为同一性的真理——这是与真理的本性相矛盾的，因为真理始终或明或暗地是同一的”②。莱布尼茨在这里正式指出“没有根据便一无所有，或者，没有原因就没有结果”——充足理由律。这种引出的论证表明充足理由律是从真理之本性［*natura veritatis*］中“诞生”而来的。根据原理使得存在者必定是有根据的存在，其谓词可以根据充足理由律消解在同一性之中，这正是真理的本质——主词与谓词的联结［*connexio*］。莱布尼茨把这种联结或联系［*nexus*］规定为谓词内在于［*inesse*］主词之中，这种内在被规定为“同一存在［*idem esse*］”。更进一步，莱布尼茨认为命题真理的本质的同一性绝非某物与其自身的空洞的同一性，而是归属于原始统一性的同一性。因此真理首先意味着一致性（Einstimmigkeit），这种一致性表示的就是与那种作为统一者的同一性中自行呈现出来的东西的符合一致性（Über-einstimmung）。由此，对于任何一个真理命题的内在联结的分解总是要以……为根据（auf Grund von...），反过来就是真理本身就包含着一种与诸根据的东西合乎本质的联结。

2. 根据律对存在者机制的筹划（Entwurf）——超越（Transzendenz）问题

就主谓项形式，海德格尔认为莱布尼茨似乎已经触及了根据原理所处的位置，但是并不明确。他认为谓词或谓述之所以是可能的，本身就必须能处在一种更为源始的“无蔽状态”中，“根植于存在者之前谓词性的可敞开状态中，后者可被称为存在者状态上的真理（ontische Wahrheit）”。按照存在者的不同种类和区域，谓词的可能的可敞开状态以及解释性规定的

① 转引自［德］海德格尔《路标》，孙周兴译，商务印书馆 2016 年版，第 152 页。

② ［德］海德格尔：《路标》，孙周兴译，商务印书馆 2016 年版，第 152 页。

相应方式会随之发生变化，于是充足理由律就进入到存在论中。

谓词的可敞开状态绝不具有某种表象直观的特性，本身并不能放在感性与知性的观念领域进行考察，只能在存在领域进行考察。“存在者状态上的可敞开者本身，却出现在那种合乎情态的和冲动性的在存在者中间的处身（Sich befinden）中，出现在那些共同被建基于此的合乎欲求和有意愿的对存在者的行为中。”① 存在者在机制上的筹划将某些特定的如自然、历史的领域标划为科学认识的可能的对象化的领域。

如果把一切对于存在者的行为都标识为意向行为，意向性（Intentionalität）只有根据超越才是可能的。因此由于根据之本质与真理之本质存在着更为内在的关联，根据之问题只能在真理之本质的内部获得可能性，根据之本质问题就转化为超越（Transzendenz）问题。在海德格尔看来，“超越意味着超逾（Überstieg）。实行这种超逾、在这种超逾中逗留着的东西，是超越的（超越着的）。这种超逾作为发生事件（Geschehen）为某个存在者所有。在形式上，我们可以把这种超逾把握为一种‘关系’，一种‘从’某物‘到’某物延续的关系（Beziehung）。于是，超逾就包含着它所要实现的东西，这种东西往往不确切地被称为‘超逾者（das Transzendente）’了”②。将超越作为人之此在所特定的东西，是作为先于一切行为而发生的这个存在者的基本机制，“超越标志着主体的本质，乃是主体性的基本结构。”③ 同时，由于被超越者或被超逾的东西，就是存在者本身，“而且就是能够对此在无蔽地存在和变易的任何存在者，因而也恰恰就是那个存在者——‘它自身（es selbst）’即作为那个存在者而实存（existiert）”④。超越首先面临的正是它所是的那个存在者——它自身的“它”，因此超越的过程正是此在构建自身性（Selbstheit）的过程。更确切地讲，此在绝非首先就有自身性，它在超逾的过程中在存在者范围内区分决断如下问题：是什么、如何是什么成为一个“自身（Selbst）”、什么不是这个“自身”。当“自身”对实存有所作为之前，这个存在者首先必定应是超逾的了。

---

① ［德］海德格尔：《路标》，孙周兴译，商务印书馆 2016 年版，第 155 页。
② ［德］海德格尔：《路标》，孙周兴译，商务印书馆 2016 年版，第 161—162 页。
③ ［德］海德格尔：《路标》，孙周兴译，商务印书馆 2016 年版，第 162 页。
④ ［德］海德格尔：《路标》，孙周兴译，商务印书馆 2016 年版，第 163 页。

3. 此在在世界中的筹划方式

超逾发生在整体性中。我们把此在本身进行超越的“何所往”（Woraufhin）称为世界，因此超越应被规定为“在世界中存在（In-der-Welt-sein）”。“世界乃是超越的统一结构；作为超越所包含的东西，世界概念被叫作一个先验的概念。以这一术语，我们命名的是一切本质上属于超越并从超越中获得其内在可能性的东西。”① 此在之所能成为实存着的此在而存在，原因正在于它的本质机制包含在“在世界之中存在”中。

当然，按照莱布尼茨提出的单子（个体主体）的个体有限性，“在世界中存在”向来只能在一种按不同程度“透明的筹划”中才能被带入一种领悟——“即被带入一种先行期备着的，并且一再（当然总是相对地）要抽象地结束的领悟之中。”②“在世界之中存在”应该被把握成为源始统一的此在机制，如何把握需要涉及“世界现象（Weltphänomen）”。在希腊，世界、宇宙并非指一切存在者的综合，而是某种更为本质的东西，首先，这意味着某种“状态（Zustand）”——存在者整体于其中存在的如何（Wie）。作为整体，世界就被带入人与人之此在的实际实存的基本方式的关系之中了。因此，世界首先是存在者之存在的一种如何；其次，这种如何规定着存在者整体，它在根本上作为界限和尺度上的一般如何的可能性；再次，世界作为整体在一定程度上是先行的；最后，这个先行的整体的如何相关于人之此在。总之，“世界恰恰归属于人之此在，虽然世界涵括一切存在者，也一并整个地涵括着此在”③。世界作为此在之原因的当下整体性是通过此在自身被带到此在面前来的。带到面前来（Vor-sich-selbst-bringen）正是对此在之可能性的源始筹划。“世界之筹划，即便它并未特地抓住被筹划者，它也始终是被筹划的世界对存在者的笼罩（Überwurf）。这种先行的笼罩才使得存在者之为存在者自行敞开出来。此在之存在从中自行产生的这种谋划着的笼罩事件，就是‘在世界之中存在’。所谓‘此在超越着’就是说：此在在其存在之本质之中形成着世界（weltbildend），而且是在多重意义上‘形成着’，即它让世界发生，与世界一道表现出某种源始的景象（形象），这种景象并没有特地被掌握，但恰恰充当着一切

① ［德］海德格尔：《路标》，孙周兴译，商务印书馆2016年版，第164页。
② ［德］海德格尔：《路标》，孙周兴译，商务印书馆2016年版，第166页。
③ ［德］海德格尔：《路标》，孙周兴译，商务印书馆2016年版，第168页。

可敞开的存在者的模型（Vor-bild），而当下此在的本身就归属于一切可敞开的存在者中。”①

4. 根据律与自由的关系——建基

当超越被规定为此在“在世界之中存在”，根据律（充足理由律）的本质只能在此在之超越中寻找。世界对此在表现为原因的当下的统一整体性，“这就是为某个同样源始地存在的存在者之缘故的当下整体性：寓于……现成者而存在、与……他者之此在共在、以及向……它自身而存在。”② 只有当此在在诸原因中超逾“自身”，此在才能以此方式向着作为它本身的它而存在。这种根据某种原因的超逾发生在单子（存在）的意志中，自由也因此在意志本身朝向它自身的可能性中谋取自由。“一切行为皆根植于超越。但那种‘意志’应能作为超逾并且在超逾中‘构成’缘故（das Umwillen）本身。而按其本质而言在筹划之际先抛出诸如一般的缘故之类，并且绝不使之作为偶然的功效同时产生出来的那个东西，就是我们所谓的自由（Freiheit）。向世界的超逾乃是自由本身。因此，超越并非冲向作为诸如一个自在地现成的价值和目标之类的东西的缘故，倒不如说，自由——而且作为自由——把自身呈递给这种缘故。在这种超越着的向缘故的自身呈递中，发生着人之中的此在，以至于人在其实存之本质中承当自身，亦即能够成为一个自由的自身。但在这里，自由同时也揭示自身为使一般责任和约束性成为可能的东西。唯自由才能够让一个世界对此在起支配作用并且让一个世界世界化。世界绝不存在，而是世界化。”③

在这里，海德格尔将莱布尼茨提出的充足理由律更加推进了一步，他对自由的本质进行了一个更为原始的描绘，即自由仅仅被规定为自发性（Spontaneität）更为原始，自由除了仅仅出于自发性而背后没有任何决定性的原因。一切自发性的基础在自身的自身性中，自身性则在超越的“在世界之中的存在”，自由筹划并“高抛”着让世界发挥支配作用，这些方式构成超越，由此它在实存着的此在中显示为因果性的方式。作为“因果性”的自由首先已经活动在某种特定的关于根据的领悟之中，不过这种领悟是一般根据的根源，自由因此可以被诠释为“向着根据的自由（Freiheit

---

① ［德］海德格尔：《路标》，孙周兴译，商务印书馆 2016 年版，第 188 页。

② ［德］海德格尔：《路标》，孙周兴译，商务印书馆 2016 年版，第 193 页。

③ ［德］海德格尔：《路标》，孙周兴译，商务印书馆 2016 年版，第 193—194 页。

zum Grunde）”。

在存在的领域，自由是在根据中取得的自由，海德格尔将自由与根据的源始关系称为建基（Gründen）——以此给自由取得根据。建基根植于超逾——在世界之中的存在，主要可分为三种方式：（1）作为创建（Stiften）的建基；（2）作为取得基础（Boden-nehmen）的建基；（3）作为论证（Begründen）的建基。这些都带有先验的性质，并且发生在存在者之中。

“建基”就是对缘故的筹划（Entwurf des Umwillen）。此在在世界筹划中始终包含着它在超逾中并通过超越返回到存在者的事实——“在先抛中被筹划的缘故返回到在这个世界境域中可揭示的存在者之整体那里。”[①] 这个存在者的整体包含作为此在的存在者和非此在式的存在者。筹划着的此在作为筹划者置身于非此在式的存在者中间，这种在……中间（Inmitten von）归属于超越，超越就是世界筹划。因此此在作为处身性的此在被存在者所占取，并归属于存在者为存在者所贯穿协调。因此，筹划者为它所超逾的存在者所协调贯穿并支配。于是在这种归属于存在者所占取状态（Eingenommenheit von Seienden）中，此在在存在者那里获得基础和“根据”。

表 2－1　　此在的三种分散对应的三种建基方式

	建基的先验源起的三重分散	建基的发散的三种方式
根据之本质	分散入世界筹划	作为创建（Stiften）的建基
	在存在者中的被占取状态	作为取得基础（Boden-nehmen）的建基
	对存在者的存在学论证	作为论证（Begründen）的建基

如表 2－1 所示，在世界筹划中，一种可能的东西的超溢被给予此在，此在要着眼于在处身状态中“簇拥”着的存在者（现实事物）所贯通的关系状态中，因此因果问题、根据问题、充足理由律等问题就会产生出来。同样在关于根据的本质的“三重分散”以及与之相对应的“建基的发散的三种方式”中，什么存在（Was-sein）——为什么根本上要存在而非不存

① ［德］海德格尔：《路标》，孙周兴译，商务印书馆 2016 年版，第 196 页。

在、如何存在（Wie-sein）——为什么如此存在而非别样存在，根据问题所关涉的问题包括了可能性、基础和证明。在超越中被三分化的建基源始地统一着，因此此在在世界中、在超越中、在筹划中都是统一着的。

按照以上所有分析，莱布尼茨的充足理由律在存在论视域下转变为：一切存在者皆有其根据。“由于存在‘本来’就作为先行被领悟的存在而源始地论证着，故任何存在者之为存在者以其方式呈报出‘根据’，不管这些‘根据’是否特别被把捉和适当地被规定。因为‘根据’乃是一般存在的一个先验的本质特征，故根据律适合于存在者。但存在之本质中包含着根据，因为在作为筹划着世界而处身的建基的超越中，只有存在（而不是存在者）。”①

4. 莱布尼茨充足理由律的本质在于自由

莱布尼茨的充足理由律使他的世界与必然性紧密结合在一起，这似乎与他宣称单子解决了自由与必然的“迷宫”并不相符，作为第一原理的充足理由律为必然性提供了应有的根基，自由的问题成为莱布尼茨单子的“困境”。如果说在数学或物理学等观念或者现象的领域，机械论在充足理由律的秩序和因果关系中展开，那么在存在的领域，根据律的本质最终指向的是自由。“正如将来‘在’时间‘之中’领先，但只要时间亦即曾在和当前也在特殊的时间统一体中自行到时，则将来就自行到时（sich zeitigen）。”② 源自超越的各种建基方式会显示这样一种时间性方式——连续律的表现形式。这也体现了此在作为“在世界之中存在”已经被存在者所占取。此在的可能性与自由坐落何方？答案在于作为对它自身之可能性的筹划的有所创建的建基中，包含着此在始终在其中“超溢”自身的事实。“按其本质而言，对可能性之筹划总是比已然落在筹划者身上的所有物更为丰富一些。但此在之所以拥有这样一种所有物，乃是因为此在作为筹划者的此在处身于存在者中间。这样一来，此在的某些其他的可能性就已经——而且仅仅是通过它自身的实际性（Faktizität）——被抽离了。”③ 正是为使此在能够在世界中存在，因此对某些可能性的抽离（Entzug）才使得世界“现实地”作为世界呈现给此在。“这种抽离恰恰使那种剩下的被

---

① ［德］海德格尔：《路标》，孙周兴译，商务印书馆 2016 年版，第 203 页。
② ［德］海德格尔：《路标》，孙周兴译，商务印书馆 2016 年版，第 197 页。
③ ［德］海德格尔：《路标》，孙周兴译，商务印书馆 2016 年版，第 198 页。

筹划的先抛（Vorwurf）的约束性获得了在此在之实存领域中运作的力量。相应于建基的两种方式，超越同时既超溢着又抽离着（überschwingend-entziehend）。”① 在超溢和抽离的这种结合中，此在的自由出场。当下超溢着世界的筹划在此在的抽离中显示出力量，成为此在自由的有限性的先验证据。自由的多样性建基是统一的，基于这种统一性的建基，此在作为存在者时处身于存在者中间，对存在者有所作为同时对自身也有所作为。根据律的“诞生地”是超越——存在学上的真理。因此，根据律的本质在于自由。引出这个问题的正是在于莱布尼茨对根据律的特征的说明。“恰恰在莱布尼茨那里，我们可见到对这个定律的特性的说明，它们表达出这个定律的内涵的一个表面看来无关紧要的要素。概括地汇集起来，莱布尼茨作了以下几种说明：*ratio est cur hoc potius existit quam aliud*［根据就是为什么宁可此物存在而非别物］；*ratio est cursic potius existit quam aliter*［根据就是为什么宁可这样存在而非别样］；*ratio est cur aliquid potius existit quam nihil*［根据就是为什么宁可某物存在而非一无所有］。”② 莱布尼茨已经提出任何一种证明都必须在可能的东西的范围内进行，因为作为存在者的意向性行为已经服从于一种明确或不明确的存在学上的论证。这种论证始终按其本质必然给出可能性的领域，这种可能性只能按照有待揭示的存在者的存在机制，而存在机制作为此在的先验约束力而根植于此在的自由之中。尽管充足理由律构成莱布尼茨科学方法论的核心原则，但是并不能将其思想认作命定论，在存在论领域中他提出充足理由律的目的与本质都在于为人的自由争取空间。

第三节　实体观的数学方法论内涵

莱布尼茨坚持了毕达哥拉斯学派的传统，不仅坚持认为我们所看到、听到、感受到的世界的一切都是可以用数表达出来，即“事物的本质是数”，适用“数的科学”的学科方法来表示；而且在更深的层次上，他坚

① ［德］海德格尔：《路标》，孙周兴译，商务印书馆 2016 年版，第 198 页。
② ［德］海德格尔：《路标》，孙周兴译，商务印书馆 2016 年版，第 204 页。

持用数的科学（算术 Arithmetic）方法的形而上学根据，在于他坚信宇宙的统一与秩序，只有数学的方式才能正确地表述这种宇宙论的真理。

但是前定和谐的提出，并不仅仅在于莱布尼茨为了解决身心交互问题或因果律的问题，更深层次的原因在于莱布尼茨认识到按照笛卡尔的几何学的公理主义方法论，虽然过程条理清晰，但是结论的正确性却依赖于最初的基本公理的可靠性，因此理性的作用重在推理，而非判断的结果；而且笛卡尔的方法论是一种按照既定的、客观的规律或原则按部就班地机械运算，这大大降低了上帝与人的独立性和自主性。这也是他提出单子论的初衷。

一　单子是数学的单元的“变体”

尽管单子是莱布尼茨在本体论和形而上学的层面中提出的，但是在某种程度上单子是数学单元的“变体”。如果将单子的数学单元的内涵突显出来，部分与整体、物质与精神、一与多、机械与有机这些对应概念在单子的本质中就可以得到理解。正如刘孝廷指出：“莱布尼茨创造了‘单子论’，你很难认为它就是精神或者是物质的，提出它既具有两性，指任何没有外在形体约束的东西。”①

（一）实体—形式—种——莱布尼茨的三合一

单子是莱布尼茨将亚里士多德的实体形式（substance/form）引入自己形而上学体系的概念，但莱布尼茨的实体却并非完全亚里士多德意义上的实体，莱布尼茨更突出强调了实体概念的逻辑与数学内涵。

按照亚里士多德的思想，形式（form）与种相（species）是不同的，形式表示作用者的名称与本质；种相则与某种陈述活动相关。因此，与之对应的形式谓述（form-predications）与种相谓述（species-predications）是不同的。前者关涉存在活动的“命名之名”，“谓述一组特定质料的形式，展示由这组质料组成或构成了一个能够在形式上与‘实体—种相’（substance-species）相关的逻辑主词的对象”②，后者关涉陈述活动的“属名之

① 刘孝廷：《莱布尼茨儒学与精神人文主义》，《国学与西学国际学刊》2019 年第 16 期，第 189 页。

② Loux，M.，“Form，Species and Predication in Metaphysics Z，H，and Θ”，*Mind*，1979（88），p. 14.

名”，“是对存在者的陈述，尽管可能是最原初的陈述。所谓最初的陈述，也就是把存在者带进最初的有‘主—宾’结构的逻辑关联空间，从而在这个关联空间里做出最初的规定或限定”①。莱布尼茨将这两者联系起来，实现了实体—形式—种相（substance-form-species）的三合一，将单子作为实体的存在论意义上的自我显现与自我发生带入了某种逻辑谓述之中，即他提出的“主词包含谓词”的数学—逻辑学原则之中。

实体观是莱布尼茨思想的核心，单子论是其哲学思想的基石。这样的论断几乎成为思想界的常识。“实体”（substance）一词在希腊文中的含义是由两个词来表示的，即“性质的载体”和“现象的载体”。这说明在古希腊时期，实体的逻辑意义与本体论意义已经被明确地区分开了。在本体论上，实体即指在变中不变者，是现象之后的持存者。在这种意义上，实体既可以被理解成本质（essential），它规定了某物之为某物。在逻辑上，实体是通过谓词来规定的主词，就事物的性质可以作为主词而言，它可以被称为实体。这两种意义也正体现了亚里士多德的“第一实体”和“第二实体”。② 实体，就其最严格的、第一性的、最确切的意义上说，是既不可以用来述说主词，又不存在于主词之中的东西，如“个别的人”或“个别的马”。那些作为种（species）而包含着第一实体的东西，则被称为第二实体，还有那些作为属而包含着第一实体的东西也被称为第二实体。例如，个别的人被包含在“人”这个种之下，而“动物”又是“人”这个种所隶属的属。因此这些东西——就是说“人”这个种和“动物”这个属——就被称为第二实体。③ 由此，第一实体对应着既非存在于主词之中，也非述说主词的东西；第二实体表示可以述说主词，但不存在于主词之中的东西，如“人”“马”“动物”等可以本质地断言第一实体的东西。范畴（κατηγορὶα，praedicamentum）按照亚里士多德的含义，是对主词进行谓述或言说的东西，即用于描述事物的词或概念。主词所属的范畴是实体，谓词所属的范畴是属性。

中世纪经院哲学的实体思想并未突破亚里士多德的框架，以托马斯·

---

① Loux，M.，“Form，Species and Predication in Metaphysics Z，H，and Θ”，*Mind*，1979（88），p. 14.

② I，Duering，*Aristotles*，*Darstellung und Interpretation seines Werkes*，Heidelberg，1966，pp. 265 – 266.

③ Aristotle，*Categories*，2a12 – 18（Immanuel Bekker 在 1831 年编辑《亚里士多德全集》，学界称为贝克版）。

阿奎那为代表的思想家将实体和存在进行了区分。实体是认识对象的基础，但实体并不可知。伽利略、笛卡尔和斯宾诺莎等站在传统向近代世界转变的边界上，进一步区分了实体和属性。但是，他们最为重要的是将心灵与世界隔离开来，从此心与物似乎可以“分道扬镳、各自为政”了。这在此前的古人的世界观中是不存在的。在希腊与中世纪，虽然心灵与世界存在清晰的区分，但是二者之间并未真正分离，心灵可以接受来自世界的信息，正如逻各斯的存在，即心灵通过逻各斯认识世界。逻各斯即“言说”，通过言说就可以获得关于世界清晰可靠的知识。心灵与世界从未分离，世界的本质在于心灵对其的可理解性。但进入近代以来，人类的思维方式发生了根本性的改变，心灵与世界逐渐地真正分离，这种分离一方面体现了理性主义对人类理智的绝对自信；另一方面表达了对于世界实在性的深刻怀疑。

最具代表性的当属笛卡尔对两种实体的区分：思想实体［*res cogitans*］和广延实体［*res extensa*］。前者可以是心灵、灵魂、理智、意识等所谓“内在世界”的存在，后者则构成了所谓“外部世界”。随即而来的必是两个世界如何发生联系，毕竟“我的思维”总是遭遇“我所面对的世界”。笛卡尔的松果腺恐怕是他的哲学思想中遭到诟病最多的结论了。于是心与物、心灵与世界的“交通”问题成为引起近代思想争论的“导火索”，不仅成为众多思想家的理论核心问题，也是引发近代理性主义和经验主义对峙的“引擎”。不同于斯宾诺莎用“一元”取代笛卡尔的“二元”，即实体只有一个——上帝，莱布尼茨用“多元”修正笛卡尔的“二元”，如同世上没有两片相同的树叶的比喻，遵循不可辨识的同一性法则的无限多个单子成为世界的实体。相对于斯宾诺莎直接取消了心灵与世界的沟通问题的彻底性，莱布尼茨的单子论依旧要面临这个问题。

（二）单子提供了计数为“一”的可能性

Monad 或 Monads 在希腊数学中被称作单元，它是希腊算术的构成基础。莱布尼茨用 monad 作为世界的实体，无疑受到了数的科学的方法的启发和引导。从数学单元成为世界实体，monad 的内容当然丰富了许多。

莱布尼茨将世界的单元定为单子时，应该要面对单子的质的问题，也就是世界的多样性问题。“单子必然有某种质（Qualitäten），不然它就不会是它所是的本质（Wesen）。而且，假若诸单一实体没有通过各自的质区别开来，便也不会有一种察知事物内出现的某种改变的手段，因为在复合体中所出现的东西只可能来自其单一构成成分。假若诸单子没有质，它们就不能相互区别开来；因为它们原本就不存在量的差别。所以，在一切都完全充盈（voll）的前提下，每个地方在运动时只会获得它刚刚曾拥有过的东西作为补偿，事物的此一状态与彼一状态是无法区别开来。”① 单子的本质是质，质是区别实体的关键，正是因为质的存在实体才呈现多样性。质的存在才使得“世上没有两片相同的树叶”，这对应了莱布尼茨一贯信奉的“不可辨识的同一性法则”。“每一个别单子甚至必然有别于其他任何一个单子，因为在自然界中绝没有两个完全一样的本质。”② 但是，单子的如下性质为单子提供了计数为“一”的可能性。

1. 自我“聚形”或自我“赋形”——实体形式

单子通过自身的实体形式拥有自我“聚形”或自我“赋形”。莱布尼茨重新恢复了实体形式概念，将亚里士多德的实体形式、形式因等范畴再次引入了他的哲学，试图解释单子的自我“聚形”③ 或自我“赋形”。形式与 ἀϱχή（始基、本源、始点、原则）的含义密切相关。不同于柏拉图的相（εἰδος），单子更加接近亚里士多德的形式，即某个具体事物的相，是与质料聚集相关的形式。单子的形式决定了单子的存在方式，并且始终在起作用（ἐνέργεια）。单子的存在方式就是依照范型进行聚集，亚里士多德在形而上学中对形式因这样表述：聚形或依样（榜样），亦即曾经态的聚集和它们的类（比如八度音程的原因就是 2∶1 的比例和一般意义上的数），以及这种聚集的各部分。“在 ἀϱχή这个词中，希腊人通常听到两方面的意义。一方面，ἀϱχή意味着有一种东西由此而得以起始和开端；另一方面也意味着，作为这种起始和开端，它同样也保持着对从中出现的东西的统治、限制和支配。ἀϱχή同时意味着开端和控制。在较宽泛因而也较弱的意义上，我们也可以说：起始和指定。为了表达出振荡于两者之间的统一含义，我们可以把 ἀϱχή翻译为起始的指定和指定的起始。”④

隐德莱希决定了单子“现实性”的先在性。在亚里士多德的意义上，

① ［德］莱布尼茨：《神义论》（附录：《单子论》），朱雁冰译，生活·读书·新知三联书店 2007 年版，第 482 页。

② ［德］莱布尼茨：《神义论》（附录：《单子论》），朱雁冰译，生活·读书·新知三联书店 2007 年版，第 482 页。

③ 参见李章印《对亚里士多德四因说的重新解读》，《哲学研究》2014 年第 6 期。

④ 转引自李章印《对亚里士多德四因说的重新解读》，《哲学研究》2014 年第 6 期。

实体由于隐德莱希，其现实性是先于可能性的。如果按照常规的理解，某种物质要想实现，首先要具备可能性，因此可能性是先于现实性的。但是，对于隐德莱希（ἐντελ ἐχεια）这个亚里士多德新造的名词，其内涵恰恰是要表明实体的现实性或“实现”是先于其“适用性”（现实性）的。陈康将隐德莱希的内涵解释为实现，隐德莱希“用来界说历程时（或在同类的使用里），它的意义不是现实，乃是实现。那个有名的历程定义如下：‘潜能的有，像是潜能的有，它的历程乃是恩泰莱夏也阿’”①。因此，隐德莱希成为潜能到实现的过程。这种理解是通常的理解。可是，隐德莱希（ἐντελ ἐχεια）本身的内涵要丰富得多。② 海德格尔翻译为“在终点中具有自身”③，在他看来，隐德莱希（ἐντελ ἐχεια）在被翻译成拉丁语 actus（作用）时，已经变成了“现实性”，已经掩盖了希腊式的思考内涵，“ΕνέρΥεια 更原始地体现着纯粹在场化的本质，因为它意味着：在作品和终点中具有自身（das Sich-im-Werk-und-Ende-Haben），它胜过了‘适合于……的状态’的任何一种‘尚未’（Noch nicht），更确切地说，它恰恰共同首先把后者带入完全‘完成了的’外观的实现之中了。对于前面引述的亚里士多德关于 ἐντελ ἐχεια 和 δυναμις 的顺序关系的基本命题，我们也可以作如下概括，ἐντελ ἐχεια［隐德莱希］比 δυναμις［适合性］‘更多地’是 οὐσια［在场、存在］；前者比后者更为本质地体现着本身持久的在场化本质”。④

隐德莱希的本质在于持久地在场，即它始终在起作用（ἐνέργεια），这意味着单子自我实现的能力在存在的秩序中具有绝对的先在性。每个单子存在的根源都来自于隐德莱希的“起作用”，它决定了单子的心灵与世界的统一，单子的变化、运动、发展，使得单子永远作为世界的一个单元。这种本质持久在场且始终发挥作用的隐德莱希可以使单子“集中”于一种形式，这种形式是单子“去除”质的多样性而可以被计数为“一”的

① 陈康：《论希腊哲学》，商务印书馆 1987 年版，第 360 页。

② 国内就 εντελ εχεια 的翻译十分多样化：苗力田、徐开来翻译为“实现”“实现活动”“实现过程”（苗力田主编：《亚里士多德全集》，中国人民大学出版社 1991 年版，第 58 页）；李猛翻译为“成全”或“成全状态”（李猛：《亚里士多德的运动定义：一个存在的解释》，《世界哲学》2011 年第 2 期，第 155—200 页）

③ ［德］海德格尔：《路标》，孙周兴译，商务印书馆 2016 年版，第 335 页。

④ ［德］海德格尔：《路标》，孙周兴译，商务印书馆 2016 年版，第 336—337 页。

首要先在条件。

2. “自我封闭的小室”

作为世界单元的单子具有绝对独立存在性，与其他单子相互隔绝，是“自我封闭的小室”。这是单子可以被计数为“一”的另一个先在条件。笛卡尔关于实体的论断既作为古典思想的继承，也奠定了近代哲学实体观的基调：“既然每个观念都是精神的作品，那么它的本性使它除了它从思维或精神所接受或拿过来的那种形式的实在性以外，自然不要求别的形式的实在性，而观念只是思维或精神的一个样态，也就是说，只是思维的一种方式或方法。”① 莱布尼茨为这个独立的实体确定了界限，直接取消了单子内与外的沟通，直接赋予了单子自足性。“没有任何一种手段可以解释，一个单子怎么可能经由其他某一创造物而在自己内部陷于躁动或者发生改变，因为人们不可能在它的内部移动某种东西；人们也无法理解在它内部会有某种运动被促成、制导、增多或减少，正如在其部分中可能产生改变的复合物中的情况那样。单子没有使某种东西能够藉以进出的窗口。偶然的东西（die Akzidenzen）不可能脱离实体而游荡于其外，如以往的经院学者们的 species sensibiles（感觉心象）所做的那样。可见，不论实体还是偶然的东西都不可能从外部进入一个单子之内。”②

这种单元的“自足性”在 17 世纪的理论背景中势必会走向“封闭性”。中世纪神学的大全世界处在有起点和终点的时空关系中，这与古希腊的有限世界观是一脉相承的。笛卡尔、斯宾诺莎等人的世界观仍然处在这个系统中，虽然面临了无限的问题，但仍然不是当时人类思维能够普遍接受的观点。即使莱布尼茨花费大量精力去解决无限运动与无限计算的问题，但仍然只是在方法论的层面去借助表征无限的符号按照相应的数学运算规则去使用这个概念。对于无限性的概念内涵莱布尼茨似乎并不能给出充分的解释，无限性问题直到 20 世纪初才得到解决，足见在莱布尼茨的时代，有限的封闭的单元或世界是其宇宙论的基本模型。在这样的模型下，单子的内涵势必是封闭性的单元，这种封闭性的单元在去掉了多样化的质之后，被抽象或处理成为同类的量化单元，为数学的方法论以及机械

① 参见［法］笛卡尔《第一哲学沉思集》，庞景仁译，商务印书馆 2009 年版，第 44—45 页。

② ［德］莱布尼茨：《神义论》（附录：单子论），朱雁冰译，生活·读书·新知三联书店 2007 年版，第 481 页。

论自然观做了铺垫和准备。

（三）作为纯粹的单元“一”

与单子相对的是原子，二者是一贯被拿来比较的两个概念。原子具有“坚硬充实”、“不可入性”、“广延性”、“不可再分性”。这些属性作为一个集合，本身就自相矛盾。在莱布尼茨看来，原子所具有的广延性仍然是无限可分的，如果无限可分，原子必定不是物质的单元。另外，如果原子是物质的单元，物质必由原子组成，那么有形原子组成的统一体内部如何黏合连接？原子内部的部分如何黏合连接？笛卡尔派思想家提出的类似钩子或孔洞之类的解答未免过于怪诞诡异。因此，原子作为物质单元的想法在莱布尼茨那里似乎不攻自破，其中的关键节点就是“一”。原子无论如何不能最终成为不可分割的“一”，只有单子才是“一”。

莱布尼茨说：“我所讨论的单子（monade）并非什么别的东西，而是包含于复合实体中的单一实体（einfache Substanz）。单一实体，即不含多个部分的东西。”① 莱布尼茨的单子作为世界的单元（unit），是组成世界的要素。这个要素是无限的，它的无限性使它不同于古希腊“数”（τὸἀριθμός）的概念，即“确定数目的确切事物”（a definite number of definite things）②。单子在面对不同类型的事物时，指向的是无形的、单一的、纯粹的单元“一”。在写给阿尔诺的第四封信中，他强调单子作为实体存在（substantial being），必定包含真正的单一性（unity），必定是真正的单元。相比于几何学的“点”会涉及广延，而单子并无广延的性质，他更偏向于代数的点，因为代数的单元是无限可分的，同样不涉及广延。这也解释了为何莱布尼茨称单子是数学的点，也是“形而上学的点”，并未提到是几何学的点。总之，莱布尼茨将单子作为纯粹的单元“一”，是具有纯粹的、不可分的、无限的、纯粹理智的单元、任何计算科学的逻辑斯蒂 λόγος。

二　实体秩序与数学方法的“和谐一致”

作为“灵魂和形体之间联系的新系统”的作者，莱布尼茨自信能够成

---

① ［德］莱布尼茨：《神义论》（附录：单子论），朱雁冰译，生活·读书·新知三联书店 2007 年版，第 481 页。

② ［美］雅各布·克莱因：《雅各布·克莱因思想史文集》，张卜天译，湖南科学技术出版社 2015 年版，第 24 页。

功解决心灵与世界沟通问题，其关键在于他完全相信“内在世界”的纯粹理智是把握“外部世界”本质实在性的唯一方法。在关系到主体与客体的世界系统，莱布尼茨采取了一条由单元走向集合，由部分走向系统的同步形式的和谐世界，这种被称为科学路径的思维实质正是数学的关系性思维的表现。

通常认为单子是从个体内在性为出发点，以单子本身作为世界的组成部分的内在视角看待整个世界是莱布尼茨单子论的核心。这恐怕是自谢林以后的德国哲学，尤其是现象学的一贯思路。但是，从莱布尼茨的数学性思维可以看出，个体的内在视角只是其中一种看待世界的视角，而系统性的统一性全局视角才是更为广阔的视角，像上帝一样“俯瞰”世界的整体结构。单子是任意一个节点，依赖实体形式的质料作为身体现象在理智中延展成为和谐一致的宇宙图景。这种按照数学思维延展开来的宇宙图景正是莱布尼茨所处的那个时代思想家们试图构建的一种世界图景，这是一种结构分明、层次清晰的数学模型，世界中的任何个体及事件都可以找到确定的坐标位置。

这种绝对主体和世界的结构图景开创了两种思维路径。一种是从单子作为绝对主体出发，强调内在性，认为具有根本性的主体先于各种具体形式，质料在主体的自我赋形中呈现世界的结构。按照前定和谐，世界在主体内部不断地自我呈现其结构形式，主客体实现统一，这可以称作莱布尼茨所谓的“形而上学路径”。另一种是“相反”的路径，从世界的结构图景出发，主体面对的是这个不以其主观意识而转移的以自在自为的方式运动的客观世界，它是必然的，按照数理逻辑的规律变化发展的，主体按照理智可以对其进行把握。按照前定和谐，主体把握的正是客体呈现的，主客体实现统一，这可以称作莱布尼茨所谓“科学的路径”。

实体所发生的所有现象——能够对每个实体发生的特定的事件，都是实体本质的表达，都是实体存在的结果。“尽管如此，所有实体的知觉或表象都相互一致，其中每个实体，当其遵循它一向遵循的理由或规律活动时，就会发现其自身同其他遵循它们一向遵循的理由或规律活动着的实体完全一致。”① 由于现象和我们本质的一致以及世界的前定和谐保证，“从

① ［德］莱布尼茨：《莱布尼茨早期形而上学文集》，段德智、陈修斋、桑靖宇译，商务印书馆2017年版，第27页。

而我们能够提出一些意见，用来指导我们的活动，并且其真理性可以由来自于现象的有利结果得到验证，以致我们常常能够准确无误地由过去推断将来。我们因此能够说，这些现象是真实的，而根本无须考虑这些现象究竟是外在于我们的还是他人知觉到的这样一类问题。”①

数学的关系性思维意味着我们的理智不仅能够认识并理解“外部世界”，关于“外部世界”的现象的真实性也是与我们的理智相符合的。因此可以说这种前定和谐的新系统世界不仅为我们获得真理提供了基础，也为数学的点、关系、计算方式等科学方法论提供了合法性的支持。

第四节　科学方法论的关系形式奠基——时空观

罗素指出：“有必要考察莱布尼茨的空间理论。这种理论或多或少地包含在有关他的哲学的可以谈到的每一个问题之中。”② 可见空间理论，当然也包括时间理论，潜移默化地呈现在莱布尼茨宏大思想中的方方面面。除了莱布尼茨与牛顿就各自时空观的对立而包含的具体内容之外，这两位思想家得出各自结论的论证逻辑正是各自科学方法论在具体议题中的呈现。莱布尼茨的科学方法论是建构其空间观的逻辑进路及适用规则的关键，因此理解其科学方法论势必要考察他的相对时空理论，而理解其相对时空理论的逻辑进路，势必要结合他所有的思想原则和理论大厦。

正如亚历山大·科瓦雷在《从封闭世界到无限宇宙》的前言中总结所言，发生在17世纪的新旧世界观结构模型的改变是近代自然科学产生的重要因素，这种转变在他看来可以归结为两项密切相关的基本活动——和谐宇宙观的解体与空间的几何化。空间的几何化是理解近代时空观的线索，而空间观的转变在近代自然科学的诞生之际也发挥了举足轻重的作用。科瓦雷具体将“空间的几何化”表述为“将亚里士多德的

① ［德］莱布尼茨：《莱布尼茨早期形而上学文集》，段德智、陈修斋、桑靖宇译，商务印书馆2017年版，第27页。

② ［英］罗素：《对莱布尼茨哲学的批评性解释》，段德智、张传有、陈家琪译，商务印书馆2010年版，第138页。

空间观念——世界内部的一系列处处有别的处所代之以欧几里得几何的空间概念（一种本质上无限且同质的广延），它而今被等同于宇宙的真实空间"①。被几何化的亚里士多德的空间观在近代出现了不同走向。

自米利都学派和毕达哥拉斯学派讨论宇宙、气与虚空等问题开始，直到菲罗波努（Philoponus）等新柏拉图学派出现向近代空间概念的转变，空间自古希腊思想至今始终是自然哲学中的一个重要议题。亚里士多德的"处所"概念及其空间思想作为古希腊古典自然哲学的集大成代表，不仅为统一的空间概念提供了一个综合基础，也为近代直至当代的空间思想发挥了潜移默化的影响。其中，将边界、力、参照系、运动、原因等结合在一起的科学方法论为科学的空间思想的变迁提供了重要的发展动力。

点是人们思考空间的起点。这在于自古希腊开始，人们就已经认识到单元点是人在经验中产生复杂意识组合和感觉印象的起点。这些单元点并非以空间为前提，而是产生空间的前提，亚里士多德的"处所"的概念正是在这种逻辑层面上建立起来的。如果物体概念为经验世界的基点，为了把握这些基点之间的基本关系就需要空间的概念。这里存在几种情况，当物体被视作物质点，如果两个点是接触的，那么是否意味着此两点是可以分开的，分开之后二者之间的间隔可以被置入其他点，且不会影响此两点各自的存在状态。如果间隔可以被不同的点所充满，或者成为独立于填充物的某种关系性存在。无论填充物是什么，这种关系就是空间概念的出发点。于是，由关系性存在出发，关于空间的实在性的思考出现了分叉，一方是在人的复杂感觉经验中构建概念或形式的先验性的相对空间，另一方是构建纯粹几何学概念的实用意义的绝对空间或实在性空间。

如同新柏拉图学派试图利用斯多亚学派的宇宙动力学、亚里士多德以经验为核心的"处所"与柏拉图神性创造思想相调和的方法论进路，莱布尼茨也利用这样的方法论得出了自己的空间思想，他的逻辑进路既是展示其科学方法论在其得出科学与哲学结论中的自觉应用，又是验证其科学方法论有效性的辩证体现。

---

① ［俄］亚历山大·科瓦雷：《从封闭世界到无限宇宙》，张卜天译，北京大学出版社2003年版，第2页。

一　作为前驱——亚里士多德的“处所”概念与空间思想

以亚里士多德的空间观为时代背景的17世纪，莱布尼茨与牛顿的空间观与之内在的关联性是复杂的。无论如何，亚里士多德的空间思想一定构成了时代的理论“底色”，他的空间思想面对的理论困难同样也是莱布尼茨与牛顿面对的困难，而后两位的理论成果在某种意义上正是沿着亚里士多德的逻辑进路与思维方法论继续前行的。因此，十分有必要简略考察一下亚里士多德的空间观。

亚里士多德表示空间关系的核心概念就是处所（topos，place）。[①] 他在其《物理学》中给出了处所概念的“四段定义”：“（1）空间乃是一事物（如果它是这事物的空间的话）的直接包围者，而又不是该事物的部分；（2）直接空间既不大于也不小于内容物；（3）空间可以在内容事物离开之后留下来，因而是可分离的；（4）此外，整个空间有上和下之分，每一个元素按本性都趋向它们各自特有的空间并在那里留下来，空间就根据这个分上下。”[②] 这里的上下之分在于亚里士多德的自然本身是具有秩序的，以宇宙中心为基点的“下”和“向下”，以包围整个宇宙的最外层天球则为“上”或“向上”，这些方位是绝对的。

由此可见，亚里士多德的处所概念起码包含两种含义。首先，这个概念所表达的是物体的“环境”，即一个物体所直接处于的“周遭环境”。这个“周遭环境”将置于其中的物体包围起来，这个“包围”的内界限就是该物体的处所。其次，按照亚里士多德的有限宇宙论，处所会影响物体的存在状态。亚里士多德在其运动理论中将物质的运动状态分为两种：天然运动和受迫运动。物体存在某种自然处所（natural place），物体在其自然处所时处于静止的状态。物体如果不处在其自然处所，其状态就分为两种：如果物体朝向其自然处所运动，则物体处于自然运动状态；如果物体背离其自然处所运动，则物体处于受迫运动状态。亚里士多德认为，处所

---

① 吴国盛在《希腊空间概念的发展》一书中提出将 topos 译作“处所”，以便与近代思想的空间概念相区别。

② ［古希腊］亚里士多德：《物理学》，张竹明译，商务印书馆1982年版，第100页。

是不均匀的，因此亚氏的处所并非近代自然科学的匀质的、同性的空间，而是对物体的运动状态产生重要影响的原因。自然处所使得物质处于自然运动状态和受迫运动状态，物体由于要体现其本性，必然使得自身朝向实现自身或使其更加完满的目的运动。因此亚里士多德包含目的论的处所与空间理论本身包含一种内在的张力——静止与运动之间在本体论上的张力。

综上可见，亚里士多德的空间与运动是紧密相连的，亚里士多德同样面临静止与运动这对相对的运动状态。他给出了一个跟运动有关的对空间的定义："当某一事物在运动着的事物内运动，或者说，在它里面移动着，如船在河里移动着，宁可作为在包围的容器里，而不作为在包围的空间里。空间意味着是不动的，因此宁可说整条的河是空间，因为从整体着眼，河是不动的。因此，包围者的静止的最直接的界面——就是空间。"①由此，亚里士多德的处所可与物体相分离且在"包围的容器"的基础上引入了空间概念的"不动性"——包围者的不动的界面。对亚里士多德来说，这是一条能够整合绝对空间和相对空间的解释。当然，这对于持有一个有限的、封闭的、有序的、球形的、和谐宇宙（cosmos）模型的人来说，绝对位置和运动矢量是自然而然的。确定的中心（地球）与边界（最外层天球的内表面）不仅能够确定物体的绝对位置，还能给出运动的矢量——朝向地球中心的是绝对的"下"，朝向天球的是绝对的"上"。但是，如果仔细分析亚里士多德的论述就会发现，空间在静止和运动之间存在某种内在张力。包围者和被包围者之间的关系实质是一种相对的"包围"关系。可是亚里士多德认为，包围者可以、至少原则上可以是运动的，而事实上作为被包围者的实体是不断运动的。因此，如果处所被设想为属于某个被包围者的界面，那么亚里士多德的处所概念面对的静止与运动的张力具体可以表示为处所的界面的不动性与包围者界面的可动性之间的矛盾。

亚里士多德的后继者们早已发现了这对矛盾，他的学生特奥夫拉斯特根据其"自然位置"的概念提出了处所的关系性内涵。"特奥夫拉斯特在其《物理学》中似乎也同意这种位置观。在某个段落中，当他以一种怀疑的口吻继续其论述时，他这样说：'或许位置就其自身而言并不是一种实体。我们之所以会谈论它，是因为物体拥有一种与其本性和潜能相一致的

① ［古希腊］亚里士多德：《物理学》，张竹明译，商务印书馆 1982 年版，第 104 页。

秩序（taxis，order）与地点（thesis，position）。像动物、植物以及一般而言具有分化结构的一切事物中，它们的各部分也相对于整个实体拥有某种秩序与地点。这就是为什么每一种事物都被认为按照其自身固有的秩序处于它自己的位置之中。因为物体的每一部分也都向往和要求占据它自己的位置和地点。'"[①] 虽然这种关系性并非现代物理学的纯粹相对的概念，但它却指向了秩序性，这种秩序性成为之后理解空间概念的一种重要的思维指向。即便如此，作为"不动的包围者的界面"与包围者的运动性之间的问题并没有由此得到解释。新柏拉图学派的辛普里丘（Simplicius）朝"关系性"的方向继续前行，明确区分了位置的"外部关系"和"内部关系"，前者"是物体所处的地点和外在于这个物体的其他物体之间的各种关系，对应着这个物体的'外部位置（external place）'，另一种是与物体本性中的广延性特征相关的关系；通过这种关系，物体的诸部分结合在一起，并呈现出广延性的框架、秩序和安排；这种关系对应着这个物体的'内部位置（internal place）'"[②]。引入"内部位置"的概念，对于"内部位置"的某种"度量（measure）"在数学的抽象方法之后逐渐成为作为物质"属性"的广延的前身。辛普里丘的思想在经院哲学亚里士多德主义的诠释下发展为"形式位置"和"质料位置"之分的位置学说。托马斯·阿奎那提出位置并非包围者可能会发生变化的物理界面，而是包围相对于某种不动的物体的"地点与秩序"［*situs et ordo*］，由此出现了两种位置的区分，"质料位置（material place）"是指包围者的物理表面；"形式位置（formal place）"是指质料位置相对于某个静止不动的参照物的关系。但是这两种区分是建立在亚里士多德的实体思想之上的，这种实体化的位置观虽然试图调和静止和运动之间的矛盾，但是实体与位置变成了实体与偶性之间的关系，当实体产生运动时，偶性的变化该如何表述呢？

进入中世纪后期，尤其到17世纪，当古希腊这种宇宙观逐渐退场之后，封闭世界就进入了无限宇宙，亚里士多德以处所概念为核心的空间观面临了更严峻的挑战。

笛卡尔、惠更斯、牛顿和莱布尼茨等近代思想家们关于时空的讨论在

---

① 刘胜利、张卜天：《位置的不动性——亚里士多德位置学说的理论困难》，《中国科技史杂志》2011年第32卷第3期，第426页。

② 刘胜利、张卜天：《位置的不动性——亚里士多德位置学说的理论困难》，《中国科技史杂志》2011年第32卷第3期，第426页。

此种情况下应运而生。莱布尼茨基于单子学说的科学方法论正是试图解决运动的绝对性和位置的相对性、实体与偶性等这些矛盾张力问题。他以单子的内在知觉和意识为基础的相对空间关系理论面对的是如何在近代几何化的数学方法论的背景下“确定”实体的空间位置，如何描述其运动关系，这是他最终得出其相对时空思想的方法论的关键。如此这般概述无论如何都是苍白的，以比较的方法入手，在思想交锋和论辩中呈现莱布尼茨及其对手牛顿的时空观恐怕是首屈一指论述方案。

二　作为“对手”——牛顿证得“绝对有限空间”的方法论进路

莱布尼茨的相对无限空间和牛顿的绝对有限空间在科学史和哲学史上通常被公认为两种“对立”的空间观，分别对应了上述分叉的两方。如果说莱布尼茨基本是从纯粹数学的排列组合——代数的级数求和与求差的规律出发，以更加抽象的、与物理世界并无直接联系的数学方法得出微积分方法；而牛顿是在对力、运动及其运动轨迹的物理学思考中获得了启发才发明了物理含义明确的流数法（微积分），那么二者在对相对空间和绝对空间的思维进路和论证逻辑与此有异曲同工之妙。因为二者证得各自空间观的逻辑路径不同，更由于二者因为微积分的优先权之争，莱布尼茨与牛顿成为科学史中最典型的一对“对手”。分析牛顿的空间观及其方法论，不仅可以通过对比的方式凸显莱布尼茨科学方法论的“反差”，也可以分析出二者共同的坚守与信仰、对数学计算和几何推演方法的信赖，以及最终二者对于实验归纳和假设法的真正内在的观点和意图。

（一）运动的原因和效应

作为近代机械论哲学、自然神学、经验主义的代言人，艾萨克·牛顿那句“我不做假设”［*hypotheses non fingo*］几乎成了近代自然科学的宣言。牛顿毕生似乎都试图追求一种彻底的经验主义和完美无缺的数学相结合的方法论。他是实验传统与演绎数学传统的共同继承者。由于“隐秘的质”“以太精神”“超距作用力”等问题的困扰，他似乎总是在为无法被经验严格证实的现象或理论而焦虑不安。但是，经验是牛顿物理学思想的出发点是毋庸置疑的。拒斥假说的那个经典声明在《自然哲学的数学原理》（以下简称《原理》）和《光学》中都出现过，“因为凡不能现象导出的，被称为假设；且假设，无论是形而上学的，或者是物理学的，无论是隐藏的属性的，或者是力学的，在实验哲学中是没有地位的。在这一哲学中，命题由现象导出，且由归纳法使之一般化。物体的不可入性，可运动性，和冲击以及运动的和重力的定律就是如此被发现的。且重力确实存在，并按照我们已阐述的定律作用，由它足以解释天体和我们的海洋的一切运动，这就够了。"① 其中除了经验主义的立场，同时也表明力的定律的先导条件——力的现象为力的存在提供了证明，正如引力概念作为《原理》的核心，是牛顿描述物体如何偏离惯性运动的数学表达，力也是牛顿论证绝对空间的出发点。

1. 力是确定运动原因和效应的根据

在牛顿的时代，地球的运动已被证实，"但是不动的地方是没有的，除了从无限到无限彼此保持给定的位置的所有地方；且因此总保持不动，并构成一个空间，我称之为不动的"②。因此，空间的不动性在观察和实验中是无法达到的，那么什么样的"绝对性"能为不动的空间提供绝对的基础呢？牛顿的答案就是力。"原因，由于它们真实的和相对的运动被彼此区分，是施加在物体上以生成运动的力。真实的运动既不被生成亦不被改变，除非施加力于运动的物体；但相对运动的生成和改变不需要施加力于这个物体。因为仅在其他物体上施加力就足够了，它与那个给定的物体有关系，当那个物体退让，那个关系被改变，在此关系中构成这个物体的相对的静止或者运动。"③

牛顿显然明白从表现上的运动行为认识单个物体的真实运动是极为困难的，但是他仍然相信通过两种方式的结合可以从效果中认定绝对运动——一种是通过表面上可被观测的运动，这些运动是真实运动的差；另一种是通过真实运动的原因和效果——力来确定。整部《原理》都试图从这两个方面推断真实运动或反之从真实运动推断力的原因和效果。其实在实质上，运动的差与运动的效果都是根据经验观察的现象来进行判断和推论的。

2. 经验方法与思维实验

根据牛顿著名的经典实验——"木桶旋转"和"双球旋转"，牛顿坚

① ［英］牛顿：《自然哲学的数学原理》，赵振江译，商务印书馆 2015 年版，第 651 页。
② ［英］牛顿：《自然哲学的数学原理》，赵振江译，商务印书馆 2015 年版，第 11 页。
③ ［英］牛顿：《自然哲学的数学原理》，赵振江译，商务印书馆 2015 年版，第 11 页。

持认为在经验观察和实验论证中，可以通过“表观运动”与运动的原因和效果两个方面得出力和运动的关系，即只要施加力，绝对运动就会产生。在现代物理学看来，这种证明和结论很难具有说服力。仅仅通过运动产生变化便确定力的存在只是从结果推测原因，而这种原因在牛顿的时代通常就被归结为力，如质量——加速度的原因就是力。但是反过来，将力作为产生绝对运动的原因，或者说施加力就会产生绝对运动，这样的结论未免过于鲁莽。这种跳跃无论在经验中还是在理性中似乎都无法作为一种科学结论，因为在这其中蕴含了远远超越经验论证的“假设”或“信条”。

如果反过来，将力的作用结果作为运动的证据比将力作为绝对运动的原因更为可靠，也更具说服力。在“木桶实验”中，旋转的木桶将运动传递给之前静止的水，水由于运动产生了一种离心力，这种力可以根据水形成的凹面程度来测量；在“双球旋转”实验中，双球之间的离心力可以由绳子的张力来测量。无论木桶与水的在前运动状态是相对还是绝对的，水和木桶都产生了一种加速运动，这种加速运动是力存在的效用，且这种力可以通过运动现象加以测量。因此，这种力一定产生了运动，判断这种运动是绝对的还是相对的，牛顿在这里显然根据经验作出了判断。

再回到“木桶实验”，水由于离心力形成的凹面显然是可被观察到的，水相对于周围的环境处于运动之中。当然，在理智和想象中可以认为水是静止的，周围的环境在运动，这并非不可能。但是如果将周围的环境变成一颗遥远的恒星，以恒星为参照点的整个宇宙作为木桶中水的“周围的环境”在经验认知中很难被设想为处于运动状态，再由于牛顿“从永恒到永恒，从无限到无限”的神学信条的认定，只能将恒星确认为静止的，水是运动的。牛顿认为相对主义者可以在两者中间自由选择哪个是运动的主体的想法纯粹是幻象。要保证世界的有序性，确定何者为运动主体是显而易见的。在空间关系的变化中，牛顿认为产生可被测量的运动现象的力产生于哪个物体，运动就属于该物体。在牛顿的实验中，水的平面和凹面的区别是真实且确定的，因此力和运动也是真实且确定的，在早期力学的语言中，这就是绝对的力和绝对的运动。“此外，真实的运动总被加在一个运动着的物体上的力改变；但相对的运动不是必须地被这种力改变。因为，如果相同的力施加于一个运动着的物体亦施加于其他与之有关系的物体，使得相对的位置被保持。所以，每个相对的运动在真实的运动被保持时，能发生变化；且因此真实的运动绝不会由此类关系构成。”① 在牛顿看来，运动不涉及参照系，因为只要存在表观运动，即使是相对运动，至少必定存在相对运动的运动量之差。无论是水和遥远行星相对静止，木桶在运动，还是反之，存在一定角速度的离心力是必定存在的，这个离心力确定的运动就是绝对运动，这里并不涉及参照系的问题，牛顿认为在这三者构成的体系中，无论选取那一个为参照点，运动的差绝对存在，绝对运动一定存在。

（二）运动与空间

既然绝对运动存在，那么如何在表观现象中区分物体的静止与运动状态呢？这就需要参照系。牛顿根据参照系与参照物对力、运动、位置和空间进行了清晰的分类，从运动的不同状态出发区分了位置与空间的问题。作为牛顿思想的坚定支持者，克拉克在《罗奥的自然哲学体系》一书中指出②，正是因为运动概念的模糊运用，人们才会造成对空间问题的困惑，因此他集中讨论了如何通过确定运动状态来区分空间的不同含义。他认为广义上的运动仅仅是从运动的效应出发的，即“是物体从一个位置移到另一个位置”③。也正是这个解释在哲学家那里出现了各种歧义。由此，根据运动的三种情况，克拉克区分出了对应不同空间形式的不同运动方式，如表 2 -2 所示：

表 2 -2　物体在不同参照物下的运动类型与位置

	参照物	运动的类型	位置
运动中的物体	无限而不动的空间的一部分	绝对真正固有的运动（absolutely and truly proper Motion）	物体所占据的那部分无限不动的空间
	在原初围绕它的物体	相对普通的运动（relatively common Motion）	某一特定空间或可运动范围的一部分
	同它紧密接触的表面	相对固有的运动（Motion relatively proper）	紧紧包围被移动物体的那部分（或可感知的空间）

① ［英］牛顿：《自然哲学的数学原理》，赵振江译，商务印书馆 2015 年版，第 11 页。

② 莱布尼茨与克拉克的论战书信是通过卡洛琳娜女王展开。在 O. Klopp 编写《莱布尼茨著作集》（*Die Werke von Leibniz*，Hanover，1864 -1884，Vol. Ⅺ，p. 71）中确认克拉克的回信来自牛顿的授意。由此可以证明，克拉克作为牛顿的密友兼学生，应该可以代表牛顿关于空间的思想。

③ ［俄］亚历山大·柯瓦雷：《牛顿研究》，张卜天译，商务印书馆 2016 年版，第 287 页。

“根据这些运动的不同定义，我们可以以几种不同的含义来领会位置这个词。当我们说真实而绝对固有的运动（或静止）时，位置这个词是指物体所占据的那部分无限的、不动的空间；当我们说相对普通的运动时，位置是指某一特定空间或可运动范围的一部分，而且位置本身也连同处于其中的物体真实地转移了；当我们说相对固有的运动时（这其实是非常不恰当的），位置是指紧紧包围被移动物体的那部分表面（或可以感知的空间）。”①

具体来说，表2－2中的三种运动的情况是这样的。第一种“绝对而真正固有的运动，是一个物体在无限的、不动的空间的不同部分中的运动”②。克拉克认为这种绝对的固有运动总是被施加在运动物体上的那些力所产生且改变的，所有通过冲击来使其他物体发生移动的力都是绝对真实的力，由此引发的运动都是“唯一真实的运动”③。这正是牛顿意义上的真正的绝对运动，亦即由此对应的绝对空间。

第二种是“相对普通的运动是这样一种状态变化，它不是相对于最近的那些物体，而是相对于遥远物体而产生的”④。这种运动最典型的就是地球以及地球上的物体围绕太阳所做的运动。当我们试图考虑“运动的量”与“一个运动的物体撞击他物的时候”都是在这个意义上讨论运动的，这种运动对应的空间属于相对空间的一种。

第三种是“相对固有的运动，是一个物体相对于那些与之相紧密接触的物体的不同部分而做的连续的运动”⑤。克拉克认为这种运动是我们哲学上讨论的运动，是涉及物体的本性的讨论。并且他特别强调，“然而特别应当注意的是，一个物体连续的运动应该这样来理解，即它应该是连同其整个表面一起（par tout ce qu'il a d'extérieur，就像法国人所说的那样），相对于紧密接触它的物体的不同部分而连续地运动；正如一个球被抛出去之后，它的整个表面都在逆着空气的不同部分滑行；当我们的手上下移动

① 转引自［俄］亚历山大·柯瓦雷《牛顿研究》，张卜天译，商务印书馆2016年版，第291页，原文出自：Rohault. *Physica*，Pars I，cap. X，sec. 2. 36；*Rohault's System of Natural Philosophy*，trans.，by John Clarke（London，1723），Ⅰ，39，n. 1.

② ［俄］亚历山大·柯瓦雷：《牛顿研究》，张卜天译，商务印书馆2016年版，第289页。

③ ［俄］亚历山大·柯瓦雷：《牛顿研究》，张卜天译，商务印书馆2016年版，第289页。

④ ［俄］亚历山大·柯瓦雷：《牛顿研究》，张卜天译，商务印书馆2016年版，第289页。

⑤ ［俄］亚历山大·柯瓦雷：《牛顿研究》，张卜天译，商务印书馆2016年版，第290页。

时，它的整个表面都连续地运动起来，一方是相对于空气的不同部分，另一方式相对于把手固定于躯体的关节”①。第三种运动实质上就是回应亚里士多德的空间概念。同样是河岸与河水的例子。按照牛顿根据“表观现象”确认运动的原则，因为河岸远离流过的河水的程度与河水远离河岸的其他部分的程度相同，因此二者处于相对运动的状态。河水的整个表面都相对于包围着它且直接与它接触的物体的不同部分发生连续的运动，其中河水发生了移动，但是河岸却固定在地球上，并没有被直接与之接触的物体移动走。尽管通常我们说一个物体被移动走了是指它的“全部”被移动走了，但是在这种情况下，我们说即使它的表面的每个特定部分在任何一个时刻都在相对于包围着它的液体的不同部分运动，但是它的整个表面并没有同时从包围它的部分的凹面移动，因此它仍然应该被视作一个整个的表面，例如河中央的小岛。即使如此，这种“紧密接触的表面”空间是相对的。在这种情况下，绝对空间为确认物体及其运动状态提供了充分基础。

针对笛卡尔“相对主义的运动定义”的物理学观点，以及与此相关联的思想与广延的二分、广延与实体的同一、虚空的存在、空间不具有独立性等思想，牛顿在一篇长文②中给予了彻底的批判，这篇试图解决流体静力学问题的论文更多地表现为一篇哲学论文。柯瓦雷对这篇文章给出这样的评价：“我认为它对于我们确有异乎寻常的价值，因为它可以使我们对牛顿思想的形成有更深刻的理解，认识到全神贯注于哲学问题并不是牛顿思想的一个外在附加物［*additamentum*］，而是它不可分割的组成部分。”③在这篇文章中，牛顿确实探讨了量、广延、位置、运动等概念的定义。他提出

“Ⅰ. 位置是被一样东西所完全占据的那部分空间；

Ⅱ. 物体是占据一个位置的东西；

---

① ［俄］亚历山大·柯瓦雷：《牛顿研究》，张卜天译，商务印书馆2016年版，第290页。

② 柯瓦雷在《牛顿研究》中第112页提到了这篇长达40页的文章“De gravitatione et aequipondio fluidorum”，后载于A Rupert Hall and Marie Boas Hall，*Unpublished Scientific Papers of Isaac Newton*，*A Seletion from the Portsmouth Collection in the University Library*，Cambridge（Cambridge，England：Cambridge University Press，1962），p 89. 这篇文章并未给出具体写作时间，但霍尔（Hall）推测大概完成于1670—1672年。

③ ［俄］亚历山大·柯瓦雷：《牛顿研究》，张卜天译，商务印书馆2016年版，第112页。

Ⅲ. 静止是在同一位置的持续；

Ⅳ. 运动是位置的改变，或者说是物体从一个位置到另一个位置的过渡、转移或迁移。物体一词不能以哲学的方式，被当作一种被赋予了可感性质的物理实体，而应以一种类似几何学家的方式，被当作某种从中抽象出来的、有广延的、可运动的，不可入的东西。”①

在这些定义中，“我已假定除物体之外还有空间，并且运动是相对于空间本身的一部分，而不是相对于邻近物体的位置［而被定义的］”②。

由此，牛顿所指物体的运动是表 2－2 中第一种运动——“绝对真正固有的运动”，这种绝对的物理运动并非相对于其他物体的位置的改变，而是相对于物体之外的静止不动的空间——无限绝对的空间的位置的概念。

（三）“有限绝对空间”的非传统含义

1. 参照系与永恒者

无论是牛顿通过确认绝对运动从而确认绝对空间的逻辑进路，还是通过在实验室观察和测量到的运动确认绝对空间的理论预设，鉴于牛顿完全否定经验感官可以察觉空间是相对的还是绝对的，在牛顿那里，绝对空间和相对空间并非我们普遍意义上的观念——绝对空间和相对空间是对立的。因为上帝作为“从无限到无限，从永恒到永恒”的绝对存在，是稳若磐石的基点，是绝对空间的必然“参照系”。即使我们在物理学中能明确无误地确认物体的运动如何改变了空间关系，但是它们的绝对运动改变的绝对空间关系是确定的，原因在于我们并不能随意选择绝对运动的参照系，这个参照系是确定的，就是上帝。

“永恒者［*aeternus*］是无限的、全能的和全知的，亦即，在自无有穷期到无有穷期的延展中，在从无限到无限的空间中，他统治一切；且他知道一切，无论是已发生的和将要发生的。他不是永恒和无限，而是永恒的和无限的；他不是持续［*duratio*］和空间［*spatium*］，而是持续的和此在

① A Rupert Hall and Marie Boas Hall, *Unpublished Scientific Papers of Isaac Newton*, *A Seletion from the Portsmouth Collection in the University Library*, *Cambridge*, Cambridge, England: Cambridge University Press, 1962, p. 91.

② A Rupert Hall and Marie Boas Hall, *Unpublished Scientific Papers of Isaac Newton*, *A Seletion from the Portsmouth Collection in the University Library*, *Cambridge*, Cambridge, England: Cambridge University Press, 1962, p. 91.

的，他永恒持续，且无所不在，且通过它永久和到处的存在，构成持续和空间。由于空间的每一个小部分是永久的，且持续的任一不可分的瞬间是无处不在的，毫无疑义，万物的创造者和主人是无时不在和无处不在的。”①

有了“永恒者”的保证，牛顿自然坚持绝对空间。“牛顿认为绝对空间具有三维欧氏空间的几何学结构。他否认几何学结构是建立在物体所具有的空间关系上的。相反，牛顿将这种结构看作被所有非空间占据的。它是由空间点实现的。牛顿进一步认为空间点在所有空间中保持不变，因此说在不同的空间识别同一个空间点是有意义的。基于这个原因，他相信绝对运动和绝对空间。”②

有了“绝对的点”和三维欧式几何学结构，接下来在上帝的“无限”空间中通过现象研究运动，运动是如何呢？“天父是不动的，出于其本性的永恒必然性，他没有哪个位置能够变空或变满。而所有其他存在者都可以从一处运动到另一处。”③ 同理，由于上帝的保证，运动是“从一处”到“另一处”。但在这种无限的绝对空间中，试图清楚地确定并描述物体是静止还是运动都是困难的，所以牛顿的物理描述只能是相对于在空间中的某物体（参照物）的运动是怎样的，这样的描述才有意义。因此，这并非传统意义上的有限空间——有边界空间，正如爱因斯坦所指出的，牛顿时刻都注意参照系的重要性。总之，牛顿所谓的绝对空间并非传统意义上与相对空间对立的绝对空间，有限空间也并非传统意义上有边界的与无限空间相对立的有限空间，只是由于物理学描述物体的力和运动状态的需要，才将绝对有限的空间作为参照系，以至于如此出现的有限绝对空间成为“通常意义”上牛顿的空间观。

2. 存在“介质”的虚空

（1）“虚空并非空无一物”

牛顿虽然承认虚空，但并非莱布尼茨所指责的那样——违反连续律原则意义上的虚空，即并非“空无一物”的虚空，只是“空无物体”的空间，解释这个论点的原因正是无限性的概念。“空的空间并不是一种没有主体的属性，因为我们说空的空间，绝不是指空无一切的空间，而只是空

① ［英］牛顿：《自然哲学的数学原理》，赵振江译，商务印书馆 2015 年版，第 649 页。

② Martin Lin, “Leibniz on the modal status of absolute space and time”, *Noûs*, 2015, 50 (3), p. 467.

③ Sir David Brewster, *Memoirs of the Life*, *Writings*, *and Discoveries of Sir Isaac Newton*, 2 Vols., Edinburgh, 1885, Ⅱ, p. 349.

无物体。在全部空的空间里，上帝是肯定在那里的，而且可能还有很多其他实体，它们不是物质，既不能触摸，也不是我们任何感觉的对象。”[①] 由此可见，空的空间首先不能排除上帝的“在场”，如果上帝在空间中，必然不能称空间是空无一物的虚空。

（2）空间并非存在物，而是一种属性或后果

牛顿认为空间并非是一种存在物，在这一点上就已经与通常意义上理解的牛顿的“大方盒”空间存在很大差距。“空间不是一种存在物，一种永恒和无限的存在物，而是无限和永恒的存在物的一种性质，或其存在的一种后果（consequence）。无限的空间是广阔无垠（Immensity）；但广阔无垠并不是上帝；所以无限空间并不是上帝。这里所引述的关于空间具有诸部分的话中也没有任何困难。”[②] 如果按照克拉克的表述，牛顿认为空间并非一种存在物，而是无限和永恒存在物的一种属性和后果，正如“广阔无垠”是用来形容上帝的属性的，并不能将“广阔无垠”直接认作是上帝。空间是不能脱离上帝而独立存在的。

（3）空间本质是一，只能被想象成可以被分割

同理，虽然空间被认为可以被分割成各个组成部分，但是空间在本质上是一，是不可分割的，只是能够在人的想象力中被想象成是由部分组成的。“因为无限空间是一，是绝对地并且本质上不可分的。设想空间被分开，是一种名词上的矛盾；因为在那分隔线本身就必须有空间；这是设想它同时既被分开又没有被分开。”[③] 对无限的理解也是这样的逻辑，无限者往往被设想成是由有限者组成，且这个有限者也可以被设定为“无限小”。“部分”这个名词本身就带有可分离、组合的、复合的等性质，但这并不表示用于描述或设想的对象——空间、无限者、无穷小这些概念本身是具有部分的。

“无限者是由有限者构成，其意义也无非和有限者是由无穷小者构成一样。……，诸部分，照这词的形体性方面的意义说，是可分离的，复合

① ［德］莱布尼茨：《莱布尼茨与克拉克论战书信集》，陈修斋译，商务印书馆2013年版，第46页。

② ［德］莱布尼茨：《莱布尼茨与克拉克论战书信集》，陈修斋译，商务印书馆2013年版，第25—26页。

③ ［德］莱布尼茨：《莱布尼茨与克拉克论战书信集》，陈修斋译，商务印书馆2013年版，第26页。

的，不统一的，彼此独立的和能相互移动的。但无限的空间，虽然可以为我们就部分方面来加以把握，也就是说可以在我们的想象中被设想为由诸部分构成的，但这些部分（不恰当地这样称呼）既是本质上分不开的和不能相互移动的，并且是不能分割而不陷于显然的名词上的矛盾的，因此空间本质上是一和绝对不可分的。"① 这里需要注意的是，关于无限者与有限者、整体与部分的观点与莱布尼茨是一致的。

（4）经验法是确认空间无限的可靠方式

牛顿认为空间是无限的。笛卡尔在《哲学原理》中认为空间是"无定限"的，而只有上帝才是无限的。牛顿认为："的确，空间沿各个方向延伸至无限。因为无论在什么地方给它立一个界限，我们都不能设想（intelligendo）在它之外会没有空间。因此，所有直线、抛物线、双曲线，所有锥体和柱体，以及所有其他［我们认为可以嵌于其中的］形体，都会伸展至无限，虽然［它们可能］被各种横贯的线和面在多处截断。"②

尽管相信无限，但牛顿的出发点仍然是经验。"从现象我们得知，物体已被分割但邻接在一起的部分能彼此分开，且由数学，未被分割的部分一定能由理性区分为更小的部分。但是，那些被区分而未被分割的部分能否由自然界的力分割并彼此分开，未可预定。但是如果单独一个实验能确定在粉碎一个坚硬和结实的物体时，任意未被分割的小部分能被分割，由这条规则的力量，我们推断出不仅被分割的部分是可以分离的，而且未被分割的部分能被分割，以至无穷。"③

（四）作为机械论基础的"微粒哲学"——以太学说

作为对经院哲学亚里士多德主义的革新，以笛卡尔、伽桑迪、波义耳为代表的机械论哲学成为近代新自然哲学的主流。机械论哲学最重要的信条是认为所有的自然现象都可以被分析成为物质及其运动。机械论哲学家

---

① ［德］莱布尼茨：《莱布尼茨与克拉克论战书信集》，陈修斋译，商务印书馆 1996 年版，第 47 页。

② 参见［俄］亚历山大·柯瓦雷《牛顿研究》，张卜天译，商务印书馆 2016 年版，第 119—120 页。原文出自：Isaac Newton，"*De aere et aethere*" in *Unpublished Scientific Papers of Issac Newton*, eds. and trans. , by A Rupert Hall and Marie Boas Hall, Cambridge University Press, 1962, p. 100. "容器" 的用语出自："我们坚信，在球体占据它之前，空间就是球形的。" 也就是说，这种空间在数学的实在中是所有的形体，但在物理的潜在性中却是柏拉图意义上的 "容器"（chōra）。

③ ［英］牛顿：《自然哲学的数学原理》，赵振江译，商务印书馆 2015 年版，第 477—478 页。

也为自然提供了一种描述语言，即用物质微粒的运动来为一些事实现象提供解释。牛顿敏锐的洞察力总能为各种不同的机械论的内容提供潜在的经验检验。但是牛顿并不简单地满足于各种机械论的解释，他更大的目标是通过机械论提供一种新的自然哲学，他的巨著《自然哲学的数学原理》便可见一斑。

机械论认为原子微粒的碰撞是运动产生的原因，碰撞产生的变化也是微粒的运动轨迹。由于要碰撞，微粒必须要接触，因此“超距”作用是机械论拒绝接受的。这也是牛顿的引力所面对的最棘手的问题。正如莱布尼茨关于时空的思想前后发生了变化，牛顿也存在这样的情况。为了坚持严格的机械论，牛顿在1679年撰写的一篇未完成的手稿“论空气和以太”[*De aere et aethere*][1]，提出存在一种以太，这显然是牛顿在不可见机制下“构造”出的一种物质。因为只要以太这种物质存在，万有引力或重力就不存在超距作用。在这篇文章中，牛顿给出了以太的性质，“正如把地球物体粉碎成小微粒可以将其转变成空气，所以如果通过某种剧烈活动把这些微粒粉碎成更小的微粒，就可以将其转变成更为精细的空气，如果它精细地足以穿透玻璃、水晶以及其他地球物体的孔洞，我们也许可以称之为空气的精气，或以太”[2]。牛顿认为正是这种比空气更精细的“物质”朝向地球的下降才把物体“带动”了下来。

作为惰性物质的以太在机械论哲学的框架中是被动的。如果按照笛卡尔那种稠密紧凑的流体以太，旋涡中的行星会遭受稠密以太物质的阻力，因此行星有规律的、连续不断的天体运动变得不再可能。于是，牛顿在用以太理论解释经验现象时总是面对众多两难境地。

坚持以太的存在证明，牛顿的一般哲学及其方法论的核心在于一种“微粒哲学”。微粒是世界的单元，牛顿基于经验和实验的自然哲学也是从这种单元出发，利用数学的概念及其关系，在以数学的方法处理现象中可被观察到的结果。但是，由于坚持物质的不可入性或坚硬性是物质的属性，机械的世界无疑根本无法解释能效守恒的问题，它的旋转速度无疑会逐渐地慢下来，整个世界都会趋于停滞。因此，借助以太不断维持旋转状

---

① Isaac Newton, “*De aere et aethere*” in *Unpublished Scientific Papers of Isaac Newton*, eds. and trans., by A. Rupert Hall and Marie Boas Hall, Cambridge: Cambridge University Press, 1962, p. 221.

② Isaac Newton, “*De aere et aethere*” in *Unpublished Scientific Papers of Isaac Newton*, eds. and trans., by A. Rupert Hall and Marie Boas Hall, Cambridge: Cambridge University Press, 1962, p. 221.

态的世界恐怕难以存在圆满的解释。于是牛顿从物质的不可入性入手，不断思考以太的性质问题。首先，以太可以是有弹性的、软的或者具有非物质的属性，例如莱布尼茨意义上的“物理单子”。这里可见摩尔的精神概念的一些影子。摩尔的灵物学（pneumatology）在17世纪产生了重要的影响，他通过精神对自然的解释对自然、物质、上帝、时空等一系列问题发挥了关键的作用。“我认为一般的精神这整个观念，或至少是一切有限的、受造的和从属的精神这整个观念，乃是由以下这些能力或属性构成的，即自我穿透、自行运动、自身收缩和膨胀以及不可分性。……我还要补充一些与他者有关的能力或属性，即穿透、运动以及改变物质的能力。这些属性和能力合起来就构成了精神的概念和观念。”① 如此，精神的属性与能力和物质就对应了起来，后者的属性则包括不可穿透性、被动性或惰性、坚硬性，且各部分之间可以被分割或分离。精神和物质这两个基本概念及其属性构成了17世纪科学方法论的重要对象。

牛顿将以太解释为一种有广延的精神——“以太精神”，他强调了以太的能力，它弥散于宇宙所有的物质之中，并内在于所作用的部分的本质之中，作为其倾向来施加一种作用力，这种作用力具有一种塑造作用，引导这物质的各个部分发生运动，最终将世界塑造成各种可被机械力解释的现象。

（五）借助“以太”回应“超距作用”问题

为了避免超距离作用力和机械论的困难，牛顿坚持存在一种以太介质，以太为跨空间作用的“超距离”作用力（惯性、引力）提供场所。那么有了以太作为介质，意味着牛顿的宇宙应该是一种充实宇宙，可是这与牛顿的虚空观相矛盾。

虚空问题是莱布尼茨与克拉克争论的一个重要话题。就虚空是否存在的问题，亚里士多德认为虚空就其本性而言［*rerum natura*］是不存在的，笛卡尔在此基础上提出虚空这个语词本质就存在着自相矛盾（*contradictio in adjecto*），即将一无所有说成存在者的一个空的空间，这显然是矛盾的。笛卡尔坚持物质与时空不能分离，“除了在我们的思想中，空间或者说内部处所（locus）同包含在这个空间中的物体并没有什么不同。因为实际

---

① 转引自［俄］亚历山大·柯瓦雷《从封闭世界到无限宇宙》，张卜天译，商务印书馆2008年版，第116页。

上，构成空间的长宽高广延也构成了物体。他们之间的不同仅仅在于，我们将一特殊广延赋予了物体，每当移动物体时，我们认为它同物体一道改变位置。同时，我们又将一如此普通而模糊的（广延）赋予了空间，以至于将物体从它所占据的某一空间移走时，我们并不认为我们移走了那块空间的广延，因为在我们看来，同一广延始终保留在哪里，只要它大小不变，形状不变，且相对于我们用以确定这一广延的外部物体没有改变位置。"① 牛顿坚持认为物质可以和空间相分离，因此虚空可以存在。他持有的理由是：（1）物质是有限的，空间是无限的，因此虚空是存在的。（2）空间的无限在于上帝的无限，空间是上帝的一个特征或属性。随后，牛顿用了比较缓和的语气提出空间与延续并非是一种本质或属性，而是实际上必然存在、本质上无处不在、永恒存在的实体（上帝）的样式，并且坚持空间是不可分的。② 莱布尼茨当然否认时空的形而上学实在性，如前一部分的关系实在论中可见，他将空间的共存与时间的延续还原为一种本质关系。就虚空是否存在的问题，他从充足理由律与上帝的"全能"等视角进行了反驳，这在后面的部分会详细论述。莱布尼茨的理由并不能让牛顿及其追随者信服，他们尽管认为充足理由律存在，但是上帝的意志一定是优先于因果律的。虚空的"自相矛盾"问题必定依旧摆在牛顿面前，牛顿借助的工具就是以太介质。牛顿在《光学》（*Optice*）中对最小的物质微粒的吸引力的解释容许某种非物质的"效力"。因此可以解释物质的内聚力、统合和运动，并且默认了非物质的力量可以按照严格的数学定律作用或分布在物质或微粒之上。

如前所述，牛顿在《原理》中明确地将广延、硬度、不可入性、运动性作为属性赋予物质，这与摩尔、古代原子论、近代微粒论哲学所持有的关于物质本质属性的观点基本一致。但是，牛顿又增加了一个属性——惯性，但他并未将重力作为物质的本质属性。与那个时代的数学传统一致，

① Descartes, *Principia Philosophiea*, pars Ⅱ, art. 10, in *Oeuvres*, eds., by C. Adam and P. Tannery (Paris, 1897 - 1913), Ⅷ, p. 45; French Translation, *Principes de philosophie*, Ⅸ, p. 65; and already in Le Monde, Ⅺ, p. 68.

② 亚历山大·柯瓦雷认为德梅佐（Des Maiseaux）编写的《通信集》（*Correspondence*）的序言实则是牛顿所写，他提出牛顿其实已经在一种较为缓和的口气上表达了关于虚空的观点。参见［俄］亚历山大·柯瓦雷《牛顿研究》，张卜天译，商务印书馆2016年版，第243页正文及注释2。

牛顿十分清楚研究经验和现象需要数学的方法，即使导致物体向心运动的力在当时无法得到本体论中的真实确证，但是他却认为可以将其作为“数学的力”被量的关系的数学方法处理之后，仍然可以得出解释现象的万有引力定律。

（六）“我不杜撰假说”［*Hypotheses non fingo*］而非“我不做假说”

由于波义耳的遗赠基金，时任剑桥大学三一学院的院长理查德·本特利（Richard Bentley，1662—1742）就牛顿的理论与基督教的关系提出了一些疑问，其中最核心的就是上帝创造了世界之后，行星是否单凭万有引力的作用就可以产生目前的运动。牛顿说：“我的回答是，行星现有的运动不能单单出自某个自然原因，而是由于一个全智的作用者的推动。……非常明显，没有一种自然原因能使所有的行星和卫星都朝着同一个方向和在同一个平面内运动，而不发生任何显著的变化，这就必然是神的智慧所产生的结果。也没有任何自然原因能够赋予行星或卫星这样合适的速度，其大小与它们到太阳或其它中心体的距离相适应，而且也是使它们能在这种同心轨道上绕着这些物体运动所必需的。”①

首先，这种对上帝的“第一推动力”的肯定对牛顿的“我不做假说”的前提声明可谓是当头一棒。但事实并非如此简单。因为牛顿对于“假说”一词的内涵在不同时期出现了变化。柯瓦雷认为，牛顿在《原理》的第一版中使用了假说的“经典含义”——“理论中的基本假设或假定。”②在《原理》中，这些假说就成为运动的公理或定律［*Axiomata seu leges motu*］，最终成为牛顿宇宙论的基本假设。但是在1706年，他提交给英国皇家协会的一篇论文中③已经在“一种狭窄得多且明显贬义的意义上，即一种未经证实的、超出科学的无根据的断言”④这个意义上使用假说这个词了。牛顿在写给科茨的信中详细论述了这个词的含义：“‘假说’一词并不含有这样广泛的意义，能像在几何学中一样足以把公理和公设都包括在内；所以在实验哲学中，它也并不含有这样广泛的意义，足以把那些我称

① ［俄］亚历山大·柯瓦雷：《牛顿研究》，张卜天译，商务印书馆2016年版，第294—295页。

② ［俄］亚历山大·柯瓦雷：《牛顿研究》，张卜天译，商务印书馆2016年版，第379页。

③ 论文题目为“An Hypothesis Explaining the Properties of Light，Discoursed of in My Several Papers”，*Isaac Newton's Papers and Letters*，Cambridge，Massachusetts：Harvard University Press，1958，pp. 178－235.

④ ［俄］亚历山大·柯瓦雷：《牛顿研究》，张卜天译，商务印书馆2016年版，第380页。

之为运动定律的基本原理或公理都包括在内。这些原理从现象中推出，并通过归纳而成为一般，这是在此种实验哲学中的一个命题最具说服力的证明。我这里所用的‘假说’一词，仅仅是指这样一种命题，它既不是一个现象，也不是从任何现象中推论而来，而是一个——没有任何实验证明的——臆断或猜测。”①

由此可见，牛顿的科学方法并不排除尚未经经验或实验证实的假说，而是排除不是使用归纳法的主观臆断的猜想。无论牛顿科学思想的神学本色如何凸显，他诉诸经验归纳且依赖理性归纳的方法论为其树立伟大的科学丰碑起到了关键的作用。

（七）“假说” + 经验归纳法

无论如何，《原理》充分体现的是经验主义的方法，牛顿始终认为在实验科学中必须坚持事实，如果没有其他的事实违反或与已知的事实相冲突的情况下，就应该坚持通过已知事实归纳得出的结论、已经建立起来的理论以及最初坚持的理论假设。

“迄今为止，我们已用重力解释了天体以及海洋的种种现象，但是还没有把这种力量归之于什么原因。……但是直到现在，我还未能从现象中发现重力之所以有这些属性的原因，我也不杜撰任何假说；因为凡不是从现象中推导出来的任何说法都应称之为假说，而这种假说无论是形而上学的或物理学的，无论是属于隐秘的质还是力学的性质，在实验哲学中都没有它们的位置。在这种哲学中，特殊的命题总是从现象中推论出来。然后用归纳法加以概括而使之具有普遍性的。……对于我们来说，能知道重力确实存在，并且按照我们所已说明的那些定律起着作用，还可以广泛地用它来解释天体和海洋的一切运动，就已经足够了。”②

1717 年牛顿在《光学》的英文第二版序言中再次对重力的成因做了一个补充性说明，即正是因为缺乏实验的证明，他并未将重力作为物质的本质属性，可见牛顿坚定的经验主义立场。但是总会出现事实与前提假设不符合的情况，牛顿的答案是“我们必须这样做，以免用假说来逃避通过归纳而得到的论证”［*Hoc fieri debet ne argumentum inductionis tallatur per hy-*

① 转引自［俄］亚历山大·柯瓦雷《牛顿研究》，张卜天译，商务印书馆 2016 年版，第 380—381 页，参见 J. Edleston, *Correspondence of Sir Isaac Newton and Professor Cotes*, pp. 154 – 155。

② 转引自［俄］亚历山大·柯瓦雷《从封闭世界到无限宇宙》，张卜天译，商务印书馆 2008 年版，第 207—208 页。

potheses]①。

牛顿认为通过一般归纳法对各种现象的处理得出的命题是不容争辩的。如果坚持从假说而来的论证对抗上述一般归纳法得出的结论，那么无论如何后者总是可以被放弃。但是如果后者得出的结论并不那么精确，同样也不能从假说出发抛弃这个结论，而只能通过准确和充分的观察或新的现象来纠正这个结论，一直推进这个结论与现象的进一步吻合，理论也不断地继续细化、精确化、覆盖面更广泛。

三 莱布尼茨证得相对时空观的方法论进路

莱布尼茨的相对空间观与牛顿的绝对空间观通常被视作本质相对的两种空间观。二者分别以纯粹数学和物理运动两种方法进路得出各自的结论，这是学界在通常意义上的结论。但是情况并非如此简单，二者在本质上并非通常或传统意义上所认为存在“绝对”的差别，在某种意义上甚至可以说，他们在许多关键性的问题上往往都具有一定的共识，他们“志同道合”地为人类为自然的科学研究绘制了一张理性主义蓝图。在科学方法论的层面，二者都在相信经验现象的可靠性、一般归纳法的普遍应用等基础之上，综合了经验法和理性法，极佳地呈现了近代自然科学和自然哲学的大致风貌。这不仅大力推动了近代自然科学的发展，也为人类自由在神学中开辟了空间。下面分析莱布尼茨得出相对空间的逻辑进路。

与牛顿在物理学中多次讨论实验中的经验现象等较为具体且直接地讨论空间问题的科学方法论不同，莱布尼茨的方法论更加抽象，他的切入点是概念澄清和数学分析。莱布尼茨的关系理论因其亚里士多德传统而具有本体论的意义，同时在主体认知的认识论层面上也具有重要意义。但是，就莱布尼茨而言，以单子实体为核心对宇宙的认知方法——方法论层面具有更为本质的意义。对认识对象的关系性分析方法是其整个宇宙论的奠基，莱布尼茨的相对时空观的建立就是从对关系结构的数学分析为方法论开端的。

① Isaac Newton, *The Principia*, trans., I. Bernard Cohen and Anne Whitman, assisted by Julia Budenz, Berkeley and Los Angeles: University of California Press, 1999, p. 945.

（一）作为基础的几对关系——同类、同源、同质

“所有存在的元素都可以既通过同时发生（并存）的关系，又通过时间上的先后（递次）而如此安排。”① 即元素在关系中存在或在关系中安排。那么元素在关系中的确定可以被称作位置，“位置是连带性（togetherness）的一个确定，因为它不仅包括量，也包括质。”② 量对事物的确定只是由于其直接的同时发生的连带性，或者是通过对它们同时存在的观察。我们通常说的寸、尺、千米等计量单位就是属于量的范畴。但是，什么是寸、尺、千米，是无法不借助某些通用的且实际上已知的对象用比较的基准来确定它们的定义的。虽然这个基准（单位）的选择完全取决于我们的意志，但是在某些意义上以其为奠基的结构并非由意志所决定，而是由我们的理智结构所决定。量的范畴包含最基本的关系为大、小与相等。“凡具有同一量的我们称之为相等。凡具有同一质的我们称之为相似。两个相似的事物是不同的，只是为了区分彼此，才同时对它们加以考虑。”③

在此，莱布尼茨由量过渡到了质的定义，“质是当我们各个地考虑事物和事物本身时，对可以被我们认识的事物的确定，因而，对它们的假定共同存在是完全不必要的。全部属性都归之于质，对这些属性是能够通过定义或通过它们所承受的一群特性来说明的”④。因此，质确定了事物的独特性，是不可辨识的同一性的承载。在此意义上是不能够进行比较的。但是，事物的共存与多样化的本体宇宙是某种默许，对质进行比较是势在必行的。如果对质进行比较，首先需要确定哪些种类可以比较，不同种类如何才能比较，或者不能比较等，都是莱布尼茨应该逐步澄清的问题。

分类澄清是莱布尼茨对量与质的关系比较的必由之路（见图 2－1）。

如图 2－1 所示，量是可以直接进行比较的类型，凡具有同一量的事物被称为相等，“如果一个量的一部分等于另一个量的整体，则前者被称

① ［德］莱布尼茨：《莱布尼茨自然哲学著作选》，祖庆年译，中国社会科学出版社 1985 年版，第 51 页。

② ［德］莱布尼茨：《莱布尼茨自然哲学著作选》，祖庆年译，中国社会科学出版社 1985 年版，第 52 页。

③ ［德］莱布尼茨：《莱布尼茨自然哲学著作选》，祖庆年译，中国社会科学出版社 1985 年版，第 53 页。

④ ［德］莱布尼茨：《莱布尼茨自然哲学著作选》，祖庆年译，中国社会科学出版社 1985 年版，第 53 页。

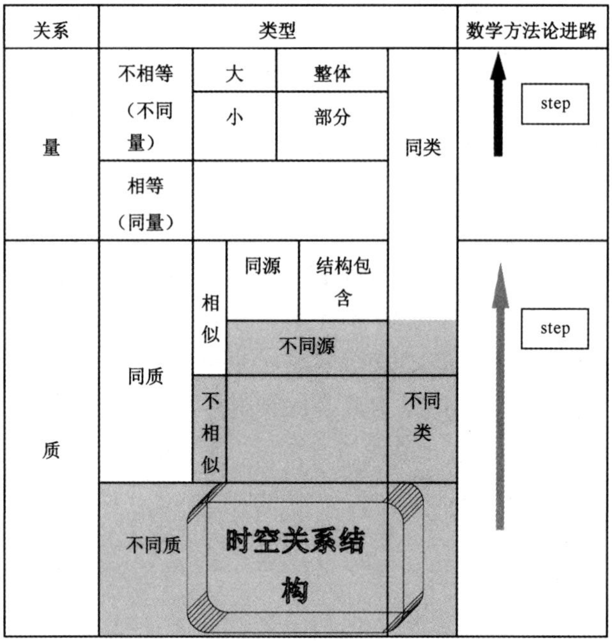

关系
类型
数学方法论进路
量
不相等（不同量）
大
整体
小
部分
相等（同量）
同类
step
质
同质
相似
同源
结构包含
不同源
不相似
不同类
step
不同质
时空关系结构

图 2－1　由质到量的数学方法论进路

为较大的，后者被称为较小的”[①]。根据“整体大于部分”[②]。这种无须证明的前提基础，两个事物量的大小显而易见。莱布尼茨给出了具体的三段论证明。

“设 A 为整体，B 为部分，则我判断 A 大于 B，因为 A 的一部分（即等于 B 的部分）等于 B 的整体。我们也能通过三段论来表明这个，用‘小于’这个定义作为大前提，用等同作为小前提，即：

凡等于 A 的一部分的小于 A。

今假设 B 和 A 的一部分相等。

所以，B 小于 A。”[③]

---

① ［德］莱布尼茨：《莱布尼茨自然哲学著作选》，祖庆年译，中国社会科学出版社 1985 年版，第 54 页。

② ［德］莱布尼茨：《莱布尼茨自然哲学著作选》，祖庆年译，中国社会科学出版社 1985 年版，第 54 页。

③ ［德］莱布尼茨：《莱布尼茨自然哲学著作选》，祖庆年译，中国社会科学出版社 1985 年版，第 54—55 页。

从这里我们可以看到，关于量的比较从而得出两个量之间的关系的证明最终要归纳到无须证明的前提基础——对于观念的定义或者对于原初的等同的命题。例如 A 和 A 是同一的这种等同于本身的诸如此类的命题。

关于质的比较首先要区分事物是否同质。如果同质，则会得到相似或不相似的关系；如果不同质，则不能直接进行比较，就要进入点－线－面－体的“位置”与时空结构中确定其相互关系。为了区分彼此，两个相似的事物需要被同时考虑以便得到彼此的确认。莱布尼茨举出了两个等角三角形的边一定也是成比例的，因此可以得出两个三角形是相似的关系。虽然“一个角之所以区别于其它的角，单纯是由于我们把它本身看作是一个单独的角”[①]。但是使用这种成比例的比较只能使“间接证明”成为易于“直接证明”的方式加以证明。

在同质的相似关系中还包括两种：同源与不同源。如果“一个空间的结构被假定包含在另一个之中时，是被看作与后者是同源的。但是，它的一部分是由后者形成并等于后者的许多部分之一时，那么，它不仅是同质的也是同类的”[②]。莱布尼茨给出的例子是角位于某点之上，但并不包含在此点之中，它们是同源的，但并不同类，也不同质。

那么，对于不同类、不同质、不相似、不同源的事物，我们应该如何对其进行确定呢？如何确定其关系结构呢？莱布尼茨提出了一个关键点，即“通过一个连续的变化来说，一个能够变换成另一个”[③]。这种连续性的变换是指位置的变换，位置的变换就涉及事物的运动，“运动是和广延同质的”[④]。因此，变换的目的最终可以实现比较和量化。

（二）位置与连续性变换

“位置是连带性（togetherness）的一个确定。因为它不仅包括量，也

---

① ［德］莱布尼茨：《莱布尼茨自然哲学著作选》，祖庆年译，中国社会科学出版社 1985 年版，第 53 页。

② ［德］莱布尼茨：《莱布尼茨自然哲学著作选》，祖庆年译，中国社会科学出版社 1985 年版，第 54 页。

③ ［德］莱布尼茨：《莱布尼茨自然哲学著作选》，祖庆年译，中国社会科学出版社 1985 年版，第 54 页。

④ ［德］莱布尼茨：《莱布尼茨自然哲学著作选》，祖庆年译，中国社会科学出版社 1985 年版，第 55 页。

包括质。”① “广延是有广延的东西的抽象。而有广延的东西是一个连续体，它的各部分是并存的，或同时存在的。”② 如果关于空间（广延）的量连续地且均匀地缩减成一点，这一点是时空没有量值的一点。在此种意义上，空间和点是不同类的，但可以通过变换成为同源或同质的；“绵延是时间的量。如果时间的量连续地和均匀地缩减的话，则时间就是没有量值的一刹那。”③ 同理，时间和一刹那是不同类的，但也可以通过连续的变换成为同源或同质的。

当没有量值的点产生移动时，关系和结构就产生了。一个单独的点什么也不能确定，点发生移动会产生轨迹，这种轨迹就是结构与关系。点的运动会形成一条路线。“一条路线是一个运动的对象在固定的一刹那所占的位置。因此，一个运动的对象的限制地点或界限是由界限规定的路线的横断面所产生的，假定那个对象有一条路线，而并不在一个地方和同一个地方运动时。我们说那个对象在一个地方和同一地方运动，是指它的诸点的任一个（除了它的界限）连续地占据属于对象本身的诸点的一个或另一个位置。”④ 这里涉及了位置，但如果一个运动的事物并非以这样的方式运动，则点的路线就成为一条线。一条线的路线就是一个面，一个面的路线就是一个体积。“线是广延的终极界限。三度的物体是终极的被延伸和被界限的结构。”⑤ 空间或体积同样存在相似或不相似的关系，这是由它们的界限所决定的。一个已知结构的全部的边的界限被称为它的周界线（periphery）。因此，一个圆的周界线是它的圆周，一个球面的周界线就是这个球面的面。周界线类似广延，是具有广延的事物的一种抽象的表达。这类事物如果能够比较，仍然属于同类的大小、相似的比较。不同类的比较只能落在时空结构之中。

莱布尼茨根据关系的确定性将量度分为完善的和不完善的两类。所谓完善的度量，就是在实际的变换中，可以连续地从一个终点变换到另一个

---

① ［德］莱布尼茨：《莱布尼茨自然哲学著作选》，祖庆年译，中国社会科学出版社 1985 年版，第 52 页。

② ［德］莱布尼茨：《人类理智新论》（上册），陈修斋译，商务印书馆 2006 年版，第 134 页。

③ ［德］莱布尼茨：《莱布尼茨自然哲学著作选》，祖庆年译，中国社会科学出版社 1985 年版，第 52 页。

④ ［德］莱布尼茨：《莱布尼茨自然哲学著作选》，祖庆年译，中国社会科学出版社 1985 年版，第 55 页。

⑤ ［德］莱布尼茨：《莱布尼茨自然哲学著作选》，祖庆年译，中国社会科学出版社 1985 年版，第 56 页。

终点，填满轨迹的所有中间环节。由此可见，不完善的量度不仅涉及是否同类，也涉及是否能够通过连续的变换一个度量能够“导致”另一个。“我使用‘导致’这个词，借以指出一个新内容的来源，那就是，通过对被规定的原先的元素的固定，一个新的结构受到确定，并且坚持这些元素是在独特的关系之中。”① 因此，当我们在两个元素之间建立一种大小关系时，它们不仅要处于同一类，而且要通过联系的变换使一个能够成为另一个。因此，我们不能说一个面比一条线大。

关系的种类是无限多的，但必须能够变换。例如两条直线 X 和 Y，它们的总和完全等同于一个不变的长度 a。因此，在 $X + Y = a$ 这个等式中出现无数个“对子”：如果 a 的值是 10，那么 9 和 1，8 和 2，7 和 3 等等。此外，在 X 和 Y 两条之间还可能存在这样一种关系，即它们的平方和的根等于一个常数，因此，在 $X^2 + Y^2 = a^2$ 中也存在无数个“对子”。由此我们可以看出，代数其实是量的组合科学的一个应用，是莱布尼茨普遍文字的一类。

虽然存在无数种组合的可能，但是这些量度从项到项的转换中存在一种既定的秩序，“这是在它通过被确定的联系环节前进时发生的”。这种转换的“前进”模式可以确定事物的独特性，是不可辨识的同一性的基础。“我们可以指出这个次序为一条路线，既然这条直线可以在无限的方式中各不相同，就必须设想出有一个最简单的转变的形式，在其中，通过事物本身的性质，所有联系着的项的系列受到确定，因此，换言之，所有联系着的项表明出从第一项到最后项的最简单的可设想的关系。”② 这种最简单的可设想的关系在两点之间就是最短的路线——距离。这个距离在事物的连带性中确定了有差别的参数，事物的关系也具有了确定性。

但是这种确定性还需要一个本质性的属性——均匀的、连续的、无跳跃的“中间环节”。“连续性表现在时间中是和在广延中一样的，在质中是和运动中一样的。可是，尤为重要的是，它潜藏在自然界的任何进程中，因为这样一个进程绝不会突然地飞跃而发生。”③ 这便是莱布尼茨那句著名

① ［德］莱布尼茨：《莱布尼茨自然哲学著作选》，祖庆年译，中国社会科学出版社 1985 年版，第 57 页。

② ［德］莱布尼茨：《莱布尼茨自然哲学著作选》，祖庆年译，中国社会科学出版社 1985 年版，第 60 页。

③ ［德］莱布尼茨：《莱布尼茨自然哲学著作选》，祖庆年译，中国社会科学出版社 1985 年版，第 59 页。

的“自然从来不飞跃”的论断或形而上学信条。他把这条规律称为连续律:“我们永远要经过程度上以及部分上的中间阶段，才能从小到大或者从大到小；并且从来没有一种运动是从静止中直接产生的，也不会从一种运动直接就回到静止，而只有经过一种较小的运动才能达到，正如我们决不能通过一条线或一个长度而不先通过一条较短的线一样……”① 在运动中理解连续律是非常容易的，但莱布尼茨的连续律当然并不仅限于运动中。关于量与质的关系性确立，连续律也发挥了奠基性的作用。“在演算中，我们不仅发觉同类性的定律，也发觉相称的对应的定律［*Lex justitiae*，公正的定律］，它在于以下事实，在数据或问题的假说中已知的同一种类的关系，从前者导出的答案，也对应地应用于相似的关系，在被特殊事例许可的限度内，计算的运算能够以对应的契合和一致性被巧妙地适用（和形成）。这一条命题通常认为：在诸条件中的一个确定的指导次序是和受条件制约的事物的系列中的一个相似的次序相对应着。从这里，导致连续性定律。”②

（三）位置与地点

如前所述，位置是实体的本质属性，它既包含量也包含质，位置与实体是无法分离的，脱离了实体谈论位置是没有意义的。“人们考虑到多个事物同时存在，并在其中见到某种共存的秩序，遵照这秩序，一些事物和另一些事物的关系或较简单或较复杂。这就是它们的位置和距离。”③ 位置不仅跟这些事物有关，而且和它们之间的关系也有关。面对一个具体物质，“人们永远可以决定每一个东西所获得的对每一个东西的位置关系；甚至在没有变化或曾作别样变化时，每个别的东西会有或它对每个别的东西会有的位置关系”④。地点与空间相关，但是，“每当这些共存物中的一个改变了和其他许多个的这种关系，而它们并未改变其内部彼此间的关系，又一个新来者得到了第一个曾有过的和其他各个的那种关系，这时人

---

①［德］莱布尼茨:《人类理智新论》（上册），陈修斋译，商务印书馆 2006 年版，第 13 页。

②［德］莱布尼茨:《莱布尼茨自然哲学著作选》，祖庆年译，中国社会科学出版社 1985 年版，第 59 页。

③［德］莱布尼茨:《莱布尼茨与克拉克论战书信集》，陈修斋译，商务印书馆 2013 年版，第 71 页。

④［德］莱布尼茨:《莱布尼茨与克拉克论战书信集》，陈修斋译，商务印书馆 2013 年版，第 72 页。

们就说它来到了它的地点”①。也就是说，地点与具体的物质无关，这存在于人的想象之中，以抽象的数学形式将地点与具体物质分离开来。具体来说，就是人们可以设想甚至假想出某些共存物之中没有发生任何变化，由此它们获得了一种固定的关系结构，这种结构关系如果被其他另一些具有相同数量和相同结构关系的共存物“占据”，人们会说这是同一地点。如果用数学的语言表述则是，当 B、C、E、F、G 等之间的共存关系完全符合 A 曾有过的和同样的这些东西的共存关系，人们说相对于 A 和相对于 B 的同样的东西就是地点。如果用定义的语言，“地点就是在不同的时刻对不管如何不同的存在物是同样的那东西，只要这些存在物和某些从这一时刻到另一时刻被假定为固定的存在物的共存关系完全符合。”② 那么包含了所有这些性质的地点就被称作空间。空间就是将地点放在一起所获得的东西。

但是，地点和“占据此地点的物体的位置”是不同的。“时间地点独自就它们本身来看就是丝毫没有什么实在的，丝毫没有起决定作用的，或甚至丝毫没有可辨别的。”③ “一切时间和一切空间，就它们本身，既然是完全齐一和无法分辨的，一个就不会比另一个更讨人喜欢。”④ 由此可见，物体 A 的地点可以和物体 B 的地点是同一个，但是 A 和固定物体的关系并非确切地和 B 与相同的这些固定物体的关系是同一个，因为不同的物体 A 和 B 不会确切地拥有同一的偶性及其关系结构，A 和 B 的不同，与其主体性相关的位置必定不同。但是，人类心灵试图寻求一种符合，这种符合只能是包含某种秩序的理想性的关系契合。另外，地点及其组成的空间关系是能被抽象的，是具备个体性的。莱布尼茨指出比例关系的例子。两条线段 L 和 M 之间的比例可以有三种形式：作为较长线段 L 和较短线段 M 之比，作为较短线段 M 和较长线段 L 之比，以及最后作为两者抽象出来的比例关系。这种比例关系无关 L 和 M 何为前者何为后者，或者何为主词，何

---

① ［德］莱布尼茨：《莱布尼茨与克拉克论战书信集》，陈修斋译，商务印书馆 1996 年版，第 71 页。

② ［德］莱布尼茨：《莱布尼茨与克拉克论战书信集》，陈修斋译，商务印书馆 1996 年版，第 72 页。

③ ［德］莱布尼茨：《莱布尼茨与克拉克论战书信集》，陈修斋译，商务印书馆 2013 年版，第 79 页。

④ ［德］莱布尼茨：《莱布尼茨与克拉克论战书信集》，陈修斋译，商务印书馆 2013 年版，第 79 页。

为宾词，因此它是置于主体之外的，既不是实体也不是偶性。这种抽象的关系可以作为地点，“但那只是理想性的，只是说如果那里有某种不动之物，人们将能指出那痕迹。正是这种类比，使人想象到那些地点、痕迹、空间，虽然这些东西只包含那些关系的真实性，而丝毫不包含什么绝对的实在。”①

时空是否具有量的属性，莱布尼茨在对克拉克的回信中给出明确的回答：“至于这样的反对意见，即空间和时间是量，或者不如说是某些被赋予量的东西，以及位置和秩序不是量，我的回答是：秩序也有它的量，在它之中存在着排在前面的东西和放在后面的东西，存在着距离和间隔。相对的东西有它们的量，绝对的东西同样也有它们的量。例如，在数学中，比率或比例由关系形成，但是它们也有它们的量。”② 莱布尼茨在写给克拉克的第三封信中就总结了他的相对时空观：“至于我，已不止一次地指出过，我把空间看作某种纯粹相对的东西，就像时间一样；看作一种并存的秩序，正如时间是一种接续的秩序一样。因为以可能性来说，空间标志着同时存在的事物的一种秩序，只要这些事物一起存在，而不必涉及它们特殊的存在方式；当我们看到几件事物在一起时，我们就察觉到事物彼此之间的这种秩序。”③

总而言之，莱布尼茨认为位置作为主体的本质，地点是抽象的关系结构的组成部分，二者是不同的。空间是地点的整体秩序，而位置的变换在于主体单子的运动。关涉位置的质的抽象可以被量化，通过数学抽象方法获得的量化的地点必然是相对的秩序，组成整体空间必定是相对的。

（四）莱布尼茨对牛顿绝对时空的反驳

1. 问题争论的集中点

保罗·莱丁（Paul Redding）这样总结牛顿的绝对时空：“牛顿在其物理学中需要一个无限真空的实在性概念。在牛顿看来，亚里士多德的有限的以及有区别的宇宙空间概念作为一个整体性空间是没有用途的，原因在

---

① ［德］莱布尼茨：《莱布尼茨与克拉克论战书信集》，陈修斋译，商务印书馆 2013 年版，第 74 页。

② C. I. Gerhardt, ed. , *Die Philosophischen Schriften von Gottfried Wilhelm Leibniz*, 7 Vols. , Berlin: Weidman, 1875 – 1890, Reprint, Hildesheim: Olms, 1965 – , Ⅶ, p. 404.

③ ［德］莱布尼茨：《莱布尼茨与克拉克论战书信集》，陈修斋译，商务印书馆 2013 年版，第 18 页。

于其无法用几何学模型进行表述。牛顿需要的是不同的空间在绝对空间中的观点，但是这些空间是同质的，其不同是存在于几何学的数量。”[①] 如果一个空间是完全充满了的轨迹或是所有轨迹的轨迹，那么这个空间就是相对空间。一个点在空间中什么也不能确定。但两个点就会产生一个结构——线。由此，位置就可以在与两个已知点有关的所有点的类型都可以被独特地确定，它们均置于以这两点为端点的直线之上；三个不在一条直线上的点可以产生一个平面。由此，位置可以与三点有关的所有点的轨迹都可以独特地被确定。“从并不位于同一平面的四点，导致绝对空间。”[②] 绝对空间中每一点都通过与已知四点的关系而得以确定。

牛顿的物理学中那个必需的“无限真空的实在性”就是绝对实在的空间。“牛顿认为绝对空间具有三维欧氏空间的几何学结构。他否认几何学结构是建立在物体所具有的空间关系上的。相反，牛顿将这种结构看作被所有非空间占据的。它是由空间点实现的。牛顿进一步认为空间点在所有空间中保持不变，因此说在不同的空间识别同一个空间点是有意义的。基于这个原因，他相信绝对运动和绝对空间。”[③] 而这种绝对的空间也出于上帝的性质而成为有限的。

克拉克站在牛顿的立场上明确坚持了有限的绝对空间，认为有限的绝对空间可以为物质宇宙提供科学方法论的奠基，正如牛顿的巨著《自然哲学的数学原理》所示，只要能够用数学原理描述物质宇宙，只有有限宇宙才能描述物质的运动原理，而这个有限的绝对空间还具有第三个重要的性质，那就是绝对运动在理想化状态中不应受到阻碍，那么物质运动的空间应该是真空，即有限绝对的真空才是牛顿有限空间的“全称”。但是，从这三个属性组合而成的空间作为前提假设出发推演而来的牛顿三大定律本身就存在内在矛盾。如牛顿第一运动定律认为孤立质点——从众多物体中隔离出来的单独个体，在不受外力作用的状态下保持静止或匀速直线运动。第一定律是为第二定律——惯性定律做逻辑准备。但是试想，如果在

① Paul Redding. “Leibniz and Newton on Space, Time and the Trinity”, *Journal of Philosophy: A Cross-disciplinary Inquiry*, 2011, 7 (16), pp. 26 – 41.

② ［德］莱布尼茨：《莱布尼茨自然哲学著作选》，祖庆年译，中国社会科学出版社 1985 年版，第 56 页。

③ Martin Lin. “Leibniz on the Modal Status of Absolute Space and Time”, *Noûs*, 2015, 50 (3), pp. 447 – 467.

有限的时空结构中，第一定律是无法成立的，因为物质即使在不受外力的影响下运动终究会遭遇“边界”问题。惯性定律以及作用力反作用力（第三定律）定律其实也面临这样的问题。

关于虚空问题，莱布尼茨的反驳是直接明了的。他的反驳是基于经验现象的，因此并无复杂的论证。莱布尼茨早已认识到牛顿的虚空问题并提出质疑，认为牛顿所谓的虚空是不存在的，即使马德堡的盖利克以及佛罗伦萨的托里拆利“证实”的虚空其实也并非其中什么也不存在的“空”，“在这管子或者在这容器内根本没有虚空，因为那玻璃有许多很细的孔，光线、磁线和其他很细的物质都可以穿过这些细孔进去的”[①]。莱布尼茨认为空间非但不是“虚空”，反而必须是“充满”的。正如池塘里的鱼或粗大的物体被滤走，池塘里仍然被水充满。

作为牛顿空间捍卫者的克拉克在面对莱布尼茨的质疑时，似乎妥协性地提出有限的物质宇宙可以在空间中往来移动是不存在问题的，莱布尼茨仍然反驳“往来移动”意味着运动，而在他看来运动“除非是它的各部分改变其彼此间的相关位置时才行，否则是不合理的”[②]。运动一定要改变关系秩序，按照莱布尼茨的说法，运动其实并未发生，原因在于有限物质的宇宙在虚空中的运动无法产生可被观察到的变化，虽然“运动是不依赖于观察，但不是不依赖于可观察性。当没有可观察的变化时，就没有运动。而甚至当没有可观察的变化时，就根本没有变化。”[③] 莱布尼茨在此其实已经涉及基点或参照点的问题，按照物理学，如果在真空中，一个质点的静止状态和匀速直线运动状态是无法分辨的，是不能被观察到的。莱布尼茨实际又区别了“物体的真正绝对运动”和“相关于另一个物体的位置的单纯相对变化”，前者在于变化的直接原因在物体内部，是真正的在运动；后者在于因其他物体相对其的位置发生变化，导致它的位置由此也发生变化，显然这变化的原因并不在其自身，因此对于这个物体来说并未产生真正的运动。诚然莱布尼茨已经明确指出，没有什么物体

① ［德］莱布尼茨：《莱布尼茨与克拉克论战书信集》，陈修斋译，商务印书馆 2013 年版，第 67 页。

② ［德］莱布尼茨：《莱布尼茨与克拉克论战书信集》，陈修斋译，商务印书馆 2013 年版，第 76 页。

③ ［德］莱布尼茨：《莱布尼茨与克拉克论战书信集》，陈修斋译，商务印书馆 2013 年版，第 76 页。

是完全的或整个的静止的，但人们对于位置和地点的关系结构的抽象以及数学方法的介入使得时空在康德哲学中成了一种先验辩证结构，成了认识论的基础。

2. 绝对空间违反充足理由律

尽管莱布尼茨认为反驳有限绝对虚空的观点有很多种，但是他还是给出了主要三种论据，其中最重要也是最主要的就是提出有限的绝对时空不符合充足理由律。

莱布尼茨在第二封给克拉克的信中就以充足理由律反对虚空，并否认上帝“不得不时时矫正自然事物”的观点。莱布尼茨在时空观中对充足理由律的论证表述是借助位置的概念的。位置与地点的区分如图 2－2：

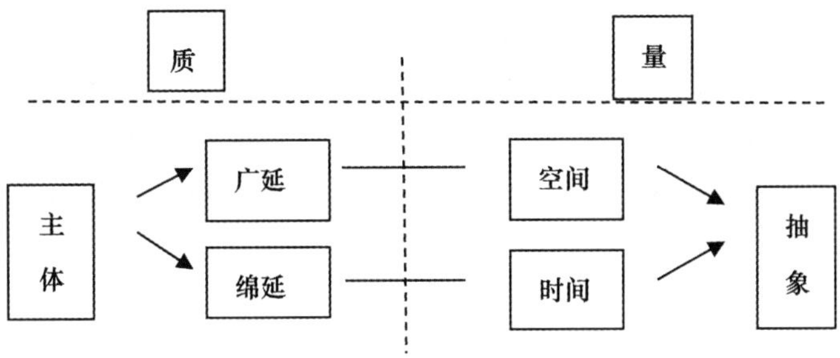

图 2－2

广延和绵延是事物主体的属性，具有质的范畴；如果对两者进行量化，分别对应空间和时间，后两者具有量的范畴。但是“一切时间和一切空间，在它们本身，既然是完全齐一和无法分辨的，一个就不会比另一个更讨人喜欢”①。这里涉及充足理由律，即绝对空间的两个地点如果是无法辨识的，或者上帝有能力创造两个相同体积且相似的物质，却不为它们指定地点。正如莱布尼茨认定“上帝是绝不会对目的采取了决定而不同时对手段以及对一切环境条件采取决定的”②，同时，如果空间是绝对的，不仅各个点是不可分辨的，而且就是事物的各种排列也将是不可分辨的，例如

① ［德］莱布尼茨：《莱布尼茨与克拉克论战书信集》，陈修斋译，商务印书馆 2013 年版，第 79 页。

② ［德］莱布尼茨：《莱布尼茨与克拉克论战书信集》，陈修斋译，商务印书馆 2013 年版，第 81 页。

"事物现在的实际排列和把世界转动到任何一个角度所得到的排列之间就也是不可分辨的"[1]。所以，空间的各个部分并非绝对的、抽象的或者可以附加给物质的，也就是空间的各个"部分"只能由物质来加以决定及区分。空间中的任何物质内在地具有了上帝行动的目的。如果空间没有与物质本质地相联系，那么只能是潜在或设想的，而并非现实的。这涉及上帝的能力，也涉及上帝的智慧。创造一个抽象的绝对时空或者虚空完全符合上帝的能力，但是这与上帝的智慧是相悖的，或者按照莱布尼茨的说法，如果上帝根据其能力创造了两个无法辨识的物质存在于空间之中，这显然是有损于上帝的尊严的；"这种关于两个无法分辨的东西的设想，如彼此完全相合的两部分物质那样，抽象地说似乎是可能的；但它是和事物的秩序，也和上帝的智慧不相容的，在那里丝毫容不得无理由的事情。"[2] 如果时间是绝对的，随之可能产生这样的问题——世界为何不被更早的创造出来？对于世界为什么在这一时刻而非更早或更晚被创造出来似乎也无法给出充足理由。[3]

总之，绝对时空与充足理由律不符，这是莱布尼茨坚持相对时空观的首要原因。

3. 绝对空间"限制"了上帝

莱布尼茨认为，牛顿将空间称为"上帝知觉事物的器官"已经十分明显地"贬低"了上帝的能力，作为永恒无限、全知全能全善的上帝根本无须一个感官去知觉世界。另外还存在一个较为隐蔽的解释不是十分明显，莱布尼茨同样认为这种解释"限制"了上帝，低估或亵渎了上帝的无上地位。

牛顿清楚地认识到，对于机械宇宙无法永恒运动——以太并非绝对弹性，因此出现动量损失的问题，"……除非有一种完全没有黏性、各部分间没有磨损，有不转移运动（可是不能做这样的假定）的物质，否则运动总是要不断衰竭下去的。所以，在看到我们世界上所发生的各种运动都总

---

① C. I. Gerhardt, ed. , *by Die Philosophischen Schriften von Gottfried Wilhelm Leibniz*, 7 Vols. , Berlin: Weidman, 1875 - 1890, Reprint, Hildesheim: Olms, 1965 - , Ⅶ, p. 373.

② ［德］莱布尼茨：《莱布尼茨与克拉克论战书信集》，陈修斋译，商务印书馆 2013 年版，第 63 页。

③ C. I. Gerhardt, ed. , *by Die Philosophischen Schriften von Gottfried Wilhelm Leibniz*, 7 Vols. , Berlin: Weidman, 1875 - 1890. Reprint, Hildesheim: Olms, 1965 - , Ⅶ, p. 373.

是在减少之后，就有必要用一些主动的本原来保持并弥补这些运动”①。毋庸置疑，上帝就是弥补这个损失的主动的本原，并且这个本原要不停地发挥作用。坚持了上帝在世界中的持续作用，即借用上帝来解决这个问题。“只能出自于一个全能的永恒存在的智慧和技巧。神是无处不在的，他能用他的意愿在他无边无际的统一的感觉中枢里使各种物体运动，从而形成并改造宇宙的各个部分，这比我们用意愿来使我们身体的各个部分运动容易得多。”② 因此，上帝通过持续不断地提供本原的无限动力，使得世界获得了结构与秩序。这种方法进路体现了牛顿的初衷及最终的指向——上帝，万物都是依照一个智慧者的设计在第一次创世时通过这些微粒的不同组合创造出来，这无关偶然与必然，这是上帝选择的结果。尽管万有引力与平方反比定律是描述宇宙的力与运动的实际定律，但由于上帝意志的存在，这并非唯一的可能，上帝完全有可能给予其他的方式以及相应的定律，这全依赖于上帝的意愿。

莱布尼茨反对偶因论的理由与反对牛顿上述上帝随时在场随时救援的空间的理由是一致的。莱布尼茨认为，如果上帝不得不随时干预随时补救的世界作为上帝的创造物意味着本身并不完美，总是存在一些问题需要上帝来解决，莱布尼茨因此称创造物系统为“急救神的系统”。由此推理，上帝没有创造一个完满的世界——一旦被创造出来，就按照自身被赋予的规则永远运转，不会出现任何问题。一个存在故障或问题而不能永恒运动的不完美的世界如果是上帝创造的，那么会存在两个原因，首先是上帝不愿意创造出完美的世界，莱布尼茨和牛顿一样不否认上帝可以有这样的自由意志来选择这种决定并产生这种后果，但是这与上帝永远向善的意志是不符的，因此这种理由是“降低”了上帝的全善；其次是上帝不能创造出完美的世界，这种解释显然是行不通的，这与上帝的全能或全知相矛盾，因此这种理由同样也是“限制”了上帝。

总之，如果牛顿的绝对时空需要上帝不断地补救，绝对时空则是不可取的。如果绝对时空不可取，相对时空相对于绝对时空是具有优越性的，

---

① 转引自［俄］亚历山大·柯瓦雷《从封闭世界到无限宇宙》张卜天译，北京大学出版社 2008 年版，第 197 页；原文为：Optice…1. Ⅱ，qu，20. p. 343（拉丁语版页码）；I. Bernard Cohen ed. Opticks，New York，1952，p. 399。

② 转引自［俄］亚历山大·柯瓦雷《从封闭世界到无限宇宙》，张卜天译，北京大学出版社 2008 年版，第 199 页，原文为：Optice…1. Ⅲ，qu，20. p. 346，403。

或者说是更加合理的。

（五）两种时空观“针锋相对”的根本症结

按照上述各种分析和澄清可以发现，所谓牛顿的绝对时空观的准确称谓应该是有限绝对虚空，莱布尼茨的相对空间观与之对应要被称为无限相对的非虚空，但是其中的某些细节观点，如无限、参照系、运动、关系、点—线—面—体、永恒等概念，莱布尼茨与牛顿具有高度的一致性，但二者在结论上为何“针锋相对”？最为显著的原因分为如下三点：神学信念、对待形而上学与经验方法论的态度、二者手稿面世出版情况的历史现实原因。

1. 神学信条的根本冲突

莱布尼茨与牛顿最大的分歧其实在于神学层面，这在他们观点的交锋中随处可见，而且显而易见。莱布尼茨与克拉克共五个来回的论战书信虽然集中讨论的是虚空是否存在，时空是绝对的还是相对的等问题，但是正如这次论战的起因在于莱布尼茨暗指牛顿的物理学带有唯物论或无神论的倾向，至少在某种意义上“对上帝的智慧和能力有一种非常卑下的观念”[①]。不难想象在那个时代做出这样的“指控”是多么严重的事情。正如柯瓦雷的推测，克拉克一定是受到了牛顿的委托，并且很可能牛顿知晓莱布尼茨与克拉克通信的具体内容，这个推测在威尔士公主[②]的信中得到了证实。莫尔（L. T. More）指出：“莱布尼茨对《原理》造成反基督教影响的攻击，可能要比发明微积分的争论更加激怒牛顿。为了证明自己的正当性，牛顿知道笛·梅佐筹备出版莱布尼茨与克拉克关于牛顿哲学宗教意义的长期争论。为此，他把有关这场争论的文件交给了作者，而且帮他准备了一份回顾整个事件历史的前言。”[③] 莱布尼茨坚持的神学原则是牛顿与其针锋相对的根本原因——“工作日的上帝”和“安息日的上帝”，因此，关于上帝地位和作用的讨论在本质上决定了二者的时空观。上述“绝对时空‘限制’了上帝”的小节是见证莱布尼茨与牛顿神学信条根本冲突的典型例证。

2. 对形而上学和经验方法论的态度

在某种意义上，莱布尼茨的“安息日的上帝”在神学观点上比牛顿

① ［德］莱布尼茨：《莱布尼茨与克拉克论战书信集》，陈修斋译，商务印书馆 2013 年版，第 2 页。

② 莱布尼茨在汉诺威的雇主格奥尔格·奥古斯都（George Augustus）的妻子。

③ 转引自［俄］亚历山大·柯瓦雷《从封闭世界到无限宇宙》，张卜天译，北京大学出版社 2008 年版，第 216 页的脚注③。

"工作日的上帝"更为"前卫"，因为前者的上帝赋予被造物更大程度上的独立性，这种独立性距离实体的自足性和自由非常接近。可以这样说，莱布尼茨与牛顿相比，前者更像一名形而上学家，因为他更加注重本体论问题，由此出发去发展、建构、论证、应用其科学方法论的；后者更像一名科学家，因为他一贯坚信经验归纳的科学方法论。牛顿在本体论上对物质本质的理解非常明显地表明了他的经验主义方法论。牛顿关于物质的本性基本上继承了摩尔、古代原子论、近代微粒哲学的观点——广延、硬度、不可入性、运动，但他加入了一点——惯性。牛顿基本上都是从相信经验的可靠性获得对这些性质的肯定的。并且他提出这些性质是他整个哲学的基础。"整个物体的广延性、坚硬性、不可入性、可运动性和惰性力起源于部分的广延性、坚硬性、不可入性、可运动性和惰性力；且由此我们得出结论：所有物体的每一最小的部分是广延的、坚硬的、不可入的、可运动的且具有惰性力。且这是整个哲学的基础。"① 但是，他只承认两个条件的属性作为物质的本质属性，即量的恒定且来自于实验。他在《原理》中研究哲学的规则中的规则Ⅲ——"物体的性质，它们既不能被增强也不能被减弱，并且属于所能做的实验中所有物体的，应被认为是物体的普遍性质。"他是这样具体阐述这个规则的："因为物体的性质不能被知道，除非通过实验，且因此普遍的性质是任何与实验普遍地符合的性质；且它们不能被减小亦不能被除去。无疑我们不应轻率地产生反对实验证据的臆想，亦不应该离开自然的相似性，由于她习惯于单纯且其自身总是和谐的。"② 无论如何，相信经验及其对象的客观性是牛顿物理学的基本出发点。

莱布尼茨并不否认经验方法的有效性，但是对经验方法论的使用需要理性主义方法论的保障，而这二者更是依赖于形而上学理论的奠基。这种形而上学的理论就是莱布尼茨的单子论，这种单子本体论思想在很大程度上继承了亚里士多德的实体理论，实体本身是具有自足性的，莱布尼茨将自由定义为理性加上自发性。上帝创造出世界及其规律之后便"高枕无忧"，不用也不需要监管和补救他所创造的世界。因此世界一旦被造，便具有了自在与自由。这一点是莱布尼茨与牛顿最大区别的症结所在——是

---

① ［英］牛顿：《自然哲学的数学原理》，赵振江译，商务印书馆2015年版，第477页。
② ［英］牛顿：《自然哲学的数学原理》，赵振江译，商务印书馆2015年版，第477页。

否赋予世界和事物自足性，牛顿坚持认为上帝的随时随地的干预，莱布尼茨坚持认为上帝创造的完美，这正呼应了上述“工作日的上帝”与“安息日的上帝”之区别。

如果说由于上帝的“不动性”，绝对空间是牛顿思想的必然选择；由于上帝赋予世界的“前定和谐”，相对空间是莱布尼茨的必然选择。那么，为何二者会产生“显然的根本差异”？其中重要的原因在于这个差异并非传统意义上的绝对与相对之对应的差异。如果说二者之间仍然存在根本的差异，其差异的关键症结在于二者是否将主动性赋予物质，或者说是否赋予物质自足性的问题。尽管莱布尼茨与克拉克（牛顿学派）就空间论战的过程中以绝对空间违反连续律、充足理由律从而“限制了”上帝等具体理由进行反驳，但最终的根本原因在于物质的自足性问题。莱布尼茨的实体观保证了物质保有主动性和自动性，因此物质的运动量守恒，物质的运动和世界的秩序均来自于上帝赋予世界的理性秩序，且上帝也由于理智“受制于”世界的理性法则和规律；牛顿则相反，他坚持认为：“仅仅是神的意志，他以一种持续、规律、恒常、齐一的方式产生了某些结构。”① 因此，他用长达30多年的时间试图解决以太的性质问题，这不仅违背了他“不做假设”的初衷，也使他始终徘徊在自然原因和超自然原因中间，试图将神的活动置于与自然活动相同层次上的做法总使得他的经验主义不那么经验，理性主义不那么理性。总之，二人的时空观最终指向的节点在于事物是否具有自足性的问题，或者物质是否被赋予了自足性的问题。而实体或物质的自足性关乎人的自由，更关乎神人之间的关系，因此二者在方法论层面的分歧表现在对形而上学和经验方法的态度之差别上。

3. 二者手稿面世出版的情况导致误解

莱布尼茨一生留下了世界思想史上最多的私人手稿，但在他死后却被汉诺威家族以防泄露“家族秘密”为由封存，直到二战后才开始整理和公开出版。“德国启蒙之父”莱布尼茨，作为康德、黑格尔、马克思与恩格斯的前辈，对于德国哲学的影响是毋庸置疑的，他使得思想成为一门用来统一德意志民族的武器，他对德国、欧洲以及整个人类思想的伟大贡献除

① Samuel Clarke, *The Works*, 2 Vol., B. Hadley (ed.), London, 1738; New York: Garland Publishing Co., 2002, pp. 297-298.

了零散地闪耀在其屈指可数的几本著作中，主要分散在各种学术期刊、成千上万封信件和未发表的手稿中。莱布尼茨终生勤于著述，给后人遗留下来的书信多达15000多封，其他手稿则多达55000多件，总共需要整理的文集数量达128册之多。1923年起，由德国联邦政府出资，德国柏林—勃兰登堡科学院（Berlin-Brandenburgische Akademie Der Wissenschaften, BBAW）成立五个莱布尼茨手稿及著作全集（Sämtliche Schriften und Briefe）编辑部，即汉诺威编辑部、柏林编辑部、波茨坦编辑部、明斯特编辑部、哥廷根编辑部，开始对文献进行整理分类，按照不同的系列给上述五个编辑部进行了分工。自1923年出版了第一卷开始，至2022年已经出版了65卷，全部编辑工作拟于2050年前后竣工。这种情况表明莱布尼茨的著述和观点并未完全面世，对莱布尼茨的理解难免会断章取义从而出现偏差。另外还存在一个十分棘手的困难在于这些材料分别用拉丁语、法语、德语三种不同语言写成，阅读和翻译十分困难。因此，这也提升了对莱布尼茨思想研究的难度。

牛顿手稿的面世也遇到了相同的境遇。牛顿去世后，其手稿由其外甥女凯瑟琳·巴顿·康迪特（Catherine Barton Conduitt, 1698—1744）保管，后来又转入英国皇家内科医师学会会长托马斯·佩勒特（Thomas Pellet, 1689—1744）手中，后其家族在19世纪70年代将这些手稿交给剑桥大学，即“朴茨茅斯收藏”（Portsmouth Collection），其中包括《古代王国修订年表》（*The Chronology of Ancient Kingdom*, *Amended*, 1728），这部著作旨在证明希伯来文明的优越性。“收藏”中还有大量关于炼金术和神学思想的材料。但剑桥大学把这部分文稿还给了这个家族。该家族在1936年将这些被退回的手稿在伦敦苏比富拍卖行拍卖，其中大概30%被约翰·梅纳德·凯恩斯（John Maynard Keynes）获得并留给了剑桥大学国王学院图书馆；巴勒斯坦犹太人阿拉伯学者亚伯拉罕·S. 亚胡达（Abraham S. Yahuda）拍卖获得大部分神学手稿，留给了耶路撒冷国家图书馆。因此，牛顿思想的“其他方面”在20世纪中叶之后才逐渐被学者们接触到。

由此可见，莱布尼茨与牛顿的手稿及思想的面世出版的情况决定了对二者研究的局限性和片面性，也容易导致将二者的某些论述观点及方法论的适用范围极端化，同时由于二者在世人面前的“对手”关系，使得研究者通常关注二者的差异，往往忽视二者其实在差异之余，还存在很多共同之处，可以说尽管二者在某些观点和方法上“分道扬镳”，但最终却又

“殊途同归”。

（六）二者在科学方法论上的趋同

也许是因为微积分优先权之争导致莱布尼茨和牛顿通常被视作论战对立的双方，因此对于二人空间观的差异的强调往往掩盖了二者的“殊途同归”。伽利略开创的认为世界存在着神直接赋予物质且能用数学描述的自然定律成为17世纪表述世界秩序的新形式，随之神的因果性（divine causality）逐渐等同于自然因果性（natural causality）。莱布尼茨将空间作为关系实在论的一种表现形式，是其试图实现世界秩序的数学表达的伟大理想的其中一部分工作。他对物质的质与量、类别、起源、结构等关系范畴进行分类而获得了一种关系——空间关系，这种关系不仅具有现象的实在性，也具有观念的实在性，这种实在性的根源在于上帝赋予世界的“前定和谐”的新系统。与二人发明微积分的路径“异曲同工”，莱布尼茨从数列、符号、计算等数学方法出发，都发明了微积分。

上帝作为宇宙的唯一真正原因的神学信条是莱布尼茨和牛顿空间观的底色，无论是时代的话语环境、思想背景还是二者的思维范式，上帝的存在为莱布尼茨和牛顿的空间观都提供了一个“阿基米德基点”，因此正如前文所述，上帝的“前定和谐”的新系统使得莱布尼茨的空间就其稳定性和确定性来说根本不存在相对空间无法确定运动主体或运动现象的困难；牛顿的“从无限到无限，从永恒到永恒”的上帝即空间的理论由于上帝的“不动性”同样不面临相对运动无法区分物体的静止和运动状态的困难，因此二者的空间观在本质上并不面对传统意义上的绝对空间与相对空间的“绝对差别”。但是，纵观二者各自证得其时空观的方法论进路会发现，二者都是综合性地使用经验观察、逻辑推理、理性演绎、前提预设、符号计算等具体的科学方法，很难说单一地信赖并使用其中一种明确的方法。牛顿的假设在其理论中屡见不鲜，经验现象的引证在莱布尼茨的理论中也不可或缺，如果再结合神学信条以及在科学之外的诸如自由、道德、善等概念的探讨，就时空观而言，其理论的纵深和宽广程度都并非能够一概而论。总而言之，莱布尼茨从前定和谐的前提假设出发演绎而来的规则，结合经验归纳的验证、修正、启发等一系列的具体方法，指向了近代自然科学的主要方法论；牛顿坚持上帝主导的原则，同时也十分注重和信赖经验主义的方法论，反对在没有任何经验归纳支持的情况下杜撰假设，同样为近代自然科学的方法论提供了推动性作用。可以说，二者都“志同道合”

地通向了近代自然科学的道路，都自觉地坚持了一种经验归纳与理性演绎相结合的综合科学方法论，为自然进行研究绘制了一张理性主义的科学蓝图。

四 莱布尼茨相对时空观的本质

（一）时空是理想的抽象

相比于牛顿的空间概念，莱布尼茨更具有亚里士多德关于空间关系的思想传统，后者看似保守，但似乎更具有深刻的含义。亚里士多德表示空间关系的核心概念就是处所（topos，place），它包含两种含义，首先其概念所表达的是“环境”，即一个物体所直接处于的“周遭环境”。其次是“处所”会影响物体的存在状态。这两个含义都在不同程度上对莱布尼茨产生了影响。

“周遭环境”将置于其中的物体包围起来，这个“包围”的内界限就是该物体的处所。莱布尼茨的时空概念也表达了这样的含义。但是与亚里士多德不同，莱布尼茨认为“包围”的界限实质上是心灵对物体关系的抽象，这种呈现出的关系秩序提供了时间与空间的基础，可以说时间和空间就是心灵在数学思维和方法的规则中对关系的理想的抽象。“时间或地点的诸部分，就它们本身来看，是理想性的东西；因此它们彼此完全相像，就像两个抽象的单位那样。但两个具体的一，或两个实际的时间，或两个充满的空间，即真正现实的东西，就不是这样。”①

在莱布尼茨那里，空间是地点放在一起的集合。但是地点和占据此地点的物体的位置是有区别的，这在前面已经详细论述过。一个物体的地点可以和另一个物体的地点是同一个，只要在时间上岔开。但是一个物体的位置绝不会和另一个物体的位置是同一个。地点与秩序组成的空间的本质是“彼此符合”的关系。但是心灵是不满足于仅仅是一种符合的，它会试图将这种关系置于主体“之外”，于是被置于主体“之外”的这些地点的集合成为我们通常意义上的空间。时间同理。

“最后，空间就是把这些地点放在一起所得到的东西。在这里，考虑

① ［德］莱布尼茨：《莱布尼茨与克拉克论战书信集》，陈修斋译，商务印书馆2013年版，第65页。

一下地点与占据此地点的物体的位置关系之间的区别是好的。因为A的地点和B的地点是同一个，反之A和固定物体的关系则并非确切地和个别地与B（它将取得它的地点）和同一些固定物体的关系是同一个，这两种关系只是彼此符合。因为两个不同的主体，如A和B，不会有确切同一的个别情状，同一个个别的偶性不能在两个主体中，也不能从一个主体过渡到另一个主体的。但心灵不满足于这种符合，总想寻求一种同一性，即真正是同一个的东西，并把它设想为在这些主体之外的；这就是人家在这里叫做地点和空间的东西。可是这只能是理想性的东西，包含着某种秩序，心灵就在这里来设想那些关系的切合，就像心灵能想象一种由宗谱系统构成的秩序那样，这种宗谱系统的大小全在于世代的数目多少，每一个人都将在那里有他的地位。……可是这些宗谱上的地位、系统线条和空间范围，虽然它们表现了实在的真相，却只能是一些理想性的东西。"①

心灵与时空存在着抽象建构的关系。抽象建构的理想性结果就是空间与时间。"只要考虑一下我自己说的话，……就可表明心灵如何来形成空间的观念，而无须一个实在和绝对的存在物，在心灵之外并在诸关系之外，来和这观念相应。所以我并没有说空间是一种秩序或位置，而是一种诸位置的秩序，或诸位置据以得到排列的秩序；而抽象的空间就是被设想为可能的诸位置的这种秩序。因此这是某种理想性的东西。"② 既然时空是想象性的，由此莱布尼茨称经院哲学和牛顿所认为的虚空在想象中当然也算是可能的，但只能是想象的，而非真实的。

（二）成为"理想的抽象"的条件

如前引文中多次出现"理想的东西"，根据上下文可知这种理想的东西正是指时空。莱布尼茨认为空间本身作为一种"理想的东西"是来自世界的（space out of the world），是不具有实在性的，由此也可以解释"来自于世界的空的空间"（empty space within the world），因为它们都是想象的。莱布尼茨的世界是一种充实的实在，这个充实的实在包含两个属性：包含无限多的"充实体"且拥有"无限的边界"——无边界，即无限充实的宇宙。这与莱布尼茨的充足理由律和连续律是相符合的。

---

① ［德］莱布尼茨：《莱布尼茨与克拉克论战书信集》，陈修斋译，商务印书馆2013年版，第72—73页。

② ［德］莱布尼茨：《莱布尼茨与克拉克论战书信集》，陈修斋译，商务印书馆2013年版，第92页。

那么在莱布尼茨看来，在这种无边无际的充实的宇宙中如何想象出空间这种“理想的东西”呢？这便涉及莱布尼茨关于“理想的东西”的条件：（1）理想性并非现实世界的实在物；（2）虽非实在，却能够在现象世界中得到确认，而这种确认来源于主体的感觉经验。

1. 时空是对广延的数学抽象

同时符合上述两种条件的就是数学抽象法，涉及数学符号、公式、方法和想象性。莱布尼茨认为由此数学成为贯穿形而上学领域和物理学领域的中介。于是，类似数学这种“理想的东西”以及数学的方法论，不仅成为构建莱布尼茨时空观的核心概念方法，也是解决莱布尼茨的主观性与“外部世界”客观性的张力与矛盾的关键。

莱布尼茨在 1704 年 6 月 30 日写给迪福德（De Volder）以及 1716 年 1 月 13 日写给德博斯（Des Bosses）的信中这样写道：“同样，正如算数一样，数字如果没有被数的事物的话并非一个实体。因此同样，一种数学的形体或广延如果没有主动的或被动的主体或运动的话也并非是一个实体。”①“广延如果在单子被移除之后仍然能够存在就像物体被移除之后数仍然能够存在一样是假的。”②

莱布尼茨这里提到的数字具体应该是指数学的符号，这与他毕生追求——发明一种“普遍语言”的理想是一脉相承的。但这里需要指出的是，莱布尼茨的数字符号与希腊的数字符号的内涵是不同的。在古希腊思想中，从具体事物中抽象的“数”（ἀριθμός）被称为算术数，表示“确定的多”（definite multitude），它不能被设想为某种不确切的数；而莱布尼茨的通用语言的符号是指多个代数数的概念，是一种二阶抽象，它不适用于具体的数量，而是适用于概念本身的概念——符号抽象。这种抽象的符号承载着人类思维的演算［*Calculus Rationinator*］。这种以数学符号为典型的符号抽象是莱布尼茨试图用概念的方式把握世界的理性工具——通用语言的实质。而数学符号涉及的数学抽象的方法论同样被“类比”地应用到对时空本质的理解之上。

具体来说，如果具体的数字是来自它所指代的那些具体事物的抽象，

---

① C. I. Gerhardt, ed., *Die Philosophischen Schriften von Gottfried Wilhelm Leibniz*, 7 Vols., Berlin: Weidman, 1875 - 1890, Reprint, Hildesheim: Olms, 1965 - , Ⅱ, p. 268.

② C. I. Gerhardt, ed., *Die Philosophischen Schriften von Gottfried Wilhelm Leibniz*, 7 Vols., Berlin: Weidman, 1875 - 1890, Reprint, Hildesheim: Olms, 1965 - , Ⅱ, p. 510.

那么一个现实具体的广延指代的是那些具体具有广延的事物的广延的抽象。按照莱布尼茨“对抽象的抽象”的进路，空间应该是对包含了对所有具有广延的事物的广延的抽象的“再抽象”，它成为一种“统称”，当不存在具体的广延的时候它成为一种指代，甚至可以被赋予符号。时间同理。

2. 时空是现象世界的秩序

类比于数学的抽象法与符号表征法，莱布尼茨的时空概念的含义已经昭然若揭。莱布尼茨的相对时空观的描述对象的范围是现象界，而在现象世界中并不存在牛顿意义上的绝对空间、绝对运动与绝对事物。现象世界的良好秩序是基于单子构成的存在世界中单子对世界的表象，这种表象不仅是一个单子对世界不断展开的表象，也是无数单子对同一个世界的无限表象。现象世界中呈现出来的时间与空间结构框架正是对应于有形实体的形体或偶性之间的时间与空间的直接关系。这种现象关系可以被分析并还原到主词的各种谓项之中。这里需要指出的是，现象世界的这种时空关系并非某种预先存在的关系处于现象世界的“底层”。因此，莱布尼茨的时空关系主义在其成熟时期起码包含两个内涵：

（1）所有形体的运动都是相对的，所有时空关系仅仅存在于现象界中运动的主体与偶性。

（2）除了在物理现象界，时间和空间结构中涉及的“点”与“关系”在存在领域中没有任何先天基础。

在莱布尼茨看来，时间和空间仅仅是一种理想的东西，在某种含义中属于某种类似于数学形式的内在观念的集合。正如莱布尼茨常常提到的，空间关系就是对多种具体经验现象关系的抽象。但是在认识论中，时间和空间并非一种心理构造，同时也非某种抽象结果的即时产物。空间在认识论中仅仅是一种帮助我们意识到具有广延的实体的预先被安排好的日常经验的内在观念，这种内在观念并非是一种统一的真实存在物的对应物，而仅仅是展现在我们知觉中的并存事物的即时存在顺序的表象。

3. 知觉中存在对时空关系的两种抽象

既然空间被看成是对物理现象世界中的主体（广延）的抽象，并且这种抽象存在于单子的知觉中，那么就存在两种抽象，与抽象的程度有关，也与抽象的形式有关。以一条透视线为例：

（1）单子的知觉存在清晰度之分，这种清晰度区分不仅来自于单子的等级，也来自于单子在其具体知觉条件（环境）中的表象能力和知觉状况。因此在现象世界中，空间属性如一条透视线的表象的清晰程度在不同的单子的知觉中是不同的。任何单子虽然表象的都是同一个现象世界，但对于空间的关系结构，表象结果可以是不同的。当然这在上帝那里是不可能存在的。

（2）如果基于共同的“具有良好基础的”现象世界的广延实体的抽象，单子对于某种无关具体清晰度的对统一的空间现象关系的抽象形式可以是确定的，这在莱布尼茨的主项—谓项形式中，可以被称为空间位置谓词（the positional predicates），通过这种位置谓词，单子对于其他单子以及世界的表象都是被置于空间位置关系之中的。这不仅为单子知觉的展开提供位置结构，也为现象世界提供位置结构。

（三）多个可能世界对应“多种时空观”

基于“木桶论证”（bucket argument）的牛顿绝对时空，几何学真理和与时空相关的物理学真理就是必然真理。即使牛顿与莱布尼茨一样相信存在多个可能世界，但是他坚持的时空观也只有唯一这一个。莱布尼茨当然不同意这样的理论。“存在无限多的与我们的空间和世界完全不同的其他空间与世界。如果栖息于它们上的具有感知的思想并不与我们相连接，那么它们将与我们是没有距离的（也没有其他特殊的关系）。正如梦中的世界和空间与醒着的世界不同，甚至在这样一个世界中运动的规律是十分不同的。”① “空间是某种使得许多的感知在同一时间相互一致的东西……因此，空间的观念被认为是，通过空间的关联，我们显然将我们的位置、甚至我们的世界与梦中的世界区分开来。……基于此，进而存在无限多的可感空间，因此存在无限多的世界，以至于在它们与我们之间没有距离……坦白地说，因为梦中的空间和世界与我们的不同，因此它们也可以有其他的运动规律。”② 由此可见，世界可以不同，时空也可以不同，对应的运动规律也可以不同。

虽然大卫·刘易斯（David Lewis）以莱布尼茨的多个可能世界的思想为基础发展出一套极端实在模态论，但是他认为时间和空间是使得世界成

① C. I. Gerhardt, ed., *Die Philosophischen Schriften von Gottfried Wilhelm Leibniz*, 7 Vols., Berlin: Weidman, 1875 - 1890, Reprint, Hildesheim: Olms, 1965 - , Ⅵ, p. 511.

② C. I. Gerhardt, ed., *Die Philosophischen Schriften von Gottfried Wilhelm Leibniz*, 7 Vols., Berlin: Weidman, 1875 - 1890, Reprint, Hildesheim: Olms, 1965 - , Ⅵ, pp. 511 - 512.

为一个整体的关系系统，这恐怕与莱布尼茨的时空观相左。即使现实世界的几何学定律属于偶然真理的范围，但是时空关系结构的确立依赖于单子的实体性或主体性，现实世界的现象界的时空规律的客观性建构于主体的认知结构，这与之后康德的先验直观形式是一脉相承的。正如莱布尼茨自己所说："物质似乎是多元化的，或者是这个序列，或者是那个序列，并且因此这里产生一切自然规律或者那一自然规律；例如，在我们的序列规律中，同样数量的运动总是保持不变。可以存在另外的事物，其中也有其他的规律。并且空间也是不同于其他的，例如存在一个确定的位置和纯粹性，但却不必然是长或宽或者高。"① 因此，对应莱布尼茨的多个可能世界理论，如果一个世界对应一种时空观，那么多个可能世界对应多个时空观。在莱布尼茨的理论中，完全允许多个时空观的存在。

五　莱布尼茨论证时空"客观性"方法论对康德的影响

（一）康德对莱布尼茨时空观的继承与发展

罗素认为，莱布尼茨提出广延和绵延先于空间与时间的观点存在二律背反，因为广延本身就预设了空间，绵延就预设了时间，而广延是空间的关系，绵延是时间的关系。康德将时空置于主体的先验直观形式解决了这个矛盾，而这显而易见是对莱布尼茨时空观的继承。

莱布尼茨论证其时空观的思维逻辑秩序是这样的：首先澄清实体的概念；其次由一个实体进入多样化世界以及多个实体的共同存在；再次要面对广延——单纯实体与重复的问题的推理结果；最后由广延进入空间问题。这样的逻辑进路对于任何相信实体在逻辑上优先于空间的思想家来说都是十分自然的。但是莱布尼茨在此却面临空间的关系性实在的逻辑困难——广延作为实体的性质在逻辑上预设了空间的存在，广延本身就表示占据了多少空间的特性。但是康德完成了一个大胆的跳跃，将时空看成实体的先验感性形式。因此他的《纯粹理性批判》中的起点即为时间与空间，然后再进入包括实体与属性的知性范畴。但是，康德的先验直观形式

---

① C. I. Gerhardt, ed. , *Die Philosophischen Schriften von Gottfried Wilhelm Leibniz*, 7 Vols. , Berlin: Weidman, 1875 - 1890, Reprint, Hildesheim: Olms, 1965 - , Ⅵ, p. 522.

最终与欧氏几何学建立了直接对应关系。“几何学是一门综合地却又先天地规定空间属性的科学。为使空间的这样一种知识是可能的，空间的表象究竟必须是什么呢？它必须源始就是直观。……不过，这种直观必须先天地，即先于对一个对象的一切感知而在我们心中找到，从而是纯粹的直观，而不是经验性的直观。”① 康德的纯粹直观的先天性保证与柏拉图的不同，后者的保证来自于理念世界，而前者的纯粹直观带有明显的理想化色彩，与经验没有直接关系。几何学这种先验直观不属于知性范畴，而是与感性相关联。因此固定空间属性的科学就是几何学，虽然它具有综合的性质，但并非来自于经验，而是来自于主体的“空间纯直观”。关于康德他认为几何学的先天性标准莱布尼茨应该也是同意的，他认为相互从属的必然性和普遍可靠性是先天知识的可靠标志。而康德除了认为这两种标志之外，他甚至走得更远，他坚持几何学的定理全部都是无可争辩的，“也就是说，是与对它们的必然性的意识结合在一起的，例如空间只有三个维度；但诸如此类的定理不可能是经验性的判断或者经验判断，也不是从它们推论出来的。”② 于是，当非欧几何如黎曼几何、高维几何出现的时候，康德以先验感性形式确定的几何学空间观受到了致命的打击，以至于数学哲学家克莱因（M. Klein）这样说：“康德在哲学上的大胆为其几何学上的鲁莽所超越，因为尽管他从来没有走出其东普鲁士的故乡柯尼斯堡城十英里之外，他仍然能确定关于世界的几何学。”③

关于康德的这种论断，莱布尼茨恐怕也不会同意，他承认单子间的关系的某种确定性，但是空间只是主体之间的关系，这种关系是相对的、连续的、无限的。回答这个问题的关键还是要回到莱布尼茨的空间概念。空间与感觉对象和感觉观念有关，“那些被说成是来自不止一种感官的观念，如空间、形状、运动、静止，更确切地说是来自于常识，也就是来自心灵本身，因为它们是纯粹理智的观念，但它们与外部事物有关，是感觉使我

---

① ［德］康德：《康德著作全集》（第三卷），《纯粹理性批判》（第 2 版），李秋零译，中国人民大学出版社 2004 年版，第 49 页。

② ［德］康德：《康德著作全集》（第三卷），《纯粹理性批判》（第 2 版），李秋零译，中国人民大学出版社 2004 年版，第 49 页。

③ ［美］莫里斯·克莱因：《数学与知识的探求》，刘志勇译，复旦大学出版社 2005 年版，第 17 页。

们知觉到它们的”①。

面对知觉的主观性和“外部世界”客观性之间的张力问题，莱布尼茨通过先天知识或天赋知识将物质和空间“改造”成自我意识，运动变化的原因也“放置于”主体内部，“外部世界”的秩序性由上帝提供保证。莱布尼茨试图建立的逻辑系统并未意识到否认空间的实在性会使我们认识的只能是现象——相对于我们心灵而存在的世界的表象。康德意识到了这一点，于是他又“请回了”物自体，将某种非我们自身的东西作为我们知觉的源泉，由此将我们知觉的原因扩展到经验现象之外。这是康德面对的矛盾。

（二）康德的时空先验感性论证明了时空的先天客观有效性

尽管康德也坚持了时空的主观性，但不同于莱布尼茨形而上学的点的实在性和现象界的对应性为其关系性时空提供客观性，康德从“我们永远不能表象出没有空间，可是我们却很能设想空间中没有对象”②。按照康德的分析，知识与直接发生的关系所凭借的就是直观，一切思维被当作手段所追求的也是直观，但是直观只有当对象给予我们的时候才可以发生。此时，对象以某种方式刺激我们，使我们产生表象的能力，这种方式成为感性。借助感性我们获得直观，直观再通过知性被思维，思维产生概念。

当对象对我们产生感性刺激，我们对其表象的能力就是感觉，通过感觉与对象发生关系的那种直观就是经验性的直观。这种经验性的直观未被规定的对象叫作显象。在显象中与感性相对应的东西被称为显象的质料，使显象的杂多得到整理归置的规则被称为显象的形式。一切显象的质料必定全部后天地被给予我们，但显象的形式必须全部已经先天地蕴含在我们的心灵之中。

康德将一切在其中找不到任何属于感觉的东西的表象称为纯粹的——先验的。一般感性直观的纯粹（先验）形式在心灵中先天存在，因此显象的杂多才被这些先天形式归置并使其得以直观。感性的这种纯形式就是纯

① C. I. Gerhardt, ed., *Die Philosophischen Schriften von Gottfried Wilhelm Leibniz*, 7 Vols., Berlin: Weidman, 1875 – 1890, Reprint, Hildesheim: Olms, 1965 – , Ⅴ, p. 116.

② 转引自［英］罗素《对莱布尼茨哲学的批评性解释》，段德智、张传有、陈家琪译，商务印书馆2010年版，第147页；原文出自：C. I. Gerhardt, ed., *Die Philosophischen Schriften von Gottfried Wilhelm Leibniz*, 7 Vols., Berlin: Weidman, 1875 – 1890, Reprint, Hildesheim: Olms, 1965 – , Ⅱ, p. 59。

直观。当从一个物体的表象中除去（1）知性思维的东西——知性凭借概念思维的一切内容；（2）感觉的东西——经验性直观中属于感觉的内容，这两类东西之后剩下的经验性直观就是纯直观，就是即便没有感官或感觉的某个现实的对象，也先天地作为一个纯然的感性形式存在于人的心灵之中。

康德能够提供先验感性的方法就是除去上述两类内容之后的纯直观和显象的纯然形式，显然这种直观形式就是空间和时间。

1. 外感官的形式——空间

我们把对象表象为外在于我们的方式称为外感官，它是我们心灵的一种属性。表象的内容——形状、大小及其相互之间的关系都被空间规定，并全部都置于空间之中。与外感官相对的是内感官，内感官也提供一种确定的形式，但是与外感官不同，内感官直观的内容不能被外部地直观到或直观到外部去，内感官对应的是时间。

比莱布尼茨更进一步，康德将空间这种先行于认识对象、客体的概念的先天的规定性的外部直观形式认作是我们的心灵所固有的，且康德认为由于主体的被对象刺激的感受性以必然的方式内在于我们的心灵，且先行于客体的所有直观，因此一切显象的形式在一切现实的知觉之前就已经必然地被给予了，这便提供了“外部世界”的客观性基础。一切对象以已经被规定的纯直观形式在一切经验之前就已经包含了对象诸般关系的原则，由此我们才能讨论空间、广延、位置、地点以及存在物的方式等。如果没有这唯一的使我们能够按照被对象刺激的方式具有外物直观的主观内在条件，我们所谓空间或者在空间中的表象根本没有意义。如果仍然按照莱布尼茨的语言，知觉根据表观的对象逐渐展开的时候，时空关系是我们赋予感性对象的形式，也是谓词能够展开并被我们直观的形式，如果“抽掉”这些对象，剩下的莱布尼茨认作是抽象的数学的点和几何的关系结构；康德将更具刚性的客观性赋予了空间，他认为几何化的空间是对象能够被直观为我们之外的各种关系的一个必要条件，“抽掉”对象之后剩下的是我们先天拥有的纯直观形式——空间。

康德在客观性的问题上试图综合空间的实在性和空间的观念性。根据上述康德对于空间客观性的逻辑进路，就一切外在地作为对象能够呈现给我们的东西而言，一切事物作为外部显象都是在空间中并存，因此空间具有了客观有效性，这种客观有效性被康德称之为空间的实在性。另一方面，空间的几何学结构可以被理性依据自身的法则获得，因此空间具有观念性。

这里需要指出，康德将空间的客观性置于心灵的先天法则的基础之上，而非物自体。在他看来，在空间中被直观的任何东西都不是事物自身，空间的直观形式也非物自身固有的形式，即便我们称之为外部对象的东西，也是我们感性的纯然表象。我们纯然表象的形式是空间，而真正的物自体我们却根本没有认识，也不能被认识，无法被认识。

2. 内感官的形式——时间

莱布尼茨并没有将空间和时间的性质分别看待，都是作为知觉和观念的关系形式。但康德却更加细化，空间被认作是外感官的形式，时间被认为内感官的形式。时间作为“同时”和“相继”进入知觉的条件就是时间的质感。人们完全可以从时间中除去表象，但是一般显象却不能取消时间自身。时间同空间一样，都是被先天给予的直观形式，使得显象的现实性得以实现。时间关系是先天必然的，时间唯独只能是同时的或相继的。时间确定的关系只能通过对唯一的作为基础的一个时间的限制形式得以可能。时间的直观纯形式是先于对象的，是先天被直观的。

时间作为内感官的形式，直观的内容是我们内部状态的形式，它规定着我们知觉到的各个表象在我们内部状态中的关系。这种关系不像空间那样用几何学的形式得以表达，内直观的时间只能类比于一条无限延伸的直线来表示表象的时间序列，因此时间的一切关系都是借助一个外直观予以表达的。

时间同空间一样，是一些所有一般显象的先天形式条件。所有的表象，无论是否有外部的对象，都是就自身而言作为心灵的规定属于内部状态，这种内部状态都在内直观的时间形式下得到归置。

康德试图调节时间的客观性和主观性之间的矛盾。时间，当我们将其作为感官的对象的显象而言才具有客观有效性；但是就我们作为感性主体而言，时间是直观得以可能的主观条件，因此时间也是主观性的。但是就康德的意图而言，就我们直观的形式来说，一切事物都势必在时间中，因此时间作为内感官的形式，它的客观性是必需的——一切作为显象的事物都在时间中，这条原理具有完美的客观正确性和先天的普遍性。①

① 参见［德］康德《康德著作全集》（第三卷），《纯粹理性批判》（第2版），李秋零译，中国人民大学出版社2004年版，第55—56页。

（三）康德的纯粹知性范畴——关系

莱布尼茨将空间和时间作为主体知觉展开的内容和形式，它们依赖于实体，不具有任何意义上的实在性。空间和时间本质上是一种秩序和关系，位置是对这种秩序和关系的抽象，因此莱布尼茨总是要面对“外部世界”的客观性问题。康德是直接在主体的直观层面解决空间和时间的客观性问题的，但是他将关系作为了一种知性范畴，为对象的关系在知性的层面提供了客观性的基础。

康德认为，我们的知识在我们的心灵中具有两个来源：一个是接受表象的能力——感受性；另一个是通过这些接受来的表象从而认识对象的能力——概念的自发性。通过感受性，我们认识的对象被给予我们；通过概念的自发性，我们认识的对象被思维。通过前面提到的空间和时间的直观形式，再加上知性的诸概念，我们获得了知识的一切要素，从而使我们的知识得以可能。纯直观仅仅包含对象被直观的形式，纯概念仅仅包含思维一个对象的一般形式。只有纯直观是先天给予的，包含感觉的经验性直观和概念都是后天可能的。

我们接受刺激的感受性被称为感性，我们产生表象的能力——知识的自发性被我们称为知性。直观永远只能是感性的，对感性直观的对象进行思维的能力是知性。“无感性就不会有对象给予我们，无知性就不会有对象被思维。思想无内容则空，直观无概念则盲。”① 因此，直观之后能够思维从而使其成为知性是必要的。

这里涉及了知性的规则——知性的逻辑。康德将知性的逻辑分为两类：一类是知性思维绝对必然的逻辑，没有这些逻辑规则知性就无法得到应用，这些规则也不涉及具体的对象，不会因为针对的对象不同而发生变化；另一类是特殊的知性应用的逻辑，也被称作工具论。前者绝对必然的逻辑是一种纯粹的逻辑，“一种普遍的、但又纯粹的逻辑只与先天的原则打交道，它是知性的法规，亦是理性的法规，但只是就其运用的形式因素而言，内容则不管它是什么样的（是经验性的还是先验的）”②。由此这种纯粹的普遍逻辑是可以抽掉知性知识的一切内容及对象，仅与思维的形式

---

① 参见［德］康德《康德著作全集》（第三卷），《纯粹理性批判》（第 2 版），李秋零译，中国人民大学出版社 2004 年版，第 70 页。

② ［德］康德：《康德著作全集》（第三卷），《纯粹理性批判》（第 2 版），李秋零译，中国人民大学出版社 2004 年版，第 70—71 页。

打交道。同时也因其纯粹性，表明它并不具有经验性的规则，它所包含的内容都是先天地确定的。

于是出现了先验逻辑的内容，即抽掉知识与对象或客体之间的关系，仅仅在知识的相互关系中考察逻辑性。这种逻辑只按照知性思维时在某种相对关系中适用表象所遵循的规律来考察表象，在这个过程中可以表象的是知性形式。

分析要在概念的作用下提供知识。空间和时间包含先天纯直观的杂多，这些纯直观杂多需要凭借想象力的综合，但在此的综合仍然不能为我们提供任何知识，我们还需要纯粹的知性概念。先验逻辑的功能就是将表象的纯粹综合付诸概念，于是直观发展到了判断，这种纯粹知性概念通过它在概念中凭借分析的统一而造成一个判断的逻辑形式的统一行动，它也凭借一般直观中杂多的综合统一把一种先验的内容带进它的表象。这是一种先验逻辑，与普遍逻辑不同。

莱布尼茨认为思维主词和谓词的关系是其关于真理和事实的最根本的判断，这两者之间的关系只是确定的定言判断。但康德将主词和谓词的关系放到了思维在判断中的所有三种关系中的一种。这三种关系分别是：（1）主词和谓词的关系；（2）原因和结果的关系；（3）被划分的知识与划分的全部分支相互之间的关系。三者分别对应定言判断、假言判断、选言判断。

表 2－3　　思维在判断中的三种关系

思维在判断中的关系	谓词与主词的关系	原因和结果隶属性	行动者和承受者之间的交互作用
关系的判断结果	定言判断	假言判断	选言判断

第一类关系的定言判断只涉及两个概念：实体和偶性［*substantica et accidens*］——主词与谓词；第二类关系的假言判断涉及的是两个判断：因果性判断和隶属性判断；第三类关系的选言判断涉及的是共联性判断，这种共联性包含行动者和承受者之间的交互作用。

如前所述，纯粹的知性概念先天地关涉一般直观的对象，与表 2－3 中所有可能判断的逻辑功能一致，知性先天地包含着自然的所有源始的纯粹的综合概念，这些综合概念在亚里士多德那里被称为范畴。知性通过这些综合概念（范畴）才能思维直观的杂多从而理解事物。

（四）莱布尼茨时空关系论对康德关系性范畴的影响

无论就莱布尼茨的相对时空关系还是其主词—谓词的展开序列，关系性在莱布尼茨的思想体系中同时具有本体论上的实在性和方法论上的工具性。康德将关系性范畴分为了三种：（1）主词与谓词之间的依存性和自存性；（2）原因和结果之间的因果性和隶属性；（3）行动者与承受者之间的交互关系——共联性范畴。共联性范畴表示被表象的一个整体可以被划分为各个部分，各个部分都是从属在整体之下的，并且这些部分相互之间是并列的关系，而非从属关系——一个并不能包含在另一个之中，因此它们之间的关系并没有纵向的、矢量的、单方向的规定关系，而是在一个整体中的交互的相互规定关系。

这种交互的相互规定的关系是莱布尼茨关系实在论的结构，它并非简单的仅仅是主词谓词的展开的线性结构，而是涉及实体之间的相互关系。可以将莱布尼茨的视域分为不同的层次，如果在上帝的层面，实体是线性展开的，包含所有实体的世界是立体的，所有事件及其相互关系都是被事前“设定”的，原因和结果及其关系的确定是清晰且明确的；但是站在被造实体或现象界的层面，这种关系并非清晰的，事件一定被设想为在一个整体中的相互联系。康德也注意到了这个问题，“在事物的一个整体中也被设想一种类似的联结，在这里不是一个作为结果的事物隶属于另一个作为其存在的原因的事物，而是就规定别的事物而言同时地并且交互地作为原因并列”①。也就是说，一个物体与其他物体之间在时间和空间关系中存在某种交互关系，这种关系在原因和结果这类关系性范畴中，存在着被认定为“相互作用”的交互关系。这种交互关系中在前的原因是所有根据构成的整体。莱布尼茨认为正是这种整体的统一性既是前定的，又是无法被实体所充分认知的。康德在坚持这样的观点之上仅需进一步将划分细化，他将指向在表象的过程中通过概念不断地将统一的领域进行分化，得到分化的各个分支在之前彼此相互统一的整体中本身并未分化，但康德认为它们本身又存在某种相互排斥的性质，因此它们作为一个部分与其余部分相互排斥但又相互统一地拥有各个实体的实存，它们以这样的方式存在于实体之中。

① ［德］康德：《康德著作全集》（第三卷），《纯粹理性批判》（第2版），李秋零译，中国人民大学出版社2004年版，第92页。

与莱布尼茨一脉相承，康德将量的三个范畴——单一性、复多性和全体性，质的三个范畴——实在性、否定性和限定性，这两组六个范畴作为数学的范畴；将关系性的三个范畴——依存性和自存性、因果性和隶属性，模态的三个范畴——可能性与不可能、存在与不存在、必然性和偶然性，这两组六个范畴作为力学性的范畴。通常认为，康德与莱布尼茨最大的不同在于第三组范畴——关系性范畴。康德认为实体之间存在被称为共联性的一种范畴，与莱布尼茨相同，这个范畴不仅涉及实体的自存性与偶性依存性之间的关系，也涉及原因与结果的因果性和隶属性之间的关系。与莱布尼茨不同的是，康德坚持认为认识对象之间存在作为行动者和受动者之间的交互关系，这种关系是实体—偶性之间的关系与原因—结果之间的关系的结合，这种结合的共联性“则是一个实体在与另一个实体的交互规定中的因果性”①。因此，这种实体之间的相互作用似乎是两人之间最大的不同，但事实并非这样。

（五）康德的“联结”确立的表象的关系的客观性

1. 时空关系的必然性

康德认为综合的表象可以与对象同时发生，且彼此之间以必然性的方式展示在人类思维之中一定包含了两类概念为其提供如此这般的基础。一类概念就是时空这样的先验感性直观形式；另一类是知性概念范畴。莱布尼茨面对的“外部世界”的客观性问题在康德的语言中可以转换为对象如何本身先天地按照形式在直观中被给予的问题。康德认为建立在先天直观之上的关系或形式具有直接的自明性，如时空，无须任何感性条件，无论任何经验基础，都必然地与对象产生对应联系，并先天直观地展示出来。康德的时空概念已经清楚地表明这些先验感性形式如何作为先天知识必然地与对象发生联系，而这种必然的关系也使得心灵对对象的综合成为可能。“因为既然只有凭借感性的这样一些纯形式，一个对象才能够向我们显现，也就是说，才能够成为经验性直观的一个客体，所有空间和时间是先天地包含着作为显象的对象之可能性的条件的纯直观，而且在它们里面的综合具有客观有效性。”②

① ［德］康德：《康德著作全集》（第三卷），《纯粹理性批判》（第2版），李秋零译，中国人民大学出版社2004年版，第91页。

② ［德］康德：《康德著作全集》（第三卷），《纯粹理性批判》（第2版），李秋零译，中国人民大学出版社2004年版，第97页。

2. 知性范畴如何提供“外部世界”的客观性

与时空概念的性质不同，知性范畴并不先天地包含对象如此这般“客观”地展现的条件。知性概念使思维得以可能的条件如何具有客观有效性是康德在莱布尼茨的逻辑学基础上取得的一项重要进展。不同意洛克和休谟关于“联结”的理论——原因和结果，康德认为除了一切经验在某物被给予所凭借的感性直观之外，还要有一个在该感性直观之中被给予或显现的对象的概念。这些概念是由直观“上升”到经验知识的必经之路或所用工具。

确认杂多表象尽管进入了感性直观，仍然只是感受性，它们之间的联结（conjunctio）并非通过感性进入我们，也并非包含在感性直观形式中。但是，康德将客观性置于人的主观中，而非对象或客体中。“任何东西，我们自己没有事先把它结合起来，就不能把它表象为在客体中结合起来的，而且在所有表象中，联结是唯一不能通过客体被给予的，而是由主体自身确立的表象，因为它是主体的自发性的一个行动。”① 联结就是杂多的综合统一的表象，这里涉及综合的概念，在综合的判断中联结的这种关系被思维，范畴以联结为前提条件，它也为判断中不同概念的统一提供了根据，也为逻辑法的应用提供了基础。

如果说康德将时空在内的现象世界的客观性仍然置于主体性之内，这无疑正是单子论的延续，物自体的设立使得康德同样面对不可知论的“指控”，但无论如何，直观形式与关系范畴成为人类认识世界的“客观”形式，现象世界的一致仍然可以说为“外部世界”提供了人类认识的客观性。

① ［德］康德：《康德著作全集》（第三卷），《纯粹理性批判》（第2版），李秋零译，中国人民大学出版社2004年版，第102页。

第三章　莱布尼茨科学方法论表现形式及其内容

欧洲近代理性主义和经验主义的纷争影响甚至决定了哲学与自然科学的问题意识和方法论基础，如康德的理性批判理论、达尔文的进化思想等。莱布尼茨是这场极富成果的纷争的关键人物和集大成人物。陈修斋先生曾经这样概括莱布尼茨关于理性和经验的基本观点："莱布尼茨也把根据经验的事实的判断或命题看作是一类的'真理'而不像笛卡尔乃至斯宾诺莎那样把感觉经验贬低为完全不可靠的，甚至是谬误的来源。这样看来，莱布尼茨似乎是要把理性和经验、唯理论和经验论结合起来而并不是彻底的唯理论或先验论者。"[①] "但必须看到，莱布尼茨所说的经验，并不是唯物主义者所理解的外物印入人类心灵中的印象或观念，而只是心灵固有的某种较'理性'为模糊或混乱的'知觉'，因为心灵作为没有'窗子'的单子是始终不能从外界接受什么东西的。"[②] 由此可见，一方面，莱布尼茨继承了以笛卡尔的"天赋观念"学说和斯宾诺莎的"理智改进论"为核心的理性主义认识论思想；另一方面，他比两位理性主义前辈更加重视经验原素在人类自然科学研究的方法论中的作用，他对洛克的经验主义认识论和方法论思想作了深入、系统的反思，并在此基础上开始融合理性主义和经验主义的内涵及其方法论，为之后西方哲学与自然科学的深入发展开辟了道路。

---

① ［德］莱布尼茨：《人类理智新论》，陈修斋译，商务印书馆2006年版，第45页。
② ［德］莱布尼茨：《人类理智新论》，陈修斋译，商务印书馆2006年版，第45页。

第一节　理性主义和经验主义相结合的体系化方法论原则

笛卡尔的“我思故我在”不仅仅开创了西方哲学的认识论传统，更是开启了理性主义的先河——将我们知识的起点定为“清楚明白”的认识，一切知识都要建立在具有确定性的起点，一切知识都需要有一个确定的根据。但是莱布尼茨才真正健全地确立了近代哲学与科学的方法论。莱布尼茨的单子体现了人的认识与世界的存在之间的“距离”，这种“距离”使得人们认识到真理并非存在于“外在事物”，而在于我们的认识方法，即我们获得真理的方式——对世界存在的解释，在于我们对自身的思想本身的考察。按照莱布尼茨的理解，我们按照经验归纳的方法能够获得事实真理，按照逻辑演绎的方法能够获得理性真理。前者是有限真理，即事实真理的存在是偶然的且具有条件性的；后者是无限真理，即理性真理的存在是必然的且无条件限制的。由此可见，理性真理是高于事实真理的。在莱布尼茨看来，几何的公理在真理性上要比物理学的定律要“高”一些，原因在于几何学的公理定理模式确立了一种人类思维推理的规则范式，按照这种规则形成的判断和推理可以获得确定性的真理，这也成为人类认识获得真理的机制和规范。有了这种机制和规范的方法论，人类一切以“清楚明白”的确定性知识为前提而获得的所有知识都具备了无论是事实真理还是理性真理的真理性保障，这种方法论也为人类的知识提供了有效性保障。

莱布尼茨与他的学生沃尔夫确立起了理性主义哲学或德国古典哲学的方法论体系。概括如下：（1）永远使用清楚明确的表达；（2）永远使用已经得到充分证明的原则；（3）只承认从得到证明的原则中根据那些可靠的程序推导出来的定理；（4）在关系到诸要素的排列时，最初的要素排在最前面，随后的要素按照推导的顺序逐渐排列。通常认为，莱布尼茨对有限真理和无限真理的区分在近代哲学史上具有跨时代的意义，而这种区分也奠定了自然科学认识论和方法论的主线。沃尔夫根据这样的区分，将人类知识区分为先验的（哲学形而上学的知识）和后验的（经验科学）。莱布尼茨—沃尔夫体系成为德国第一个成系统的哲学体系，开创了德国哲学寻求建立一种成体系的统一化的思想大厦之先河，这个大厦的地基是先验的确定性观念，由这些先验观念出发，推理出一切人类自然的、社会的、历史所有“后验”的观念。这是理性主义和经验主义相结合的“中道”的方法论原则，最终将会确立一个包含“先验”和“后验”的大全科学知识体系。

一　实验方法和理性方法的路径及目标

莱布尼茨将科学实践视作自然科学研究的重要组成部分。他认为人类心灵所特有的功能在于理解事物，理解事物越透彻，我们获得的自由就越多。我们越是按照我们固有的本质——理性行动，我们就越会得到幸福。我们在自然科学研究中综合运用理性推理和经验归纳的方法，能够帮助我们逐渐摆脱被动性——外界物体强加给我们的种种限制。因此从事自然科学研究、获得自然科学知识对我们的重要性有两点最为重要：“首先，是使我们的心灵因理解各种事物的目的和原因而得以完满；其次，是藉增进身体健康、减少身体受到的伤害而保存和营养我们的身体，而我们的身体乃我们灵魂的器官。”① 除此两点结合理性和感官的实践目标之外，弘扬上帝的荣耀是更高一层的指向。促进心灵的圆满和自由是理论物理学（theoretical physics）的用途，而经验物理学（empirical physics）可以帮助理解上帝的发明的规律或创造的装置，从而实现对上帝作为宇宙创造者更大的崇拜和佩服。

莱布尼茨将实验方法的路径及目标分为两类：一类是由原因推导结果的推理而揭示其中的原理；另一类是由果溯因的推理从而发现真正的原理。由原因得出结果的推理是一种综合的方法，本质在于一种单纯的反思性的方法论；由结果到原因的推理在于在一个比较长的理由链条中将原因和结果的序列联系在一起，实验方法的实质正是在因果链条中不断地向更原初的原因推进，最终获得第一因或最终因。

致力于原因的发现是科学的目标。发现原因的方法是理性推理与经验

① ［德］莱布尼茨：《莱布尼茨自然哲学文集》，段德智编译，商务印书馆 2018 年版，第 77—78 页。

归纳的统一运用，但这种发现并非一蹴而就或灵光一现，而是“通过几何学式的推理才能获得。”[①]“各种实验应当仿照几何学的模式，与精确的和非常长的推理结合起来，因为只有这样，各种原因才有望发现”[②]。莱布尼茨表达得非常明确，要经由几何学和机械学（物理学）等原理提升到感性和非感性的事物上，我们才能获得事物在自然中的真正原因。其中理性推理扮演了十分重要的角色，它可以提供实验中所缺乏的东西，从而推进自然科学的进展。

二　自然科学研究过程中的具体方法

莱布尼茨认为从实验出发的方法论进路分为两个方向：一个是科学实践的方向，指向应用的领域；另一个是由果溯因的方向，指向原理和理论的领域。因此发现自然原理的方法也分为两种，一种是先验的，另一种是后验的。[③] 先验的方法是确定的（certain），后验的方法是推测的（conjectural）。

（一）先验推测法——假设法

先验方法的确定性在于我们是从已知的上帝的本性中推证出的结构与上帝的本性相一致，这种结构也是感性事物的结构，因此这种方法论的确定性由于上帝而得到保障。当然，由于感性事物的现象十分复杂，尽管我们本身心灵的圆满性和上帝工作方式圆满性的本质一致，我们仍然无法获得最圆满的原理，但是莱布尼茨坚持认为我们仍然应该付出这样艰苦的努力。

---

① ［德］莱布尼茨：《莱布尼茨自然哲学文集》，段德智编译，商务印书馆 2018 年版，第 84 页。

② ［德］莱布尼茨：《莱布尼茨自然哲学文集》，段德智编译，商务印书馆 2018 年版，第 83 页。

③ 此处段德智教授翻译为先验的。笔者认为这种先验性与康德“惟有使我们认识到某些表象（直观或者概念）仅仅先天地被应用或者仅仅先天地可能以及何以如此的知识”的先验性（知识的先天可能或者知识的先天应用）是有区别的。参见［德］康德《康德著作全集》（第三卷），《纯粹理性批判》（第 2 版），李秋零译，中国人民大学出版社 2004 年版，第 72 页。这里的先验性是与经验有关的，是人们在对经验现象的分析之前已有的假设，这种假设可以是常识的、传统固有的，或在通常意义上被接受的，只是这些认识发生在我们对经验现象的分析之前，所以莱布尼茨称之为先验的，这种先验就是通俗意义上“先于经验的”。这种先验性对应的是后验的——“后于经验的”，也是与经验同时发生的，只是在经验—原理、原因—结果的链条中不断与经验的先后顺序发生互换而产生，故而如此称谓。此文后面对于莱布尼茨各种具体的自然科学方法的分析可以对此观点作出进一步的论证支持。

这种先验推理的方式（the conjectural method a priori）最初的起点是假设。“一些假设能够满足许多现象，并且如此容易满足这些现象，以至于它们被视为确定的。在其他的假设中，那些比较简单的则被挑选出来，暂时地提交出来，以代替真正的原因。”① 莱布尼茨对于假设的选择和信任与牛顿如出一辙，认为由假设出发的推理是可信的，也是确定的。二者选择假设的原则也是一致的。这个原则就是：如果这个假设在现有的可被选择的假设中最为简单，且可解释的事件的数目却最多，这个假设的可信度就越高，这也是目前应该被选择的假设。“在一个更好的假设出现之前，也就是说，在一个能够更幸运地解释同一个现象或者在同样幸运的条件下能够解释更多现象的假设出现之前，暂时用一个不够好的假设取代真理也是有用的。只要我们慎重区别确定性与可信性或盖然性（probable），这样一种做法便无任何危险之虞。”② 在这里，一些学者认为，莱布尼茨所指的对于假设的选择应该是在道德领域，因为道德的确定性与形而上学的确定性或几何学的确定性不一样，前者存在盖然性或可能性，后者是绝对的必然性。但是，莱布尼茨在这个观点的下文中给出的例子是关于符号、概念和语言的，他说人们会选择一些明知是虚构的假设，原因在于这些虚构的假设不仅有助于记忆，也可以指引人们注意到反常的现象，从而发现与之冲突的假设，亦复如此。例如托勒密的地心说对于了解天体运动是足够的。但莱布尼茨指出，我们一定不能满足于假设对现象的有限解释，我们的目标指向是不断地接近真理，实现我们自身的圆满以便弘扬上帝。在这样的目标指引下，假设的必要性是显而易见的，它们是帮助我们达成目标的必要工具和必经阶段。

（二）后验推理法——类比法、分解法、排除法

1. 类比法

后验推理法始于实验，即研究的起点对象是实验获得的感官经验。在面对杂多且混合的感官经验时，莱布尼茨认为首先可以使用类比法。例如，由于地球的许多现象与磁力现象十分相似，于是将地球类比大磁铁来解释诸如重力是重物受到地球磁力的吸引的现象；人们用发酵的方法来解释诸如潮涨潮落的现象。这些类比可以使我们更好地理解现象或作出假

---

① ［德］莱布尼茨：《莱布尼茨自然哲学文集》，段德智编译，商务印书馆 2018 年版，第 86 页。
② ［德］莱布尼茨：《莱布尼茨自然哲学文集》，段德智编译，商务印书馆 2018 年版，第 87 页。

设，推动我们更好、更容易地从若干有限事物中获得事物的真正原因，进而对至今知之甚少的领域作出预测（predictions）。我们可以按照类比的方式在隐喻的层面上理解某些不同领域现象的“相似”部分，因此类比的方法十分有助于我们通过对有限的甚至是极少的经验现象的归纳推理而获得某种假设或原理，“我们发现了按照同一种方法所写出的具有隐藏意义的一些数字之后，解开密码就会更容易一些。因此，同一个现象的原因在一个主体中比在另一个主体中探究起来更加容易一些，就像解剖不同动物的解剖学家深刻认识到的那样。”① 但是他也提醒人们要警惕类比方法在自然科学中的滥用。

2. 分解法

类比法可以激发想象功能，但莱布尼茨认为从实验出发的真正的推理方法（the true method of reasoning）是分解法——将实验现象分解成各种属性，然后寻找各个属性的原因和结果。例如，人们通过分别考察颜色、气味、味道、热、冷等一系列触觉的性质，进而分析大小、形状、运动状态等更为一般的属性，当我们对这些性质或属性分析之后发现了某种普遍有效的原因，这些原因往往会成为整个事物的原因。

分解法依托的是莱布尼茨区分简单属性（simple attribute）和复合属性（composite attribute）、混合属性和清晰属性的思想。莱布尼茨认为呈现在我们各种感官中的属性可以分为简单的和复合的，而复合属性可以被分解为简单属性。简单属性是由于它们自身的本性和理智的原因而成为简单的，它们对于我们的感官来说也是简单的。例如，在自然中能呈现“是其自身”或持续就是简单的，莱布尼茨列举“热的”就是一种简单属性。

我们感官获得的属性根据理智的原则可以分为混乱的属性（confused attribute）和清楚的属性（distinct attribute）。“混乱的属性是那些其本身是复合的或是由理智原则组合起来的，但对于各种感官来说却是简单的，从而其定义是无法解释的。”② 混乱的属性虽然对于感觉经验来说是简单的，但是也只有在经验中显现出来才可以被充分地区分开，也就是说这种混乱的属性通过它们指示给各种感官的方法才可能被人们所认识。具体到“热

① ［德］莱布尼茨：《莱布尼茨自然哲学文集》，段德智编译，商务印书馆 2018 年版，第 88—89 页。

② ［德］莱布尼茨：《莱布尼茨自然哲学文集》，段德智编译，商务印书馆 2018 年版，第 91 页。

的”这个简单属性，它呈现给感官时仍然是混乱的属性，如果不将热的属性呈现给感官，也就是说人们没有获得热的感觉经验，人们不可能通过仅仅对“热的”这个属性的描述而辨识出热的属性。这说明，莱布尼茨认为人形成某种事物的观念是需要感觉经验的刺激或激发的，如果没有知觉到这种特殊的感觉，即没有被特殊的感觉所刺激，人们不可能清楚地注意到心灵中和感官中呈现的东西，更不可能获得关于这种属性的观念。清楚的属性对于理智本身是简单的，或者本身可以被理解为存在、绵延等简单概念，或者它们能够借助定义被解释，例如圆的概念；还可以借助符号被辨识，例如引力的概念。借助符号被辨识的清楚的属性是可以利用分解法继续分解成为一些概念，借助分解法获得的概念使其得到区分和理解。

莱布尼茨提醒我们，清楚的属性并非仅仅由一种感觉经验确定，而是由若干个感觉经验共同来确定的。莱布尼茨在这里的观点——“为若干个感官共享的属性与其他属性相比，被视为清楚的”[①] 来自于他对事物本性的定义。他认为事物的本性是统一的，即便同一种属性或性质被不同的多个感官所获取，它们本身应该是一致的，且多个感官经验的确认使得这种属性越发清晰，这一点与我们的现实经验是一致的。但是这种属性未必能被真正分解为依赖于各个不同感官的属性，这里有混乱的知觉的缘故，也有我们理智和感官有限性的缘故。

总之，莱布尼茨认为在自然科学中对于实验结果的处理要使用分解法——对实验中获得的混乱属性进行处理。这里他提出两个原则：（1）一定要与主体相联系；（2）实验分解和理智分解相结合。第一条原则是大原则，莱布尼茨认为无论我们对获得的混乱属性及其原因如何分解，都是要与其他属性及那些包含着它们的主体关联起来，由此各个物体才能通过各种属性被确定与认识。在这里就要与下一个方法——排除法结合使用。当把实验获得混乱属性与其所属的同一个主体的其他属性的相关关联进行分析时，其兼容性便有机会显现出来。因此属性和原理便更容易被确定。第二条原则在于将混乱属性的分解分为两种途径——实验的分解（experimental resolution）和理智的分解（intellectual resolution）。莱布尼茨举出绿色的感官经验可以分为黄色和蓝色，但是我们无法在实验的分解后确定绿色是否比蓝色和黄色更为单纯。因此，我们应该结合理智的分解法。“因

① ［德］莱布尼茨：《莱布尼茨自然哲学文集》，段德智编译，商务印书馆2018年版，第92页。

为在理智的分解中，或者在定义中，当描述的各个要素得到理解后，人们便理解了所描述的对象。”①

3. 排除法

排除法是结合着分解法或跟分解法同时应用的。当我们使用分解法对各个分解而来的属性进行归纳分析后，会获得不止一种普遍有效的原因和原理，即我们常常会获得若干可能的原因。但是，当我们因为一些原因不能与其他更多的原因相容或者取得一致时，我们就要使用排除法将这些不能相容的原因排除掉。具体来说，如果我们将一个现象分解为两个属性 A 和 B 分别进行分析，我们发现 A 具有两个可能的原因 a1 和 a2，发现 B 具有两个可能的原因 b1 和 b2。此时，我们进一步分析，如果 a2 不能与 b1 和 b2 同时共存或兼容，那么我们可以断定 a2 不是属性 A 的原因，因此 a1 是属性 A 的原因；接下来同理，如果我们可以断定 b2 不能与 a1 同时共存或兼容，我们可以断定 b1 是属性 B 的原因。当然，排除法获得的结论具有概然性和可能性，我们既不能穷尽所有分解法而获得属性的所有原因，也不能穷尽所有不断归纳和抽象之后获得普遍的原因，但是排除法可以帮助我们减少可能性或概率小的原因，依然是获得普遍的、简洁的、高效的原因的可靠方法。

三　理性主义和经验主义的综合方法论对认识论的推进

一　几何学分析法与“经验的机缘”

笛卡尔曾经把“观念”分为三种：“有一些是我天赋的，有一些是从外面来的，有一些是我自己制造出来的。”② 而斯宾诺莎则把“认知的方式或知识的种类”分为四种：“一、由传闻或者由某种任意提出的名称或符号得来的知识。二、由泛泛的经验得来的知识，亦即由未为理智所规定的经验得来的知识……三、由于一件事物的本质从另一件事物推出——但这种推论并不必然正确——而得来的知识。……四、最后，就是纯粹从一件

① ［德］莱布尼茨：《莱布尼茨自然哲学文集》，段德智编译，商务印书馆 2018 年版，第 95 页。

② 北京大学哲学系外国哲学史教研室编译：《西方哲学原著选读》（上卷），商务印书馆 2016 年版，第 374 页。

事物的本质来考察一件事物，或者纯粹从对于它的最近因的认识而得来的知识。”① 在斯宾诺莎看来，只有第四种知识才是真正可靠的理性知识，例如几何学的知识，“但是我们可以用这种知识来认知的事物还是很少”②。在《理智改进论》中斯宾诺莎并未将“理智”作为一种完全属于“天赋”的认识能力，而是当成一种我们可以加以锻造和锤炼的认识工具：“理智凭借天赋的力量，自己制造理智的工具，再借这种工具充实它的力量来制作别的新的理智的作品，再由这种理智的作品进而探寻更新的工具或更深的力量，如此一步一步地进展，一直达到智慧的顶点为止。”③ 不过，对于“经验”究竟如何在“制造理智的工具”的过程中发挥作用，它是如何在形成“认识”的过程中和“理智”共同发挥作用的，斯宾诺莎并未具体论述。

在《人类理智新论》中，莱布尼茨明确地提到了“直觉知识”，认为自己把洛克“在直觉知识方面只是稍一触及的东西推进到更远了”④。例如被笛卡尔和斯宾诺莎视为知识典范的几何学的“证明过程”：“如在证明一个三角形的三内角等于两直角时，我们就找出其他一些我们看到和这三角形的三内角以及和两直角都相等的角来……我们所插入的这些观念，就叫做证明，而心灵能来发现它们的禀赋就叫做机敏。”⑤ 按照莱布尼茨所理解的经验主义理论，几何学的“证明过程”其实并不像笛卡尔等理性主义者所认为的那样，只是天赋观念的一种演绎或展示，它其实是需要我们借助于一些经验性操作的，而这些操作“也不是不用费力和不用注意的，也不是匆匆一瞥就能得到这种知识”⑥，“推证的知识无非是在中介观念的种种联系中的一连串直觉知识的一种连接”⑦。并且莱布尼茨还认为，要发现这种连接我们的“直觉知识”的中介观念，除了“自然的或由锻炼获得的机

① 北京大学哲学系外国哲学史教研室编译：《西方哲学原著选读》（上卷），商务印书馆 2016 年版，第 406 页。

② 北京大学哲学系外国哲学史教研室编译：《西方哲学原著选读》（上卷），商务印书馆 2016 年版，第 407 页。

③ 北京大学哲学系外国哲学史教研室编译：《西方哲学原著选读》（上卷），商务印书馆 2016 年版，第 410 页。

④ ［德］莱布尼茨：《人类理智新论》（下册），陈修斋译，商务印书馆 2006 年版，第 430 页。

⑤ ［德］莱布尼茨：《人类理智新论》（下册），陈修斋译，商务印书馆 2006 年版，第 430 页。

⑥ ［德］莱布尼茨：《人类理智新论》（下册），陈修斋译，商务印书馆 2006 年版，第 430 页。

⑦ ［德］莱布尼茨：《人类理智新论》（下册），陈修斋译，商务印书馆 2006 年版，第 430 页。

敏之外”，“还有一种发现中介观念（le médium——媒介）的技术，这种技术就是分析”[①]。我们要把一个推证的真理理解为“分析”的，需要“有闲暇、耐心和必要的心灵自由”[②]，但有时还是要依靠“机敏”，或者“经验的机缘”。

二　天赋观念——先验的、潜在的逻辑结构在“经验”中的显现

在继承笛卡尔的“天赋观念论”和斯宾诺莎的“知性改进论”的基础上，莱布尼茨针对洛克的“白板说”，提出了著名的“大理石纹路说”，认为可靠的知识并不完全是“天赋”的，也不完全是在“白板”上积累经验的结果，而是一种先验的、潜在的逻辑结构在“经验”中逐步显现出来的过程。天赋观念即使存在，也不是一字一句清晰地直接写在每一个人心灵中的，而是作为一种潜在的理性认识能力存在于认识主体中的：“如果心灵像这种空白板那样，那么真理之在我们心中，情形也就像赫尔库勒的像之在这样一块大理石里一样，这块大理石本来是刻上这个像或别的像都完全无所谓的。但是如果在这块石头上本来有些纹路，表明刻赫尔库勒的像比刻别的像更好，这块石头就会更加被决定［用来刻这个像］，而赫尔库勒的像就可以说是以某种方式天赋在这块石头里了，虽然也必须要加工使这些纹路显出来，加以琢磨，使它清晰，把那些妨碍其显现的东西去掉。”[③]

在《人类理智新论》的序言中，莱布尼茨把自己和洛克在认识论上的观点差异比作柏拉图和亚里士多德的差异：“他的系统和亚里士多德关系较密切，我的系统则比较接近柏拉图……问题就在于要知道：灵魂本身是否像亚里士多德和《理智论》作者所说的那样，是完完全全的空白，好像一块还没有写上任何字迹的板［*Tabula Rasa*］，是否在灵魂中留下痕迹的东西，都是仅仅从感觉和经验而来；还是灵魂原来就包含着多种概念和学说的原则，外界的对象是靠机缘把这些原则唤醒了。”[④] 这既是作为近代理性主义哲学代表人物的莱布尼茨所理解的柏拉图和亚里士多德认识论思想的根本差异，也是近代理性主义哲学和经验主义哲学争论的核心问题：“究竟是一切真理都依赖经验，也就是依赖归纳与例证，还是有些真理更

① ［德］莱布尼茨：《人类理智新论》（下册），陈修斋译，商务印书馆 2006 年版，第 431 页。
② ［德］莱布尼茨：《人类理智新论》（下册），陈修斋译，商务印书馆 2006 年版，第 431 页。
③ ［德］莱布尼茨：《人类理智新论》（上册），陈修斋译，商务印书馆 2006 年版，第 6—7 页。
④ ［德］莱布尼茨：《人类理智新论》（上册），陈修斋译，商务印书馆 2006 年版，第 2—3 页。

有别的基础。因为如果某些事件我们在根本未做任何验证之前就能预先见到，那就显然是我们自己对此有所贡献。"①

如果人类的认识完全依赖于"经验"，而没有形成清晰的概念，发现"灵魂原来就包含着多种概念和原则"的能力，我们就无法解释，为什么我们不仅可以总结过去的经验，还可以在一定程度上预测未来的事件。很显然，"理智"是我们超越既有的经验，创造性地建构起体系性的科学认识的根源。

值得重视的是，莱布尼茨的大部头著作《人类理智新论》，本身就采用了与洛克的《人类理解论》相对的标题，以及逐段重述和辨析的对话体写作方式。正如他自己所说："借助于别人的工作，不仅可以减轻自己的工作（因为事实上遵循一位优秀的作者的线索，比自己完全独立地重起炉灶要省力些），而且可以在他提供给我们的之外再加上一点东西，这总比从头做起要容易些；因为我认为他留下完全未解决的一些难题，我已经予以解决了。"② 在《人类理智新论》中，莱布尼茨对洛克关于认识的经验来源和形成方式的观点进行了系统的反思，其深入和细致的程度在理性主义认识论思想的发展史上是前所未有的。莱布尼茨对"经验"和"知觉"的分析，开启了以理性主义哲学的基本原理系统分析"经验"的生成模式的方法，这对康德的"纯粹理性批判"以及黑格尔的作为"意识经验的科学"的"精神现象学"的认识论思路的形成有着巨大的影响。正如康德在《纯粹理性批判》第1版"前言"一开头所说的，人类的理性"是从其运用在经验的进程中不可避免、同时又通过经验得到证明的那些原理开始的"。③ 但如果脱离了经验，将"原理"作无限制的抽象拔高，使它"超越一切可能的经验应用"，"它就跌入了黑暗与矛盾"，且"必定在某个地方有某些隐秘的错误作为基础"。在"理性"的"天赋观念"或"心灵"和"经验"之间建立起一种认识论的平衡，莱布尼茨已经在他对"知觉"、"经验"等概念的分析中，尤其是在《人类理智新论》中对经验主义认识论的系统辨析就开始了，而且表现出一种理性主义哲学中罕见的直观性和生动性。正是对认识中的"经验"原素的生动分析，对"经验"的

① ［德］莱布尼茨：《人类理智新论》（上册），陈修斋译，商务印书馆2006年版，第3页。

② ［德］莱布尼茨：《人类理智新论》（上册），陈修斋译，商务印书馆2006年版，第1页。

③ ［德］康德：《康德著作全集》（第四卷），《纯粹理性批判》（第1版），李秋零译，中国人民大学出版社2005年版，第5页。

生成模式的理性反思，形成了莱布尼茨在理性主义认识论发展史上不可替代的地位，也构成了我们理解康德的《纯粹理性批判》论述知性的范畴、概念合理运用的经验条件和限度的认识论思想的重要方法论准备。

四　单子的意识统一性为综合方法论提供基础

莱布尼茨有时用“心灵”，有时用“灵魂”，有时甚至直接用亚里士多德形而上学术语“形式”来表达“单子”在认识论上的“主体”功能，也就是赋予认识或意识一种“统一性”的功能：“由于有灵魂或形式，于是就有一种和我们称之为自我的东西相应的真正统一性；这种统一性不论在人为的机器还是在物质的单纯堆集（不管如何有组织）中都是不会有的；这种堆集只能被当作一支军队或一个羊群，或当作一个里面满是鱼的池塘，或当作一只由发条及齿轮构成的表。但是，如果没有真正有实体性质的单元，那么在这个集合中就完全不会有什么实体性的或实在的东西。”①

按照海德格尔的理解，莱布尼茨的欲望、实体性、力，作为“先行给予统一性的东西”，在其本原（存在论）意义上是没有任何固定的逻辑和认识论框架的，我们不能以在近代自然科学基础上所形成的科学概念框架来叙述它，就像莱布尼茨所说的，“知觉以及依赖知觉的东西，是不能用机械的理由来解释的，也就是说，不能用形状和运动来解释”②。

在存在论的层次上，单子是个体化的实体，而在认识论和方法论的层次上，单子则是创造性地表象和认识着世界的能动的、理性的主体：“单子的统一性并非一种积聚的结果，并非某种事后追加的东西，而是先行给予统一性的东西。这个统一性作为给予统一性的东西乃是活动的，是 vis active［作用力］，是作为实体之统一性的 primum constitutivum［原初构造者］的欲望。这里蕴含着单子论的核心问题，即欲望和实体性的问题。”③“这种活动性（Aktivität）的基本特征已经变得显示。而依然模糊的是，何以恰恰是欲望本身应是给予统一性的东西。一个具有决定性意义的进一步

---

① ［德］莱布尼茨：《新系统及其说明》，陈修斋译，商务印书馆 2013 年版，第 7 页。

② 北京大学哲学系外国哲学史教研室编译：《西方哲学原著选读》（上卷），商务印书馆 2016 年版，第 479 页。

③ ［德］海德格尔：《路标》，孙周兴译，商务印书馆 2016 年版，第 96 页。

的问题乃是：根据这种于自身中统一的单子，处于联系中的宇宙整体是如何构造起来的呢？”①

英国学者乔里也注意到了，在莱布尼茨这里，已经存在着一个对于其后德国哲学的发展来说至关重要的认识论问题，即“意识的统一”问题：“关于精神生活或意识的一些东西是机械原理无法解释的……我们的精神生活不是被分隔成一段一段的：比如，当我在专心写信时，自我会意识到手腕处轻微的酸痛、纸张的颜色及收音机发出的噪音等。”②“经验”意义上的“真实”或“对实体的经验”总是一种“意识统一性”基础上的“真实”，“理性”或“理智”并不能脱离和超越“经验”而形成一种抽象的“意识统一性”，而只能表现为各种经验情境当中的具体的“自我意识”或“内心的经验”：“我们不是实体，这一点是与经验相对的，因为除了当我们感知到‘我’（自我）时有内在的经验以外我们不知道任何关于实体的知识，基于此我们把‘实体’这一术语应用到上帝自身和其他单子上。”③“事实上，莱布尼茨表示我们自身内在的经验是我们对实体统一所产生的唯一直接经验。”④但人类认识的本性却会不断地努力寻求这种“理性”或“意识的统一性”，并以这种统一性为基础在“认识”或“经验”的层次上形成“世界”的“统一性”的基础。

莱布尼茨认为，虽然作为被创造物的单子在本质上是有限的，但它仍然会努力依照自己有限的经验去构造世界的统一性依据，形成自己的理性，“反映整个宇宙”。作为单子存在的“心灵”，其在构造世界、反映宇宙的程度方面的差别，体现在清晰度上，而不是完整性和统一性上：“一般的灵魂是反映创造物的宇宙的活的镜子，而心灵则又是神本身或自然创造主本身的形象，能够认识宇宙的体系，并能凭借建筑模型而模仿宇宙体系的若干点；每一个心灵在它自己的范围内颇像一个小小的神。”⑤“如果我们愿意把一切具有我刚才说明的一般意义下的知觉和欲望的东西都统统称为灵魂的话，那么，一切单纯的实体和被创造出来的单子就都可以称为

① ［德］海德格尔：《路标》，孙周兴译，商务印书馆 2016 年版，第 96 页。
② ［英］乔里：《莱布尼茨》，杜娟译，华夏出版社 2013 年版，第 89 页。
③ ［英］乔里：《莱布尼茨》，杜娟译，华夏出版社 2013 年版，第 89 页。
④ ［英］乔里：《莱布尼茨》，杜娟译，华夏出版社 2013 年版，第 89 页。
⑤ 北京大学哲学系外国哲学史教研室编译：《西方哲学原著选读》（上卷），商务印书馆 2016 年版，第 491 页。

灵魂……单纯的实体仅仅是有知觉的，而我们只是把那些具有比较清晰的知觉而且有记忆伴随着的单纯实体称为灵魂。”①

陈修斋先生认为，莱布尼茨此处提出的作为“灵魂”、“形式”或“真正的统一性”而存在的“自我”概念，如果以康德的概念来理解，更接近于作为“知识所以可能的条件”的“先验的自我”，而不同于作为“内感觉所感觉的对象”、“在时间空间之内”，因此也就是“可分的”、“经验的自我”，因为“康德所谓的‘先验的自我’是知识所以可能的条件，并不是一个‘实有’，虽然要知识可能，要道德可能，这样一个自身同一的先验自我是必要的‘假定’，必要的‘条件’。所以，这样的先验自我是有统一性或‘单元’的。”②

五　理性主义和经验主义在知觉理论中的综合法和分析法

莱布尼茨区别了四种明显不同的东西，这就是：（1）无意识的知觉；（2）混乱的知觉；（3）微知觉；（4）心灵的禀赋。这四种东西中，第一种是通过自我意识的无限追溯证明出来的，它对于主张我们总是在思想，总是在反映整个宇宙这样一个观点是必要的。③ 也就是说，“无意识的知觉”并不是一个“经验”或“现象”意义上的事实，而只是为了支撑莱布尼茨的理性主义认识论而在逻辑上是必要的，一个“无意识的知觉”是无法被“经验”到的。“第二种为解释感官知觉，以及如我们已经看到的那样，也为不同单子之间的差别所需要。”④ 单子之间的差别，是由“混乱的知觉”所造就的。莱布尼茨坚持了理性主义认识论的基本立场，因而对于认识的经验起源，对于“感官知觉”，只能将之解释为“混乱的知觉”。“第三种是从这样一个证明推论出来的，这就是：一个被设想为有限的知

① 北京大学哲学系外国哲学史教研室编译：《西方哲学原著选读》（上卷），商务印书馆 2016 年版，第 479—480 页。

② ［德］莱布尼茨：《新系统及其说明》，陈修斋译，商务印书馆 2013 年版，第 19 页，注释 49。

③ ［英］罗素：《对莱布尼茨哲学的批评性解释》，段德智、张传有、陈家琪译，商务印书馆 2010 年版，第 196 页。

④ ［英］罗素：《对莱布尼茨哲学的批评性解释》，段德智、张传有、陈家琪译，商务印书馆 2010 年版，第 196 页。

觉，具有和它的对象同样多的部分，这样由于其对象可能是整个宇宙，其部分在数量上也就因此而可能是无限的。”① 与“混乱的知觉”相比，“微知觉”可以说是有待于被“意识”和“察觉”到的潜在的“知觉”，它虽然还不是一种清晰的意识，却可以随着时间和机缘的发展在合适的条件下成为一种理性的清晰意识。而第四种则仅仅“为解释真理天赋的意义所需要，……跟康德的存在于心灵中的先验形式的意义非常相似”②。

莱布尼茨的知觉理论吸收了经验主义哲学中对于“经验”的结构和生成进行细致反思和精确描述的方法，在传统的理性主义“天赋观念”论基础上，把“知觉”作为一种经验加以分析，这为之后以康德为代表的德国古典哲学整合理性主义和经验主义的认识论成就奠定了基础。虽然与康德相比，莱布尼茨的“知觉”理论始终无法将“感觉”、“经验”与“理智”、“天赋观念”、“更高级的心灵”等理性认识能力有机地协调和沟通起来，并形成一套相互转化并协同发挥作用的机制，但在某些方面，莱布尼茨甚至比康德和黑格尔表现出更少理性主义的成见，表现出对理性经验和非理性经验同样的尊重。例如莱布尼茨认为，哪怕在我们没有“察觉和反省”的时候，“知觉”也是存在的，这就是“微知觉”，一种尚未被纳入注意和理性反思的非理性经验。例如我们最初到瀑布边会听到瀑布巨大的声音，但过了一段时间，一旦“适应”了这种环境，或者说把注意力从瀑布转移到其他事物上的时候，例如开始和朋友交谈，瀑布巨大的声浪就仿佛退居意识的背景中去，不被我们所“察觉”了。莱布尼茨提出，当我们的注意力和记忆力只专注于较为显著的对象时，当我们没有警觉到，或者没有得到一定的提示时，我们会忽略一些事实上存在的知觉，但我们会说我们并未知觉到。莱布尼茨还举例道，比如我们要听到大海的咆哮声，就必须知觉到每一片海浪波动的声音，“不论这些声音多么小，也必须对其中的每一个声音有点知觉；否则我们就不会对成千成万波浪的声音有所知觉，因为成千成万个零合在一起也不会构成任何东西”③。这些对于“意识经验”的细腻的认识论描述，恐怕不仅仅是出于一种构造哲学体系的逻辑

① ［英］罗素：《对莱布尼茨哲学的批评性解释》，段德智、张传有、陈家琪译，商务印书馆2010年版，第196页。

② ［英］罗素：《对莱布尼茨哲学的批评性解释》，段德智、张传有、陈家琪译，商务印书馆2010年版，第196页。

③ ［德］莱布尼茨：《人类理智新论》，陈修斋译，商务印书馆2006年版，第10页。

需要，而是来源于莱布尼茨对于“经验”的耐心体会和深邃沉思。这种“微知觉”的运行机制是很难用理性的逻辑来表述的，因此莱布尼茨只能引用古希腊名医希波克拉底的名言“一切都在协同并发”，来阐释“微知觉”在人类认识中重要而又很难用清晰的逻辑方式呈现出来的作用：“这些微知觉，就其后果来看，效力要比人所设想的大得多……甚至于可以说，由于这些微知觉的结果，现在孕育着未来，并且满载着过去，一切都在协同并发……这些感觉不到的知觉，更标志着和构成了同一的个人。它们从这一个人的过去状态中保存下一些痕迹或表现，把它与这一个人的现在状态联系起来，造成这一个人的特征。即令这一个人自己并不感觉到这些痕迹，也就是不再有明确的记忆的时候，它们也能被一种更高级的心灵所认识。但是它们（我是说这些知觉）凭着有朝一日可能发生的一些定期进展，在必要的时候，也提供出恢复这种记忆的手段。”①

从某种意义上说，莱布尼茨的“经验”观比近代英国经验主义者洛克的经验观更加复杂，更具包容性，因为他不仅仅重视经验作为“知识”的“来源”的逻辑地位，不仅仅重视论证经验向知识生成的过程，而且叙述并分析了许多原始的、直观的甚至是日常生活中难以用理性的哲学方法加以理解的经验。莱布尼茨之所以在“知觉”理论中使用了“无意识的知觉”、“混乱的知觉”、“微知觉”等稍显繁多和杂乱的术语，正显示了他对于认识作为一种“经验”的复杂性的深刻洞察。对于被创造的单子来说，“经验”必然具有某种模糊性，因为它是必然性（真理）、偶然性（机缘、时间）等多种要素协同作用构成的。在莱布尼茨之后，“经验”在康德的《纯粹理性批判》、黑格尔的作为“意识经验的科学”的“精神现象学”乃至胡塞尔和海德格尔的“现象学”② 中，都构成了重要的主题。从这个意义上说，莱布尼茨对于“经验”的哲学思考，除了作为一个典型的前康德理性主义认识论的标本之外，还存在着大量值得我们深入挖掘的现代思想资源。

---

① ［德］莱布尼茨：《人类理智新论》，陈修斋译，商务印书馆 2006 年版，第 10—11 页。

② 参见桑靖宇《略论莱布尼茨哲学与现象学的关系——从莱布尼茨到胡塞尔与海德格尔》，载《华东师范大学学报》（哲学社会科学版）2005 年第 37 卷第 5 期。

第二节　符号表征与计算主义方法论

在哲学史中，莱布尼茨总是作为单子论的作者出现；在数学史上，莱布尼茨作为微积分和数理逻辑的发明者被称颂；在物理学史上，莱布尼茨以提出动能守恒或活力论而载入史册……这位被称为“活动的百科全书”的思想家如何在这众多领域中均取得惊人成就似乎总是让人想到天才这样的词汇才能表述他的聪慧过人。而且通常哲学家们似乎已经对以下结论达成共识：莱布尼茨的形而上学作为一种整体性背景对数学、逻辑学等其他思想发挥了奠基性的作用，正是单子这样的实体观作为其形而上学，使得他在数学、逻辑学及物理学等其他自然哲学领域中取得累累硕果。这种观点是莱布尼茨研究领域的主流观点，卡西尔、罗素、库迪拉、海德格尔都是这种观点的代表。① 但是，七卷本《莱布尼茨数学手稿》的编撰者格尔哈德（C. I. Gerhardt）②、《莱布尼茨早期数学手稿》的编译者吉尔德（J. M. Child）③、德国科学院版《莱布尼茨手稿与通讯全集》第七系列数学手稿的主编布雷格（H. Breger）④ 却表示，莱布尼茨作为数学家，作为微积分、数理逻辑、离散数学、计算器的发明者，单子论是在他的晚期才作为他成熟的形而上学出现。因此，他的数学思想在他的整个思维历程中是不可忽视的，他的数学思想对他成熟的形而上学——单子论的提出起到了关键的奠基作用。如果只用数学思想来表示这种作用未免过于笼统，笔者

---

① 关于卡西尔、罗素、库迪拉、海德格尔的具体观点请参见 Cassire E. *Leibniz' System in seinen wissenschaftlichen Grundlagen*, Marburg：Elwert，1902；［英］罗素：《罗素文集》（第 1 卷），《对莱布尼茨哲学的批评性解释》，段德智、张传有、陈家琪译，商务印书馆 2012 年版；Couturat L.，*La logique de Leibniz d'après des documents inédits*, Paris：Félix Alcan，1904；［德］海德格尔：《从莱布尼茨出发的逻辑学的形而上学始基》，赵卫国译，西北大学出版社 2015 年版。

② 格尔哈德的编撰本具体参见 Gerhardt C. I.，*Leibnizens Mathematische Schriften*，7 Vols.，Berlin：A. Asher；Halle：H. W. Schmidt，1849 – 1863。

③ 吉尔德的具体观点请参见 Child J. M.，*The Early Mathematical Manuscripts of Leibniz*，Chicago，London：The Open Court publishing company，1920。

④ 布雷格编撰的数学系列通信集请参见 Akademieausgabe，*Sämtliche Schriften und Briefe von Gottfried Wilhelm Leibniz*，Darmstadt，Leipzig，and Berlin，1923 –，Reihe Ⅶ。

认为，蕴含在其数学思想中的符号表征法与系统关系性（关系实在论）思维方式才是真正的核心所在，这两者再结合莱布尼茨中期的动力学以及后期的神学思考（神义论）才孕育出了最终的单子思想。

如果说莱布尼茨试图建立一套科学话语体系似乎走得有点远，但是说莱布尼茨已经意识到了要建立一套成体系的科学语言体系绝不为过。他试图以原初概念为起点建立一个概念的连续体，这种概念构成的关系体系实质上是有着纵向等级秩序的系统联合体。

一 符号表征

（一）通用语言的本质——理性工具

"让我们坐下来计算吧"这句著名的莱布尼茨口号似乎是他数理哲学思想与方法论最传神的表达。"校正我们推理的唯一途径是使它们像数学家的推理那样明确，使得我们能一下就找出我们的错误，当人们发生争论时，我们只不过说：让我们计算一下，立即就会看出谁是对的。"① 在1677年《综合科学序言》、1685年《论发现的方法》、1688年《文字技艺对精确科学的理性尝试》等多篇文献中莱布尼茨都说过这样的话。数学的方法一直是莱布尼茨所依赖和仰仗的最模范的方法。"人们已经认识通向确证之路的某些东西，亚里士多德的逻辑和斯多葛学派即是证明，但最重要的是数学家所树立的榜样。"② "我们还未曾考虑到，如果能以和数学原理同样的确证去建立形而上学、物理学和伦理学的原则，它该是何等的重要。"③ "我从而发现有某些基本的语词，它们即使不是绝对地至少也是相对地能为我们所断定，然后全部推理的结果都用数学的式样加以确定，甚至对那些推理的形式，其中已知的情况或数据对问题还不足以作出完全回答时，我们仍然可用数学的方式确定其可能性的程度。"④

---

① ［德］莱布尼茨：《莱布尼茨自然哲学著作选》，祖庆年译，中国社会科学出版社1985年版，第22页。

② ［德］莱布尼茨：《莱布尼茨自然哲学著作选》，祖庆年译，中国社会科学出版社1985年版，第21页。

③ ［德］莱布尼茨：《莱布尼茨自然哲学著作选》，祖庆年译，中国社会科学出版社1985年版，第21页。

④ ［德］莱布尼茨：《莱布尼茨自然哲学著作选》，祖庆年译，中国社会科学出版社1985年版，第22页。

如上这些表述不仅仅表达了莱布尼茨对理智计算能力的信任，更重要的是莱布尼茨提出他所发明的“通用语言”同时具备了两种功能——它不仅是“证明的技艺”，同时还是“发现的技艺”。这是那个时代思想家共同的伟大追求，但是莱布尼茨却赋予了它具体的理论与实践内容。中世纪加泰罗尼亚哲学家拉蒙·勒尔（Ramon Llull）① 在其《组合技术》［*ars combinatoria*］中发明了一种机械组合方法，这种方法是以一种机械的方法在一组有限数量的简单而一般的语词之间获得所有可能的组合，这种被称为“大技巧”［*Ars Magna*］的组合方法引领了那个时代的研究方法。莱布尼茨在1666年《论组合术》［*Dissertatio de Arte Combinatoria*］② 中在这种方法的基础上实现了新的突破：不仅提出关于组合演算的正式理论，而且还将他的组合术应用到传统的三段论逻辑以及新发现的逻辑（logic of discovery）中，并且它已经超出了纯数学的范围。莱布尼茨自信满满地称他的组合术规则包含“有关发现的整个逻辑学”，是“所有科学的钥匙”③，通过它“世界上全部的混合观念都能够还原为少数简单的观念，就好像还原为它们的字母一样；并且，反方向地，从这样一个字母表中的字母的组合，我们可以开辟一条道路来发现所有的事物，这包括它们的原理以及通过一种有序的方法并假以时日可以从其中所发现的一切”。④ 这种发现的路径类似于数学中将数字还原为素数的方式，即对概念的分析开始最终获得原初概念（primitive concepts），然后对这些原初概念配以适当的符号和文字，同时建立一套组合原初概念的规则，最终推演出所有其他可能的概念，这也是莱布尼茨试图建立“人类思想的字母表”的路径。莱布尼茨认为通用语言更重要的价值在于表明概念之间的逻辑关系，其本质是一种理性工具［*instrumentum rationis*］。

（二）同时作为证明的方法与发现的方法

1. 发现的技术诸准则

莱布尼茨认为认识一个事物的前提就是要试图考虑它的全部先决条件

---

① Ramon Llull（1232—1315）的《普遍计算术》［*Ars Magnageneralis ultima*］于1480年在威尼斯出版，并且此书出现在斯特拉斯堡1598年出版的《著作集》中，莱布尼茨在美因茨期间阅读了后者。

② *Sämtliche Schriften und Briefe*, Darmstadt and Berlin: Berlin Academy, 1923 -, Ⅵ, p. 1, N 8.

③ *Sämtliche Schriften und Briefe*, Darmstadt and Berlin: Berlin Academy, 1923 -, Ⅱ, pp. 1, 5.

④ *Sämtliche Schriften und Briefe*, Darmstadt and Berlin: Berlin Academy, 1923 -, Ⅱ, pp. 1, 160.

(prerequisites)，这种“全部先决条件”是其区别于其他事物的所有东西，即事物的定义、性质和根本特性。这是我们在试图认识事物时应时刻铭记的出发点与目标，我们认识事物的出发点就是要获得它的“全部先决条件”，而我们最终达到对事物的认识——认识的终点，同样是获得它的“全部先决条件”。因此，这种出发点和目标已经上升为一种准则，即不断考察事物的每个条件或先决条件时是用不断“区别”的方法继续考察每个先决条件的所有先决条件，这种发现的过程就是真正“分析的方法”。分析方法的终点就是我们完成了对事物的各种先决条件的考察，在这个终点我们只能达到通过事物本身才能理解的若干性质。它们不需要任何先决条件，也不需要设想超过自身的任何事物，由此分析方法的尽头即是获得了被认识的事物的“完全的知识”。同样，数学分析方法对莱布尼茨的科学方法论的作用再次凸显，“完全知识的标志是，被考察的事物必须是能被计算的，并且不会遇到这样的情况，即它的出现不能被事先预见。”①“我们必须经常从最一般的和最简易的事物开始探究，也就是对那些易于进行实验和计算的事物，如同数、线和运动。”②

2. 发现的技术的方法分类

(1) 命名分类发现法

普遍语言作为思维关系的表达，必须具有发现和证明的作用及创新的作用[*ars inveniendi*]。普遍语言中用以命名确定主体的概念或名词必须能够在已被标明的事物的关系中分辨出，以至于被划入相同的种或类之中。普遍语言需要能够恰当地确定名词所属的关系以及不同的属类(general-classes)，由此普遍语言可以在理智的引导下拓展我们的知识范围。这便是莱布尼茨所谓普遍语言的发现功能。“正如事物本身所要求的，我承认现在我们并不能在及时地或偶然地了解了金子的足够多的属性之前，从我们已经命名为金子的物质中抽象出金子的名称，同理，我们也不能在掌握了事物的所有现象之后对它命名。然而，在语言中对事物进行命名是人类获得对事物的属性的关键，这就是说，在理智和秩序中，名词符号（的属

---

① [德] 莱布尼茨:《莱布尼茨自然哲学著作选》，祖庆年译，中国社会科学出版社1985年版，第45页。

② [德] 莱布尼茨:《莱布尼茨自然哲学著作选》，祖庆年译，中国社会科学出版社1985年版，第45页。

性）将会自我显现：关于金子的这类经验将会在理智中构建出来。”①

（2）图形分类发现法

这是另一种命名法，即用符号代替图形，对几何符号的改良与扩充，如三角形全等符号。在1679年写给惠更斯的信中，莱布尼茨指出，仅仅将代数应用于几何方程并不是最好的处理几何问题的方法，原因在于代数本质是表示量值，而几何则本质上与位置相关。因此可以类比代数指示数字或尺寸，可以用文字指示图形与机械运动。莱布尼茨的基本理念是用记号代替图形来表示位置、角与机械运动，然后以某种如代数方程的方式以一种清晰有效的方式对其进行运算操作。②

（3）符号方程法

作为理性工具的通用语言，从符号关系式消除未知量的方法实现新知识的发现，这也是莱布尼茨通用语言的另外一大类发现法。在“欧几里得精神”获得无比尊严的16世纪，丢番图（Diophantus）的《代数》（*Arithmetic*）手稿的重新发现使得代数成为数学学科的重要组成部分；普罗克洛斯（Proclus）对《几何原本》注释的翻译出版使得一般比例的传统算法与代数方程结合起来。在希腊，数学证明对应的是综合，而分析对应的是发现。“韦达把丢番图的解释称为‘分析’过程，他对分析的传统定义，及‘从被当作未知量的已知量出发，经由各个推论，一直到某种已知的东西。’”③ 这种从未知量到已知量的方法被称为综合，反之，从已知量取得未知量的方法被称为分析。获得未知量的这种理性分析方法正是莱布尼茨通用语言的伟大创新之处。1684年莱布尼茨发明了行列式，用以消除未知数以便为线性方程组求解。④

（三）符号演算表示思维运算

通用语言不同于数值之间的演算，而是概念之间的演算，莱布尼茨进

---

① C. I. Gerhardt, ed., *Die Philosophischen Schriften von Gottfried Wilhelm Leibniz*, 7 Vols., Berlin: Weidman, 1875－1890, Reprint, Hildesheim: Olms, 1965－, Ⅶ, p. 13.

② 参见 *Sämtliche Schriften und Briefe*, Darmstadt and Berlin: Berlin Academy, 1923－, Ⅲ, pp. 2, pp. 851－853。

③ ［美］雅各布·克莱因：《雅各布·克莱因思想史文集》，张卜天译，湖南科学技术出版社2015年版，第80页。

④ 在莱布尼茨写于1684年1月22日的一篇手稿中，提出了通过行列式为线性方程组求解的一般规则，但并未发表。这种规则后被瑞士数学家克雷默（Gabriel Cremer，1704—1752）提出并发表，后被命名为克雷默规则被世人所熟悉。

入到了近代“抽象的抽象”时代，为近代科学推波助澜。

1. “确切的多”

在笛卡尔之前，中世纪经院哲学家罗吉尔·培根（Roger Bacon，1214—1292）被认为是数学物理学的先驱，他明确宣称：“数学是经验科学的大门与钥匙。”① 他试图建立一门以“种相播值”（Multiplication Specierum）为核心概念的“普遍科学”解释包括人类感觉、心智等活动在内的一切自然运动变化。② 但是，他的数学仍然依赖于所指对象。数学的引入原因在于解释光线的传播路径，光线的传播路径则是解释基督教神学中事物之间的种相作用。因此，数学仅仅因为神学原理解释经验世界的需要才获得了罗吉尔·培根的肯定。数学本身的形式化和符号性只有到了近代才发展起来。

2. “抽象的抽象”

希腊从具体事物中抽象的“数”（άριθμός）被称为算术数，是一种“确定的多”（definite multitude），它不能被设想为某种不确切的数；而莱布尼茨的通用语言是指多个代数数的概念，是一种二阶抽象，它不能适用于具体数量，而是适用于概念本身的概念，即被称作符号抽象。这种抽象的符号承载了人类思维的演算（Calculus Ratiocinator）。这种符号抽象表达了莱布尼茨试图用概念的方式把握世界的普遍语言的核心实质。

“我们务必注意到，这些在数学中防止推理错误的考察或实验（例如，掷出九点的检验，库洛格勒的卢道尔夫关于圆的量值、正弦表等），并非由事物自身所构成，而是由我们事先用以代替事物的字所构成。举一个数字的计算为例：设 $1677 \times 365 = 612105$。如果必须把 365 堆的每堆 1677 块卵石逐个数完，才能得出上述数字，那么，我们将很难得到这个答案。那正是我们对用字在纸上来检验九点感到满意的缘故，以及其他等。同样，当我们在一个圆积法的问题中，提出 π 的近似精确值时，我们不需要作一个大的实体的圆并用一根线圈住它，才能了解这根线的长度或圆周对直径的比率是否具有上述的值，那样太麻烦了。即令误差是直径的千分之一或更小，我们也需要一个用很大精确度构成的大圆。然而我们仍然能通过实验和计算或使用数字考察驳倒 π 的假值。这个考察只是通过书写来进行

① Bacon, R., *Opus Maius*, 2 Vols., Bridges, J. ed., Cambridge: Cambridge Univ. Press, 2010, p. 97.

② Easton, S., *Roger Bacon and His Search for a Universal Science*, New York: Russell & Russell, 1971.

的。因而，是通过代表事物的字而不是通过事物自身来进行的。”① 数学的符号是莱布尼茨视为最优的典范。“倘若我们能找到一些字或符号适宜于表述我们的全部思想，像算术表明数字或几何学的分析表明线那样明确和正确的话，我们就能在一切科目中，在它们符合推理的范围内，完成像在算术和几何中所完成的东西。所有依靠推理的探究都要通过字的变换和某一种演算，它们会直接促进完美答案的发现。”②

数学符号只是莱布尼茨试图建立的普遍文字的其中一个种类，他在1674年《论普遍性方法》的残篇中指出：“我习惯于称呼这门伟大的科学为文字，对于它，我们称之为代数或分析的那个东西，只是极其微小的分科，由于它是文字，它给语言以词，给词以字母，给算术以数字，给音乐以音符。它教导我们如何去确定我们的推理，可以说，为了从容不迫地检查记录下来的明显的线索，我们需要它。最后，它还使我们合算地通过字替代事物来进行推理，并借以摆脱空想……”③

由数过渡到概念符号，蕴含了莱布尼茨普遍语言的深刻内涵。关于概念的含义，莱布尼茨与希腊是不同的。在亚里士多德哲学中，概念通常被认为是从个体对象中引出或抽象出来的具有一般性的指称，如“人”、“红色”、“2”等。人的概念是从众多的人抽象而来，红色是从众多种红色中抽象而来。这种直接从具体事物中的抽象构成了希腊科学的主要内容，而对“抽象的抽象”则构成了哲学研究的内容。莱布尼茨对于符号的理解属于“抽象的抽象”，这在本质上是将哲学的思维扩展到了数学的领域，大大推进了“自然的数学化”的进程，在形而上学的层面上完成了认识世界范式的转换，用“概念论”代替了“实在论”，为近代科学方法论的出现奠定了深刻的形而上学基础。

3. 命名和指代（suppositio）

“没有一些符号或其它，思想就不能存在。”④ 同时莱布尼茨始终坚持

① ［德］莱布尼茨：《莱布尼茨自然哲学著作选》，祖庆年译，中国社会科学出版社1985年版，第11—12页。

② ［德］莱布尼茨：《莱布尼茨自然哲学著作选》，祖庆年译，中国社会科学出版社1985年版，第12页。

③ ［德］莱布尼茨：《莱布尼茨自然哲学著作选》，祖庆年译，中国社会科学出版社1985年版，第42页。

④ ［德］莱布尼茨：《莱布尼茨自然哲学著作选》，祖庆年译，中国社会科学出版社1985年版，第17页。

认为文字或符号在计算中是不可或缺的。因为“在我进行思考时，如果头脑中没有想起词或某些其他种类的符号，我就永远不能辨认、发现或证明任何真理”①。正如在研究几何学图解时，仅仅通过研究这些图解，人们就可以不断前行并获得许多真理。

在莱布尼茨看来，概念的符号表征涉及对实体的“命名之名”，这表示对实体的命名本身可以指称事物自身的形式或本质，对共相概念的命名可以表示事物的真实谓述，人类理智中对于共相的概念的谓述可以无限接近事物本身的谓述。实体的概念依赖于莱布尼茨逻辑学的核心——主谓包含理论。在1678—1679年的法理学和逻辑学研究的论文中，莱布尼茨最早提出了他的主词包含谓词的理论——命题当且仅当其谓词概念包含在主词概念之中时才是真的。“每一个肯定的全称直言命题仅仅意味着在谓词与主词之间存在着某种关联……谓词被认为在主词之内，或包含在主词之中……也就是说，主词的概念，无论就其自身来说还是加上了附带的含义，包含了谓词的概念。”② 这种主谓形式可以追溯到亚里士多德。

在亚里士多德的观点中，实体形式是所谓述事物的名称，它表示个体事物是什么。这种名称表示了事物的共相，它并非是心灵的设定或习惯的约定，而是具有存在的基础。所谓“形式谓述”（form-predications），表示“谓述一组特定质料的形式就是要展示由这组质料组成或构成了一个能够行使与‘实体—种’（substance-species）相关、逻辑主词功能的对象”。③ 形式谓述涉及存在活动，这种存在活动可被称为“命名之名”。亚里士多德还提出一种“种相谓述”（species-redications），即“是对存在者的陈述，尽管可能是最原初的陈述。所谓最初的陈述，也就是把存在者带进最初的‘主—宾’结构的逻辑关联空间，从而在这个关联空间里做出最初的规定或限定。”④ 两种谓述分别在形而上学和心灵的层面保证了实体的存在论的

---

① ［德］莱布尼茨：《莱布尼茨自然哲学著作选》，祖庆年译，中国社会科学出版社1985年版，第18页。

② 参见1678，de Legum Interpretatione，Rationibus，Applicatione，systemate，*Sämtliche Schriften und Briefe*，Darmstadt and Berlin：Berlin Academy，1923－，Ⅵ，pp. 4，2789；1679，Elementa calculi，*Sämtliche Schriften und Briefe*，Darmstadt and Berlin：Berlin Academy，1923－，Ⅵ，pp. 4，197。

③ Loux，M.，“Form，Species and Predication in Metaphysics Z，H，and Θ”，*Mind*，1979（88），pp. 14.

④ 参见黄裕生《亚里士多德的本体学说及其真理观》，《哲学门》2000年第2期，第58—59页。

统一性与自我显现的同一性。其中，逻辑主词的命名是命题的主词，可以是原初概念，也可以是复杂概念。那么，对命题或复杂概念所包含的所有概念不断进行还原分析，最终获得原初的概念就是“判断的技艺”；对原初概念按照其关系规则不断地组合和综合获得的真命题就是“发现的技艺”。于是，“这门‘文字学’由一套书写系统或语言（既然有了前者就有了后者）构成，它将与我们的思想所构成的关系网络严格对应；……这套书写系统中的文字就像代数与算数那样来辅助发现与判断。”①

符号表征也要涉及指代（suppositio）问题，旨在命题中能够精确地用词以免发生歧义。莱布尼茨的主谓关系逻辑中，主词与谓词涉及的均为能够单独表义的范畴词（categoremata），这些词在命题中指涉个体及其属性。指代在逻辑上后于符号表征（意谓 significatio），后者则表示用符号表示的命题中的范畴词。关于指代的这种新逻辑的目的在于将复杂问题还原为命题，对命题的分析可以获得原初概念，命题作为符号与思想的结合体，符号在命题中称为真理的载体，因此符号表征及其演算具有了承载真理的合法性。“我懂得或承认真理和谬误二者都从属于思想，而不从属于事物。”“没有一些符号或其它，思想就不能存在。”“算数的真理是通过某种符号或文字表示出来的。”“在我进行思考时，如果头脑中没有想起词或某些其它种类的符号，我就永远不能辨认、发现或证明任何真理。”②

可见，莱布尼茨的符号表征的通用语言已经超越了希腊数学的框架，超越了对象的感知觉的束缚，在“二阶”的层面上进入“符号表征”的近代科学阶段。

4. 符号演算规则

解决了命名与指代问题，就要进入通用语言的演算规则。莱布尼茨在1678年至1684年期间完成的一系列论文开创了用字母或数字表示概念和命题的逻辑演算方法——普遍演算（calculus universalis）。在1679年的一篇论文中他提出用“素数”指称不能再被分析的原初概念；用“素数”的乘积来表示由原初概念组成的复杂概念；用代数式表示四种标准的直言命题，并且用一个“逻辑方阵”图像式来表示。他认为，这种逻辑演算方法

① *Sämtliche Schriften und Briefe*, Darmstadt and Berlin: Berlin Academy, 1923 – , Ⅲ, 2, pp. 570 – 571.

② ［德］莱布尼茨：《莱布尼茨自然哲学著作选》，祖庆年译，中国社会科学出版社1985年版，第16—18页。

的关键在于它拥有独立于内容的论证结构的永久有效性。论证命题中的有关内容的项可以用字母来表示。莱布尼茨这种将命题还原为词项的思想实质正是上述所谓“抽象的抽象”——观念的抽象与逻辑的抽象。对于莱布尼茨来说，通过这种抽象，不仅仅是可以方便适用符号表征方法，更深层的目的在于可以将直言命题还原成此项，并且选言命题也可以还原成直言命题，通过后者，对于选言命题有效的规则对于直言命题也将成为有效的。这种思想直接影响了乔治·布尔（George Boole）、查尔斯·皮尔士（Charles S. Peirce）等现代逻辑代数学家。

莱布尼茨从建立普遍语言的伟大设想中引出的符号观开创了数学符号化的时代。当 $1+2=3$ 变成 $a+b=c$ 时，符号并不单单是表示数量了，还可以代表概念、性质、属性等多种内容。他发明了众多的运算符号、相等符号、十进制分数符号、集合符号、幂与根式符号、对数符号、三角符号、行列式符号以及最为著名的微积分符号。用符号作为原始概念的表示形成“人类思想的字母表”是他从 1666 年《论组合术》便开始的终身追求的理想。其中更大的野心在于他所提出的“表意符号”的演算直接可以代替人类的思维推理，这种大胆的构想与追求恰恰是现代数理逻辑的特征。莱布尼茨坚信真理的基础明确地存在于文字的联系和顺序之中。在 1677 年《关于物与词之间的联系的对话》一文中，莱布尼茨给出了符号演算的具体案例如下：[①]

假设用 a^2 表示 a 的平方，并令 $a=b+c$，
则 $a^2=b^2+2bc+c^2$；
假设 $a=d-e$
则 $a^2=d^2-2de+e^2$
假设用 $d=a+e$ 置换 d
则 $a^2=(a+e)^2-2(a+e)e+e^2$

这是显然成立的，这说明“不管我们任意选择什么文字，只要我们在使用它们时，遵循一个确定的顺序和规则，答案总是相符的。尽管真理往往需要预先假定一些文字，甚至有时还要有一些文字作为对象（像我们推算掷九点的规则那样）。但真理并非以文字中的任意的东西为其根据，而

① 参见［德］莱布尼茨《莱布尼茨自然哲学著作选》，祖庆年译，中国社会科学出版社 1985 年版，第 20 页。

是以其中恒定的东西为其根据，即是在它们之间的符号所有的对事物的亲属关系。哪怕增加的文字：我们的意志对这些关系连最微小的影响也没有，通过确定的文字的使用，也肯定会得出一个计算的确定的形式，它是在对确定的东西的已知关系中，通过使用其它标记而得出来的，它不同于它们，但仍然对它们保持有一个恒定的亲属关系，这个亲属关系是对已知的东西的文字的关系而产生的，是由作出置换或比较而形成的。"①

正是在保有"用概念把握世界"的信仰下，作为最早用离散数学进行逻辑分析的先驱，他不仅将形式逻辑的一些命题表达成了符号公式，而且也引进了概念演算体系，在数的演算的基础上扩展为类的演算。莱布尼茨给出公式：如果 A = B，则对 A 是真实的，对 B 必然也是真实的，反之亦然。可见，这已经大大超越了数的演算的范畴。这是对亚里士多德形式逻辑进展为数理逻辑的大大的推动。

二 从"临时唯名论"到符号的唯名论

莱布尼茨的思想不仅来源于言说的辩证法——始于古希腊靠言说获得对世界的理解的方式的传统，也来自于16世纪从笛卡尔、韦达（Vieta）、斯台文（Stevin）就开始致力追求的一种"普遍科学"。直到莱布尼茨，这种传统达到某种程度的完成。莱布尼茨的符号命名具有合法性的基础正是在于它的关系实在论，在数学中则表示对象之间的一般比例关系是确定的。对于比例关系作保证的符号表征已经突破了希腊传统对于具体事物的抽象与指称，而进入了第二阶段，这是一种全新的概念处理方式，它代表了理性主义的信仰，强化了数理主义的机械论世界观。莱布尼茨为何相信概念符号表征能够认识世界？更深层次的原因在于他特殊的"关系实在论"的唯名论立场。

（一）共相问题

在巴黎期间，莱布尼茨得知了两位英国思想家达尔伽诺（Scot George Dalgarno）② 和约翰·威尔金斯（John Wilkins）有关普遍语言的思想，在

① ［德］莱布尼茨：《莱布尼茨自然哲学著作选》，祖庆年译，中国社会科学出版社1985年版，第20页。

② 莱布尼茨在1666年完成《论组合数》，很可能在1668年之后阅读了 Dalgarno 的《符号技艺》［*Ars Signorum*］和 Wilkins 的《论真字符》（*Essay on Real Character*）。

[*Ars Signorum*] 的复印件的旁注中以及它写给奥尔登堡的信中表达了他的批判与观点。[①] 相对于两位英国思想家认为发明一种普遍语言存在强大的商业效益——有助于促进多民族地域之间的贸易往来，莱布尼茨认为普遍语言更重要的价值在于表明概念之间的逻辑关系，他所谓的概念是一种表征性的概念，是可以用符号表达的概念。在 1673 年写给奥尔登堡的信中，莱布尼茨提到了他发现两位英国思想家关于普遍语言的想法与他在《论组合术》的观点是不谋而合的，即发明一种人工的哲学语言，不是按照字典的分类，而是以人类概念的分类为基础。这种系统化的基础概念名词的系统中包含了人类所有知识的百科全书，它由符号构成，不仅能够读写，而且还易于人类理智快速掌握。这种语言还可以弥补人类记忆的缺陷，帮助知识的保存，但最重要的是，这种普遍语言的规则直接对应于事物之间的联结秩序。他的灵感来自于他对于埃及文字以及中国汉字的研究，更加有趣的是，他认为化学符号是这种普遍语言的很好的例子。[②] 而后期，莱布尼茨认为代数的符号超过化学符号与几何符号，作为普遍语言的符号更加具有优越性。

共相问题是经院哲学唯名论和唯实论争论的核心。“12 世纪经院哲学家塞利斯伯雷的约翰曾经这样描写这场争论：可以这样说，共相问题是经院哲学的中心问题，经院哲学的主要成就也表现在这个方面，如果抽掉了这个问题，经院哲学在哲学史上将会暗淡无光。”[③] 其实，共相问题关于一般与个别这组对立的争论是柏拉图与亚里士多德哲学之间的分歧在中世纪的延续。波爱修斯在其《波菲利，〈引论〉》中转述了波菲利对这个问题的看法：“种”（genus）和“属”（species）（中世纪的“共相”概念一般就是指种和属）是否是在本体论上独立存在？在认识论上“一般”概念是否具有真实性？是否对应现实事物中某种东西？直到莱布尼茨的时代，共相问题仍然是哲学家们无法回避的问题，而莱布尼茨在“抽象的抽象”基

① W. Kabitz 教授在汉诺威莱布尼茨档案馆整理了莱布尼茨有关普遍语言研究资料的笔记、书信等资料，具体参见 W. Kabitz，*Die Philosophie der Jungen Leibniz*：*Untersuchungen zur Entwicklungsgeschichte Seines Systems*，Heidelberg，Winter 1909。

② C. I.，Gerhardt，ed.，*Die Philosophischen Schriften von Gottfried Wilhelm Leibniz*，7 Vols.，Berlin：Weidman，1875－1890，Reprint，Hildesheim：Olms，1965－，Ⅶ，25.

③ 严春友：《范畴的世界——西方哲学范畴专题研究》，中国社会科学出版社 2012 年版，第 57 页。

础上关于概念与命名的表征性以及符号的运用与莱布尼茨的唯名论立场是密切相关的，而莱布尼茨之所以相信符号表征的概念化方法论，其更深刻的原因在于他的关系实在论思想。

（二）临时唯名论

从波兰回到迈因茨之后，应伯纳博格男爵（Johann Christian von Boineburg）之邀，莱布尼茨整理并再版了意大利唯名论哲学家尼佐利奥（Marius Nizolius）于1553年出版的《关于哲学的真规则和正确方法，反对伪哲学家》[*De veris principiis et vera tatione philosophandi contra pseudophilosophos*] 一书。在这部书中，尼佐利奥坚持了典型唯名论的立场，认为语词直接可以指称事物，无须共相作为词语和事物之间的中介。莱布尼茨于1670年完成了这项工作，在为这本书撰写的一篇很长的序言中他讨论了唯名论坚持奥卡姆剃刀所建立的规则——最简单的假说即是最好的，并首次阐述了他的“逻辑关系实在论”①。尽管认识到在唯名论的原则中存在一些不连续的方面，但是莱布尼茨仍然表达了对唯名论立场的支持：“实体不应该超出其必然性而增加什么，从这个原则中它们演绎出一个世界中的所有事情而不需要涉及任何万能的真实的形式。没有比这个观点更真实的了，也没有什么比这个观点更值得我们这个时代的科学家坚持的了。”② 他认为唯名论“正确地”指出共相只是名称，而非事物本身。③

但是，仔细分析莱布尼茨的唯名论立场会发现他似乎并未十分鲜明的持有“完全”唯名论的立场。莱布尼茨的通用语言所要处理的核心问题正是关于事物与概念、真理与知识之间的关系。他将概念分为两种：“概念要么是抽象的要么是具体的。具体概念包含着带有形式性的主体。相反的，抽象概念同等地考虑独立于具体情况的形式性本身或本质，也就是说，它不考虑主体、地点、时间、质量。这也是为什么形式不能被互逆地表达，除非是在必然的命题中，这种命题是从形而上学的质料（即主体）中抽象出来的。”④ 具体观点如“人”、“热的”、“干的”，它们不具有独立于具体事物之外的意义，并且总是指向一个主体；而且，这些观念“可以

① *Sämtliche Schriften und Briefe*, Darmstadt and Berlin: Berlin Academy, 1923 – , Ⅵ, p. 2, N. 54.

② C. I. Gerhardt, ed., *Die Philosophischen Schriften von Gottfried Wilhelm Leibniz*, 7 Vols., Berlin: Weidman, 1875 – 1890, Reprint, Hildesheim: Olms, 1965 – , Ⅳ, p. 158.

③ 参见 *Sämtliche Schriften und Briefe*, Darmstadt and Berlin: Berlin Academy, 1923 – , Ⅵ, pp. 2, 40。

④ *Sämtliche Schriften und Briefe*, Darmstadt and Berlin: Berlin Academy, 1923 – , Ⅵ, pp. 4, 334.

是同一个东西”，即它们可以存在于同一主体之中。同时，这些观念具有自身的含义，它们虽然可以存在于同一个事物之中，但并不意味着要求必须是同一个事物。也就是说，它们同样可以存在于不同的事物之中，因此它们是不依赖于某个具体事物的。[①] 上述这些观点说明，莱布尼茨站在唯名论和唯实论两个立场的中间：在唯名论的立场上，莱布尼茨指出，具体性的观念或属性要么是依附于并形容主体的属性，要么是主体的表达名称；在唯实论的立场上，莱布尼茨认为抽象的观念是从具体的观念中抽象出来的，他坚持认为抽象的观念具有第一性的实在性，具体观念是从抽象观念中派生出来的。但是，他称自己是一名“临时的唯名论者”，他说“到现在为止，除了不把抽象事物考虑为实在事物，而是考虑为言说的缩略方式，我找不到其他方式来避免这些困难——所以当我使用‘热’这个名，它并不要求我应该涉及某个模糊的主体，而是要求我应该言说某种具体的东西——在这个意义上，我是一名唯名论者，只是临时地是。”[②] 莱布尼茨虽然认为诸如“热”这样的观念或语词要求指向具体的事物，但这并未明确地否定了抽象观点的实在性。他认为，在精确的哲学或科学表述中，应该仅仅使用具体词项。因为具体词项才表示真正的具体的实在事物，抽象的词项仅仅涉及事物的方式（modes），这种方式只是事物与理解能力或现象能力的表现。[③]

莱布尼茨之所以说自己是一个“临时的唯名论者”，原因在于他反对霍布斯的“极端唯名论”。霍布斯认为，语词是任意的主观臆断的规定的符号，真理只是依赖于对语词的规定，而这种规定同样也是人类的主观臆断的“强加”和“约定”，因此真理是相对的。莱布尼茨基于他对二进制与十进制等价性的发现指出，即使符号的选择是任意“强加”或“约定”的，符号之间的关系也绝对不是随意的，它们应该根据是否符合符号所表达的对象之间的关系而具有真假对错之分。因此，真理也就并非随意的或相对的，而是存在于这种关系之中的。人们可以根据自己的意志改变一个系统的符号，但是符号之间的关系和秩序却不会因此而跟着改变，因此符

① *Sämtliche Schriften und Briefe*, Darmstadt and Berlin: Berlin Academy, 1923 – , Ⅵ, pp. 4, 400.

② *Textes inédits d'après les manuscrites de la Biblipthèque Provinciale de Hanovre*, ed. , by Gaston Grua, 2 Vols. Paris: Presses Université de France, 1948, p. 547.

③ L. E. Loemker, trans. & ed. , G. W. Leibniz: *Philosophical Papers and Letters*, 2nd ed. , Dordrecht: Reidel, 1969, p. 126.

号对应的真实秩序只有确定的一个，而这种秩序就是事物或事实的真实秩序，即确定的真理。①

（三）符号唯名论

莱布尼茨始终努力克服把共相主观化的唯名论倾向和把共相看作独立于个别事物而存在的实体的唯实论倾向。个体是先于一般而出现的，在中世纪神学的传统中，自然事物被剥夺了单凭自身能够生灭变化的能力，上帝是直接创造或消灭每一个单子，每一个单子就是形式与质料的统一实体。个体事物的先在性则否认了“纯形式”或“纯物质”等理念概念的存在。因此，莱布尼茨的观点与安瑟伦的极端唯实论是不同的。莱布尼茨由此推断共相必然存在于个体事物之中。作为概念的共相可以通过理智的抽象而被主体把握，但在莱布尼茨看来，主体把握的这种共相概念并非仅仅是在主体思维中存在，而是由于主体理智与外在自然世界的理智一致性，使得共相的概念由于自然事物的理智关系性以及主体认识的客观可靠性而具有客观存在性，并非仅仅是主体理智的主观建构。这与阿奎那的温和唯实论的观点相区别。这种“内外”的理智一致性使得符号文字在论证时表明的正是诸对象中所蕴含的某种联系、组合和顺序，符号演算的规则对应的正是对象事物的顺序，这种顺序绝非是独断的，而是自然界恒定的规律，这就是近代思想中自然法概念。符号的组合、置换、分解、包含等可以用来发现真理与新知识。如果说共相不是实在的、名称也非实在的，那么在莱布尼茨看来，只有自然事物之间的关系、与之对应的符号之间的关系才是实在的。这种关系实在论才是莱布尼茨通用语言的形而上学奠基。关系和秩序是具有某种理性本质的东西，它们的实在性如同永恒真理和可能性的实在性一样均来自于最高理性。符号看似纯属外在的名称［*denomination pure extrinseca*］，其实它们之间的关系是具有实在性的。即使是相对的名称所包含的关系也是确定的。因此，莱布尼茨的“临时唯名论”的实质是一种关系实在论，而这种关系实在论的数学思维才是他通用语言的奠基。

“当那些文字用作论证时，它们必须表明在诸对象中所同样发现的某种联系、组合和顺序，这就需要，如果不是在单独的词之中（尽管它最好这样），那么至少也要在它们的结合和联系之中加以说明。这个顺序和一

① Louis Couturat, *La Logique de Leibniz*, Appendice Ⅱ, Paris, Félix Alcan, 1904.

致至少必须在所有语言中呈现，尽管所采取的方式是不同的。这就给了我解决困难的希望。因为即使文字是如此独断的，但在应用和联系中，仍然有确定的而不是独断的某些东西，那就是，在它们和事物之间存在着一种亲属关系，使得在所有不同的文字之中的限定的关系习惯于表达同样的事物，这个亲属关系，这个联系就是真理的基础。因为它说明何以不管我们使用什么文字，结果都是同样的，或者至少我们发现的结果，在限定的方式中，彼此是相当的和相符的。在进行思考时，无疑地总是需要某种文字。"①

三　科学语言——从 cogitare（思）→dicere（说）

（一）多与一

莱布尼茨在面对笛卡尔以来的近代哲学重新要面对实体问题时，始终要解决"一与多"这对矛盾。他始终坚信："若一不存在，则无物存在。"②《巴门尼德》中的这句论断为个体对自身的"展现的多"与个体自身"本质的一"的"二元问题"指出了之后的方向。莱布尼茨将其归纳为"不是一个存在的东西不是一个存在"。(Ce qui n'est pas un être n'est pas un être)③，将"计数为一"设定为解决这对矛盾的关键要旨。

如果按照柏拉图的思路，一首先要存在，一的存在是物存在的基础。于是接下来就出现两种可能：不是一的多存在或不存在。首先，如果多存在，那么自身的一如何在"展现的多"中仍然存在，依然成为可辨识的一？其次，如果多不存在，那么自身的一如何具有通向"展现的多"，存在与不存在之间的桥梁在哪里？其实，从柏拉图之后的哲学家都面临这对

---

① ［德］莱布尼茨：《莱布尼茨自然哲学著作选》，祖庆年译，中国社会科学出版社 1985 年版，第 19 页。

② 陈康译本中翻译为"若一不是，无一个是"；王晓朝编辑的《柏拉图全集》中将此翻译为"如果一不存在，那么就根本没有任何事物存在"。

③ ［法］阿兰·巴迪欧：《存在与事件》，蓝江译，南京大学出版社 2018 年版，第 33 页；按照译者蓝江的解释，对这句话的理解的关键在于对不同词的强调："不是一个存在的东西不是一个存在"，"这个强调意味着，主语从句中的核心是一，而主句的核心是存在。也就是说，主语从句中强调存在中重要的是其计数为一的结构，那么只有在具有这种计数为一的结构中，一个存在才能被看成是一个存在。反过来说，如果没有那个计数为一的规划，那么存在就无法显现出来。因此，也不能算是存在"（见该书 33 页脚注①）。

矛盾以及由此产生的两条进路。近代哲学对实体的讨论同样面对这样的境遇。笛卡尔将上帝、灵魂和广延这三类实体作为“一”且将这三类“一”作为思想的起点与基石；而这三类“一”的“内在悖论”致使斯宾诺莎将世界直接诠释为“一”，多只是“一”的属性，是分存在。莱布尼茨的思想进路较为复杂，他不仅面对一与多这对矛盾的存在问题，也面对如何重新以“一”为出发点和基点构建多元世界的逻辑进路问题。于是实体仍然是其考虑的起点。

（二）数学语言对存在的描述

按照亚里士多德主义的传统，当我们说 X 存在时，就是指这个 X 是一个“东西”，是“某物”，是“真的”等等。在莱布尼茨看来，当我们说 X 存在时，X 是“一”的本质属性是最根本的。因为只有 X 具有“一”（oneness）和“单一性”（unity）。但是近代哲学中伽桑迪的原子却面临无限可分的困境。莱布尼茨同样面对单元基点与无限的矛盾，而数学是他最主要仰仗的方法，因为数学提供了单元的例子——代数单元和几何单元。虽然在选择符号表示时莱布尼茨认为算术符号更具优越性，在其他许多方面这两者都不分伯仲，各有其优点和适用领域。为何数学语言能够成为莱布尼茨取得突破口的方法？

首先，代数单元和几何单元提供了一种描述存在的方式，这种方式组织了存在之所为存在允许它自己被描述出来的东西，这种东西可以无限分下去，如$\frac{1}{2}$，$\frac{1}{3}$，$\frac{1}{n}$，等等。但是这种可分性并未取消单元的单一性。回到实体的形而上学观中，莱布尼茨更加倾向于几何学的单元“点”，对他来说，“点”即为欧几里得《几何原理》中点的含义——没有部分的东西。但莱布尼茨将其扩展为没有广延的单元，它的无限可分正是代表了其具有的可能性。由此可以自然而然地想起莱布尼茨将单子称为“形而上学的点”。

其次，数学的单元提供了将实体——单子称之为形而上学的点的契机，虽然解决了单元基点和无限可分的矛盾，但是仍然要面对无限多样性—独特性的问题。莱布尼茨坚信不可辨识的同一性，世界绝不是斯宾诺莎的单数实体，而是由无限多样性的复数实体组成的。每一个单元都是独一无二的。那么这么多的实体如何统一于一个“无缝隙”的整体中呢？连续律作为不可辨识的同一性的补充性原则，使得无限多个独特实体组成一个没有任何断裂的链条或网络整体。这是一种怎样的图景呢？任何两个单元之间都存在无限多个其他单元保证了这种无断裂的连续世界。数学的无限概念是莱布尼茨借鉴的第二个灵感，无限可分和无限填充成为描述和解释“自然从来不跳跃”的最佳方法。由此，莱布尼茨在他自己的秩序中，不仅解决了不可辨识的同一性问题，也保证了在多样化基础上的世界统一性。

（三）建构方向——语言

数学单元的类似物——单子既是本体论的基石，又是莱布尼茨建构其理论体系的方向及方法，但其理论与方法框架的范围界定在语言表述，即一切都从属于语言。

1. 能在

首先，作为逻辑的能在，任何事物的可能性都要遵循矛盾律，在这种可能性的模式中，一切事物都平等地拥有存在的权利。能在从属于纯粹逻辑的范畴，这也是莱布尼茨普遍语言的最高境界，一切都可以利用分析的方法利用逻辑语言获得表达。莱布尼茨还赋予了这种逻辑的世界以能动性，由此使得纯粹逻辑进入了实存的领域，实存要遵循充足理由律。

其次，能在作为本质或可能性，考虑的是其逻辑连贯性。以矛盾律作为判断标准的必然真理属于能在的范围，能够通过分析的方法发现其理由，并逐渐分解成更为简单或单纯的命题，直到最为原初的命题，而这种最原初的命题就是同义反复，即对立面包含明显矛盾的同一命题。

2. 实存

除能在之外，就是实存，这意味着实存的事物都必须依据相对于其实现的恰当理由而能被思考。这里涉及偶然性和必然性的问题。在莱布尼茨看来，如果一个事件能够被提前预料到，那么就在绝对的意义上拒绝了偶然，这被称为“盲目的偶然”，这种偶然意味着不可能给出任何理由，或给出的任何理由在理论上都是不充分的。这种逻辑的间断是无法接受的。因此，充足理由律使得实存在存在的绝对合法性中获得限定，以便为思考铺路。

实存同样存在于因果链条之中，这使这种原因变成了比较具体的或特殊的理由。作为一系列可以计算的无限之多，上帝作为终极理由位于原始起点或终点。无论如何，上帝作为“万能计算者”在莱布尼茨那里一定提供实存这个偶然性的多元序列在计算意义上的理由。“被展现的多是可建构的多，既是具现的［它们的‘前提、前设以及适当的布局’都必然是被奠基的］，也是整体的［按照一个简单的理性原则，上帝是它们的系列的理由，这种理性原则就是用最少的手段和法则来创造最多的存在的原则］。”①

（四）被命名并言说的保障

正是因为相信上帝是“完满的语言”，所以数学的语言成为存在之为存在的“守夜人”。“上帝就是可建构之物的可建构性，即普罗世界的程序。”②“整体存在物（l’étant-en-totalité）或世界在其内在固有的本质上是可以被命名的，依照存在的法则，可以命名其整体，亦可命题其细节，这些存在的法则要么源于逻辑语言［普世性特征］，要么源于具体的经验分析，要么源于至高之物（maxima）的总体算计。上帝所设定的不仅仅是这些可命名的法则的场域，而上帝就是‘永恒真理的国度’，因为它不仅仅是实存物的原则，也是可能之物的原则，或者毋宁如莱布尼茨所说——‘所有在可能性中为真的东西的原则’，这样，可能之物的原则成了存在的体制或者是存在的渴求。”③ 上帝作为普罗世界的程序，这种程序的语言就是数学的语言。因此，上帝就是莱布尼茨设定的最为完美的语言。“上帝不过是语言存在，在语言中，存在得以成型，它可以转化为或消解为两个命题：矛盾原则以及充足理由原则”。④

一切都可以被言说是莱布尼茨建构其思想框架的依托。由于坚信上帝是“完满的语言”，它不能容忍任何不可能命名的例外，这具体涉及不可辨识的同一性。因为如果一个事物不能被命名，意味着它不能被辨识，如果不能被辨识，便违反了多样性原则，这便无法解释上帝为何不选择虚无而选择创造。这一系列的“违反”是莱布尼茨的逻辑不能容忍的。对于语言来说，不能辨识之物是本体论最棘手的麻烦。因为如果两个存在物不能被辨识，命名便不可能，语言无法将其分辨出来便意味着理性将无法对其进行思考，这些就会成为莱布尼茨世界体系的“余赘”，无处安放。

（五）命名对实体的建构作用

原子论对实体的命名除了极端唯名论以外似乎别无选择，这难免陷入

① ［法］阿兰·巴迪欧：《存在与事件》，蓝江译，南京大学出版社2018年版，第393页。
② ［法］阿兰·巴迪欧：《存在与事件》，蓝江译，南京大学出版社2018年版，第393页。
③ ［法］阿兰·巴迪欧：《存在与事件》，蓝江译，南京大学出版社2018年版，第393页。
④ ［法］阿兰·巴迪欧：《存在与事件》，蓝江译，南京大学出版社2018年版，第393页。

独断论的领域。莱布尼茨是反对极端唯名论的，他无须极端唯名论的立场，也无须命名或符号的专断。他的命名与实体具有某种确定的联系，这种联系由于世界的秩序与关系使得实体与其获得的命名具有某种天然的联系。世界的可被辨识的多样性的区分由命名承担。“很明显，随着对这种不可辨识的元素的彻底取代，可以得出在物质世界中，我们没有任何方式可以区分两种不同的临时状态。因为通过命名区分，事物的一部分可以从另一部分区别开来，但这种命名区分是外在的。”① 这种通过命名的外在区分，在本体论的层面较之原子论似乎更具优越性，因为命名的合法性存在于世界的秩序之中，基于确定秩序的命名是事物的“内在命名”。阿兰·巴迪欧认为“莱布尼茨最为强大的贡献之一就是将他的建构主义的方向锚定在所有思想方向实际上的起源之处：即连续问题”②。因为连续律，命名不能随意专断，只能在上帝的完善语言的“场域”中完成，这才是对存在的有效命名。这种合法的命名就是事物的“内在命名”。这种命名使得莱布尼茨能够合理解释上帝为何选择存在而非虚无。因为在自然秩序中虚无无法被计数，无法被计数便无从命名，无可命名便不可思考，这与上帝完善的语言相悖，于是即使无限充斥了世界，但一定没有虚无的立足之地。因此，“通过语言的中介，‘神之数学’的运算符（序列、曲线、坐标），连续统被衔接为一，而不是漂浮不定和不可确定东西，其质性延展确保了一种良序语言的光辉，依照这种语言，上帝构筑了整个宇宙。”③ 由此，自然的无限可分在精神的网络秩序中获得了建构，这种网络同时也闪耀着上帝的光芒。

四　符号命名和计算主义方法论的限度

莱布尼茨的符号表征法与关系实在论的思想理所应当被列入计算主义或唯理论的代表，即依靠人类理智的万能计算所有问题都可以解决，它默认了人类理性的万能。但是，莱布尼茨却早已意识到符号演算的限度。他十分清楚符号逻辑演算在日常生活、法律、宗教，甚至医学等领域都无法达到理想的精确程度。于是他始终坚持“普遍文字”与“通用语言”只不

① ［法］阿兰·巴迪欧：《存在与事件》，蓝江译，南京大学出版社 2018 年版，第 396—397 页。
② ［法］阿兰·巴迪欧：《存在与事件》，蓝江译，南京大学出版社 2018 年版，第 397 页。
③ ［法］阿兰·巴迪欧：《存在与事件》，蓝江译，南京大学出版社 2018 年版，第 398 页。

过是一种“以记号和符号为手段对于人类理性的极大提升与极为有效的使用”。[1] 与其说莱布尼茨过分乐观地相信人类理性的计算效力，不如说他情愿遵循理性的意愿，通过使用一种精确的形式语言最大限度地服从理性，在即使是无法达到确定性的事物上可以达成理性的一致。在逻辑学上，我们可以在缺乏足够证据而必须猜测的情况下[2]“不仅要决定什么是更可能的，还要决定什么是更确定的”。[3] 因此，莱布尼茨在1678年完成的《对不确定性的评估》［*De incerti aestimatione*］所包含的“概率是可能性的量度”，对皮埃尔·拉普拉斯（Pierre Simon de Laplace，1749—1827）提出的经典概率论起到了基础性作用。[4] 在更广阔的意义上，莱布尼茨在机械论世界观盛行的时代仍然认识到并提出了理性的限度，目的在于为主体争取了引入目的论的机会，为人类的自由留下空间。由于人的先天有限性，人的认识是有限度的，人没有能力根据矛盾原则获得所有必然真理，所以人还需要根据充足理由律对偶然真理进行判断，充足理由律即为目的论因果律的方式。这种对自然界的客观质料的目的性所作出的“自然的合目的性”为之后康德提出“人为自然立法”的自由宣言铺平了道路。

第三节　数学方法论

没有哪一位伟大思想家的问题会在他的意识中“突然”横空出世，他所关注的问题与方法与他的直接的理智环境、社会环境与时代环境存在某

---

① *Sämtliche Schriften und Briefe*, Darmstadt and Berlin: Berlin Academy, 1923 – , Ⅵ, pp. 4. 913.

② 因此，莱布尼茨在1678年完成的《对不确定性的评估》［*De incerti aestimatione*］所包含的“概率是可能性的量度”，对皮埃尔·拉普拉斯提出的经典概率论起到了基础性作用。关于莱布尼茨对拉普拉斯概率思想的影响可以参见 Cirilo de Melo W. D. , Cussens J. , “Leibniz on Estimating the Uncertain: An English Translation of De Incerti Aestimatione with Commentary”, *The Leibniz review*, 2004 (14), pp. 31 – 35。

③ *Sämtliche Schriften und Briefe*, Darmstadt and Berlin: Berlin Academy, 1923 – , Reihe Ⅵ, Band 4, p. 914.

④ De arte characteristica ad perficiendas scientias ratiorne nitentes, *Sämtliche Schriften und Briefe*, Darmstadt and Berlin: Berlin Academy, 1923 – , Ⅵ, p. 4, N. 34. 关于莱布尼茨对拉普拉斯概率思想的影响可以参见 Wolfgang David Cirilo De Melo, Cussens J. , “Leibniz on Estimating the Uncertain: An English Translation of De incerti aestimatione with Commentary”, *The Leibniz Review*, 2004 (14), pp. 31 – 35。

种必然的联系。同时，对他人思想的思考通常先于自己确定的、有意识的、较为完整的体系化理论思想，他人的思考是对其直接的刺激的起因，同时也是促进其思维进步的起点与助力。莱布尼茨是一位百科全书式的思想家，但他首先是一位哲学家，而他的哲学发挥着对数学的多重运用的作用。由于发明了微积分，人们通常将莱布尼茨视作数学家，可莱布尼茨并不能算作现代意义上的数学家，他与后者存在本质的不同。当莱布尼茨在进行数学研究时，他是用哲学家的视角来看待问题的。因此，十分有必要澄清以下两个问题：（1）数学中到底是什么因素吸引了莱布尼茨的哲学洞察；（2）他将第一哲学（形而上学）以何种方式施之于数学主题的研究并推动了数学的进展。对于这两个问题的澄清可以看出数学的品质、特征、精神过程和所涉及的方法在莱布尼茨形成形而上学的各种成果中所产生的启发、暗示和类比，实质上正展示了莱布尼茨的数学方法论如何影响了其解决哲学问题的构想方式，以及数学方法论如何决定了他的形而上学、神学、物理学等多门其他学科问题的解决。

当然，莱布尼茨的思想背景与文化环境一定是十分复杂的，涉及许多相互交织、盘根错节的相互作用因素，这些因素既包含莱布尼茨极具个性的特殊关注点，又包含着如影随形的时代元素。通常看来，一个人思想里最基本的因素在他对待事物的总体态度与反应模式中总是一贯发挥着重要作用，甚至当他还没有意识到这些因素的时候，这些因素往往已经在他的整个精神进程中产生了重要的作用。但是，作为旁观者或后世学者从其思想的“外部”对其进行研究时，就会清晰地看出这些因素在其整个理论框架中的心理与逻辑等方面的意义。这不但可以明确其理论框架的基础，而且更加能够明晰其思想建构的方向与理论发展的进路。

一　莱布尼茨的“数学形而上学”

自古希腊开始，如果抛开毕达哥拉斯作为宗教的数学信仰，希腊思想中也蕴含数学方法作为知识论或科学思想的关系的观点。例如，苏格拉底蔑视理论数学，他将数学集中在实践领域。柏拉图将数学的地位大大提高，给予数学最高的尊崇，他借鉴苏格拉底在伦理学中的分析与定义概念的原理，使数学成为科学，致使数学的定义和公理成为严格且明确的公式化或公理化体系。柏拉图这样做的原因是显而易见的。数学的抽象与纯粹对于他的理念论能够获得精确性和真理性来说是至关重要的。借助思辨和对先天直观逻辑方法的信任，柏拉图可以逐渐缩减他极不喜欢的“可感觉的（τὸὁϱατ όν）”。通过数学对于感官（δόξα）活动的缩减，还蕴含了一种内在的价值取向——对理性的信仰。具体来说，只有数学才能够使得通过精神的活动达到最高的等级——理念，数学是理性思辨或灵魂直观的承载，这样获得的知识才分有科学的特征；仅仅通过感官活动获得的或从经验推导出的东西只能称之为意见和个体看法，不分有科学的特征，也不能进入知识的领域。① 但是，数学的精确明晰性、严格性和必然结果的可能性、程序性和体系化在希腊思想中获得普遍性的原因仍然在于哲学层面。

数学之所以有如此引人入胜的魅力在于人们对于确定性的追逐与倚重。从具有无可怀疑的、清晰的、直观的、毫不含糊、毫无模棱两可的概念出发，借助每一步防范谬误的推理方法前行，达到确定性的结论。这种分析法是数学的本质，也是数学的“神圣性”所在。除此之外，数学还坚守一条在思维的和实践的、哲学的与通俗的、神圣的与世俗的、纯粹的与复合的之间严格区分的界限。这种界限使得数学成为科学的奠基。

自柏拉图开始，莱布尼茨继承了从古希腊开始，伽利略、笛卡尔等在近代继续传承的数学书写世界的传统。正如卡福（J. A. Cover）与奥利里－霍桑（John O'Leary-Hawthorne）在《莱布尼茨思想中的实体与个体》一书中指出，莱布尼茨“所有统一性都根源于数的统一性。在其早期思想中形而上学的统一性必须根据数的统一性来说明。”② 其实，不仅仅在早期形而上学中，莱布尼茨终其一生都将数学思维作为其整个思想与方法论体系的基调，以至于其形而上学可以被命名为“数学—形而上学”，与其“神学—形而上学”齐名。甚至在某种程度上，莱布尼茨的上帝似乎必须首先是一名“数学家”，上帝的“权限”也要受到广义的“数学法则”的制约。数学几乎成为莱布尼茨的“信仰”在于他相信数学的直观性，每个人只要具备基本的思考能力，就能获得数学的思维能力；数学是获得清晰性和确定性的可靠方法，数学不仅可以准确地将定义概念化，而且根据数值彼此之间的确定关系对事物进行澄清；最重要的是数学的程序化方法，

① 转引自［美］欧文·埃尔加·米勒《柏拉图哲学中的数学》，覃方明译，浙江大学出版社 2017 年版，第 47 页注释①。

② J. A. Cover and John O'Leary-Hawthorne, *Substance and Individuation in Leibniz*, Cambridge University Press, 1999, p. 29.

这种程序化方法在前定和谐的形而上学前提保证下使得演绎分析法和归纳综合法具有了同一性本源关系。

二　数学分析法——通往确证性之路

（一）数学是哲学与所有科学的方法论

莱布尼茨有一段关于数学—哲学方法的总体论述："对我来说，它耗去了我的艰苦的反思，但我终于发现了这个方法，为了建立这种文字，换言之，我以后为了建立对所有观念都适用的特征数字（至少在关于这个惊奇的普遍语言的语法上和对于最大量和最重复的情况都适用的词典上），完全需要按照一种新的方法，去创立一种数学—哲学的研究过程。我所提供的这一新的方法，……在任何情况下，只要两年工夫，就会精通这个在实际生活中最必需的学问，那就是，按照一个确实可靠的计算方法，掌握道德的和形而上学的命题。"① 可见，莱布尼茨建立的文字体系的根本方法论是数学方法论，即特征数字的符号、数学计算分析的方法、包罗万象的普遍确定体系等。

莱布尼茨在1685年《论发现的技术》一文中，开宗明义地指出在人类通向确证之路的过程中最重要的是数学家们所树立的榜样，但人们似乎"还未曾考虑到，如果能以和数学原理同样的确证去建立形而上学、物理学和伦理学的原则，它该是何等的重要"②。他给出这样的原因："现在我已经发现，通过这种方法，不仅会达到种种重要真理的可靠的知识，也会取得令人惊叹的发现的技术，以及一种分析的方法，它和代数用数所完成的一样，在其它问题中完成某些东西。"③ 数学分析法所获得的确证性不仅体现在其所获得的结果中，也体现在其论证过程中，这种确证性不仅可以减少错误的出现，而且在错误出现后仍可以找到确定的根源，这是其他学科包括形而上学都不能与数学方法相提并论的。"我也曾注意到，何以在

① ［德］莱布尼茨：《莱布尼茨自然哲学著作选》，祖庆年译，中国社会科学出版社1985年版，第5页。

② ［德］莱布尼茨：《莱布尼茨自然哲学著作选》，祖庆年译，中国社会科学出版社1985年版，第21页。

③ ［德］莱布尼茨：《莱布尼茨自然哲学著作选》，祖庆年译，中国社会科学出版社1985年版，第21页。

数学范围之外我们如此易于发生错误的缘故（在那里，几何学家在他们的推理中是何等的适当），只是由于在几何学和抽象数学的其他部分之中，我们不仅可以通过把整体简化为数字，对试验或考查不断提供结论，而且在任何时候，都能提供从前提作出的每一步。但在物理学中，经过多次推论得出的实验，往往和结论大相径庭，甚而不能校正推理，也不能指出我们的错误产生自何处。在形而上学和伦理学中，情况更加不妙，除非用一种非常含糊的方式，我们往往不能使实验提供任何结论，而每当接触到形而上学的主题时，往往在我们毕生中实验都是不可能的。校正我们推理的唯一途径是使它们像数学家的推理那样明确，使得我们能一眼就找出我们的错误，当人们发生争论时，我们只不过说：我们计算一下，立即就会看出谁是对的。"① 在此，由数学学科对人类理性的普遍训练使得人类除了获得智识水平的提高之外，还获得了柏拉图所提出的"所激活的技艺或者科学乃是在精度与真伪上无限的优越"②。

（二）真理的统一性在于数的统一性

不同于笛卡尔试图将普遍科学建立成从第一概念或原理出发的包含所有人类知识的演绎推演体系，莱布尼茨肯定事实真理或偶然真理的合法性。以他对真理的划分为基础，莱布尼茨同样坚持要以数学为榜样建立一个逻辑严密的知识体系。对于宇宙是理性上帝创造的和谐体系的神学形而上学信仰，使得莱布尼茨相信这个和谐体系的统一性必定来自于数的统一性，数的统一性赋予了与之对应的知识的统一性。鉴于"事物的本性与心灵的本性是一致的"③，形而上学、物理学、伦理学等学科知识尽管在确定性程度上存在差别，但是它们都表现了认识对象与认识形式的某种程度的内在统一性。这种统一性被表述为普遍数学［Mathesis universalis］。

拉丁语的数学（Mathesis）显然与希腊语数学（Mὰθημα）存在联系。"数学"（Mὰθημα）自毕达哥拉斯开始逐渐成为希腊哲学和科学的主要样板，柏拉图和亚里士多德的学说尤甚。数学作为某种可以学习和理解的东西是可知的，人一旦学会，便是已知的知识。因此，数学的概念与知识

① ［德］莱布尼茨：《莱布尼茨自然哲学著作选》，祖庆年译，中国社会科学出版社 1985 年版，第 22 页。

② ［美］欧文·埃尔加·米勒：《柏拉图哲学中的数学》，覃方明译，浙江大学出版社 2017 年版，第 5 页。

③ ［德］莱布尼茨：《人类理智新论》，陈修斋译，商务印书馆 2006 年版，第 40 页。

（ἐπιστήμη）密切相关。到了17世纪，在米可勒利斯（Micraelius）编撰的《哲学词典》中提出，数学［Mathesis］是指知识或获取知识和信息的方法、经验和技巧。① 由此可见，此时的数学被更加推崇其作为一种方法论的特征。德国人第尔（C. Thiel）在其《哲学与科学百科全书》中提出，罗马内斯（Adrianus Romanus）在1597年发表的《为阿基米德辩护》（*Apologia pro Archimede*）中第一次使用了普遍数学［Mathesis universalis］这个名词表示关于量的性质的一般理论。因此，普遍数学［Mathesis universalis］无论是源自希腊的词源中，还是在近代首次出现，都带有数学的本源特征。自笛卡尔之后，普遍数学与普遍科学［*Scientia universalis*］逐渐融为一体，成为在坚信人类知识的统一性的前提下，试图按照数学的语言与数学的方法将所有人类知识组织成一个从第一原理推演出的规范严谨的体系。

（三）由质到量、由混乱到清楚的数学方法论进路

莱布尼茨在讨论分解法时提出，人由多种感官获得的清晰的属性与物质的本性必然是一致的。在我们的现实经验中也是同样的，多种感官共享的感觉经验往往比单个感官获得的经验更加具有确定性。在清晰的属性中，往往简单的属性能够更加同等地适用于由分解法而获得的整体与部分，例如，广延的属性比形状的属性更加同等地适用于事物的整体。这类简单属性具有某种类似性。按照莱布尼茨对事物的数学分析方法，类似的事物必定具有某种同质属性（homogeneous attribute），用分解法找到这样一类属性，也就找到了相对于部分而言的整体的属性。

由质到量，关键在于找到同质的属性，同质的属性往往应该是单纯的属性，“一般而言，越是单纯和同质的属性越是受到我们思维的欢迎。”② 这其中的关键在于对质进行量化，从而使我们的思维可以对其进行数学计算或几何分析。作为同质的物体，仅仅是针对人的各种感觉经验而言的，比如化学中的液体、盐类、各种金属等，相对于植物、动物等概念，前者被视为同质的且更加容易被我们的思维运算操作，这种用数学的思维考察并探究物体的本质的方式也是我们十分欢迎的。无论在

① Micraelius, *Lexicon Philosophicum*, Jena, 1653, Duesseldorf, 1966, pp. 722 – 733.

② ［德］莱布尼茨：《莱布尼茨自然哲学文集》，段德智编译，商务印书馆2018年版，第93页。

方法的可行性和有效性上，还是在寻找最高等级的纯粹性，去除任何特殊性质的自然科学理论诉求等方面，这种归宗到数学思维的方法论在莱布尼茨的思想中是一贯的。于是，如果任何一种现象都同等地出现在单纯事物和复杂事物之中，或者任何一种经验结果都同样地由单纯的事物和复杂的事物产生，那么单纯的事物往往是科学理论的倾向方面和指向目标。

三 数学还原法——自然科学的量化

（一）因果链条的数学序列

由于实存的对立面是本质，莱布尼茨将充足理由律作为实存的因果链条的标准。为了解释存在之为存在或实体，需要一个可以无限延伸下去的因果链条。根据莱布尼茨的主项谓项形式，充足理由律作为因果律展现出的就是关于无限多的存在的一系列计算。这个链条的最终端存在一个极限——上帝，提供对偶然性组成的多元系列在计算意义上的最终理由。其中包含两层深意：（1）实存是被建构的实存，其前提、结构及模式都是被计算而奠基的；（2）上帝作为整体系列的最终理由遵循一个理性原则，即最简化原则和最大化原则——用最少的手段和法则创造最多的可能性。

（二）活力守恒定律——寻求一种恒定的量

力的本体论存在与形而上学必要性的论证作为莱布尼茨科学方法论的立足点之首已经详细地论述了，但是，试图通过量的比较和操作的数学方法仍然是莱布尼茨思维的根本。莱布尼茨给出了力的必然性的多种论证，但其中最重要的一条就是“原因等于结果”——这条数学与形而上学相结合的公理。与动力学相对应的是静力学。在静力学中，笛卡尔对力的计量方法是可行的，但是在动力学中，运动的量不守恒，因为运动的量不能表达运动的原因和运动的结果相一致的公理。力作为本体的一种终极存在，在动力学或物理学的层面，莱布尼茨试图确定一种单值的量，这种量在“原因等于结果”的原理中是一种恒定的量，即莱布尼茨的理论中质量与速度平方的乘积便是这个恒定的量。对此他这样解释：“像在几何学和数中，由于总数同它所有部分等值的原则，几何学便隶属于解析的微积分那样，在力学中，由于结果和它的全部原因或与产生它的全部结果的那个原因等同，我们也就获得了一些方程式，也可以说是获得了一种运用这条公理的力学的代数学。”①

（三）合力的几何结构

关于碰撞的动力学问题是莱布尼茨的单子“颗粒”要解决的重要议题。这个议题在17世纪的数学家中也是热点问题，吸引了如笛卡尔、惠更斯、牛顿等数学家的注意力。莱布尼茨结合形而上学思想的动力学，始终坚持每个力都产生相应的结果，这与原因和结果相等的形而上学原则相符合。当多个力同时作用时，这些力便按照力的平行四边形的规则组合起来，于是出现一种合力，这个合成的结果便是每个力的总和。在这种意义上，莱布尼茨认为，这种按照几何学与数学方法得出的结果正是体现了世界的和谐。“每个意动与每一个别的意动都是可和谐共存的，因为每个运动都能与每一个别的运动组合起来而产生第三个运动，而这第三个运动总是被几何学地决定着，而这样一来，就没有显示出一个意动如何能够自然地被消灭掉或者从另一个物体中撤销。”②

（四）连续体迷宫之“数学的点”

为了说明终极本体——单子如何在不可分和连续统之间实现和谐，莱布尼茨区分了三种点。如果仅仅在物质的原子的层面，连续体总是面临不可分与连续统之间的矛盾，则“物质的原子是反乎理性的……只有实体的原子，亦即实在的、绝对的没有部分的统一体，才是活动的源泉和事物组合的绝对第一原则，也可以说是诸实体分析的最后因素”③。由此可见，这种“统一体”与物质的原子本质不同，且处于的层面也不同。按照莱布尼茨方法论的风格，他势必会按照不同的层次结构去分析和表述他所面对的对象和问题。因此他区分了三种不同类型的点，以对应于不同的层面。首先是形而上学的点，“它们具有一定的活力和

---

① 转引自［英］罗素《对莱布尼茨哲学的批判性解释》，段德智、张传有、陈家琪译，商务印书馆2010年版，第101页。

② 转引自［英］罗素《对莱布尼茨哲学的批判性解释》，段德智、张传有、陈家琪译，商务印书馆2010年版，第121页。

③ 转引自［英］罗素《对莱布尼茨哲学的批判性解释》，段德智、张传有、陈家琪译，商务印书馆2010年版，第129页；原文出自邓本，第76页；拉塔本，第310—311页；原文出现在C. I. Gerhardt, ed., *Die Philosophischen Schriften von Gottfried Wilhelm Leibniz*, 7 Vols., Berlin: Weidman, 1875－1890, Reprint, Hildesheim: Olms, 1965－, Ⅳ, p. 482。

一种知觉”①，这种类型的点是莱布尼茨思想的起点和奠基；其次是数学的点，是一种精确的、恒常的、被量化的、一致能被客观化的点，是形而上学的“表达宇宙的观点”②。数学的点发挥着承上启下的作用，“下”就是本体论的形而上学的点，“上”就是第三种类型的点——物理学的点，“当有形实体被压缩时，它们的所有部件一起仅仅形成了为我们视觉所观察到的一个物理学的点”③。这种点仅仅在现象层面是不可分的。为何数学的点是莱布尼茨的最终归旨，原因在于他的数学思维方式，他试图将数学方法论应用于他的整个思想框架。数学的点作为一种纯粹的样式必定是精确的，虽然它并不具备形而上学点的实在性，但是它可以精确地表示、描述、操作并建构物质的关系性结构。例如，空间是由物质之间的关系构成，这些关系的项可以被数学的点描述成单纯的项，从而代表实在的形而上学的点和现象的物理学的点。还例如，数学的点将广延等物理学的点的无限小表示为微积分中使用的无限小。

莱布尼茨所谓数学的点不仅包含算术的点，包括算术的符号、公式、计算等，也包括几何学的点，微积分正是将符号、运动轨迹、计算等结合起来的典范。连续体的问题在运动中的表述和思想更是利用了几何学的方式。“除了几何学能够为走出连续体构成的迷宫，极大的和极小的迷宫，以及不可指定的和无限的迷宫提供一条引线以外，别的什么东西也都无能为力，也没有一个人能够不穿过这个迷宫就达到真正的、坚实的形而上学。”④ 莱布尼茨对数学的定性——作为想象力的科学，数学的

---

① 转引自［英］罗素《对莱布尼茨哲学的批判性解释》，段德智、张传有、陈家琪译，商务印书馆2010年版，第129页；原文出自：C. I. Gerhardt, ed., *Die Philosophischen Schriften von Gottfried Wilhelm Leibniz*, 7 Vols., Berlin: Weidman, 1875－1890, Reprint, Hildesheim: Olms, 1965－, Ⅳ, p. 482。

② 转引自［英］罗素《对莱布尼茨哲学的批判性解释》，段德智、张传有、陈家琪译，商务印书馆2010年版，第129页；原文出自：C. I. Gerhardt, ed., *Die Philosophischen Schriften von Gottfried Wilhelm Leibniz*, 7 Vols., Berlin: Weidman, 1875－1890, Reprint, Hildesheim: Olms, 1965－, Ⅳ, p. 482。

③ 转引自［英］罗素《对莱布尼茨哲学的批判性解释》，段德智、张传有、陈家琪译，商务印书馆2010年版，第129页；原文出自：C. I. Gerhardt, ed., *Die Philosophischen Schriften von Gottfried Wilhelm Leibniz*, 7 Vols., Berlin: Weidman, 1875－1890, Reprint, Hildesheim: Olms, 1965－, Ⅳ, p. 482。

④ 转引自［英］罗素《对莱布尼茨哲学的批判性解释》，段德智、张传有、陈家琪译，商务印书馆2010年版，第134页；原文出自：C. I. Gerhardt, ed., *Leibnizens Mathematische Schriften*, 7 Vols., Berlin: A. Asher; Halle: H. W. Schmidt, 1849－1863, Ⅶ, p. 326。

点无论从逻辑上还是在认知上，都是后于点的集合概念的。具体来说，线的概念是先于点的，先有线的概念，才有点的概念，将线分割或分解才有点，鉴于莱布尼茨相信无限的存在，因此在他看来，现象与知觉中的线并非点的集合，恰恰相反，点正是对现象和知觉中的线的无限分割而来，这样获得的点正是数学的点，它对应形而上学点的存在性，也对应物理的点的现象性。于是，时空的观念性和关系性可以通过数学的点得到解释。

第四节　逻辑方法论

如果说笛卡尔的主体哲学的主体是一种认识的主体，那么莱布尼茨的主体则是一种理性逻辑的主体。莱布尼茨关系实在性在于单子的“认识—逻辑—实践”的统一体本质，单子的生成和显现是伴随着认识的发展而完成的，它是随着单子把握世界的方式不同而不同的。因此，莱布尼茨这种关系实在论的方法论实质是一种认识的、辩证的科学方法论，具有将世界、实在、存有看作随主体及其实践而开显的特点。这也印证了海德格尔提出的“追问真理即陈述的正确性如何只有在在场性的澄明的因素中才被允诺而出现”的观点。

海德格尔提出莱布尼茨的逻辑学承载了近现代形而上学的主要倾向，他以罗素对莱布尼茨的形而上学批判的结论出发，沿着论证—分析性重构的哲学方法，以莱布尼茨的逻辑学为起点走向了他的存在论思想。海德格尔由莱布尼茨的“主谓包含论”推论出这个关于“是”的联结判断本质上是关于“是真的”的真理判断。海德格尔认为，主词谓词之间的连结承载的是同一性原则，而关于此在的判断的同一性与“同一实在之全体”是内在一致应和的，正是这种一致性为探索存在的意义开辟了道路，也为当代哲学应对主体性危机提供了鲜活资源。

逻辑学研究在海德格尔早期的思想道路中占有重要的位置，年轻时期的海德格尔曾经想把自己塑造成为一名逻辑学家。[①] 海德格尔研究专家西

---

① 参见 Stephen Käufer，“On Heidegger on Logic”，*Continental Philosophy Review*，2001（34），p. 459。

奥多·克兹尔（Theodore Kisiel）认为海德格尔一直是作为一名逻辑学家展开他的全部存在论哲学之路的。[①] 对逻辑学的不断关注，激发了海德格尔《存在与时间》为标志的成熟哲学思想。具体来说，从其早期的逻辑学研究一直到《存在与时间》中，始终贯穿着对逻辑之根的追问，在其中呈现的多种含义与统一性中区分了存在/意义（sinn）以及存在者。[②]

与《存在与时间》从日常生活出发以此在展开存在的结构、意义和方式的路线不同，海德格尔早期对逻辑学的研究主要是在批判前人思想家对存在问题的探讨的基础上，澄清传统逻辑学概念，建构其存在的意义及结构的理论的。莱布尼茨在海德格尔的视野中占有重要的位置，“在我们的沉思中，莱布尼茨这个名字并不代表着一种对过去的哲学体系的标记。这个名字命名了一种思想的当前，这种思想的力量还没有消逝，而这种当前，首先还在迎候着我们。”[③] 从1925年的《时间概念历史导论》开始，莱布尼茨成为海德格尔的重点关注对象，1928年在马堡大学的系列讲稿专门讨论从莱布尼茨的逻辑学出发的形而上学始基。在海德格尔看来，莱布尼茨“不仅规定了现代逻辑到数理逻辑的发展以及现代逻辑到思维的发展，也规定了德国观念论哲学及其后继分支中的那种对主体之主体性的更为极端的阐释，……莱布尼茨的思想承载着和烙印着近现代形而上学的主要倾向”[④]。正是由于这种“主要倾向”，海德格尔为莱布尼茨这位近代理性主义哲学家赋予了“存在论”的意味，或者说，从莱布尼茨的逻辑学中，海德格尔从真理的判断理论走向了存在论。

关于对莱布尼茨逻辑学的解构与批判，海德格尔采用了“论证—分析性重构”的哲学研究方法。与罗素《对莱布尼茨哲学的批评性解释》的研究方法相同，海德格尔以罗素的结论：莱布尼茨的形而上学是他从他的主—谓项逻辑学推演出来的结论[⑤]再出发，继续深入莱布尼

---

① Theodore Kisiel, *The Genesis of Heidegger's Being and Time*, Bereley, Los Angeles, London, University of California Press, 1993, p. 398.

② Steven Galt Crowell, *Husserl*, *Heidegger*, *and the Space of Meaning*: *Paths toward Transcendental Phenomenology*, Evanston, Illinois: Northwestern University Press, 2001, p. 120.

③ Martin Heidegger, *Der Satz vom Grund*, GA 10, Frankurt: V. Klostermann. 1997, p. 51.

④ Martin Heidegger, *Der Satz vom Grund*, GA 10, Frankurt: V. Klostermann. 1997, p. 51.

⑤ ［英］罗素：《对莱布尼茨哲学的批评性解释》，段德智、张传有、陈家琪译，商务印书馆2010年版，第XVII页。

茨的逻辑学思想，最终从内部消解了逻辑学与形而上学何为第一性的问题。[①] 他直击莱布尼茨的逻辑学的形而上学，从逻辑学的判断命题出发回归形而上学的基本问题，在德国古典哲学的主体之主体性的源头处找到应对哲学时代危机的鲜活资源。因此，从莱布尼茨逻辑学出发的形而上学分析是海德格尔从判断理论到存在理论、从逻辑学的方法论到存在论的方法论的重要契机之一。

一　判断与真理——"是"与"真"

早在巴门尼德开始，"是"与存在就进入了哲学范畴之列。在柏拉图、亚里士多德的哲学中，ὄν 表示"是/存在"，作为系动词的 seiend、being 表示的"是"即为"是这样"的，也表示"是真的"。τὸ ὄν（去存在）与 λόγος（逻各斯）结合就是 ὀντολογία（本体论/存在论）[②]。亚里士多德在《形而上学》第 4 卷第 1 章（1003 a，21f）中指出："有一门只是研究存在［者］（τὸ ὄν ᾗ ὄν）以及那些就其本身属于它的东西的学科（τὰ τΟύτῳ ὑπά ϱχΟντα καθ' αὑτὸ），"[③] 到了近代，莱布尼茨力图追求一种对于所有存在者具有最高普遍性的规定性体系，并将其作为一种"普遍的形而上学"［*metaphysica generalis*］。作为莱布尼茨的继承者，克里斯蒂安·沃尔夫则将形而上学诠释为一门处理对于全部存在者的共同的东西的学科，它既涉及精神之物也涉及有形体之物，它是关于普遍意义上存在的学问，

---

① ［德］海德格尔：《从莱布尼茨出发的逻辑学的形而上学始基》，赵卫国译，西北大学出版社 2015 年版，第 42 页。本文并未涉及海德格尔对逻辑学和形而上学优先性问题的论断。关于这个议题海德格尔和达米特有过具体争论，可参见 Edwin Mares，"Logic and Metaphysics：Dummett Meets Heidegger"，In Jack Reynolds，James Williams and Edwin Mares（eds.），*Postanalytic and Metacontinental Crossing Philosophical Divides*，Continuum，2010，pp. 53 – 57。

② 在德语中的 die Ontologie 翻译成"本体论"，在海德格尔哲学中汉语界通常将其翻译成"存在论"，本书对单子论做存在论解释时，并不局限于海德格尔意义上的存在论，而是采用亚里士多德等更为广义的存在论。

③ 此翻译分别结合苗力田主编《亚里士多德全集》（第七卷），中国人民大学出版社 2015 年版，第 84 页；海德格尔《从莱布尼茨出发的逻辑学的形而上学始基》，赵卫国译，西北大学出版社 2015 年版，第 14 页；聂敏里《亚里士多德的形而上学：本质主义、功能主义和自然目的论》，《世界哲学》2011 年第 2 期，第 138—154 页的翻译。

是存在之为存在的学科。① 这里的所有存在者应包括笛卡尔提出的广延、灵魂与上帝在内的三类存在（实体）。因此，莱布尼茨的“普遍的形而上学”的重要任务旨在破除物质与心灵无法超越的分裂与界限，实现实体的统一。海德格尔在莱布尼茨那里看到这种原初的统一，它不仅在于实体的本质，更在于关于“真”的判断的“是”这个系词之中。

系词具有联结之功能，δυμπλΟκή（联结）被亚里士多德认作 λόγος（逻各斯）的本质，托马斯·阿奎那认为：“思想的活动，通过它联结和分离，肯定或否定。”② 海德格尔将莱布尼茨的逻各斯称为主词谓词“包含论”（Inklusionstheorie）的联结，即谓词在主词之中（est dans）是指内在联结于（in-esse）主词之中。主词所指称的就是亚里士多德意义上的“第一实体”。在《范畴篇》中，亚里士多德明确提出既不依赖于一个在其“之下”的基础，又不依赖于在其“之外”的基础的东西被认作“第一实体”，例如这里的这个人，这里的这匹马。作为第一实体的主词指称的实体具有本质的独立性，谓词不能脱离主词而独立存在。谓词包含在主词之中，对应真实存在，从根本上规定了真理的概念，即“真实命题的谓词内含于主词”③。对真实命题的证明，就是对主词的联结“展开”，被“展开”的谓词体现了明确或隐蔽的统一性。因此，描述“这一个”“是这样”，本质上就是说“这一个”“真的是这样”。

主词关涉主体，谓词是关于主体所陈述的内容，这些所陈述的内容包含（enthaltensein）在主体里面。在海德格尔看来，这种包含论“在其中必然会明显形成某种对包含本身，对 inesse（内在）及 esse（存在）所意指的东西，对存在的明确解释”。④ 首先，当我们说一个谓词真正地属于某个主词时，表示每一个真实的陈述都在物之本性中具有某种根据，这种根据即谓词内在于主词之中。如果谁能够完全看透主词，展开主词所包含的

---

① 参见 Gerhard Köbler, *Wolff*, *Christian*, *Einleitende Abhandlung über Philosophie im allgemeinen*（*Discursus praeliminaris de philosophia in genere*）übers, eingel. und hg. v. Günter Gawlick/ Olthar Kreimendahl. frommann-holzboog, Stuttgart, 2008, p. 146。

② ［德］海德格尔：《从莱布尼茨出发的逻辑学的形而上学始基》，赵卫国译，西北大学出版社 2015 年版，第 44 页。

③ C. I. Gerhardt, ed., *Leibnizens Mathematische Schriften*, 7 Vols., Berlin: A. Asher; Halle: H. W. Schmidt, 1849 – 1863, Ⅱ, p. 43.

④ ［德］海德格尔：《从莱布尼茨出发的逻辑学的形而上学始基》，赵卫国译，西北大学出版社 2015 年版，第 46 页。

所有谓词，他对主词的所有判断就都是真实的。对于莱布尼茨来说，存在着的实体就是逻辑的主体，也即命题的主词。其次，主谓包含关系是所有先天认知者所有任何种类的判断之为真的原则性基础。“即在每一个肯定的、真实的，无论必然的还是偶然的、普遍的或特殊的陈述中，谓词的概念始终都以某种方式包含于主词之概念中，否则我就不知道，真理究竟意味着什么了。”[①] 在海德格尔看来，逻各斯的首要含义正是在于“使……展开”（offenbarmachen）对于真理的证实，即为展开主词概念中所包含的内容（谓词）即可，证实之路就是展开之路。

二　真理与同一性

按照传统逻辑学，判断是真理的承载者。作为判断的陈述为真就是真理的形式，或者说真理就是陈述为真。陈述表示为主词与谓词及谓词之间的联结，联结意味着真。主体就是是其所是，即 A 是 A，即与自身等同或同一［*identica*］，这就是同一性［*principium identitatis*］。“所有真的命题最终都可以被归结为同一性，也就是说，每一个真命题归根到底都是同一性，只是，它们不一定明确地表露出来；但根据原则性的可能性，每一个真理都是某种同一性。”[②] 因此，主谓包含关系就是同一性关系，真理之本质就是同一性。“真”意味着“同一”，“内在”意味着“同一存在”，因此真理问题和存在论是直接交织在一起的。

按照莱布尼茨对原初真理和派生真理的划分，展示为“同一陈述”的原初真理的同一性是自明的，“原初的理性真理是那样一些真理，我用一个一般的名称称之为同一的（*identiques*），因为它们似乎只是重复同一件事而丝毫没有教给我们什么。”[③] “一切理性的或事实的原初真理都有这一共同点，即它们是不能用某种更确实可靠的东西来证明的。”[④] 除原初真理

---

① C. I. Gerhardt, ed., *Leibnizens Mathematische Schriften*, 7 Vols., Berlin: A. Asher; Halle: H. W. Schmidt, 1849 - 1863, Ⅱ, p. 56.

② ［德］海德格尔：《从莱布尼茨出发的逻辑学的形而上学始基》，赵卫国译，西北大学出版社 2015 年版，第 56 页。

③ *Die philosophischen schriften von Gottfried Wilheilm Leibniz 5*, p. 343；莱布尼茨：《人类理智新论》（下册），陈修斋译，商务印书馆 2006 年版，第 423 页。

④ *Die philosophischen schriften von Gottfried Wilheilm Leibniz 5*, p. 348；莱布尼茨：《人类理智新论》（下册），陈修斋译，商务印书馆 2006 年版，第 430 页。

之外，派生真理与前者具有一种推证关系，根据推证的类型可以分为两类：必然真理和偶然真理，前者可以实际地被还原为原初真理（原始同一性），后者可以被无限地还原为原初真理（原始同一性）。在海德格尔看来，这种“原初还原”的意图有两点，一方面，将 *veritates facti*（事实真理）包含在同一性之中；另一方面，将事实真理“最大可能地适应于理性真理”，即“更准确地说：事实的真理不是 *veritates necessariae*（必然的真理），但一定是 *identicae*（同一的）的真理。”①

莱布尼茨认为笛卡尔将“清楚明白”作为真理的判断标准是不完全的，他提出何为“清楚明白”本身就应该有一个标准。于是，他在 1684 年《关于知识、真理和观念的沉思》中这样说道：“知识或者是模糊的［*obscura*］或者是清楚的［*clara*］，清楚的知识又或者是混杂的或者是明了的，明了的知识或者是不充分的或者是充分的，于是或同样，充分的知识或者是表征的或者是直观的……最完美的知识是既充分又直观的。”② 清楚的知识可以区分或分辨，因此可以是混杂的而非明了的；明了的知识具有概念性的定义，当组成明确概念的每一个部分被明确认识到，或分析到了终点，明了的知识才是充分的；反之则是不充分的，如数学的知识；充分的知识被完全的清晰性把握时，当以直观的眼光将全部内容尽收眼底时，才是最完美的知识，而当不能处于对事物的全部直观状态时，可以用符号代替事物，这种表征的方式提及事物本身，同样也是充分的，但不是完美的，而是盲的［*caeca*］。

由此可见，直观［*instuitus*］是获得充分知识的方式，“去直观，去看看同时明确的整体；带进完整的当前”。③ “所以直观，是：1. 直接的把握，更确切地说 2. 把握不再继续可分析的东西之整体”。④ 直观所获得的充分的知识包含了事物之内在的可能性，能够清晰地把握事物内在的普遍的协调性和相容性，因此充分的知识高于明了的知识，不同于笛卡尔“凡

---

① ［德］海德格尔：《从莱布尼茨出发的逻辑学的形而上学始基》，赵卫国译，西北大学出版社 2015 年版，第 61 页。

② L. E. Loemker，trans. & ed.，*G. W. Leibniz*：*Philosophical Papers and Letters*，2nd ed.，Dordrecht：Reidel，1969，p. 291.

③ ［德］海德格尔：《从莱布尼茨出发的逻辑学的形而上学始基》，赵卫国译，西北大学出版社 2015 年版，第 90—91 页。

④ ［德］海德格尔：《从莱布尼茨出发的逻辑学的形而上学始基》，赵卫国译，西北大学出版社 2015 年版，第 91 页。

是我们领会得十分清楚、十分分明的东西都是真实的"①，莱布尼茨认为，在此之上还有一个本质上更高的等级，即充分的知识［*adaequata congnitio*］，只有达到这个等级，实在所有的"表征"或"标志"、"各种本质"及其之间的相互"连结关系"都被清晰地揭示出来，分析才到达了终点。因此充分的知识才是本质的知识，而本质的知识如何对应实在？实在性的连结［*connexio realis*］被理解为同一性，真理被规定为同一性，真实［*verum*］在于被"充分直观地感受"［*adaequate intuitive perceptum esse*］，那么同一性和"同一存在"是一回事吗？

对于莱布尼茨来说，A是A这种同一性是典型的同一性，而这是一种空洞同一意义上的形式同一性。再者，具有共同归属意义上的不同事件连结的协调一致是否也属于同一性的范畴呢？海德格尔给出了肯定的回答。他认为，在莱布尼茨那里，绝对同一的纯粹性和所有实在［*ominitudo realitatis*］之全体［*totum*］是合二为一的。他的突破口就在于"莱布尼茨首先把主体［*subjectum*］思考为［*ens percipiens et appetens*］知觉与欲望的存在都"。② 他通过认知真理视域与存在的真理视域的相互关联，借助力与"欲望"的本质一致性解释了同一性与"同一实在之全体"的一致性。

三　同一性与"同一实在之全体"

由上所述，真理的判断对于莱布尼茨来说就是主项谓项之间的包含［*inclusio*］关系，这种关系的本质是同一性。判断的本质是人的判断活动，这种判断活动或陈述本身是一种规定性的活动。关于……的判断与存在者有关，被判断的存在（者）在判断活动中被规定。除去空洞的A是A这样的简单形式同一性，真实存在是如何论证、澄清且最终返回同一性而发生，并通过诸规定达到和谐一致，最终能够被统一到主体之中，这就要分析莱布尼茨的本体论概念——单子。在海德格尔看来，莱布尼茨的单子论就是对存在的解释。单子作为具有共同归属的多样性的统一整体，应该具有先验的统一性规定。这种规定不仅涉及单子的本质性，也涉及单子的存在性。

---

① 参见［法］笛卡尔《第一哲学沉思录》，庞景仁译，商务印书馆2009年版，第38页。

② ［德］海德格尔:《林中路》，孙周兴译，上海译文出版社2004年版，第258页。

莱布尼茨认为笛卡尔的广延不能称为一种实体，原因在于在单纯的质料或消极的东西中无法找到某种真实统一的原则，没有这种真实统一，它们只能是部分之聚集或堆积。单子具有本质性的真实统一，保证这种真实统一原则的内涵必须是一种积极主动的因素，这种积极主动的因素被莱布尼茨称为原初单一的力（*vis primitiva*，force primitive），它作为形而上学的点（points métaphysiques）来定义单子的本质。

何为主动的原初力？莱布尼茨从亚里士多德主义经院哲学中区分主动积极力［*activa*］和被动消极的力［*potentia passiva*］的传统中，返回亚里士多德的能力（δύναμιζ）、活力（ἐνέργεια）和隐德莱希（ἐντελέχεια）概念来表述单子的本质。托马斯·阿奎那按照本质［*essentia*］和现实性［*realitas*］的区分提出力的两重性：本质的力是构成事物之本质的可能性的力，并不涉及这种本质是否可以实现，只是单纯的自我思考或纯粹可能性的本质，是客观的力［*potentia objectiva*］；与之相对的是主观的力，即事物为了某种实现所具有的能力。与经院哲学这种主观的力不同，莱布尼茨提出一种积极的力［*vis activa*］，表示活动与实现之前即将发生的可能性，“而积极的力［*vis activa*］包含某种已经现实的活动作用或隐德莱希，介于单纯停息着的作用能力和活动作用本身之间，并且本身包含某种活力［*conatus*］”①，这种包含活力的力比单纯的主观的力多了一种动态性，可以表示为“倾向于……的冲动”，它自发地过渡到活动，本身包含某种欲求（appetite）。海德格尔将莱布尼茨的这种力表示为“创造性的冲动；producere 意味着：引—出来，从自身中给—出。”② 虽“被给出”、“被引出”，但这都仍然都发生在单子内部，单子本身保有“前定和谐”所赋予的完整性或完善性。从冲动发出的活动被莱布尼茨称之为现象，无论是本体还是现象，都统一于单子的本质之中，这种统一性并非事后追加的，而是事先被赋予的。这种先天性正是单子实体性的真正形而上学奠基。

在海德格尔看来，莱布尼茨将亚里士多德的活力或隐德莱希概念再次引入单子对于解释实体之实体性是具有建设性意义的，但是关于力的特性如何解释存在的原初统一性——关于存在判断的同一性的内在关联莱布尼

① C. I. Gerhardt, ed., *Die Philosophischen Schriften von Gottfried Wilhelm Leibniz*, 7 Vols., Berlin: Weidman, 1875 - 1890, Reprint, Hildesheim: Olms, 1965 - , p. 469.

② ［德］海德格尔：《从莱布尼茨出发的逻辑学的形而上学始基》，赵卫国译，西北大学出版社 2015 年版，第 117 页。

茨却没有给出系统的说明。于是，海德格尔以分析冲动的结构为核心，以莱布尼茨的知觉理论为突破口，以存在论的视角解释了同一性与“同一实在之全体”之间的内在一致性。

在 1928 年《最后一次马堡讲座节选》中，海德格尔开宗明义分析“莱布尼茨是根据各种规划、按照各种主导线索来规定存在者之存在的”①，真正的存在者作为个别自为的持存之物应该具有单纯的统一性。莱布尼茨从希腊哲学中引入的单子概念本身就包含一与统一体的内涵。“借助于对‘心灵’或者‘形式’的考察，得出了一个真实统一性的理念，这种统一性在我们人身上与被人们称为‘自我’（ego）的那种东西是相符的。”因此，单子作为统一体与自我的类比是本质性的。这里存在这样的可能：莱布尼茨正是对自我（此在 Dasein）的存在状态与存在方式的类比考察得出了单子（存在）统一体的模式。自我内在自动的变化，即欲求中包含存在之理念，我们本身就是存在之理念的源泉，主体作为超越着的此在包含存在之领悟，因此存在之理念能够从主体中获得。虽然莱布尼茨这种类比会让人产生人格化论（Anthropomorphismus）或万物有灵的理解，但他却试图从形而上学来论证这种类比，提出“因为事物的本性是相同的，所以，我们自己的本性与组成整个宇宙的其他单一实体不可能有那么巨大的不同”②。我们必须寻找莱布尼茨提出单子论的具有决定性的东西为线索，才能涉及他的存在论的形而上学意义。而这种先行设定的形而上学谋划——存在的概念，正是取决于本己（此在）的经验，这是自我之中可感受到的此在的积极的各种变化，即各种欲求。

单子面对的是杂多，统一面对的是多样性。单子作为原初构造者（primum constitutivum），也是一种“伸展着的包含者（ausgreifend Umgreifendes）”“单一地发挥统一作用（einfach einigend）……单一地起统一作用的东西必须是原始地伸展着的，并且作为伸展着的东西自始就是包涵着的，并且，一切多样性一向已经在这种包涵状态中多样化了。”③ 欲求作为单子（原初构造者）的原初力（vis primitiva）使得单子不断地表—象着（vor-stellend）和再—现着（re-präsentierend）。海德格尔认为虽然莱布尼茨

---

① ［德］海德格尔：《路标》，孙周兴译，商务印书馆 2016 年版，第 89 页。

② C. I. Gerhardt, ed., *Leibnizens Mathematische Schriften*, 7 Vols., Berlin: A. Asher; Halle: H. W. Schimidt, 1849－1863, Ⅱ, p. 270. 1904 年 6 月 30 日致沃尔德的信。

③ ［德］海德格尔：《路标》，孙周兴译，商务印书馆 2016 年版，第 105 页。

并未指出，但他由此断定，“单子之表象特征的最内在的形而上学动机乃是欲望①的存在学上的”②。欲求使得伸展着的包含者发挥着单一的统一作用。“统一者必然事先存在——就是说：事先伸展到某种东西之后，由此出发，每一个杂多就接受到了其统一。简单的统一者必然是原始地伸展着（ausgreifend），虽说作为伸展着的恰巧就是事先收拢着的（umgreifend），但所有的杂多都已经在收拢状态中多样化了。”③ 单子的表象活动应该被理解为知觉（perceptio），莱布尼茨将知觉定义为“无非就是‘一’中之‘多’的表达”。④

单子如何使得自身之存在成为“操心（sorge）”的统一体，海德格尔“先行决断（vorlaufende Entschlossenheit）”地将自身超越性赋予了单子。单子作为活力在欲求的作用下不断表象着世界。那种不断变化的倾向使得多样性（杂多）出现彼此相继的序列，这种“知觉之进展”（progressus perceptionum）按照可能性的实现在本真状态中展开“曾经”、“当下”、“将来”三个时间性原始现象，这三者仍然是一个统一体，海德格尔将之称为“时间性”（zeitlichkeit），由于这三者相互关联的结构性特征，海德格尔称之为“时间性的绽出统一性”（ekstatische Einheit），这正是单子在欲求“从……向……的过渡”（Übergang von…zu…）的倾向使得知觉的连续序列中呈现出的统一性。

莱布尼茨认为被造单子的有限性是先验的，有限性表示被限制性，先行表象的统一性包含着对单子自身的先行拥有。这种拥有控制着单子本身，也为单子提供了一个独特的立足点，海德格尔称这种立足点为着眼点或视点，它对于单子的欲求来说是构建性的，即在自身先行被表象的东西，同时也是先行限制或规范一切欲求活动本身的东西。作为此在的单子在这种规定中“伸展”着自身同时也保持着自身，力求把握自己的同时超越感知活动并一道呈现自身，这种内在状态本身的意识或反思形成有别于知觉的统觉（apperzipieren）。统觉代表了单子所表象的宇宙万物，在此种

---

① 笔者认为，此处欲望应为欲求，因此采用不同于孙周兴在《路标》中的翻译。

② ［德］海德格尔：《路标》，孙周兴译，商务印书馆2016年版，第106页。

③ ［德］海德格尔：《从莱布尼茨出发的逻辑学的形而上学始基》，赵卫国译，西北大学出版社2015年版，第127页。

④ C. I. Gerhardt, ed., *Die Philosophischen Schriften von Gottfried Wilhelm Leibniz*, 7 Vols., Berlin: Weidman, 1875－1890, Reprint, Hildesheim: Olms, 1965－, Ⅱ, p. 311.

意义上，每一个单子本身就是一个微缩的宇宙［*mundus concertratus*］，单子也成为一面活的镜子［*speculum vitale*］①。“每一个冲动都按照自己的方式，通过力求活动在本身中凝聚着世界”。② 在莱布尼茨提出的“前定和谐”中，每个单子都与宇宙万物和谐共处，世界通过单子独特的视角“归属于”它们每一个。“所有单子作为冲动之单元都事前定位于先行设定的和谐，存在者之全体的［*harmonia praetabilita*］。在每一个单子中按照可能性都包含着整个宇宙万物。”③ 由此，此在判断的同一性与“同一实在之全体”是内在一致应和的。

四　从判断之同一到存在之统一

海德格尔对莱布尼茨单子论最重要的解释在于对其赋予了此在存在论的内涵，并发现了如何从逻辑学方法论到存在论方法论的过渡。在他看来，单子不仅是实体，更重要的是主体，这种主体性是单子作为此在生存于世的前提。它使得莱布尼茨关于判断和真理的同一性过渡到单子作为存在生存于多样性世界的统一性。关于莱布尼茨的判断学说，我们已经认识到它处于真理之中，判断就是联结，确切地说就是内在包含，就是主词与谓词之间的同一性关系，对莱布尼茨来说，真实存在无非意味着同一性的存在。真实存在的证明、澄清和确定，只有回溯到存在的同一性才得以完成，诸多可以兼容的规定属性在判断之中具有某种统一性，这只有处于主体的统一性之下才是可能的④。值得注意的是，这里所说的判断与真理不仅仅是本质性的，同时也是存在性的。……存在者的单一式结构是同一性判断和真理学说的形而上学基础。因此，杂多之共同归属之统一存在某种先在的规范，这种先在的规范就在作为关于存在者的判断之中，因此判断之同一就回到了存在之统一之中，这种统一先在于主体性之中，海德格尔

---

① C. I. Gerhardt, ed., *Die Philosophischen Schriften von Gottfried Wilhelm Leibniz*, 7 Vols., Berlin: Weidman, 1875 – 1890, Reprint, Hildesheim: Olms, 1965 – , Ⅲ, p. 623.

② ［德］海德格尔:《从莱布尼茨出发的逻辑学的形而上学始基》，赵卫国译，西北大学出版社2015年版，第135页。

③ ［德］海德格尔:《从莱布尼茨出发的逻辑学的形而上学始基》，赵卫国译，西北大学出版社2015年版，第135页。

④ 参见［德］海德格尔《从莱布尼茨出发的逻辑学的形而上学始基》，赵卫国译，西北大学出版社2015年版，第143页。

不仅批判了罗素的分析哲学把逻辑学作为形而上学的基础，而且让哲学重回主体性的源头寻找存在的意义。

现代性的哲学原则是主体性，与主体性相分离甚至相隔绝的客体造成了一个分裂的世界：人与自然、自我与非我、精神与物质、个人与社会、自然的非社会化与社会的非自然化……“人的本身是分裂的：作为主体（意识）的人和作为客体（肉体的人）、作为认识者的人和作为行动者的人。人的能力同样也是分裂的：感性与知性、知性与理性、信仰与知识、判断力和想象力、认识与审美、理论和实践、理论理性和实践理性。人的生活还是分裂的：私人生活与公共生活是泾渭分明的两个领域。”① 古代世界观和生活的那种统一和谐的整体性完全消失了。破碎、分裂、冲突、对立成为现代性的世界图景。“问渠那得清如许，为有源头活水来”，伟大的思想家对于现代性的批判往往回归古代思想中寻找源头活水，海德格尔从开端处在莱布尼茨的逻辑学的形而上学中找到摆脱主体性桎梏的钥匙，将单子解释为“绽出的存在”与“绽出的参与”②，“在那个于其中一切可被称作物的都能自身前来照面的领域是这样一个地带，它把明明白白地‘在那儿外面（dort draussen）’的可能性让渡给该物。此—在中的存在必须守护着一种‘在外’（Draussen）。因此《存在与时间》中的此在的存在方式是通过出离被表明的。”③ 或许，这种“出离”使人从“抽象的人”成为“现实的人”。“在运作着的‘相互对面’中，一切东西都是彼此敞开的，都是在其自行遮蔽中敞开的；于是一方向另一方展开自身，一方把自身托与另一方，从而一切都保持自身……”④ 这也使我们更好地理解了马克思提出的“自然的真正复活”、“自然界的人的本质”、“人的自然的本质”，“自然界对人来说作为人的存在”⑤ 的真正内涵。海德格尔通过从莱布尼茨逻辑学的形而上学出发，发现了单子“在世界中存在”的本质，发现了莱布尼茨的形而上学为其存在论的逻辑学提供了奠基，或者说莱布尼茨的逻

---

① 张汝伦：《中国哲学与当代世界》，《哲学研究》2017 年第 1 期，第 91—100、98 页。

② ［德］海德格尔：《论真理的本质》，《路标》，孙周兴译，商务印书馆 2016 年版，第 105 页。

③ ［德］海德格尔：《晚期海德格尔的三天讨论班纪要》，F. 费迪耶、丁耘编译，《哲学译丛》2001 年第 3 期，第 55 页。

④ ［德］海德格尔：《海德格尔选集》（上卷），孙周兴译，上海三联书店 1996 年版，第 223—224 页。

⑤ 《马克思恩格斯全集》第三卷，人民出版社 1960 年版，第 305、301、308、307、310—311 页。

辑学已经超出传统的形式逻辑，是被赋予了多样性存在的具体内容的逻辑学。海德格尔由此从直观的主体生存体验出发，为其存在论哲学的走向成熟提供了理论资源。

第五节　科学实践

莱布尼茨的科学方法论内容繁复，而且洞察深刻且各种原则相互勾连，容易给人留下莱布尼茨擅长深奥的理论思辨而忽视具体生活实践的印象。但事实却十分令人惊奇，除去繁重的思考和论辩的工作，莱布尼茨的主要关注点都在科学实践的领域，无论是对他所处时代的科学实验的最新进展消息的热衷关注，还是他对于重要科学团体关注的前沿技术问题的积极参与，都可以算作他对科学实践领域的重视。这些也都可以从之前他的科学方法论思想中可见一斑。如果没有对于科学实践的关注与参与，他的科学方法论的重要意义便会大打折扣。因此，简要列举莱布尼茨一些代表性的科学实践活动，对于理解莱布尼茨的科学方法论的内涵十分必要，而且也能更加深刻地理解他一以贯之的统一性理论的实践理想。

一　建立科学院和图书馆

莱布尼茨是一位活跃的科学团体的奠基人和组织者，直到现在还有很多科研机构仍与他有关。近代文艺复兴期间以及以前的科学家大多都是单独或是极少数几个人在某一大学或者王公贵族的支持下进行合作研究。他们之间的联系大多只能通过信件相互交流，这种方式不仅时间跨度很长，而且效率不高，基本还是依靠个人的力量单独从事科学研究，因而很多新的发现和新的理论都很难广泛传播。

在 1601 年罗马曾建立过一所科学研究院，但随着意大利在政治和科学上的衰弱，其并未对于科学的发展发挥较大的作用。1662 年成立的英国皇家学会和 1666 年成立的巴黎科学院是 17 世纪规模较大、持续时间较长、学术关系较为稳定的科学社团，这些机构与社团在组织和团结科学家共同进行科学研究方面发挥了重要作用。莱布尼茨于 1673 年 4 月 19 日当选为英国皇家协会的会员、1700 年 2 月当选为巴黎皇家科学协会的会员。

身为“两院院士”的莱布尼茨清楚地意识到科学对于社会发展的巨大推动作用。在多次参与英法科学院组织的各种科学活动之后，莱布尼茨当然希望能在德国以及世界各地建立类似的科研机构，最终形成世界范围内的科学院网络，共同发展科学事业。我们从留存于世的材料中可以看到，莱布尼茨向普鲁士、波兰、俄国、奥地利和荷兰以及其他一些国家提议并具体给出了六十多个关于建立科学团体或科学院的设想和方案，四处斡旋，最终由他组织或参与建立了柏林、德累斯顿、圣彼得堡和维也纳科学院，并担任其中几个科学院的首任院长。甚至据传，他还写信给中国的康熙皇帝，建议建立北京科学院。

莱布尼茨建立科学院，是想从科学教育和科学研究的方面冲破大学或教会对于科学的限制。不同于培根和威尔金斯从实业家的角度出发建立科学团体的思想，莱布尼茨的科学院的构想则体现了对科学、技术以及社会的整体目标的综合把握。他提出，科学院的任务在于积累、传播以及发展知识，找到指导实践的最好方式，因而理论知识系统的建立无疑是十分重要的。莱布尼茨始终坚持理论知识的重要性，他甚至提出即使是不完备的理论都比没有任何理论指导的盲目的实践要有用。理论知识比单纯的实践更可靠的关键的原因在于理论所具有的普遍性。难能可贵的是，莱布尼茨并没有忽视实践和实用性的重要性，他也非常重视理论知识的实践转化，他将之称为理论和实践的“欢愉的结合”。莱布尼茨认为建立科学院的最终目的是实现人类福祉，因为在他生活的那个时代，经历过“三十年战争”的德意志需要的不是只能满足科学家好奇心的科学，而是能够改善现实生活、促进社会发展的科学，因而大到产业的规划，小到课本的编写，对社会生活有直接作用的科学和技术都包括在他的科学院思想中。莱布尼茨已经把科学看作社会的一个有机组成部分，他建立科学院的思想及其实践，正是他科学的社会化思想的生动体现。

除了建立科学院的主张之外，莱布尼茨毕生与图书馆有着不解之缘。莱布尼茨的父亲是莱比锡大学的道德哲学教授，母亲出生在一个教授家庭，莱布尼茨的一生几乎没有离开过图书馆这一知识的殿堂。在莱布尼茨六岁时，他的父亲就去世了，却给他留下了一个私人图书馆。在 1667 年至 1672 年，莱布尼茨在美因茨选帝侯首任宰相博伊内堡男爵约翰·克里斯蒂安的私人图书馆工作。1676 年，他又开始担任德国汉诺威布伦瑞克——吕纳堡公爵府图书馆的馆长。1690年，他又成为著名的奥古斯特公爵图书馆馆长，这是欧洲当时最大的图书馆。莱布尼茨关于图书馆的思想体现了他的科学研究方法论的思想。他认为，图书馆应当是用文字或符号表述的人类全部思想的宝库，凡是杰出人物的著作、记载历史的史料甚至任何有内容的文字材料，不论是哪一个时代和民族，在任何时期都会对后人有可取之处，都应当收集。因此，图书馆可称为人类知识和历史的"百科全书"、"一切科学的宝库"，甚至可说成是"人类灵魂的宝库"。而且，大型图书馆可以为科学家提供学术交流的条件，并且他还明确提出在各国建立科学院设置的图书馆的基础上，建立联系全世界的图书馆网络。

莱布尼茨不仅在实践上是一位有所建树的杰出图书馆馆长（例如，他首次将"巴洛克图书馆"即"大厅图书馆"引进德国），而且也是一位图书馆学家和目录学家。他关于图书的分类思想也正是体现了他关于科学分类的思想。在《人类理智新论》中，莱布尼茨提出了一种基于当时大学的学科和专业设置的科学分类法——"民事的分类法"，即把科学分为神学、法学、医学和哲学（包括自然科学）四大学科。而涉及图书馆，他提出管藏图书应按照人们所熟悉的这四大学科进行分类。另外，莱布尼茨也提出了对于科学知识分类的方法论。他提出，人类对于知识的处理主要分为两种方法，即综合方法（或理论方法）和分析方法（或实践方法）。综合方法或理论方法是将真理按照证明的顺序加以排列，就像数学证明一样，把每个命题放在作为前提的命题之后。这样一来，所有表示真理的命题就会呈现出一种层层递进的逻辑关系。分析方法或实践方法是从人的目的开始，从善开始，从善的最高点即人的幸福开始，然后过渡到实现善（或避免善的反面即恶）的各种特殊手段。从这种意义上讲，分析方法是从目的过渡到手段，从抽象进入到特殊，或从一般下降到个别。不过，莱布尼茨还提出了第三种方法：一种按名词来安排真理的方法，它是按系统分类性质，把名词按照一定的范畴来加以排列，或者是按照学者们普遍接受的语言照字母顺序排列。莱布尼茨认为，人类处理知识的综合方法、分析方法各有其价值，它们除了必须相互结合外，也得与这第三种方法相结合。①按名称来处理知识的方法其实是一种索引方法，莱布尼茨也将它用于图书分类和编目。古希腊曾将科学或哲学分为理论的、实践的和伦理的（或分

---

①［德］莱布尼茨：《人类理智新论》，陈修斋译，商务印书馆2006年版，第658页。

为物理学、伦理学和逻辑学)，莱布尼茨认为，人类处理知识的综合法相当于理论的，分析法相当于实践的，而按照名词来处理知识的索引法则相当于逻辑学方法，因为它是按一定的逻辑的范畴来处理知识和真理，其中既涉及对种和属的性质及其相互关系的认识，也涉及对范畴的逻辑外延和内涵的界定。① 因此，莱布尼茨关于科学院和图书馆的思想都蕴含了他对其科学方法论的理解及运用。

二　计算器、矿山抽水机等技术发明

莱布尼茨一贯强调科学实践的作用，他自然主张科学应该和技术很好地结合起来。例如，他认为医学是体现科学和技术紧密结合的最好的例子，因为古代的医生既是医学理论的提出者和掌握者，又是外科手术的医生和药剂师。而在他的时代中，化学正是继承了这样的传统。主张科学和技术的结合，与主张科学的目的是实现人类的福祉的初衷是一样的，即发展科学和技术的视野最终都是为了人类生活条件的改善。他说："如果所有这些专业和技术乃至手艺的原则，是在哲学家或某种其他能够这样的学科的学者那里实践地被教授，这些学者就将真正成为人类的导师。但文化和青年教育的现状，以及因此政治的现状方面许多事情都得改变。而当我考虑到从一、二个世纪以来人们在知识上已取得了这么大的进步，而且在自己更为幸福方面多么容易发展到更远时，我满怀信心地预料，在一个更太平的时期，在上帝为了人类的善可能降生的某位君主的统治下，人们将会达到很大的改进。"②

莱布尼茨大力主张发展工程技术和文化，从而更好地安排社会生产，最直接的实际目的就是指导当时落后的德意志地区的经济建设。在这方面，他不仅是一位理论家，更是一位实干家。他在1692年至1696年投身于哈尔茨矿山的工程中，他曾多达几十次亲自上矿山。为解决矿山积水问题进行种种实验，他设计了各式各样的装置、传动装置和抽水机，其中有现代旋转式抽水机的雏形。他曾提出用水力代替矿井小火车头运输矿石的新设想，以及改进铸铁、炼钢的方法，还提出了分离化学制品和使水脱盐

① ［德］莱布尼茨：《人类理智新论》，陈修斋译，商务印书馆2006年版，第659页。
② C. D. Broad, *An Introduction*, *Leibniz*, Cambridge, 1975, p. 111.

的技术。可惜的是，他的这些项目全都失败了，他自己认为，失败的原因是政府行政官员和技术人员的有意阻挠，以及工人们害怕因技术进步而丢掉饭碗所采取的抵制。随后他就离开了矿山，但他依然提交各种各样的技术方案，如关于运河、供水、花园喷水、瓷器生产、废热利用，此外，还对各种金融政策、税收改革、贸易均衡、国际保险等问题提出了一系列建设性意见。为了振兴德国经济，他认为必须发展丝织品的生产，为此他曾亲自在院子里进行试验，栽种从意大利进口的桑树。1703 年，他还拿到了柏林和德累斯顿生产丝织品的许可证。由于他的积极建议，18 世纪末，丝织品工业在柏林已成为十分重要的工业。莱布尼茨一生进行了许多具体的工作，例如，提出建立医疗保障系统、建立白兰地酿酒厂等，在这方面的例子不胜枚举，这位被人称为理性主义代表的哲学家，比号称经验主义的英国哲学家似乎更加脚踏实地。

三　科学的目的是实现人类福祉

在莱布尼茨的思想中蕴含着世界大同的理想。他认为科学是属于全世界的，不同国家的学者能够通力合作，从而推进科学的巨大发展。在此基础上，他提出了“世界文化”（World Culture）的思想，[①] 为此，他十分关心东西方文化的沟通和融汇。他对于中国哲学、科学、文化的关注和研究以及对于中国、古埃及、印度文化带有平等和尊重态度的研究，在当时的欧洲是十分可贵的。他主张东西方应在文化、科学方面互相学习，平等交流。而在这样的思想中，更为深层的核心是莱布尼茨认为利用科学使人类获得更大的幸福，他甚至提出了知识就是幸福的思想。

尽管莱布尼茨的思想中形而上学的色彩十分浓厚，但是并不代表他就是一位沉溺于抽象思辨的理想家。他的视线中永远不乏关注现实人类生活的余光。莱布尼茨提出人类智慧中的一个重要部分就是所有科学原理以及应用它们的技术的完全的知识。这部分智慧是关于人类幸福之科学，或关于达到永久满意的方法的科学。他甚至认为科学原理是指那些有助于心灵去规范举止，去过正直生活，在任何地方（即使被野蛮人所包围）保有自己的健康，精通我们所需要的任何事物的智慧。而技术则是能够为生活提

① 朱谦之：《中国哲学对于欧洲的影响》，福建人民出版社 1985 年版，第 213 页。

供多种方便，利用科学原理对各种境况提供应用的智慧手段，它也包含了恰当的判断或推理的艺术、发现尚未了解的真理的技艺，以及在一瞬间和必要时唤起人们识别能力的方法。因此，莱布尼茨的结论就是科学是人类获得真正幸福的必需的智慧。

当然，在莱布尼茨的思想中，科技与人类幸福的关系是互为手段与目的的。莱布尼茨的科学思想及其方法论的最终目的，是建立一个为所有人掌握的知识宝库，为了使这一宝库的全部成果都被用于智力和实践，就必须进行材料收集、整理和系统研究——进行科学研究。这样就不仅会增加世界财富，增强人们对自然事物本性的认识，同时也有助于人们对上帝的虔诚和热爱——有助于人类的相互热爱、人类美好。这一思想，与中国《大学》中的“格物—致知—正心—诚意—修身—齐家—治国—平天下”，在强调“知识—智慧—理想”这一方面极为相似。今天，面对科技发展带来的一系列问题，很多人提出了科学和人文协调发展的想法，在这种情况下，研究莱布尼茨的科学方法及其科学社会的思想也许能提供一些启示和借鉴的意义。

第四章 莱布尼茨科学方法论的形而上学预设

第一节 理性神学的形而上学奠基

作为近代思想集大成者的莱布尼茨，其思想底色自然少不了神学因素，上帝的大全、和谐、秩序、创造等元素在莱布尼茨的科学哲学及其方法论中都十分明显。同时，作为理性主义的集大成科学家的莱布尼茨，其上帝具有了十分典型的理性主义特征，可以说莱布尼茨的上帝是一位理性的创造者和管理者，这种理性的特征不仅将机械的法则赋予世界，也将善的目的、神恩的方法以及善的目的一并赋予了世界。正因如此，莱布尼茨试图在经院哲学基础（the Scholastic basis for philosophy）和机械论的哲学基础（the mechanistic basis for philosophy）中间寻求一种中道；在《神义论》中处理上帝与恶的问题的方法充满了科学的辩证法的思想。例如，由于莱布尼茨认识到上帝的全知全能全善在基督教神学中本身就存在无法解决的逻辑上的悖论，于是他提出，对于万事万物的理解必须从正反两个方面展开，然后通过比较做出结论。上帝的本质在于“全”，因此最大的可能性才是世界的属性；在1686年《论哲学和神学中的正确方法》中，他提出第一哲学原理需要用最大的严格性来证明，这种严格性一直存在于数学方法论中，不仅涉及数学的符号、语言规则，也涉及数学方法的确定性与清晰性。莱布尼茨认为：“被这些人极其光辉地创立的自然神学早已淹没在野蛮的黑暗之中，而且通过词的混乱的使用，它在含糊的区别之间踉跄。"[①] 于是，他称自己常常扮演了“神学中的数学家角色”，试图通过类比欧几里得几何学的方法，从定义推演出某些原理从而取得确定的结果。他甚至相信在自然神学中使用数学方式可以取得更大的确定性。因此，莱布尼茨的上帝是理性的上帝，他的神学也是理性的神学，这是他所有思想的出发点，也是他所有思想的归旨。可以说，理性神学为莱布尼茨的科学方法论提供了形而上学的奠基，分析其科学方法论必然要分析他的理性神学。

一　理性与信仰的一致

莱布尼茨认为理性与信仰是一致的，原因在于他认为信仰的真理与理性的真理不会是相互矛盾的，即借助信仰的途径获得的真理及其联接与通过自然方式获得的真理及其联接是一致的。莱布尼茨在《论自然本性》一文中这样写道："其实我认为上帝乃是受一定的秩序与贤明的理由所引导，以颁布自然中万物所遵守的法则；而我对于一条光学上的法则的观察，……就足够指明目的因不仅可用在伦理学及自然神学中的道德及信仰上，而且也可以用在物理学上，来发现隐藏的真理。"[②] 莱布尼茨提出真理分为两类：一类是永恒的真理，即绝对必然的、其对立面不会成立的、具有逻辑的、形而上学的或者几何学的必然性的真理；另一类是实证的真理，是“上帝按照自己的判断为自然所规定的法则，或者因为它们依附于这些法则”[③]。上帝选择这些法则是有理由的，是为了达到他的“目的”，即选择最大福祉的世界。这使自然的必然性真理与道德的必然性真理是一致的。道德法则是自然法则的基础，自然法则是道德法则的显现，这都是世界和谐的本质所在。在理性在与信仰一致的基础上认识自然法则，认识上帝所赋予现实世界的规则，从而指向上帝的全知全能全善。因此，目的因在理性认识自然法则中具有优先性与根本性。

（一）和谐使自然事物指向神恩

上帝作为全能全知全善的最高等级的单子，最有被造单子的终极原因

---

① ［德］莱布尼茨：《莱布尼茨自然哲学著作选》，祖庆年译，中国社会科学出版社 1985 年版，第 31 页。

② ［德］莱布尼茨：《新系统及其说明》，陈修斋译，商务印书馆 2013 年版，第 162 页。

③ ［德］莱布尼茨：《神义论》，朱雁冰译，生活·读书·新知三联书店 2007 年版，第 35 页。

与目的。所有具有偶然性的存在的事物作为上帝的创造物的宇宙包括了最大的可能性与秩序性，对无限纷繁众多的“特殊理由”的分析可以达到无穷的细节，但是“既然这全部细节本身只包含着另外一些在先的或更细的偶然因素，而这些因素又要以一个同样的分析来说明其理由，所以我们这样做是不能更进一步的。充足的理由或最后的理由应当存在于这个偶然事物的系列之外，尽管这个系列可以是无限的”①。这个“外在”的充足理由就是上帝给予被造世界的前定和谐。这充分地解释了灵魂与形体、自然与神恩的和谐等。而“前定性”是这多样且多层次的和谐观的目的因的根本。莱布尼茨曾这样说，所有的有形现象都来源于充足的机械的原因。尽管存在最终的原因（或“更好的原因”）构成它们的基础，这就是“自然与神恩的和谐便是演变成为了作为自然的物理界的工程师的上帝同作为神恩的道德界的君王的上帝之间的和谐，一种存在于上帝本身的内在的自我的和谐。这是莱布尼茨和谐学说中最深刻的意涵之一。我们不仅可以把这看作是自然的与神恩的和谐的奥秘所在，而且也可以把这看作是莱布尼茨整个和谐学说的奥秘之所在”②。而上帝实现这种和谐的世界是通过促成自然的物理的现象界的尽可能完美来保证实体世界的最大限度的善。因此，作为灵魂或精神的单子是世界的主导，无论它体现个体的善还是体现上帝神恩的善，它所遵循的目的因是其运动的原则，单子作为上帝的被造物或上帝的模仿而被赋予了目的因的优先性与根本性。

（二）单子的创生和毁灭在于上帝

单子的生成与毁灭不能在于自身，而在于上帝。其中的原因与种相（species）有关。种是希腊语 eidos（εἵδη）的拉丁语翻译。eidos（εἵδη）在存在论中是指同一事物是其所是的依据，在认识论上是心灵能够思考并理解事物的原因。教父哲学尤其是奥古斯丁将 eidos 解释成为上帝心智中的理念（Ideis），自然事物凭借其自身生成与毁灭的权利就被褫夺了。中世纪新柏拉图主义学者普罗克洛（Proclus，410—485）在其《原因之书》中论述了太一与努斯之间的生成作用关系，他所描述的这种关系可被视作一种模仿最高存在者的逐级生成的自然因果关系，“一切高一级的原因施

---

① 北京大学哲学系外国哲学史教研室编译：《西方哲学原著选读》（上卷），商务印书馆 2016 年版，第 482—483 页。

② 段德智：《论莱布尼茨的自主的和神恩的和谐学说及其现时代意义》，《世纪宗教研究》2000 年第 1 期；转引自段德智《莱布尼茨哲学研究》，人民出版社 2011 年版，第 186 页。

展它的作用到所有次级原因之上"①。上帝是最高的善，是第一因，掌控着整个因果律链条，发挥第一原初创生作用。英国的方济各会士格罗斯泰斯特（Robert Grosseteste，1175—1253）被认为是西方柏拉图化的亚里士多德主义传统的创始人，他借助柏拉图的"分有"概念类比于光的递减层级结构，建立了以上帝为顶端的世界存在结构。他提出："上帝是精神之光的实体和本质，并且除非分有了这种自在的光，任何精神的光芒都不能灼耀。从本原倾泻出的光形成一个力量递减的层级秩序。受造的光以不同的分有程度模仿了本原之光的性质。"②

罗吉尔·培根（Roger Bacon，1214—1292）使用"光的流溢"作为类比，解释了上帝作为第一因如何生成其他存在。"光的本性是自身源自自身的流溢。它通过自身播殖，从自身中将自身创生出来。因此，第一因首先依凭自身创生自身。并且当最初具有光的性质时，他从自身中播植自身。"③ 培根在此类比于光的流溢解释上帝如何将自身的原因作用于被造单子之中。

莱布尼茨认为，自上帝创生单子之后，每个单子作为被造物便具有了上帝创造的先在的本质。这种先在本质使得自身得以维持成为统一且同一的个体，个体是上帝先在本质的表达，也是自身作为具体实在的显现。

二　前定和谐中的必然性和偶然性

上帝创造了一个"前定和谐"的世界系统，所有的被造物都按照这个预定的秩序展开并完成自身，一切都是被决定了的。如果仅是这样，具有数学内涵的科学方法论似乎成为莱布尼茨思想的唯一合法性方法论，情况

① 转引自晋世翔《基督教文化中的种相播殖理论》，《自然辩证法通讯》2017 年第 6 期，第 69 页。原文见：Proclus，*Liber de Causis*，Bazan，C.（Trans.），Marquette University Press，1984，p. 1。

② 转引自晋世翔《基督教文化中的种相播殖理论》，《自然辩证法通讯》2017 年第 6 期，第 69 页。原文见：Lindberg，D.，"The Genesis of Kepler's Theory of Light：Light Metaphysics from Plotinus to Kepler"，*Osiris*，1986（2）：15。

③ 转引自晋世翔《基督教文化中的种相播殖理论》，《自然辩证法通讯》2017 年第 6 期，第 69 页。原文见：Bacon，*R. Roger Bacon's Philosophy of Nature*，*A Critical Edition*，*with English Translation*，*Introduction*，*and Notes*，*of De Multiplication Specierum and De Speculis Comburentibus*，lindberg，D.（Eds. & Trans.），Oxford：Clarendon Press，1983，p. XIiii。

似乎就简单明了多了。但是，如果类比莱布尼茨反驳机械论世界观的理由——如果莱布尼茨的世界无任何自由和偶然性可言，那就低估了其思想的复杂性和创造性，因此莱布尼茨一定要面对并处理自由和偶然性的问题。果不其然，他在晚年完成了一篇关于自由和决定的短文①，集中讨论了自由、偶然性、决定性、理性等一系列关键的概念。

（一）自由与理性

"自由是自发性加上理智。这样，在禽兽以及其他缺乏理智的实体中被称为自发性的，在人中就上升到更高程度的完满性，并被称为自由。"②因此，莱布尼茨的自由可以表示为配备理智的自发性。在他看来，自发性就是来自自身的没有被动或强迫的偶然性。产生强迫的根源来自于外界，这种外界产生的被动在于主体无法判定的无区别状态，正是因为这种无法区分的状态使得主体无法获得作出判断的理由，这便使得主体陷入被动的情景，当然这也为主体做决定的过程和结果保留了偶然性和可能性的空间。

值得注意的是，实体即使面对无区别的状态出现而做出不确定的选择时，仍然遵循矛盾律，这是理智参与决定过程的最可靠证明。如果没有理智参与，这种看似没有任何限制的选择在莱布尼茨看来是完全不自由的。

充足理由律体现了决定性，因为一切活动的发生都是有原因的，根本不存在毫无差别的状态，因此总是存在某种理由使主体倾向其中一种选择而非另一种，造成这种倾向的理由并不强制性迫使主体进行选择，因此在这样的意义上根本不存在决定性。但是根据充足理由律，一切又都是受决定的，没有什么事情会毫无理由地发生。即使上帝也同样要遵循充足理由律，上帝也没有一种毫无差别的自由，因为上帝也要受到"他永远要做最好的事情"的原则的限制，这种限制给出他作出决定的理由。如果作出决定即为自由，那么这种自由起码在作出自由的理由那里一定是存在差别的。

---

① 这是一篇用法文和拉丁文两种语言写出来的，收录 C. I. Gerhardt，ed.，*Die Philosophischen Schriften von Gottfried Wilhelm Leibniz*，7 Vols.，Berlin：Weidman，1875－1890，Reprint，Hildesheim：Olms，1965－，Ⅶ，pp. 108－111。

② ［英］罗素：《对莱布尼茨哲学的批评性解释》，段德智、张传有、陈家琪译，商务印书馆2010年版，第240页，注释1。

实体的自由程度跟自身的圆满性与理性程度正相关，一个实体越是受到自身的决定，越是远离无区别状态，它就越能按照自身的理由对事件或活动作出判断，依照自身的理由和意愿行事，它就越自由，也表示它的圆满性越高；另外，实体越是凭借理性行事，它就越自由，因为按照情欲行事是无自由可言的，是受到自身的局限性和被动性强迫的行动，看似来自自身，实质是“受苦于外物的奴隶”。

（二）必然性和偶然性

关于莱布尼茨的自由与必然的矛盾与张力，从他的时代至今都是个复杂且棘手的问题。莱布尼茨本人也对这个问题进行了深入探讨，正是由于人们对他的“命定论”——必然性宇宙的责难，他对偶然性的重视成为他对西方哲学的重要贡献。必然性、偶然性和现实性三者的不同将是莱布尼茨思想的突破口。我们先从必然性入手，关于对其思想的责难不能统而论之，可以分为以下三个方面：

首先，超越上帝与个体单子的形而上学层面。这个层面会涉及高于上帝——上帝都必须遵守的规则与定律。由于这些规则和定律，莱布尼茨的上帝在某种程度上不是绝对自由的，而是受到了理性规律的限制。

其次，关于上帝的自由，具体命题可以是：（1）绝对必然性或称逻辑必然性支配了理性真理，表达了上帝的理性，理性也限制了上帝的自由命令；除此之外，上帝不会选择没有理由的东西，上帝从可能性进入现实性时自由也存在限制。（2）如果上帝预定了世界的一切，那么世界处处是必然性，与可能性相关的自由根本不存在。（3）关于善与恶的标准的选择，上帝也存在限制，因为如果上帝任意规定了善与恶的标准，或者根本不存在善与恶的标准，任何理性判断或道德标准将失去意义。

最后，个体单子的自由，如上所述，就单子的实体在主项谓项形式的不断展开的过程中的前定性而言，所有单子之间的相互关系的和谐性都指向决定论。这种决定论在于上帝的预设性，在前定和谐的系统中单子的个体自由无处安放。但是，莱布尼茨对此的回答是：“一切活动都是偶然的，或者是没有必然性的。但每件事也都是受决定或有规范的，而没有什么无区别状态。我们甚至可以说，实体越是远离无区别状态和越受自身决定，它们就成比例地越加自由。而它们越少需要外来的决定，就越接近神圣的完满性。”[①] 于是，偶然性是莱布尼茨系统的关键，如果没有偶然性，就没有实验的意义和归纳法的合法性。莱布尼茨是在“纯粹可能实体的实在性”的层面上回答偶然性的问题的。

莱布尼茨认为，只要不违反矛盾律的事物都具备纯粹可能性，它们在上帝的理智或活动能力中具有实在性。正是由于要调和上帝的自由命令与现实存在着的事物的内在联系，“为了将任何事物称作可能的，在它仅仅存在于上帝理智之中的时候，我们只要能够形成一个它的概念就够了，其实，上帝的理智也可以说就是可能的实在领域。因此，当我在讲各种可能性时，倘若能够形成关于它们的真正命题，我就心满意足了。正如，尽管在这个世界上从来不曾有过一个完满的正方形，但我们却依然可以判断一个完满的正方形并不蕴含任何矛盾。倘若有人试图绝对反对这些纯粹的可能事物，他就将毁掉偶然性和自由。因为倘若除了上帝现实创造出来的事物，再也不存在任何可能的事物，那么上帝创造的无论什么事物便都会是必然的，而且，如果上帝想要创造任何事物，他也就只能在没有任何选择自由的情况下进行创造了。”[②] 在这种意义上可以看出，莱布尼茨认为只要不违反矛盾律的任何可能性都是纯粹的，这种纯粹的可能性即使在充足理由律的规定下仍然保有可能性和偶然性。如果进入上帝的层面，由于上帝会创造最大的可能性，因此任何事情在实在的层面都是可能的，上帝的理智赋予了这个世界最大的可能性和最大的多样性，这是上帝的自由，更是世界和个体自由的根源所在。

（三）自由意志

上面提到了上帝的自由，那么个体自由与上帝自由的内在联系是依赖于上帝的自由命令的，即使这种联系是内在的，却并非必然的。关键在于莱布尼茨提出的主词包含谓词的命题理论。“我给出了一个决定性的理由，在我看来，有了这个理由就根本无须论证了；这个理由就是：在每个真正的肯定命题中，无论是在必然的还是在偶然的、普遍的还是特殊的命题中，谓词的概念总是以某种方式蕴含在主词的概念之中。要么谓词存在于

① 转引自［英］罗素《对莱布尼茨哲学的批评性解释》，段德智、张传有、陈家琪译，商务印书馆 2010 年版，第 240 页注释 1。

② ［德］莱布尼茨：《莱布尼茨早期形而上学文集》，段德智、陈修斋、桑靖宇译，商务印书馆 2017 年版，第 137—138 页。

主词之中，要么我们就将根本不知道究竟何谓真理。”① “现实的存在是现实事物的实在性正是在于关于这个事物的真正命题的主词与谓词之间的客观事实（a parte rei）——一个个体实体的概念包含着这个实体的所有变化与所有关系，甚至还包含了我们通常称之为外在关系的关系（所谓外在的关系也就是说这些关系仅仅由于事物之间普遍的相互联系才属于它，并且是就其以自己的方式表象整个宇宙而言的），因为‘一个命题的主词与谓词之间的联系必定始终存在有某种基础，而且这样一种基础是能够在它们的概念之中发现的’”②。虽然这样的客观事实本质在于关系，但是如果没有一个理由使得一件事情以这样的方式发生而非以另外一种方式发生，仍然不会有任何事件发生，由于“全然的无差别”只是一种虚幻的空想或片面的推测，尽管这个理由对于现实事物来说是非强制性的，但这个理由一定是存在的。

虽然莱布尼茨认为上帝不会创造一个不确定的亚当，而是创造了一个其所有情况都受到决定的且从无限多可能的亚当中拣选出了一个确定的亚当。但是，亚当只是以一种“一般的方式［*sub ratione generalitatis*］”被设想为一个主体，他的各种情况作为他的主词中包含的所有谓词作为一个完整的概念决定亚当这个特殊的个体。除了“包含（穷尽）所有”谓词，亚当与人类事件之间的联系虽然是内在的，但并不必然地独立于上帝的自由命令，因为除了种相的可能性与永恒真理的领域属于必然性的范畴，具有偶然真理的个体的可能性就包含了上帝自由命令的可能性。种相的可能性依赖于上帝的理智，各个个体的可能性预设了上帝自由意志的存在。这说明可能的事物在上帝自由命令之前只是可能的，在上帝自由命令之后才能是现实的。“因为上帝的自由命令当其被视为可能的时候，便进入了可能的亚当的概念之中，而当这些同样的命令变成现实的时候，它们也就成了这个现实亚当的原因。”③

虽然莱布尼茨承认上帝自由意志的存在，甚至他也承认“超出”自然

① ［德］莱布尼茨：《莱布尼茨早期形而上学文集》，段德智、陈修斋、桑靖宇译，商务印书馆2017年版，第138—139页。

② ［德］莱布尼茨：《莱布尼茨早期形而上学文集》，段德智、陈修斋、桑靖宇译，商务印书馆2017年版，第139页。

③ ［德］莱布尼茨：《莱布尼茨早期形而上学文集》，段德智、陈修斋、桑靖宇译，商务印书馆2017年版，第131页。

规律之外的“奇迹”的存在，但是这需要满足他提出的两个前提条件：(1) 上帝的自由命令存在于亚当成为现实之前。“如果上帝已经决定选择了亚当，那么所有的人类事件便都不能不像它们现在实际发生出来的那样发生出来。但其所以如此，与其说是因为亚当的个体概念，尽管这一概念包含了它们，不如说是由于上帝的目的，上帝的目的不仅进入了亚当的个体概念，而且还决定了整个宇宙的概念。”① (2) 紧随其后，因为世界具有秩序性，奇迹依旧要存在于世界的秩序之中，不能与上帝所选择的宇宙的普遍秩序的某些规律相违背。“根据上帝已经形成的不同设计，存在有无限多创造世界的可能方式，而每个可能世界都依赖于上帝作出的与之相适合的某种主要的计划或设计；也就是说，依赖于被设想为可能的［*sub ratione possibilitatis*］某种主要的自由命令或者依赖于关于这个可能宇宙普遍秩序的某些规律，这些规律与这一可能宇宙和谐一致，而这个可能宇宙的概念也为这些规律所决定。同时这些规律也决定了将进入这同一个宇宙的所有个体实体的概念。因此，所有的一切，甚至包括奇迹，都处于秩序之中，尽管后者并不符合某些次级的规律或自然规律。”② 正是因为这些规律在于上帝事先选择的现实世界中的实体、事件及其相互关系，这种决定都要归因于上帝的决定与计划——“此乃他的原初的自由命令。”③

在莱布尼茨看来，我们自由的根源来自于上帝的意志。“我们的完满性以及全部自然的完满性都是藉上帝的意志创造出来的，但自由却一点也无损于事物的自发性，毋宁说正因为如此，我们才得以自由，因为正是上帝将他自己的一定程度的完满性和自由传递给了我们。”④ 如果仅鉴于此，个体的自由实质落在何处呢？这就要看莱布尼茨对自由的定义，“自由是同理性结合在一起的自发性［*libertas est spontaneitas intelligentis*］。”⑤ 因此

---

① ［德］莱布尼茨：《莱布尼茨早期形而上学文集》，段德智、陈修斋、桑靖宇译，商务印书馆 2017 年版，第 131—132 页。

② ［德］莱布尼茨：《莱布尼茨早期形而上学文集》，段德智、陈修斋、桑靖宇译，商务印书馆 2017 年版，第 131 页。

③ ［德］莱布尼茨：《莱布尼茨早期形而上学文集》，段德智、陈修斋、桑靖宇译，商务印书馆 2017 年版，第 395 页。

④ ［德］莱布尼茨：《莱布尼茨早期形而上学文集》，段德智、陈修斋、桑靖宇译，商务印书馆 2017 年版，第 417 页。

⑤ ［德］莱布尼茨：《莱布尼茨早期形而上学文集》，段德智、陈修斋、桑靖宇译，商务印书馆 2017 年版，第 413 页。

理性与自发性是两个关键词。首先说理性，莱布尼茨认为理性是“自由的灵魂”，它包含了“一种对深思熟虑对象的明确的知识”，它本身带有自发性，能够自发地给予我们决断。禽兽等缺乏理性的实体也具有自发性，这种自发性与自由无关，只有具有理性或更高圆满性的人具有理性，因此具有理性的自发性——人具有自由。其次具体说自发性，“自发性是没有强制的偶然性［*contingentia sine coactione*］”①，这种偶然性说明自发既非必然的，也非受到强制的。偶然性遵循充足理由律，只要与对立面不蕴含矛盾的事物都是可能的；强制性来自于外在，这种“外在”可以是与理性相对的情欲，也可以指“无差别状态”。任何单个实体［*omnes substantiarum singularium*］的一切活动都是偶然性，原因在于我们并非只受自身决定，“上帝是受他自己决定来永远做那最好的事。”②

“因为上帝，作为最自由和最完满的实体，也是最完全地受自身决定来做最完满的事的。所以那‘无物’，是最不完满和最远离上帝的，也是最无区别和最不受决定的。而就我们具有智能并按照理性行事来说，我们将是受我们自己本性的完满性决定的，并因此我们对作选择越少困惑，也就将越自由。的确，我们的一切完满性，以及全部自然的完满性，都来自上帝，但这非但不违反自由，而毋宁正是我们为什么得自由的理由，因为上帝已把他的某种完满性和自由传递给了我们。那么就让我们满足于这样一种值得向往的上帝和上帝的自由相接近的自由吧，它会使我们处于最好的状态来善于选择和善于行事；并且让我们不要妄想要那种有害的，且不说是怪诞的自由，就是那种处于不确定和永久困惑状态的自由，就像在经院中很著名的布利丹的驴那样，它处于等距离的两袋子麦子之间，由于没有什么能决定它走向这一边而不走向另一边，就听凭自己饿死了。”③

① ［德］莱布尼茨：《莱布尼茨早期形而上学文集》，段德智、陈修斋、桑靖宇译，商务印书馆 2017 年版，第 414 页。

② ［德］莱布尼茨：《莱布尼茨早期形而上学文集》，段德智、陈修斋、桑靖宇译，商务印书馆 2017 年版，第 417 页。

③ 转引自［英］罗素《对莱布尼茨哲学的批评性解释》，段德智、张传有、陈家琪译，商务印书馆 2000 年版，第 1240—241 页注释 1。

三　莱布尼茨为自由辩护存在的问题

莱布尼茨试图通过区分必然性与偶然性来避免陷入决定论，但是这种辩护并未取得成功。按照他的观点，每一个实体或个体都对应一个“完整的概念”，这个概念在神恩的王国具有相应的完满性。在现实的世界中，上帝创造出的实体表达着概念主词，不断地表达它所包含的一系列谓词。上帝根据目的因选择现实世界，善的欲求是在相互限制的多样性与可共存性中使世界和谐存在。这种前定的和谐是上帝选择最圆满的世界秩序，可共存性是判断一个事物能够成为现实存在的依据。因为偶然真理的反面被当作独立的存在或事物时是完全可能的，但是只有当它与其他存在物共存在一个普遍联系且和谐的宇宙关系网中才是现实的。主词中谓词序列的展开是连续的。变化是实体的恒常状态。在莱布尼茨看来，实体的延续就是时间，一个给定的实体的存在在时间中形成一个连续的序列，这种连续的序列是一种承接关系。在数学中，这种承接关系是逻辑性的；在现实世界中，这种承接关系就是现实世界的连续性。因此，世界成为一个普遍联系且无限展开的关系网，其中每一个环节都有质的差别，而世界由实体在每一个可能的特定的位置、每个特定的时间被填满，这就是现实世界的空间。实体在现实世界的时空中按照善的目的因在因果序列中展开自身，成为宇宙的一个缩影或基点。任何的实体，任何以个体性为基础的真理，无一例外地在这种时空序列网中依照因果律为转移，而只有在上帝的视野中掌握充足的确定的理由。这是一种完全决定论的因果论。“正如拉普拉斯赋予这种决定论的最著名的表述：‘一个智者在某一特定时刻认识了其本质是充满活力的诸种力和构成它的诸存在的相应情况，而且如果他渊博得足以对这些资料进行分析，那么以同样的公式来理解宇宙最大物体及最轻的原子的运动：在他看来，没有任何东西是不确定的，未来就像过去一样，无不一目了然。’”① 上帝是最大的智者，他不仅洞察每个实体的全部历史与未来，还能洞察宇宙的全部时空序列网。因此，实体在每个状态中都包含着整个宇宙的全部历史与未来。在某种意义上，上帝按照善的目的

① ［法］洛朗斯·布吉奥：《单子与混沌：莱布尼茨哲学中充满活力的因素》，第欧根尼（Diogenes）第161卷，1993年，第48页。

选择现实世界，上帝的自由也成为相对的。上帝总是按照善的目的行事，最好的原则决定上帝的选择，是必然的真理。偶然的真理也是建立在某种特定的必然性之上的，这种必然性就是上帝按照善的目的因与最好原则决定的与上帝的全知全能全善的道德必然性相符的决定论。

第二节　单子与物质

一　罗素对莱布尼茨“外部世界”的客观性的质疑

罗素首先从莱布尼茨的时空观批判入手。罗素认为绝对空间与相对空间作为两种空间理论可以做如下表述：如果我们取A和B两个点，那么（1）A与B之间存在一个实际的长度，并且这个长度由众多的空间所构成，这些空间由A延伸到B或由B延伸到A。这就是牛顿的绝对空间理论。（2）A和B之间存在一种距离，这种距离只是A和B之间的一种关系。这是莱布尼茨的相对空间理论。按照这样的前提，我们可以推论出一系列的结论。

如果A和B之间是一种实际长度，那么A和B之间其实是由无数的“点”所构成。因此，A和B就构成一个点的集合。罗素认为，这与牛顿认为A和B之间是真空的观点自相矛盾，这可以成为对绝对空间理论的最有力的反驳。

如果A和B之间的距离只是一种关系，那么只有当点A和点B为实在的实体所占据，空间才能是所谓可能关系的一种集合。于是距离可大可小，但不能分割为部分，因为它们只是关系。莱布尼茨认为空间与偶性根本不存在分割，如果存在分割，也只能被心灵所分割。A和B作为主项，点A和点B之间的距离只能是主项A或主项B的关系项谓词。数学上的点只能是A的位置的抽象，代表A的质，在每一瞬间反映个别的事物。罗素在这里区分了外延的量和内包的量。“外延的量预设了它们自身为其总和的所有组成部分；相反，内包的量则绝不以任何方式预设与之同类的较小的量的存在。"[1] 莱布尼茨的相对空间理论，它预设的是最小量的距离，而较大的距离在逻辑上是不依赖它的理论的。由此，在莱布尼茨看来，空间与时间由于是量的关系，成为内包的量，而广延由于预设了有广延的东西依赖于存在于其中的实在的部分由此成为外延的量。

当明确了空间的绝对与相对的本质区别之后，在不可辨识的同一性中空间和时间的性质已经被论证出来，即没有任何绝对的位置，只有事物之间的相互关系。因此位置是关系抽象出来的，空间提供了一种秩序，位置在其中根据这种秩序而被安排，从而抽象的空间就是当位置被设想为可能的时候的那些位置的秩序。[2] 由此，在这种语境下，位置可以这样被描述：当物体 A 对于别的物体 C、D、E 等关系发生变化时，但 C、D、E 等物体之间的关系却没有发生变化时，我们可以推论说，A 的位置发生变化，且变化的原因在 A 之中；如果物体 B 有着物体 A 恰好一样的相对于 C、D、E 等物体的关系，那么我们会说物体 B 和物体 A 具有相同的地点。

上述这种描述并非只单纯涉及相对时空观，它起码还蕴含了莱布尼茨的两条预设：

（1）A 相对于 C、D、E 等关系的变化表述为 A 的位置发生变化，莱布尼茨坚持认为 A 是变化的原因，或者说变化的原因来自于 A 内部。

（2）在莱布尼茨看来，物体 A 和物体 B 只能拥有相同的地点，但不能拥有相同的位置，原因在于位置与地点的区别。这在本书已有论述，此处不赘述。

关于（1）的预设可以说是莱布尼茨更加本质的形而上学思想——实体观。而他做出实体即单子的思想也存在一个过程，在这个过程中最重要的一个关键点便是力的引入。动力学作为莱布尼茨的伟大发明在于他对亚里士多德隐德莱希的"再引入"。隐德莱希作为实体的本质的力使得知觉理论也成为顺理成章的"辅助性"思想支持。因此，时空也具有了观念的性质，作为主体的内部知觉成为主观性的关系建构观念。

但是，罗素认为莱布尼茨接下来对力的引入反而引起了理论的内在矛盾。"这里，莱布尼茨本来应该发现存在着一个很大的困难——这困难困

---

① ［英］罗素：《对莱布尼茨哲学的批评性解释》，段德智、张传有、陈家琪译，商务印书馆 2010 年版，第 140 页。

② C. I. Gerhardt, ed., *Die Philosophischen Schriften von Gottfried Wilhelm Leibniz*, 7 Vols., Berlin: Weidman, 1875 – 1890, Reprint, Hildesheim: Olms, 1965 – , Ⅶ, p. 415.

扰着每一种单子论，而且一般地说也困扰着每一种在承认外在世界的同时又坚持空间的主观性的哲学。”① 这句话蕴含着内在与外在、主体与对象、主观与客观之间的矛盾，这确实也是莱布尼茨提出的单子的主体与世界之间存在的矛盾，具体到时空观中就是空间和时间的客观性在哪里以及存在于什么范围、什么程度以及安放在哪种程度上的问题。因此我们可以从罗素提出的质疑出发来逐步解释莱布尼茨相对时空观的客观性问题。按照罗素的诠释，莱布尼茨的问题可以具体为“构成空间的那种关系和地点的堆积，不是仅仅存在于单子的知觉中，而必须是现实地存在的、为所有的单子的知觉所知觉到的某种东西。”② 正是由于此，莱布尼茨的单子论似乎会陷入某种混乱，因为单子作为实体具有个体主体性，但是为了得到一个共存的实体的复多，一定会遭遇到多个实体的“共同的普遍确定性”问题。跟时间的秩序性是由属性间的关系所决定不同，空间的秩序性需要涉及实体之间的关系。

由此罗素认为，莱布尼茨不自觉地会在两种时空观之间徘徊，第一种是主观性的时空观，它仅限于每个单子的知觉之间的关系；第二种是客观的时空观，它给予知觉间的关系涉及知觉的对象——作为对应物之间的关系，这种关系不仅涉及所有单子，甚至在任意一个可能世界中都存在这样一个共同确定的关系，因此这种关系具有某种客观性，即都有且只有同一个时间空间关系。在莱布尼茨的表述中，“纯粹观念的东西”、“理性的存在物”、“心理的东西”等是他对其时空关系的定性。但是这样的表述对于上述第一种关系可以行得通，但对第二种关系却难免含糊不清差强人意，存在牵强附会之嫌。

罗素的问题已经表述得很清楚，关键在于莱布尼茨的相对时空观是否具有某种程度的客观性，如果有，这种客观性落在哪里？

二　莱布尼茨意义上的时空的“客观性”

莱布尼茨始终预设我们对物质的知觉“对应于”我们之外的一个实在

① ［英］罗素：《对莱布尼茨哲学的批评性解释》，段德智、张传有、陈家琪译，商务印书馆2010年版，第151页。

② ［英］罗素：《对莱布尼茨哲学的批评性解释》，段德智、张传有、陈家琪译，商务印书馆2010年版，第157页。

世界，那么我们首先就要询问莱布尼茨为何相信“外部世界”。罗素就这个问题进行了回答，总体上他给出了三个答案。

首先，莱布尼茨仍然坚持了笛卡尔的传统，从上帝存在的必然性推断出世界存在的必然性。因为如果外部世界不存在，“这是属于不符合神圣智慧的一类事情的，因而不会发生，虽然它们也可以发生。”① 反过来，物质存在与世界存在的终极原因必是上帝。这通常被认为学界反驳把莱布尼茨定义成唯我论的重要论据。因为莱布尼茨虽然认为上帝即使可以将外部世界变为“假象”来欺骗我们，但我们可以利用理智消除这种幻象。除此之外，他同笛卡尔一样认同如果没有物质，上帝就是一个骗子的论断。

其次，罗素认为形而上学的圆满性原则是莱布尼茨坚持外部世界存在的第二个论据。最大圆满性表示无限可能性和多样性，因此必定存在尽可能多的单子，一个单子“之外”必定存在其他无数实体。

最后，莱布尼茨仅仅在历史学和心理学的层面上面对这个问题。在思想史和思维发生学的方面，罗素揭示了莱布尼茨如何支持从霍布斯和伽桑迪的原子论到发明了可被称为“物质的唯灵论”或唯心论的物质观。罗素认为这恰恰说明了莱布尼茨物质观的起点的不彻底性，即他直接从“物质的本性是什么”的问题出发，而非直面“物质存在吗”这个更加本质的问题。在历史学的基础上，莱布尼茨从原子论发展到动力学，但罗素认为这种动力学在本体论的意义上最终转化成心理学。因为当莱布尼茨提出物质的本性是力的时候他并未回答“外部世界”为何存在，罗素认为他只从非哲学的常识的层面上认为“内外”的相互一致与预言的成功即是对“外部世界”的最好验证。虽然莱布尼茨在《人类理智新论》中说过：“尽管整个人生被说成只是一场大梦，而可见世界只是一个幻象，但是，我还是认为这个梦和幻象相当真实。如果我们很好地运用理智的话，我们就绝不会蒙受它的欺骗。”②

当然，这些原因正如罗素所提出的，根本不足以构成“外部世界”必然存在的坚实可靠的基础。而莱布尼茨将实体对“外部世界”的认定全部“放入”知觉的领域中，这导致的主观性更是无法解释“外部世界”的存

---

① C. I. Gerhardt, ed. , *Die Philosophischen Schriften von Gottfried Wilhelm Leibniz*, 7 Vols. , Berlin: Weidman, 1875 - 1890, Reprint, Hildesheim: Olms, 1965 - , Ⅱ, p. 307.

② C. I. Gerhardt, ed. , *Die Philosophischen Schriften von Gottfried Wilhelm Leibniz*, 7 Vols. , Berlin: Weidman, 1875 - 1890, Reprint, Hildesheim: Olms, 1965 - , Ⅶ, p. 320.

在。当然无论如何，罗素列举出的上述从神学、道德、常识等方面的答案是不能让人接受的。但莱布尼茨确实仅仅如罗素所说三方面理由去证明“外部世界”的存在吗？如下我们将逐次进行分析。

三 “外部世界”客观性的基础——物质

在相对时空观中，莱布尼茨认为：“如果把力撤掉，运动本身就不再剩下什么实在的东西，因为仅仅从位置变化中，我们是讲不出运动或变化的真正原因在何处。”① 如果在物理学中，运动只能是相对的，而力才是最根本的。“如果运动不是别的，只是接触的或直接邻近的变换，那么我们就将可以得出结论说，我们永远不可能决定哪个事物在运动中。……因此，如果在运动中没有别的东西，只有这种相对的变化，那么我们就可以得出结论说，在自然中不存在把运动归因于某一个事物而不是另外一些事物的理由。这样一来，结果就会是：根本不存在什么实在的运动。因此，为了说任何一个事物在运动，我们就不仅需要它改变其相对于其他事物的位置，而且也需要它包含着变换的原因，即力或活动。”② 但是作为被造物天然被赋予的力只能是致使物质运动变化的主导原因，无论在逻辑学还是在存在论上，有主动就有被动，有动力就有阻力。作为“数学的点”、“物理学的点”和“形而上学的点”的对应物，莱布尼茨同样在这三个层面提出了不同性质的“相反的”东西，而这三类“相反的”对应物正是莱布尼茨意义上的物质观。

（一）三种类型的“点”对应三种类型的“物质”

我们先从莱布尼茨对“三个点”的表述入手，在1695年的《论实体的本性和交通，兼论灵魂和形体之间的联系的新系统》中，莱布尼茨区分了三个点。“事实上只有实体的原子，也就是实在而绝对没有部分的单元，才是行动的根源，才是构成物体的绝对的最初本原，而且可以说是把实体性的东西分析到最后所得到的元素。我们可以把它们叫作形而上学的点，它们有某种有生命的东西以及一种知觉，而数学的点是它们用来表现宇宙

---

① C. I. Gerhardt, ed., *Die Philosophischen Schriften von Gottfried Wilhelm Leibniz*, 7 Vols., Berlin: Weidman, 1875–1890, Reprint, Hildesheim: Olms, 1965–, Ⅳ, p. 400.

② C. I. Gerhardt, ed., *Die Philosophischen Schriften von Gottfried Wilhelm Leibniz*, 7 Vols., Berlin: Weidman, 1875–1890, Reprint, Hildesheim: Olms, 1965–, Ⅳ, p. 369.

的观点。但是，当有形的实体收缩时，它们的所有器官一起在我们看来是变成了一个物理学的点。因此，物理学的点仅仅表面上看起来不可分；数学的点是精确的，但它们只是一些样式；只有形而上学的点或实体（由形式或灵魂所构成的东西）才是精确而又实在的，没有它们就没有任何实在的东西，因为没有真正的单元就不会有复多。”① 我们由此可以归纳如下，形而上学的点作为真正实在的单元是分析法达到最终的绝不可再分的单元，它是一种精确的实在（对应数学中精确的样式），它是亚里士多德意义上的隐德莱希、实体形式、有生命体的灵魂。被造物被赋予的原初的力，值得注意的是，它并非能够代表整个单子，而只能表示单子内涵的能动性和东西，而这正是与被莱布尼茨称为原初物质（primary matter）正相反的东西，包括原初物质在内的能动性才是整个单子的全部。那么，物质在莱布尼茨的哲学中指什么，对这个问题的回答不仅关乎单子论学说的起点，也关乎莱布尼茨科学方法论的形而上学的合法性。针对莱布尼茨提出的三种类型的点可以找到回答莱布尼茨意义上的“物质是什么”这个问题的线索。

具体来说，物质在三个层面上对应莱布尼茨的三种类型的点。在形而上学的层面上，形而上学的点作为元极、实体形式、隐德莱希、纯粹主动性的标识，对应的是初级物质、质料、原初物质、纯粹被动性；进入物理学或动力学的层面，物理学的点是动力的标识，对应的就是阻力，包括物质的不可入性和惯性，在此出现有主导力的统一的有机形体和偶然“堆积”的重复性团块两种类型的被动的力，这是莱布尼茨意义上的广延；在数学的层面上，形而上学精确的形式在此变成精确的样式、时空关系中标识位置精确确定的点和符号、微积分方法中的单元，对应的是能够被心灵抽象为一或单元的各类复多和集合体。

物质作为被动的方面，表示单子只能接受、不可改变的内容。物质在莱布尼茨的思想中可以分为两个层次。莱布尼茨在这两个层级的各种含义上使用物质或物体的概念时就他自身而言是十分清楚的，但是由于他自身的清楚，总是缺乏上下文或言说背景的必要交代。因此，我们在理解的过程中总觉得存在含混之处。于是十分有必要对莱布尼茨物质或物体概念的进行分类和清理。

---

① ［德］莱布尼茨：《新系统及其说明》，陈修斋译，商务印书馆 2013 年版，第 7—8 页。

（二）莱布尼茨“物质”概念的四种含义

1）在单子论的层面，这是在形而上学的层面上为莱布尼茨的本体论提供客观性。物质首先是被造单子（除上帝之外）的有限性的根源。作为与上帝单子相区别的单子，其必定是有限的，且每个单子的有限性在程度上也是不同的。单子的有限性是产生单子的质的根源，每个单子对应不同的质，这在单子被造之初便以被赋予，且内在于每个单子之中，单子在时空之中展开，不断地展示潜能到实现的过程，形式与质料也不断结合，这都是单子具有的客观性的根源。

2）在单子的认识论层面，上帝是唯一具有完全清晰确定的对事物与世界的认知，被造单子由于其有限性的本质，一定会具有相应的不同混乱程度的知觉，这种混乱知觉是单子对物质的认知，是单子知觉中的物质的呈现，从而对应相对的客观性。所有的物质在它其中所发生的无论什么事情都是出自它的本性，其他的事物是无法参与其中的，没有其他事物的影响，每个实体都自觉地表象整个宇宙，“那些其表象更为清楚的则被视为在活动［*agere*］，其表象比较混乱的则被视为在受动［*pati*］。”[①] 这种被动性是单子无法改变的，当主动性遭遇这种被动性时，这种被动性就可以被理解为惯性、惰性、不可穿透性等一系列的物质的性质，这是在认识论上的物质，既然不可改变且对于其他所有单子都是这样的，因此莱布尼茨认为这也是一种客观性。

3）在动力学的层面上，莱布尼茨提出力是物质的本源。力分为主动的力和被动的力，被动的力就是物质的存在形式，这与物质的运动状态相对应。形式对应于纯粹主动的力，质料对应于纯粹被动的力。在实体领域的形式对应主动性，在现象领域的广延对应被动性，因此广延就表现为现象领域中的“团块的物质”，这是物体运动中惯性或阻力的根源，具有相应的被动性和客观性。

4）在物理学的层面，也就是在现象层面，无论是有机体的形体还是偶然聚集的重复（广延）是现象在单子的知觉必然性中“显现”出秩序和规律的基础。没有这种物质基础，知觉的客观性无法在多个单子中再现，世界也无法成为一个统一和谐的世界。因此，物质是莱布尼茨“外部世界”的基石。物理世界中的物质通常就是指形体，形体是从广延的概念演

---

① ［德］莱布尼茨：《莱布尼茨自然哲学文集》，段德智编译，商务印书馆2018年版，第127页。

变而来的。莱布尼茨认为物质是广延的，广延不是别的，只是重复。[①] 因此，广延是具有广延的东西的一种性质，一种有广延的东西带着这个性质从一个地点到达另一个地点，于是空间可以发生变化，但广延不能脱离它所属的事物。同实体有关系的是广延而非空间。莱布尼茨在跟马勒伯朗士的一篇对话中指出广延并非一个具体物，而是对广延的东西的一种抽象。他认为这是他与马勒伯朗士所拥护的笛卡尔的实体观的本质区别。[②] 针对笛卡尔的广延是实体本质的反驳恐怕是莱布尼茨论述最详尽的观点之一。其中通过反对广延是物质本质以及笛卡尔由此推论宇宙的运动量守恒的观点，莱布尼茨证明了物质的本质不是广延，且物质的运动量只是在任意一个方向上守恒，于是动量守恒发展为动能守恒，这一发现也成为莱布尼茨取得的重要标志性成果，并为物理学家们津津乐道。

莱布尼茨认为，笛卡尔将广延作为物质本质的错误观点的关键原因在于他混淆了力和运动量这两个概念。力应该是同能动性或运动性等同的，是实体必不可少的本质属性。力才是事物的终极存在，运动量的守恒的基础应该是力的守恒。因此他才发明了动力学。但是莱布尼茨的动力学带有十分明显的哲学色彩，理解莱布尼茨动力学中的力的概念往往不能简单地当作物理学中抽象的力或具体的力的概念，并且他还表示初级物质并不简单的是笛卡尔意义上的广延，它是一种抽象的东西，同时也需要为“力”或“能动性”所补充。因此作为被动的力的物质的本质需要在形而上学和动力学两个领域的“中间地带”进行考察。

“原初的和纯粹的物质，如果撇开与它相结合的灵魂或生命来看，是纯粹被动的；严格来说，它也不是一个实体，而是一种不完善的东西。次级物质（例如一个有机体）也不是实体，但是由于另外一个理由，即由于它是若干个实体的集合体，犹如一个充满鱼的池塘，或一群绵羊，所以，它就是所谓显现的统一体，简言之，一种现象。一个真实的实体（例如一个动物）是由一个非物质的灵魂和一个有机体组合而成的，它就是这两种

① 参见 C. I. Gerhardt, ed., *Die Philosophischen Schriften von Gottfried Wilhelm Leibniz*, 7 Vols., Berlin: Weidman, 1875 – 1890, Reprint, Hildesheim: Olms, 1965 –, Ⅱ, p. 261。

② 参见 C. I. Gerhardt, ed., *Die Philosophischen Schriften von Gottfried Wilhelm Leibniz*, 7 Vols., Berlin: Weidman, 1875 – 1890, Reprint, Hildesheim: Olms, 1965 –, Ⅵ, pp. 582 – 584。

东西组合而成的被称之为统一体的复合物。”①

初级物质被莱布尼茨意义上的“阻力”所规定，初级物质并不是广延，而是广延的原则。② 它决定了物体借以占据位置和空间的性质。莱布尼茨认为这种性质分为两种——不可入性和惯性。不可入性使得物体占据空间中的位置或场所，惯性使得物体抵抗任何其他使其改变所占据空间的位置或场所的作用力。因此，这种初级物质构成的阻力使得物体不仅抵抗穿透作用，而且也抵抗本身不同的运动。这两种阻力同物质的广延和运动的量成正比。

“物质是那种存在于不可入性或抗变形性中的东西，或者说是那种抵抗着穿透能力的东西；因此赤裸裸的物质就纯然是被动的。但是，除物质或质料外，物体还具有能动的力。而物体或是有形的实体，或者是由有形的实体组成的团块。我把那些由一个单纯或单子（也就是一个灵魂或与灵魂相类似的东西）同与它两合在一起的一个有机体结合而成的东西称之为有形实体。但是团块却是有形实体的堆积，如同奶酪有时是由一群蛆虫组成一样。”③ 如果初级物质仍然是一种“原则”，那么次级物质就涉及了“组合”——有机体（有形实体）或团块。“团块，或次级物质，有机的机器，无数从属的单子共同对它起作用。”④

由此，物理世界中的形体可以是莱布尼茨的其中一种物质概念，它同样为其“外部世界”的客观性提供了基础。

（三）初级物质—次级物质与原初的力—派生的力

初级物质与次级物质的另一个重要的差别是前者具有完全的流动性，即那种抽象的物质，作为一种像静止那样的原初性质；后者不具体这种流动性，次级物质所呈现出来的都是派生的性质。但是，在物理学中对力的考察仍然需要一条形而上学的信条：“在一般物理学中，就原初物质来进行推理和决定其本性，以求知道它是否始终如一，它是否除了不可入性之

---

① C. I. Gerhardt, ed., *Die Philosophischen Schriften von Gottfried Wilhelm Leibniz*, 7 Vols., Berlin: Weidman, 1875 – 1890, Reprint, Hildesheim: Olms, 1965 – , Ⅲ, p. 657.

② 参见 C. I. Gerhardt, ed., *Die Philosophischen Schriften von Gottfried Wilhelm Leibniz*, 7 Vols., Berlin: Weidman, 1875 – 1890, Reprint, Hildesheim: Olms, 1965 – , Ⅱ, p. 306。

③ C. I. Gerhardt, ed., *Die Philosophischen Schriften von Gottfried Wilhelm Leibniz*, 7 Vols., Berlin: Weidman, 1875 – 1890, Reprint, Hildesheim: Olms, 1965 – , Ⅶ, p. 501.

④ C. I. Gerhardt, ed., *Die Philosophischen Schriften von Gottfried Wilhelm Leibniz*, 7 Vols., Berlin: Weidman, 1875 – 1890, Reprint, Hildesheim: Olms, 1965 – , Ⅱ, p. 252.

外还有其他特性（如事实上我继开普勒之后指明它还有那种可称为惯性的东西）等，虽然它从不完全赤裸裸的存在。”① 因此，作为与原初的力相结合的纯粹被动的原初物质为单子的形体提供了一种形而上学的存在基础，作为统一为有形实体的联结，其不可分割性、和谐一致性是世界中所有联结的最高形式，是一种“自在自为”的统一体。在写给德波斯（Des Bosses）的信中，莱布尼茨如此说道：“我也不否认灵魂和一个有机体之间的某种真正的形而上学联结（就如我回答特米迈因 Toumemine 的那样），通过它可以断言，灵魂真实地存在于形体之中。不过因为这些东西不能通过现象得到解释，也不能改变现象中的任何东西，虽然我不能更加明确地解释这种联结形式存在于什么东西之中，但是指出它与复合物相联系，这就够了。您应该已经注意到了，到现在为止我在这里所说的并不是仅仅关于隐德莱希或活动原则与初级物质或被动的力之联结，还有灵魂或单子自身（它产生于两种原理）与团块或其他单子之联结。”② 于是，形体作为被动的力具有某种“非现象”的基础，纯粹本质的作为变化原则的元极与纯粹被动的原初物质是物理世界的被造物及生命体产生运动变化的逻辑基础。这种逻辑基础的原则要高于任何人造物或机械体。莱布尼茨在 1687 年 4 月 30 日给阿尔诺的信中就写道：“我赞同偶然的统一体是具有等级的，有序的社会比混乱的乌合之众具有更高的统一性，有组织的身体或机器比社会具有更高的统一性。这就是说，把它们看作一个单独的东西更合适，因为其组成元素之间具有更多的关系。”③ 事实上，莱布尼茨确实对于统一体进行了层次的划分，在 1715 年 8 月写给德波斯的信中，莱布尼茨根据“联系性”、“自然或人工”、“秩序性”等参数列出了关于“统一体分类”的表格。他认为具有生命和活力的统一体的形体都是一种“神圣的机器”，是无限超过一切人工的自动机的一种“天然的自动机”，这种自动机表现了神的技艺，神的技艺一定是高于人的技艺的。因为人造出的机器的各个部分并非具有生命和活力的，如一个钟表的滑轮只是具有组成机器的用途

① C. I. Gerhardt, ed., *Die Philosophischen Schriften von Gottfried Wilhelm Leibniz*, 7 Vols., Berlin: Weidman, 1875 – 1890, Reprint, Hildesheim: Olms, 1965 –, V, p. 325.

② C. I. Gerhardt, ed., *Die Philosophischen Schriften von Gottfried Wilhelm Leibniz*, 7 Vols., Berlin: Weidman, 1875 – 1890, Reprint, Hildesheim: Olms, 1965 –, V, pp. 125 – 127.

③ Robert Latta, trans. & ed., *Leibniz*: *The Monadology and Other Philosophical Writings*, London: Oxford University Press, 1898, p. 196.

的功能，它本身并未表现出钟表的任何特质。“天然的自动机”却不同，莱布尼茨认为它的任何一个无穷小的部分都依然是一个自动机，这便是灵魂和实体的统一体不同于机器的本质。

总之，初级物质作为单子或有形实体的要素是形而上学必然的。但是作为运动法则的原初的力是否与初级物质结合就构成了现实世界中的实际运动呢？当然不是。在这里就要区分另外一对概念：原初的力与派生的力。“物体中有两种力，一是原初的力，它对于这个物体来说，是本质的或必不可少的，再一种是派生的力，它依赖于别的物体。值得注意的是，派生的或偶然的力，是谁也不能把它给予运动中的物体的，它必定是原初的力的情状，就如形状是广延的情状一样。实体中如果没有本质的力，偶然的力也不出现，因为偶然只是情状或限制，而不能比实体包含更多的圆满性或实在性。”① 运动中的物体被给予的动力只能来源于原初的力，但是作为规定物体的某种具体运动的规则来自于派生的力，此时“原初的力或活动的原则为这种力所限定或修改”。原初的力和派生的力都属于主动的力，派生的力作为原初的力的具体情状，通过物体间相互冲突而产生对原初的力的限定，从而使得原初的力以各种各样的方式实施出来。因此在动力学中展示的力并不是原初的力，而是派生的力，这种力可以从一个物体传输到另一个物体。因此派生的力是原初的力的某种“中介”，通过派生的力，物体运动的“显现”就成为“具有良好基础的现象”。在这样的意义上，可以说动力学为物质世界或经验现象世界提供了以力的相互作用模型而建立起来的客观性基础。

（四）“显现”在现象中具有秩序的客观性

物质和运动只是力的结果，作为结果的“显现”表示的是具有能动性的东西，这种能动性的东西才是真正的存在——单子。单子具有单元的特征，单元在动力学中表现为微粒。纯粹物质的经验世界应该是被微粒充满的世界，莱布尼茨承认，力的作用应该被分配到构成物体的每一个微粒。一个纯粹物质的世界在莱布尼茨那里应该是任何一个运动都会影响到所有别的物体，在关系实在论中任何一个节点的变换都会关系到整个关系网络的变化。所以，在一个充实体中的微粒的碰撞都会使力的传递从直接接触

① C. I. Gerhardt, ed., *Leibnizens Mathematische Schriften*, 7 Vols., Berlin: A. Asher; Halle: H. W. Schmidt, 1849 – 1863, Ⅲ, p. 457.

的物质开始不断连续地在空间中不断扩展开来，尽管是间接作用，但仍然将所有微粒都联系成为一个整体，远距离的力的作用因此也得到了充分解释。

"既然全体是充实的，全部物质都是连接在一起的；既然在这种充实中，所有的运动都按距离的比例对远处物体发生影响，因而每个物体都不仅仅受到与它相接触的物体的影响，并以某种方式感受到这些物体中所发生的所有事件的影响，而且还以这些事物为媒介，间接地感受到与它所直接接触到的这些事物相接触的物体的影响。所以，由此便可推出，这种事物的相互影响一直扩展到任何一个距离，而不管这个距离是多么的大。这样，每个物体便都能感受到宇宙中所发生的一切。"① 同时莱布尼茨也解释了他任何一个实体都可以反映宇宙的观点。

第三节　目的主义因果决定论

前面章节中已经论述了充足理由律是莱布尼茨科学方法论的重要立足点之一，展示了理由律或根据律如何在莱布尼茨科学方法论中充当核心原则的原因、领域与机制。但是深入莱布尼茨的因果律思想——"基于前定和谐的同步主义因果律"实质上表现为充足理由律与最终理由律并列平行的二元形式，这种二元形式在莱布尼茨科学方法论的形而上学中具有更深层复杂的理论内涵。这不仅与莱布尼茨的科学方法论相贯通，也与莱布尼茨统一性的科学观相一致，更与他的伦理学密不可分地联系在一起。于是，十分有必要剖析莱布尼茨的充足理由律的内部结构，进而证成其充足理由律如何作为其科学方法论核心的合法性和可能性。

总体而言，单子作为莱布尼茨本体论的核心，其本质是包含知觉与欲望的主动的力。努力按照善的趋向与目的促使单子产生变化。上帝按照善的目的从多个可能世界中选择了现实世界，理性与信仰的一致以及前定和谐的规定使得自然的王国服从于神恩的王国，单子在个体与系统两个层面

① 单子论，第61节；C. I. Gerhardt, ed., *Die Philosophischen Schriften von Gottfried Wilhelm Leibniz*, 7 Vols., Berlin: Weidman, 1875 - 1890, Reprint, Hildesheim: Olms, 1965 - , Ⅵ, p. 617。

上作为上帝的模仿与自然的目的在前定和谐的现实世界中展开个体与显示神恩。莱布尼茨的充足理由律带有目的主义的决定论色彩。

一　确定理由原则是第一原则

对命题的逻辑分析是莱布尼茨建立其哲学思想的根基与起点，这是罗素提出且被学界广为接受的观点。莱布尼茨提出每一个主项都以某种形式包含了它所具有的所有谓项，“谓词存在于主词之中”［*praedicatum inest subjecto*］。因此，每一个命题都可以最终还原为把每一个谓项归属到一个主项的命题。主项由其所包含的谓项来决定，谓项是主项概念的一部分。关于这种主谓项形式的判断规则有两个：矛盾原则与充足理由原则。前者判断可能性，后者判断事实性。由此，所有的判断命题的真理分为两种：原初真理（理性真理）与事实真理。按照矛盾原则获得的原初真理都是分析判断，是逻辑学、数学与几何学所涉及的方法与真理；按照充足理由原则而获得的事实真理都是综合判断，是涉及关于存在（除了上帝存在）的偶然事物的方法与真理。矛盾原则能够确定两个相互矛盾的命题中哪一个是真理，哪一个是谬误；充足理由原则能够确定任何事物的产生都不可能没有原因或至少不会没有一个确定的理由。即“每一个提供理由的原则，即每一个通过自身不能认识的真命题都一个先天的证明，或者说能够为每一个真理提供一个理由或者像通常所说的那样，如果没有原因就没有什么事情能够产生。”①

与笛卡尔、斯宾诺莎对确定理由原则的看法大为不同，莱布尼茨将确定理由原则与矛盾原则相提并论，将两个原则同时当作哲学的“第一原理”。对于所有有关存在的偶然命题的判断，它无关乎命题的真假，只关乎存在的某种理由与根据。关于真假的判断是推理的，其反面一定是不可能的，但是关于存在或事实的命题其反面是可能的，因此必须为这个命题提供一个确定的理由，即可以给出一个关于这个事实判断的绝对的、确定的、永恒存在的理由，或者至少给出它为何是这样而非那样的理由。因此，在莱布尼茨看来，确定理由原则无论在存在论上，还是在认识上，无

① C. I. Gerhardt, ed., *Die Philosophischen Schriften von Gottfried Wilhelm Leibniz*, 7 Vols., Berlin: Weidman, 1875－1890, Reprint, Hildesheim: Olms, 1965－, Ⅶ, p. 309.

论在形而上学的方法论中，还是在自然哲学的方法论中，都是具有必然性的第一原则。关于确定理由原则，莱布尼茨给出一种二元的因果论形式，由此也引出由充足理由律与最终理由律构成的二元形式是怎样一种关系，而这二元“确定理由”的关系正是理解莱布尼茨的因果论的关键，甚至也是理解他整个思想的关键。

二　二元因果论形式产生的问题

在回应笛卡尔、霍布斯、洛克等思想家广为讨论的时代议题——“身心关系”的基础上，莱布尼茨提出了他的两个“王国”理论①和与之相对应的二元因果论形式，即适用于“形体组成自然的王国”的充足理由律，适用于“灵魂组成的神恩的王国”的最终理由律。他认为，任何一个偶性（accident）为何这样而非那样的发生都同时具有一个充足理由律与最终理由律。这里的偶性是指特定时刻特定个体发生的结果或效用。最终理由的存在在于每个偶性的发生都产生于一个知觉的存在，充足理由的存在在于每个偶性的发生都产生于现实的物质或现象世界中。因此，他说道：“灵魂的行动是根据欲求、目的和手段按照最终理由律的法则进行；形体则按照充足理由律或运动的发展展开。这两个王国，即充足理由律和最终理由律的王国则彼此处于和谐之中……根据这个系统，形体运动就像没有灵魂（尽管这是不可能的）；灵魂运动就像没有形体；两者就像相互影响一样。”②“我常说，可以这样讲，两个王国即使在有形自然中，二者之间不存在相互影响和相互混淆——力的王国，当我们最够深入到它的内部的时候，任何事件都可以用机械论的充足理由律对其进行解释；智慧的王国，当我们充分地去理解它的时候，任何事件都可以用目的论的最终理由律对其进行解释。”③

---

① 莱布尼茨对于两个“王国”的说法有很多种，“自然的王国”也可称为“形体的王国”“现象的王国”“力的王国”；“神恩的王国”也可称为“灵魂的王国”“实体的王国”“现象的王国”“智慧的王国”。

② C. I. Gerhardt, ed., *Die Philosophischen Schriften von Gottfried Wilhelm Leibniz*, 7 Vols., Berlin: Weidman, 1875－1890, Reprint, Hildesheim: Olms, 1965－, Ⅶ, p. 412.

③ C. I. Gerhardt, ed., *Die Philosophischen Schriften von Gottfried Wilhelm Leibniz*, 7 Vols., Berlin: Weidman, 1875－1890, Reprint, Hildesheim: Olms, 1965－, Ⅶ, pp. 278－279.

可见，莱布尼茨认为灵魂总是借助欲望、目的和工具遵循目的因的规则活动，形体总是借助动力因或机械因的规律活动，这两种活动以及所处的两个“王国”之间是一种相互无干涉的“平行”对应关系。这种对应关系的合法性前提或基础在于上帝赋予的“前定和谐”。这便是莱布尼茨提出的“基于前定和谐的同步主义因果论”。莱布尼茨提出的这种二元因果论的形式引出了以下的问题：充足理由律与最终理由律在莱布尼茨的观点中的作用与地位是相等的？还是其中一个较另外一个具有更为基础且本质的地位呢？这两者之间是什么样的关系呢？本书认为，作为目的因的最终理由律是莱布尼茨因果论的根本，属于“自然的王国”的充足理由律依赖于在“神恩的王国”的最终理由律并建起立在后者的基础之上。

三　分析此问题的三个层次

虽然莱布尼茨的思想正如他的学术风格一样，表现为“百科全书”式的庞大体系，以至于学界经常将其“肢解”为各种不同的方面或阶段进行研究，但是莱布尼茨的整个思想是一个具有统一性内涵的理论体系。本书认为，站在“整体主义”的立场上对其结构进行分析是把握其思想核心的关键，对于他的因果律思想的研究正是这样一种研究范式的有力例证。

莱布尼茨的思想体系框架大致可以分为三个层次。首先是在逻辑的层面上，莱布尼茨认为，所有的数学、几何学与逻辑学都遵循矛盾律，这是所有永恒真理的体系，满足清楚明晰、通体一贯的标准。其次是在存在的层面上，莱布尼茨认为仅有矛盾律是不够的，还应有另外一条原则充足理由律。莱布尼茨提出的关于“多个可能的世界”的理论就是在这个层次上的，矛盾律与充足理由律是适用于各种可能世界的（尽管当然并非普遍必需的）。在这里值得指出的是，这个充足理由律在确切的意义上应该是“确定理由律”。具体来说，所有涉及存在（除上帝存在之外）的命题都是偶然的，偶然命题的反面是可能的，因此需要给出这个偶然存在的事物一个确定的这样而非那样的存在理由，无论这种理由是直接的、偶然的、相对的，还是间接的、永恒的、绝对的理由。这种“确定的理由”是一种充足的理由，在莱布尼茨看来是与矛盾律相提并论的“第一原理”。最后是在现实世界的层面上，莱布尼茨将现实世界分为“自然的王国”和“神恩的王国”，分别对应充足理由律与最终理由律。这里提出的适用于“自然的王国”的充足理由律是机械论的运动的连续序列，物质的运动在时空现象世界中不断展开与延续；这里提出的适用于“神恩的王国”的最终理由律是目的论的欲求的连续序列，欲求在善的规定下总是趋向于被认为好的行动的展开与延续。因此，这个层次上的充足理由律与位于中间的存在论层次上的“确定理由律”在主体性、适用范围以及形而上学的层次上都是不同的。本书将在后两个层次上讨论莱布尼茨因果律的内涵。

四　分析此问题关键——知觉与欲求过程

（一）单子的本性——知觉和欲求

莱布尼茨认为单子是自然界真正的原子，是组成复合物的真正单纯实体，是具有自足性的隐德莱希（entelechy），是世界的主体，是宇宙的基本组成单元。单子以个体性的视角呈现宇宙，因此单子也可称为宇宙的载体，是宇宙的镜像。宇宙由单子展开。单子是“形而上学的点”，“数学的点”，是“类似于灵魂的东西”，单子是由有形实体组成的自然的变化的主导与关键，而作为简单实体的单子的本质规定性是“原初的形而上学的主动的力”，即隐德莱希。“实体内部存在一种自然的内在的力，这种力可以按照其意愿根据特定的秩序表象或表达，不借助任何其他被造实体的帮助。”[①] 单子的“无窗性”说明被造单子之间并无相互作用。单子的运动变化只能来自于单子的主体内部。“单子的自然变化是来自一个内在的本原，因为一个外在的原因不可能影响到单子内部。”[②] 因此，单子绝非是物质或事件的堆积，而是一个动力学的单元，在无限中表现或展开自身，却永远保持个体的同一性。莱布尼茨的这种观点打破了静态实体的传统，以活动性或动态性作为实体范畴的中心，因此不断的变化性成为实体的本质特征，实体不再是一般概念的特征或表象，而是在自身中包含着存在，因其本性而有充分根据的主体。

单子的本性是知觉与欲求。知觉包含且代表这单纯实体里无限繁多的过渡状态。欲求是使一个知觉变化或过渡到另一个知觉的内在本源，它促

① C. I. Gerhardt, ed., *Die Philosophischen Schriften von Gottfried Wilhelm Leibniz*, 7 Vols., Berlin: Weidman, 1875 - 1890, Reprint, Hildesheim: Olms, 1965 - , Ⅳ, p. 486.

② 北京大学哲学系外国哲学史教研室编译：《西方哲学原著选读》（上卷），商务印书馆 2016 年版，第 478 页。

使单子不断到达新的知觉状态。知觉与欲求是单子内在的活动性的载体，是单子保持同一性的关键。“在单纯实体中所能找到的只有这个，也就是说，只有知觉和它的变化。也只有在这里，才能有单纯实体的一切内在活动。”① 单子知觉的任何一个现在状态都是自然的它以前状态的后果，因此单子在自身中包含了未来［*status ipse praesens, dum tendit ad sequentem seu sequentem parainvolvit*］。在本身内在隐德莱希的作用下，单子在特定时刻知觉的变化自然而然地引起下一个此时此刻相继的知觉偶性，即“任何实体的此时此刻的意识阶段是之前意识阶段的一个自然结果。”②

知觉根据欲求的规定连续不断地变化。知觉以连续的序列呈现整个宇宙。莱布尼茨站在与罗伯特·波义耳相同的立场上，认为如果知觉缺乏了连续律的原则将会产生无法解决的问题。莱布尼茨更进一步，他认为，知觉必须是按照连续律的原则产生变化的，如果不是这样，单子的整个因果律体系都是无法成立的。人们之所以认为知觉可以是不连续的，是因为忽略了大量且多样的未被意识到的知觉，他将这样类型的知觉称之为微知觉（Petites）。正是这种微知觉使得知觉每一次变化的差别都是无限的，而微知觉的不断聚集以致达到被主体意识到的程度后所产生的变化似乎才变得明显。无数的微知觉保证了知觉遵循连续律。

（二）单子的内在活动原则——努力

上述论证说明单子的本质在于力。关于作为单子本质的力，莱布尼茨涉及了三个概念：物理学的力（force），欲求力（appetite），努力（conatus）。物理学的力应用于自然现象领域，在机械论的范畴中解释广延的变化等，这种用法是近代自然哲学的典型特征；欲求力或称欲求，莱布尼茨将其解释为知觉产生变化的内在规则，“促使此知觉变成彼知觉的内在规则的活动可以被称作欲求。”③ 在近代哲学中，内在规则主要是内在的主动力的变化规则，因此在这样的意义上，莱布尼茨有时将欲求解释为内在的主动的力，它是知觉变化的原因。莱布尼茨认为主动的力分为两种：原初

---

① 北京大学哲学系外国哲学史教研室编译：《西方哲学原著选读》（上卷），商务印书馆 2016 年版，第 479 页。

② C. I. Gerhardt, ed., *Die Philosophischen Schriften von Gottfried Wilhelm Leibniz*, 7 Vols., Berlin: Weidman, 1875 – 1890, Reprint, Hildesheim: Olms, 1965 – , Ⅳ, p. 521.

③ C. I. Gerhardt, ed., *Die Philosophischen Schriften von Gottfried Wilhelm Leibniz*, 7 Vols., Berlin: Weidman, 1875 – 1890, Reprint, Hildesheim: Olms, 1965 – , Ⅵ, p. 609.

的力与派生的力。前者是实体必不可少的本质的力，是第一个隐德莱希，相当于灵魂或实体的形式，作为一种真实的原因仅仅与一般的原因相关，而不能解释具体现象；后者是通过物体间相互冲突而产生的对原初的力的限定，偶然的被原初的力赋予物质变化的情状，正如形状是广延的情状，以各种各样的方式显示出来，是“那种同时趋向于或预先包含着未来状态的实际的现存状态，因为现存的每一件事物都孕育着未来。”① 这两者的区分是沿袭了必然性与偶然性划分的传统，莱布尼茨在写给迪·福德的信中这样写道：“除非在我们之中存在某些原初的主动性原则，否则我们之中就不能够有派生的力和活动，因为任何偶然性和变化必须是某些必然性或永恒性所产生的变化。”② 由此可见，原初的力是包含在这些变化中所持续的东西，是这个变化的秩序的法则。派生的力是主动的力的变化或所处的偶然性状态，是用来标志这个序列的特殊细节的规定性。按照莱布尼茨曾指出形体是在单子中具有良好基础的现象的观点，那么“单子之内的作为单子要素的原初的被动的力或原初物质，作为物质团块的次级物质（物体、身体）无非是单子的这一原初的被动的力或原初物质的一种显现而已。”③ 努力是“按照物质的需要在物质中活动着，结果，物质的新状态按照自然法则通过隐德莱希才获得它们的结果的。”④ 努力代表了实体的自然倾向力，决定或表现实体每一个即时动力的程度。莱布尼茨认为，努力是一种介于实体具有产生运动的潜力与实际运动之间的中间状态。由此可见，努力本身并非行动，而是倾向行动的力。

那么这三者之间是什么关系呢？莱布尼茨认为：“派生的力在某种意义上就是人们所称的动力、努力或驱动力［*tendentia*］，也就是说，趋向某些确定的运动，如此这样，原初的力或运动的规则发生了改变。”⑤ 欲求是知觉发生改变的原因，在知觉发生连续变化的过程中，主体意识到好与坏，

---

① C. I. Gerhardt, ed., *Die Philosophischen Schriften von Gottfried Wilhelm Leibniz*, 7 Vols., Berlin: Weidman, 1875－1890, Reprint, Hildesheim: Olms, 1965－, Ⅱ, p. 262.

② C. I. Gerhardt, ed., *Die Philosophischen Schriften von Gottfried Wilhelm Leibniz*, 7 Vols., Berlin: Weidman, 1875－1890, Reprint, Hildesheim: Olms, 1965－, Ⅱ, p. 267.

③ 段德智：《莱布尼茨哲学研究》，人民出版社 2011 年版，第 180 页。

④ C. I. Gerhardt, ed., *Die Philosophischen Schriften von Gottfried Wilhelm Leibniz*, 7 Vols., Berlin: Weidman, 1875－1890, Reprint, Hildesheim: Olms, 1965－, Ⅵ, p. 469.

⑤ C. I. Gerhardt, ed., *Die Philosophischen Schriften von Gottfried Wilhelm Leibniz*, 7 Vols., Berlin: Weidman, 1875－1890, Reprint, Hildesheim: Olms, 1965－, Ⅳ, p. 396.

善与恶的情况时，努力便在趋利避害的过程中立即产生。由此可见，努力不仅包含了运动的倾向力，而且也包含了意志。“意志根据那最佳原则造成种种变化或产物。”对此，以上三者的关系可以概括为，作为派生的力的欲求与善恶判断是努力的充足理由，努力是潜力与实现之间的动力，它是知觉产生变化的直接理由。在莱布尼茨看来，这种努力“正好就是神的律令所植于其中的内在法则”。这种努力是与上帝创造的世界的秩序、美与理性相符合的，它不仅是精神或灵魂内在的“常驻”原则，而且也包含了追求最大完满性的追求。

努力是灵魂的内在活动原则，它是运动的本质之一。物体在不同地点的相继存在是运动的结果，但是并非运动的“形式原因”[*raison formelle*]，运动的形式原因在于努力之中。即“形体不仅是在其运动的现阶段占有和它的广延相等的一个地点的东西，而且它还作一种努力，有一种要改变它的地点的趋势，以使它以后的状态由于本性的力量而得随从它现在的状态延伸出来。”① 没有与灵魂完全分离的形体，每一个被造单子都有一个相应的附属形体，单子与这个形体一起构成有形实体，或称为生物或动物。这个有形实体的形体一定是有机的。“因为每一个单子既是一面以各自的方式反映宇宙的镜子，而宇宙又是被规范在一种完满的秩序中，所以在表象中，亦即在灵魂的知觉中，应当也有一种秩序。因此在形体中也应当有一种秩序，而宇宙是随着形体而被表象于灵魂中的。”② 因此，灵魂的知觉的表象作为主导，通过形体而表象同一个宇宙秩序。上帝的神性根植于每一个被造实体中，上帝使每个生物的有机形体成为一个神圣的机器，也是自然的自动机。这个自动机的每个无限小的部分里都仍然有个隐德莱希或一个灵魂，使与之相对的形体遵循自身的规律，表达预定的和谐。

五　目的因的优先性与根本性

目的一般指行为是为何发生的，它可以是一种目标、一种结果，或者是行动的动机。关于具有优先性与根本性的目的论具有十分悠远的理论历

---

① ［德］莱布尼茨：《新系统及其说明》，陈修斋译，商务印书馆2013年版，第171页。

② 北京大学哲学系外国哲学史教研室编译：《西方哲学原著选读》（上卷），商务印书馆2016年版，第488页。

史，亚里士多德就是这种观点的典型代表，即认为在一个偶性或者动作发生的任何阶段，不仅可以通过充足理由律与最终理由律作出解释，而且前者是依赖于后者的，即目的因在存在论上具有更根本性的地位。莱布尼茨的因果律沿袭了亚里士多德的传统，始终将目的论放在了因果律的最优先与最根本的位置。

关于上帝存在的必然先验性在莱布尼茨的理论中是显而易见的，这是他的逻辑起点，也是他的理论终点。在逻辑上，莱布尼茨认为，除了关于上帝的存在的命题之外，所有关于存在的命题判断都是偶然的，偶然性是不能从任何一个别的存在的命题中必然地推论出来的，而且也不能从主项具有与其他创造物的所有性质这一事实中必然地推论出来的。但是有一点是可以肯定的，即必然存在某种规则，使得世界不至于陷入混乱的地步，即因果性规则，或称“确定理由原则”。

（一）从可能世界到现实世界

上帝是按照因果律的理性原则创造世界的，作为上帝创造物的世界的目的是必须能够符合上帝的全知全能全善属性的和谐世界。“由于上帝的命令，事物就被造成能够完成命令者的愿望，那么就得承认事物之中具有某种效力、形式或力量，这就是我所了解的‘自然本性’，就从这里开始跟随着一串事物的现象，它们都遵照最初所颁布的律令。”[①] 这种律令既体现上帝的圆满性的本质，也是表达上帝的圆满性的目的。在莱布尼茨看来，上帝按照最大圆满性的要求从无限的多种可能世界中选择了一个具有最大圆满性的世界，即拥有最大可能性与最大秩序的世界。这便是现实世界。

从可能的世界进入现实的世界，因果律与矛盾律同样具有适用性。即因果律（充足理由律）与矛盾律一样，不仅适用于现实世界，而且也适用于各种可能的世界（尽管当然并非普遍必需的）。二者都是关于存在的规则，但矛盾律是必然的，因果律是偶然的。前者是普遍地适用于存在，后者是特殊地适用于存在的，因此因果律是具有偶然性的。对于因果律的适用性来说，在可能的世界中，因果律断言所有可能的原因都是欲求；在现实的世界中，因果律断言的现实原因都是被善的欲求所规定。前者是关于可能的偶然事物，后者是关于现实的偶然事物。按照莱布尼茨的主项谓项形式，使个体成为现实，是要把显然表现为最好的东西的谓项赋予现实个

---

① ［德］莱布尼茨：《新系统及其说明》，陈修斋译，商务印书馆2013年版，第164页。

体。即当因果律运用到现实存在时，“便在现实欲望永远指向看来是最好东西的意义上确定地使它自己成了对终极因的断定。在所有的现实变化中，这一结果只能够通过运用善的概念从前件推演出来。凡是在变化依赖于上帝的地方，它实际上都是追求最好的；凡是在它依赖自由创造物的地方，它就是对这创造物似乎是最好的一类东西，但是，由于知觉的混乱，实际上却并不是可能变化中最好的。”① 由此可见，无论是在逻辑上，还在在单子的知觉过程上，无论上帝从可能的谓项中选择现实谓项组成现实存在上，还是单子从无数的知觉变化过程中选择善或好的欲求或努力的取向上，善的目的因都发挥了优先且根本的作用。

(二) 神恩的目的因在自然世界中的体现

单子作为理性受造物的幸福是上帝选择现实世界的目的。虽然自然的王国的“充足理由律”与神恩的王国的最终理由律不同，却是相互协调的。前者是后者的表达，后者是前者的主导。作为理性受造物的单子组成的世界是上帝的城邦，是自然世界中的一个道德的世界，是上帝的作品中最为崇高与神圣的部分。既然两个王国之间存在一种完满的和谐，但这个和谐的更深一个层次在于神恩的目的因在自然的世界中得到相应的表达与回应。即“当精神的政治要求毁灭和重建地球以惩罚一些人和奖励另一些人时，这个地球就通过自然的途径本身而得到毁灭与重建。”② 具体来说，罪恶必然凭借自然的秩序，甚至凭借事物的机械结构面带来它的惩罚；同样地，善良的行为则通过形体的方面而获致它的报偿。因此，上帝设计的自然世界的目的就是保证神恩的道德界的居民获得最大可能的幸福。上述种种的对应都再次证明神恩的目的因具有的优先性与根本性。

(三) 目的主义的因果决定论

单子作为一种精神存在物，是作为世界创造者上帝的模仿与映像，“心灵则又是神本身或自然创造主本身的形象，能够认识宇宙的体系，并能凭借建筑模型而模仿宇宙体系的若干点；每一个心灵在它自己的范围内颇像

---

① ［英］罗素:《对莱布尼茨哲学的批评性解释》，段德智、张传有、陈家琪译，商务印书馆2010年版，第39—40页。

② 北京大学哲学系外国哲学史教研室编译:《西方哲学原著选读》（上卷），商务印书馆2016年版，第492页。

一个小小的神。”[①] 也就是说，单子作为模仿上帝的“小的神灵”作为了物理世界与神恩世界的统一体，在前定和谐的体系中本身就是作用因与目的因的统一体，即本身就是作为自然目的而存在的。作为自然目的的事物的起源的因果性并非在于自然的机械作用中，而必须到事物所规定其如何作用或运动的形式所被赋予的能力的原因中去寻找。这并非仅仅能够按照我们的知性在应用中与感官对象上能够认识到的那些法则中去找，而是应该利用理性在关于存在的偶然的事物之外寻找。因为事实真理的充足理由最终必须是在世界之外的，即必须在上帝身上去寻找。自然事物的形式不仅与自然法则，而且也与其本质属性相关，这种属性便是前定和谐前提所赋予的客观合目的性，这也可以被称作目的主义的因果决定论。

在单子的个体性层面上，灵魂作为主导，按照善的目的因活动，与之和谐同步对应的形体也产生运动，虽然在形体的现象世界是按照机械论的因果原则运动，但是灵魂的主导地位使得机械论的因果运动形式只是目的因的因果形式的表达与体现。或者更进一步说，单子本身就是目的，统摄在一个形式或理念之下，被先验地规定了其本身所包含的一切。

在单子的系统性层面上，世界就是一种和谐的秩序，这种秩序与纯粹机械的秩序是一致的。这种秩序为世界从创造的层面进入现实的层面提供依据。前定和谐提供的世界的统一性的先天规定便是上帝的目的因。这使得世界作为目的因必须涉及他所包含的一切多样性与最大可能性。

总之，理性受造物的幸福是上帝设计的主要目的，“这一上帝之国，这一真正的万有王朝是自然世界中的道德世界，是上帝作品中之最崇高和最美妙的作品。在这里存在着上帝之真正荣誉”。[②] 而是因为这种世界的存在方式，虽然莱布尼茨“基于前定和谐的同步主义因果论”表现为“二元平行”的形式，但是“自然的王国”服从“神恩的王国”，动力因服从于目的因，事物能够沿着自身的自然途径弘扬上帝的荣耀，得到上帝的恩宠，从而实现个体的善的福祉。在前定和谐的大框架中，便是莱布尼茨目的主义的因果决定论的本质。正如莱布尼茨在《神义论》的最后的话：“不仅从一般意义上对整体而言，而且特别是对我们而言，因为我们按照常理已

---

① 北京大学哲学系外国哲学史教研室编译：《西方哲学原著选读》（上卷），商务印书馆 2016 年版，第 491 页。

② ［德］莱布尼茨：《神义论》，朱雁冰译，生活·读书·新知三联书店 2007 年版，第 499 页。

经听命于整体之创造者——既作为我们的存在之建筑师和作用因，也作为必然构成我们的意志之整个目的和唯一能够造成我们的幸福的主和终极目的。”①

① ［德］莱布尼茨:《神义论》，朱雁冰译，生活·读书·新知三联书店2007年版，第500页。

第五章　莱布尼茨科学方法论的影响及问题

莱布尼茨处于近代自然科学欣欣向荣的关键时期，其科学方法论迎来了势不可当的真正的科学和技术的时代，这已经成为无可争议的历史事实。如何高度评价莱布尼茨的科学方法论的意义似乎都不为过，于是更多的叙说也随之反而显得比较苍白。因此在本部分，笔者选择不一样的视角来“折射”其科学方法论的不同视野以及遗留的一些问题。不同的视野是指在中西传统思想文化中以“反差”的对比来凸显莱布尼茨的科学方法论对西方近代自然科学走向的独特促进作用。为了避免简单笼统的泛泛而谈，并规避老生常谈的“常识性差异”，本部分聚焦宋明理学思想家张载的气本论思想与莱布尼茨的相应观点，在对比的视角中选取二者的关键概念和论点为切入点，在“反观”中展示莱布尼茨科学方法论的独特意义，以期在“同”中求“异”，在“异”中求“同”；关于莱布尼茨科学方法论“遗留”的问题，笔者选取了“外部世界”的客观性问题，这既是主体性哲学都共同且始终面对的主要问题，又是莱布尼茨终其一生都在思考的问题，这个问题既是之后的康德哲学哥白尼革命的“对象”，又是海德格尔存在论的“突破口”，而这个问题又恰恰关乎莱布尼茨科学方法论的合法性问题。因此，笔者十分排斥将莱布尼茨科学方法论的遗留问题作为“马后炮”在当代量子力学、虚拟现实、人工智能等时髦科技的立场对其展开批判甚至“清算”，这是对伟大先贤智慧的贬低与歪曲，是对思想时代性理解的偏差。当然，同样为了在当今中国的时代话语中尝试性地回应莱布尼茨科学方法论的遗留问题，笔者选择了马克思的实践观，以期以“实践”回应“割裂”，并给出一条“统一”之解决方式，同时也抱有以借莱布尼茨与马克思两位典型德意志思想家的观点，重现德国哲学的伟大与深邃。

第一节 中西比较视野中科学本体论及方法论的导向

“近代自然科学为何在西方产生，而未在文明发达的古代中国产生?”这是李约瑟问题的简要表达。宋明理学作为中国哲学的重要思想学派与西方理性主义哲学是学界作为中西比较的两个理论类型。莱布尼茨晚年所著的《中国自然神学论》（*Abhandlung über die chinesische Philosophie*）① 普遍受到汉学家的垂青，学界的关注点主要集中在莱布尼茨与中国哲学之间是否存在真实的联系，或考据莱布尼茨是否直接受到了儒家思想的启发与影响。不管这些研究的结论如何，莱布尼茨对中国哲学的青睐与推崇证明他的思想与中国哲学存在某种亲和性，他的科学方法论通过“努力”的本体论，充满活力与活动的动态过程宇宙观，其科学的建构方法论与宋明理学的代表张载极具可比性，因此通过莱布尼茨思想与张载气本论的比较，将莱布尼茨的宇宙本体论和科学方法论置于北宋儒家唯气的本根论以及“性与天道”的理论建构范式背景中，不仅可以通过某种巨大的“反差”彰显莱布尼茨自然哲学及其方法论思想的光辉，弥补或克服本身的理论困难，也能为儒家哲学对当今时代的应变与适应提供某种补充，使其在新时代的土壤中继续绽放理论的花朵，收获实践的果实。

一 宋明理学的天道本体论——以张载为例

作为宋明理学的奠基人，被尊为“北宋五子”之一的张载（字子厚，人称横渠先生，1020—1077）综合以元气界说万物生成及宇宙构成的汉代宇宙论与“舍物象、超时空”的魏晋本体论，② 建立了一种“贯通形上形下的”元气说宇宙论，对道统影响极为深远，被王夫之称为“儒

① *E. l. Dutens. Opera Omnia*，Geneva：Fratres De Tournes，1786，Ⅳ，pp. 169 – 210.

② 汤用彤：《魏晋玄学流别略论》，收于《魏晋玄学论稿》，生活·读书·新知三联书店 2009 年版。

家之正学”①。张载以天人贯通为视域，阐述“性与天道合一”的儒家天道人性同一论，建立了一种横纵经纬的天道本体与人性相贯通的天人一体观。在多样性的“两一叁”的天道本体论图景中，由“气”所成的造化万物以“感”相互联系，以“通”相互区别，以“性”实现个体的动态生成，以神为“动力”，以“学”实现个体升华。“合二为一”的天人关系开创了宋明理学“天人合一”的儒学高级形态，在传统观点的基础上推进了人与自然以及人之精神的中国思想之探索。

天人关系问题是儒家的核心问题，不同的时代有不同的解释，不同的思想派别具有不同的把握视角。道家坚持客观自然主义的天人观；墨家坚持神性主宰的天人观；汉唐儒家坚持宇宙生化式的天人观；宋明理学在前人思想的基础上对天人关系进行了新的处理与发展。张载作为第一个明确指出“性与天道合一”的大儒，以“太虚即气”的本体论构建为前提基础，通过“感而遂通”的方式建立造化万物之联系，构建起“天人一气，万物相感”的天人关系横向之维；凸显儒家工夫论的“智性实践”的成分，构建起以“强学胜气”而达到“穷神尽性”的天人关系纵向之维。他所构建出的这种“天人”、“体用”的横纵经纬框架的最终目的是论证儒家的天道本体论与人性论的贯通关系，其理论指向是回答孔子所谓“一以贯之”的“贯通天地人”的“道”是什么，人性的构成是什么。孟子既然说性善，世上种种的恶为何存在、人如何能够“继善成性”、“尽性知天”等问题。最重要的是，张载对天道本体与人性伦理之间存在的本质贯通关系理论真正指向的是人与自然的关系、人的本质以及人如何符合其本质的生活道路的思考和探索。因此本部分分别从横向之维和纵向之维两个面向分析张载是如何建立其理论体系并逐步回答上述儒家核心问题的。

（一）横向面——天人一气，万物相感

1.“两一叁”的天道本体论图景

与中国传统所谓“道生一，一生二，二生三”的“一两叁”思维模式不同，张载建立了一种“两一叁”的世界图景。他认为：“两不立则一不可见，一不可见则两之用息。两体者，虚实也，动静也，聚散也，清浊

① 王夫之《自题墓石》“抱刘越石之孤愤，而命无从致。希张横渠之正学，而力不能企”。见王夫之《姜斋文集》校注，湘潭大学出版社 2013 年版。

也，其究一而已。有两则有一，是太极也。”① 因此，“两”是“一”存在的逻辑前提，有“两”才能有“一”；但是“两”必合于“一”，“一”为“两”提供限制性，这种限制性是动态性宇宙的保证。如果不是先有“两”再有“一”，即“若一则有［两］，有两亦［一］在，无两亦一在。然无两则安用一”②，那么就是不管有无“两”，“一”都存在，这显然是逻辑错误。与此同时，“不以太极，空虚而已”。如果不以太极为“一”来统一“两”，则宇宙只是空虚，“非天参也”③。这就取消了世界的多样性和生生不息存在的基础。在张载看来，“两”是世界存在的基础形式。“若阴阳之气，则循环迭至，聚散相荡，升降相求，絪缊相揉，盖相兼相制，欲一之而不能，此其所以屈伸无方，运行不息，莫或使之，不曰性命之理，谓之何哉?”④ 性命之理在于气的阴阳两种作用既是“相荡”又是“相求”，既“相兼”而又“相制”，这是世间万物的发展变化的基本原则。

两一叁关系确立了张载的天道本体论的逻辑基础。一方面，对立的、分化的、相互运行不息的“两体”是世界存在的本源形态。张载拒绝一种没有分化的、静止的、僵化的、一团死寂的宇宙论，诸如佛老之说。另一方面，如果仅有“两体”，没有一个能够统一阴阳、动静、虚实、昼夜等两端的“一”或“神”，那么世界必定是分裂的，这种本体论与现实世界相悖，因此也是不能被接受的。因此“一物两体，气也；一故神（自注：两在故不测），两故化（自注：推行于一），此天之所以参也。”⑤ 这种“两一叁”的天道本体论同时也奠定了张载整个哲学思想的基本逻辑框架。首先，世界本源分为两端，此两端通过相互感通、相互转化、相互作用实现世界的多样性和生生不息，实现“两端”之“统一”的正是“一”、“太极”、“神”或“性”的作用。即所谓“客感客形与无感无形，惟尽性者一也”⑥。因此“地所以两，分刚柔男女而效之，法也；天所以参，一太极两仪而象之，性也”⑦。

---

① 《横渠易说·说卦》，《张载集》，中华书局1978年版，第233页。
② 《横渠易说·说卦》，《张载集》，中华书局1978年版，第233页。
③ 《横渠易说·说卦》，《张载集》，中华书局1978年版，第234页。
④ 《正蒙·参两篇》，《张载集》，中华书局1978年版，第12页。
⑤ 《正蒙·参两篇》，《张载集》，中华书局1978年版，第10页。
⑥ 《正蒙·太和》，《张载集》，中华书局1978年版，第7页。
⑦ 《正蒙·参两篇》，《张载集》，中华书局1978年版，第10页。

这种"两一叁"的本体论世界图景肯定了世界的多样性和动态性，那么无限多样的造化万物是如何被纳入一个天人合一的统一体中的呢？

2. 天地感而万物生

"太虚不能无气，气不能不聚而为万物，万物不能不散而为太虚，循是出入，是皆不得已而然也。"①太虚与气的关系是"气之聚散于太虚，犹冰凝释于水，知太虚即气，则无无"②。太虚是气的本然之体，是与气本质相同的东西，③是形而上学的存在，因此"太虚无形，气之本体"④。"万物虽多，其实一物"⑤，即为气。"阴阳之气，散则万殊，人莫知其一也。"⑥张载真正将邵雍的"太极不动说"赋予了动力，用"气"使"太极"动态化，成为宇宙生化之本体。针对"太极不动而生阴阳"，张载提出"太极不外乎阴阳二气"的观点，宇宙无外乎气之变化的过程。

张载通过"感"将造化万物联系在一起。感是指"交感"或"感应"，是指天地之间宇宙万物之间相互作用和联系。张载根据《周易·咸卦》的"天地感而万物化生"说道："二端故有感，本一故能合。天地生万物，所受虽不同，皆无须臾之不感"⑦，如"无感"则"不见其成"。天地万物之间随时随地都存在相互之间的感的联系。

"造化所成，无一物相肖者，以是知万物虽多，其实一物；无无阴阳者，以是知天地变化，二端而已"⑧，宇宙万物无一物是同一的，这种差异性是万物相感的基础，正在于为万物所感奠定逻辑前提。"凡天地法象，

---

① 《正蒙·太和》，《张载集》，中华书局1978年版，第7页。

② 《正蒙·太和》，《张载集》，中华书局1978年版，第8页。

③ 关于"太虚即气"的解释，学界根据"即"在古汉语中的两种解释分为两派分别持两种不同的观点。一派以张岱年先生为代表，将"即"理解为"是"，即"太虚是气"，二者本质相同，只是分别处于不同的体段；另一派以牟宗三先生为代表，将"即"解释为"相继不离"，即太虚与气是一种本质与现象的关系，前者是本质层面，后者是本质层面的表现。具体请参见张岱年《中国哲学史大纲》，中国社会科学出版社1982年版；牟宗三《心体与性体》（上册），吉林出版集团有限责任公司2013年版。杨立华在《宋明理学十五讲》与《气本与神化：张载哲学述论》中对此有综合论述。本书认为太虚就是气，证据就在于"气之聚散于太虚，犹冰释于水"。冰与水是本质相同，形态不同的相同物质，与太虚与气的关系相同。

④ 《正蒙·太和》，《张载集》，中华书局1978年版，第7页。

⑤ 《正蒙·太和》，《张载集》，中华书局1978年版，第10页。

⑥ 《正蒙·乾称》，《张载集》，中华书局1978年版，第66页。

⑦ 《正蒙·乾称》，《张载集》，中华书局1978年版，第63页。

⑧ 《正蒙·太和》，《张载集》，中华书局1978年版，第10页。

皆神化之糟粕尔”。[①] 法象是指虚实、聚散、动静、清浊两体所引发的世间变化的具体体现，这与莱布尼茨的“不可辨识的同一性”具有异曲同工之妙。差异是万物存在的现象，“神化之糟粕”是指万物造化所留下的痕迹，既非恒常，又非绝对。因此程颢甚至得出这样的结论：“天地之间，只有一个感与应而已，更有甚事？”[②] 而“以万物本一，故一能合异；以其能合异，故谓之感；若非有异则无合。天性，乾坤、阴阳也，二端故有感，本一故能合”[③]。而“天包载万物于内，所感所性，乾坤、阴阳二端而已，无内外之合，无耳目之引取，与人物蕞然异矣。人能尽性知天，不为蕞然起见则几矣”[④]。“一能合异”之感与“阴阳两端之感”则将万物之感分为了三种不同类型的感，此三种不同的类型对应三种不同的纵向层次。首先是天地之感，即只是乾坤、两端之间的相感，无内外耳目之引取；其次是圣人之感，即能够尽性知天，少数人之感。最后是人与物的蕞然之感。何为蕞然之感？“以异而应，男女是也，二女同居则无感也；或以相悦而感，或以相畏而感，如虎先见犬，犬自不能去，犬若见虎则能避之；又如磁石引针，相应而感也。若以爱心而来者自相亲，以害心而来者相见容色自别。”[⑤]“蕞”为小，所谓人与人、物与物、人与物之间纷杂多样的感就是杂感小感。

3. 以万物感通为基础的横向展开之维

上述三种类型的感——天地之感、圣人之感、人物之感的本质区别在于“感而后有通”之“通”的程度之不同，而“通”的程度之不同决定了个体在世界中的位置与层次。“凡气清则通，昏则壅，清极则神。故聚而有间则风行，风行则声闻具达，清之验与！不行而至，通之极与！”[⑥]“通”是指“清”，反面是“昏”和“壅”，“清”达到极致的程度就是“神”。“太虚则清，清则无碍，无碍故神；反清为浊，浊则碍，碍则形。”[⑦] 至清无碍之太虚即为神，由气聚而成的万物正是因为所具有的“形

① 《正蒙·太和》，《张载集》，中华书局 1978 年版，第 9 页。
② （宋）程颢、程颐：《二程集》王孝鱼校注，中华书局 2004 年版，第 152 页。
③ 《正蒙·乾称》，《张载集》，中华书局 1978 年版，第 63 页。
④ 《正蒙·乾称》，《张载集》，中华书局 1978 年版，第 63 页。
⑤ 《横渠易说·下经》，《张载集》，中华书局 1978 年版，第 125 页。
⑥ 《正蒙·太和》，《张载集》，中华书局 1978 年版，第 9 页。
⑦ 《正蒙·太和》，《张载集》，中华书局 1978 年版，第 9 页。

器之私”而不能清晰地与万物相感通，中间充满“碍”、“塞”、“浊”、“壅”、“昏”，因此只能具有蕞然之感。但是，“客感客形与无感无形，惟尽性者一之”①。能够贯通“客感客形”的蕞然之感与“无感无形”的天地之感的，是能够尽性知天的圣人之感。圣人之感即“惟大人为能尽其道，是故立必俱立，知必周知，爱必兼爱，成不独成”②。圣人之感的通之程度为“天下之志之理”。所谓“能悦诸心，能通天下之志者”即为张载所谓的“天理”。

可见，作为“造化所成，无一物相肖者”③ 的多样性的世界中，人与物之间的感根据“清通壅蔽”的程度千差万别，“由通蔽开塞，所以有人物之别，由蔽有厚薄，故有智愚之别”④。但是个体正是由于感而建立起与他者的联系，建立起与世界的联系。世界由于感建立了人与人、物与物、人与物之间的相互通感与关切。人与物之感能够超越个体之私，突破个体之有限性，打破蕞然之感的闭塞与阻碍，这是感的目标所向，方向所指。这个“万物相感”的纵向面安顿了儒家伦常关系的合理性。而真正发动感的是“天命之谓性”的“性”，这是一种“动态可变”的性，它不仅指向他者，也指向主体的纵向提升，这不仅是张载为北宋亟待解决的儒家知识分子生活方式的合理性问题提供的答案，也为儒家工夫论的“智性实践”提供了奠定了基础。

（二）纵向面——强学胜气，变化气质

1. 感与性的辩证关系

在万物相感的横向之维中，“感通”或“感应”是万物的普遍恒常样态。但是，如何建立起万物之间真正无碍的感通，主体如何与他者建立真正本质的联系，则需要“性”提供动力与保障。“感者性之神，性者感之体。惟屈伸、动静、终始之能一也，故所以妙万物而谓之神，通万物而谓之道，体万物而谓之性。”⑤ 能体万物的性在于感通。感是性的表达，性是感的规定与依据。“体万物”是指“内在于万物而又能引生内而见诸外的作用。这样一来，‘感者性之神’，指的就是‘感’是‘性’的鼓动万物

① 《正蒙·太和》，《张载集》，中华书局 1978 年版，第 7 页。
② 《正蒙·诚明》，《张载集》，中华书局 1978 年版，第 21 页。
③ 《正蒙·太和》，《张载集》，中华书局 1978 年版，第 10 页。
④ 《拾遗·性理拾遗》，《张载集》，中华书局 1978 年版，第 374 页。
⑤ 《正蒙·乾称》，《张载集》，中华书局 1978 年版，第 63 页。

的作用；而‘性者感之体’，指的是‘性’是内在于‘感’，引生‘感’的，同时自身又是静止的。‘性’与‘感’指称的正是超越万物自身有限形体的作用。”① “感而后有通，不有两则无一”②，张载认为先有两后有一，万物造化均太虚感而生则聚为有象，而所谓宇宙的生化之道，则是“浮沉、升降、相感之性，是生缊、相荡、胜负、屈伸之始”③。因此，人性是动态的、由内而外感发而出的倾向与趋势。

“合虚与气，有性之名”④，合为贯通，即贯通太虚与气的作用为性。张载坚持弘扬并确立了孟子性善论在儒家道德论的基础地位。孟子的性善论带有先验内在善性与“天命之谓性”的预设。所谓“恻隐之心、羞恶之心、恭敬之心、是非之心”四个“不忍人之心”是为“善心”，对应人的四个先天“善端”：“恻隐之心，仁也；羞恶之心，义也；恭敬之心，礼也；是非之心，智也。仁义礼智，非由外铄我也，我固有之也，弗思耳矣。”⑤ 因此，人心天赋善心，人性天赋善性。张载坚持孟子性善论的立场，认为善为人性做内在具足的能力，性之善如水之向下，其势必呈现。在标举性善论的同时，张载为现实生活中“恶从何而来”的问题作出了说明，区分了天地之性与气质之性，德性之知与闻见之知，充实了儒家人性论的内涵。正如之后朱熹对张载人性论理论贡献的肯定：“气质之说、此起于张、程，某以为极有功于圣门，有补于后学，读之使人深有感于张、程，此前未有人说到此。……孟子说性善，但说得本原处，下面却不曾说得气质之性，所以矣费分疏。诸子说性恶与善恶混。使张、程之说早出，则者许多说话自不用纷争。故张、程之说立，则诸子之说泯矣。”⑥

2. “二性”之别

“合虚与气有性之名”⑦，“性”所涉之太虚与气都是本体，即可谓“性体”，此乃万物生成的根源，是道德价值的本原，也是心的宇宙论根源。“形而后有气质之性，善反之则天地之性存焉。故气质之性，君子有

---

① 杨立华：《论张载哲学中的感与性》，《中国哲学史》2005 年第 2 期，第 79—85 页。
② 《正蒙·太和》，《张载集》，中华书局 1978 年版，第 9 页。
③ 《正蒙·太和》，《张载集》，中华书局 1978 年版，第 7 页。
④ 《正蒙·太和》，《张载集》，中华书局 1978 年版，第 9 页。
⑤ 《孟子》卷十一，万丽华、蓝旭译注，中华书局 2006 年版，第 245 页。
⑥ 黎靖德：《朱子语类》卷四，王星贤校注，中华书局 1986 年版，第 70 页。
⑦ 《正蒙·太和》，《张载集》，中华书局 1978 年版，第 9 页。

弗性者焉。"[①] 由此，张载区分了"天地之性"和"气质之性"，这便区分了应然与实然两个层面。"天地之性"源于"太虚本性"，是善的根源；"气质之性"起于形体之后，是恶的根源。人只要能"善反"，能限制人欲，就自然合乎道德标准。

在"合两"的基础上对"成性"的强调是张载性论的一个重要特征。明代儒者徐必达在其《正蒙释·发明》中说："性者万物之一源，故曰'其总'；然有天地之性、气质之性两者，故曰合两。"[②] 因此，张载的"性其总，合两也"[③] 可理解为天地之性与气质之性的"两合"，所谓"天所性者通极于道；气之昏明不足以蔽之"[④]，而"性则宽褊昏明名不得，是性莫不同也"[⑤]。由此可见，天地之性具有人人都具备的普遍性，而气之殊异状态决定了气质之性。"形而后有气质之性"，"人之性虽同，气则有异。天下无两物一般，是以不同"[⑥]。气质之性不仅决定了人之性格、偏好、慧愚等特性不同，同时也是现实生活中恶产生的根源。天地之性具有纯净至善的本质，是行善的根基；气质之性成于气化之过程，是善恶相混的状态，是人性不能展露无遗的根源。

天地之性承载天地之感，气质之性承载蓦然之感，因此个体的"成性"之道就是气质之性返归天命之性的过程，是由"蓦然之感"返归"乾坤阴阳二端之感"的过程，是一个从受形器拘蔽、受限制的、受束缚的狭隘之感返回到清通无碍的广阔豁达的天地至善之境的过程。这便是"形而后有气质之性，善反之则天命之性存焉"[⑦]。"性未成则善恶混"[⑧]，人在自然状况下天地之性被气质之性所遮蔽缠绕，不能得到彰显，因此"成性"是人的内在本质要求，"故而继善者斯为善矣。恶尽去则善因以（亡）[成]，故亹亹而继善者斯为善矣。恶尽去则善因以（亡）'成'，故舍曰善而曰'成之者性［也］'。"[⑨] 如何"成性成人"是张载天道本体论指向

① 《正蒙·诚明》，《张载集》，中华书局1978年版，第23页。
② 林乐昌：《正蒙合校集释》（上），中华书局2011年版，第319页。
③ 《正蒙·诚明》，《张载集》，中华书局1978年版，第22页。
④ 《正蒙·诚明》，《张载集》，中华书局1978年版，第21页。
⑤ 《张子语录·语录下》，《张载集》，中华书局1978年版，第330页。
⑥ 《张子语录·语录下》，《张载集》，中华书局1978年版，第330页。
⑦ 《正蒙·诚明》，《张载集》，中华书局1978年版，第23页。
⑧ 《正蒙·诚明》，《张载集》，中华书局1978年版，第23页。
⑨ 《正蒙·诚明》，《张载集》，中华书局1978年版，第23页。

人性论的关键所在。

3. “强学胜气”，“变化气质以成性” 的个体纵向上升之维

正是由于气质之性遮蔽了至纯至善的天地之性，才有所谓的道德自觉与修养工夫存在的合理性。如何克服气质之性的负面作用，张载提出了“苟志于学则可以胜其气与习，此所以褊不害于明也”①，“为学大益，在自（能）［求］变化气质”②。因此通过学可以克服气质之性，以至“德生其气”，实现天地之性在个体生命中的展现。由此可见，张载所谓“成性”，在于通过一定的修养工夫实现人性的转化和提升，这是一种“内证内知”的道德超越路径，它将人的道德自觉和身体力行的修养工夫一体化，最终实现“知行合一”的实践旨趣和道德理想。这秉承了儒家一贯的“尽心—知性—知天”路径。与西方古典哲学的认识论不同，这种路径是一种“回返”的道德自力，即通过向自身所赋天命之性的返回，“存发善心，涵养善性，体悟天命，进入天人合一的源始亦终极之境”③。

为了摆脱“善恶混”的“性未成”状态，实现“存神尽性”的个体纵向升华，张载给出了一个“三步走”的路径：“由学者至颜子一节，由颜子至仲尼一节，是至难进也。二节犹二关。”④ 即学者、大人（颜子）、圣人（孔子）三个逐层提高的步骤与阶段。学者阶段是“知礼成性”与“变化气质”，实现“合内外之道”、“知行合一”的目的；大人（颜子）阶段是“能尽其道，是故立必俱立，知必周知，爱必兼爱，成不独成”⑤，超越个体成性，实现“术正成德”的“广业”目标；圣人（孔子）阶段是“不思不勉”的“尽性成德”以致达到“位天德”的“至诚”境界，这是最高最圆满的境界。“成性则跻圣而位天德”⑥ 即为“性与天道合一”的“天人合一”之境。

（三）“民胞物与，天人合一”的天道本体论与人性论贯通关系

张载以气为核心，以感为机制，以神为动力，以天人贯通为视域，阐

① 《张子语录·语录下》，《张载集》，中华书局1978年版，第330页。

② 《张载集》，中华书局1978年版，第274页。

③ 田薇：《自力与他力：关于基督教与儒家道德超越观念的检审》，《道德与文明》2006年第1期。

④ 《经学理窟·义理》，《张载集》，中华书局1978年版，第278页。

⑤ 《正蒙·诚明》，《张载集》，中华书局1978年版，第21页。

⑥ 《横渠易说·上经》，《张载集》，中华书局1978年版，第71页。

述“性与天道合一”的儒家天道人性同一论，建立了一种横纵经纬的天道本体与人性相贯通的天人一体观。他综合了孔孟的尽心而知性知天的“下行而上达”的路径与汉唐儒学的浑天说和宣夜说的宇宙结构论，“以《易经》为宗，以《中庸》为体，以孔孟为法”①，深刻扩展了“天人合一”思想。在凸显气本论的基础之上，发掘天道自然的天道本体论内涵，并建立了“天人合一”的贯通机制。最终阐明了儒家的道德人伦如何以天道自然的运行方式贯彻执行，反过来又阐明了人伦日常的道德理性如何在天道自然中获得形而上学的合法性，“合二为一”的天人关系开创了宋明理学“天人合一”的儒学高级形态，在传统观点的基础上推进了人与自然以及人之精神的中国思想之探索。张载天道本体论与人性论相贯通的“民胞物与，天人合一”体系具有以下三个特点。

1. “天人一气，万物同体”为儒家人性论提供天道本体论基础

张载的气本论对儒家伦理思想的最大贡献在于他为“天人合一”提供了天道本体论基础。在二程朱子尤为推崇的《西铭》中，张载道：“乾称父，坤称母，予兹藐焉，乃混然中处。故天地之塞，吾其体；天地之帅，吾其性。民吾同胞，物吾与也。”② 人与万物都是一气之聚散，“聚亦吾体，散亦吾体”③，因此人与天地、个体与宇宙都获得了天道本体论上的同一，人通过“大心体物，民胞物与”的方式体现并实现天人合一。

作为“混然中处”于天地之间的人是天地自然这个无限生命链条和系统整体中的一分子。“大其心”是要达到诚明之境界，诚乃最高的道德修养，明乃最高的智慧。要想达到这样的境界，则需要尽物穷理、尽心知性从而获得闻见之知，大心虚静、穷神知化从而获得德性之知。不以闻见梏其心，以天下万物为一体，超越形器之私，成全天地之性，最终实现王夫之对张载哲学的诠释——“存神尽性，全而归之”④。

2. “神—感—化”结构的“体用不二”的圆融机制

张载的“性与天道合一”的关键在于他所谓的性善具有超越个人生死与天地同在的绝对性、普遍性、必然性和永恒性。这种“天道性命相贯通”的立

① 转引自张载《宋史·张载传》，林乐昌编校，《张载全书》，西北大学出版社 2015 年版，第 459 页。

② 《正蒙·乾称》，《张载集》，中华书局 1978 年版，第 62 页。

③ 《正蒙·太和》，《张载集》，中华书局 1978 年版，第 7 页。

④ 陈来：《诠释与重建》，生活·读书·新知三联书店 2010 年版，第 355 页。

场，是与天道本体的超越性、普遍性、必然性和永恒性的观点相一致的。如何达到“体用不二”，张载提出了“神—感—化”的气论作用结构。

“一物两体，气也；一故神（自注：两在故不化），二故化（自注：推行于一），此天之所以参也。”① 一物就是指气，两体可以指太虚和气的两分，也可以指阴阳、乾坤、虚实、动静的两端的分化，“两体者，虚实也，动静也，聚散也，清浊也，其究一而已”②。而在这里则是指两种作用，一种是神的作用，一种是化的作用。神的作用是急的、迅速的、瞬间完成的，化的作用是缓的、慢慢的、有一定过程的，这是两种宇宙生化的过程。但是神的作用犹如象，并非能在有形之物之间使用单一感官感知得到，而是通过可感的有形之物的某些形态的变化所体现物物之间关系的变动而体现出来。“神不能用急辞，化不能用缓辞”，即“神”的作用是超越时间范畴的概念，“神”只能由“化”推断得到。在另一方面，“神”的作用也是使“化”的两端推行于“一”，因此“神”是“化”背后层面的动力，“神”也是贯通“化”的两端之中的“一”。张载所谓神，可被理解为形上学的最高层次，是宇宙价值的所在。“神天德，化天道。”③ 神是化的根源和本质，化是神的表现和展示。“感而遂通者神，又难专谓之化也。”④ 化表示相对独立的物之间有所感，但这种感达不到清通无碍的程度，神表示清通合一“遂通”状态，因此“一故神，譬之人身，四体皆一物，故触之而无不觉，不待心使至此而后觉也，此所谓‘感而遂通’，不行而至，不疾而速也”⑤。在体用关系中，“神，天德；化，天道。德，其体，道，其用，一于气也。”⑥ 神为体，化为用，化是对宇宙间氤氲不息的气之运动及生灭的实然把握，而神则是化的内在根源依据。在人伦道德层面，神对应至诚之天性，化对应不息之天命。只有到“人能至诚则性尽而神可穷矣，不息则命行而可化矣”。神作为动力因，天下之动成为“屈伸”、“形散与形聚”之间的相感。“神者，太虚妙应之目”⑦，作为“神化

① 《正蒙·参两篇》，《张载集》，中华书局 1978 年版，第 10 页。
② 《正蒙·太和》，《张载集》，中华书局 1978 年版，第 9 页。
③ 《正蒙·神化》，《张载集》，中华书局 1978 年版，第 15 页。
④ 《横渠易说·系辞上》，《张载集》，中华书局 1978 年版，第 201 页。
⑤ 《横渠易说·系辞上》，《张载集》，中华书局 1978 年版，第 200 页。
⑥ 《正蒙·神化，系辞上》，《张载集》，中华书局 1978 年版，第 15 页。
⑦ 《正蒙·太和》，《张载集》，中华书局 1978 年版，第 9 页。

之糟粕”的“客形”依据“天地法象”在神的作用下“生生不息”进行“化”。因此这样的宇宙为精神和价值提供了安顿，正如牟宗三所说，“体用不二，充实圆盈之教，乃中国既超越亦内在、最具体、最深远、最圆融、最真实之智慧之所在，乃自古而已然，此儒家所本有。”①

3. “为天地立心”突出人的主动性和能动性

关于人与自然的关系，张载较宋元明清时期的宋儒更加注重“人为”，即人的主动性和能动性。他说“气与志，天与人，有交胜之理”②，而“天能（为）［谓］性，人谋（为）［谓］能。大人尽性，不以天能为能而以人谋为能”③。张载所指的人所具有的“天地之性”在于人是自然大系统之后的尊贵知觉者，秉承天地之和气而生，禀赋天地之德，并有能力按照天地所赋予的“良能良善”发挥主观能动性。教人积极有为地“相天”、“弘道”，从而符合天地条理的秩序与和谐的圆融状态。张载提出“为天地立心”，是对《周易·复·彖》中“反复其道，七日来复，利有攸往”，中《彖》曰“‘反复其道，七日来复’，天行也；‘利有攸往’，刚长也。复，其见天地之心乎”④的进一步发挥，认为从天的有规律的周而复始可以看到“天地之心”。张载提出“大抵言［天地之心］者，天地之大德曰生，则以生物为本者，乃天地之心也”⑤。此处“天地之心”仅指天地作为万物的本体论根据的生成根据与能力，而“天本无心，及其生成万物，则须归功于天，曰：此天地之仁也”⑥。因此，“为天地立心”体现了自然目的论与道德目的论的统一，“天地之仁”则是天地的生生之德与人的德性价值的统一，人由此具有“事天诚身”的道德责任。因此，“为天地立心”，超越了所谓的主客或内外二分之法，自然地将天地之生生之德与人的性命合德统一在一起，并肯定了人的道德自觉与成性工夫的空间。“苟志于学则可以胜其气与习，此所以褊不害于明也。”⑦要通过学克服气质之性以及形器之私，这里所谓“学”正是“变化气质”的道德实践

① 牟宗三：《心体与性体》（上），吉林出版社 2013 年版，第 402 页。
② 《正蒙·太和》，《张载集》，中华书局 1978 年版，第 10 页。
③ 《正蒙·诚明》，《张载集》，中华书局 1978 年版，第 21 页。
④ 《十三经注疏·周易·彖传》，上海古籍出版社 1997 年版。
⑤ 《横渠易说·上经》，《张载集》，中华书局 1978 年版，第 113 页。
⑥ 《经学理窟·气质》，《张载集》，中华书局 1978 年版，第 266 页。
⑦ 《张子语录·语录下》，《张载集》，中华书局 1978 年版，第 330 页。

工夫。“为学大益，在自（能）［求］变化气质。”[①] 知天知人的进路是先确定价值方向和道德根据的“发源立本”，知人知天的进路是确定个体生命与天地创造之间的和谐贯通。

二　莱布尼茨与张载的本体论及方法论进路与导向比较

如前所述，张载的“元气说”与“气本论”所直面的是其所处时代的理论困境，莱布尼茨单子论也是如此，分析二者的思维进路和理论导向可以发现，无论二者建构其本体论思想的立论基础和结构层次，还是二者的宇宙论体系的逻辑进路与多重内涵，都具有一定的相似性和可比性。因此，在碰撞中剖析二者的本体论与方法论，在一种更为广阔的文明事业中，参照后世立论的发展，在批判的基础上“双向回溯”，展现二者如何证成一种可融合的统一宇宙论的“普遍理想”，并澄清二者如何以一种统一宇宙观为基础建立起一套通向人伦的价值体系。

莱布尼茨的力本论宇宙观与张载的气本论宇宙观具有理论亲和性，本部分试图从“气”与“力”动力宇宙论、“努力/形体”与“性/形”结构宇宙论、“两一叁”多元宇宙论三个方面对二者展开双向比较，力图在双方观点的碰撞中揭示其各自宇宙论的立论基础、结构层次、逻辑进路和理论面向，在批判的基础上分析二者建构宇宙观的逻辑进路与理论指向上的殊途同归。但是在科学面向及其是否信赖科学方法论的导向中两者又南辕北辙，这是回答“李约瑟问题”的关键点之一，也是在对比的视角下更加清晰地表明西方近代思想如何选择了走向近代科学的自然哲学以及相应的科学方法论，对这个问题的理解也可以为西方科学哲学以及中国儒家自然哲学应对当代现实问题提供某种建设性的观点。

（一）“气”与“力”——动力宇宙论

1. “两一叁”的天道本体论图景

为了应对 17 世纪非经院哲学自然观中的两种流行理论——笛卡尔的广延说（masse étendue）以及机械原子论的实体观，莱布尼茨提出了他的力本论实体观。在他看来，广延作为实体的本质，其同质性取消了世界的多

① 《横渠理窟·义理》，《张载集》，中华书局 1978 年版，第 274 页。

样性，且这个概念本身也存在诸多模糊性与复杂性；而物质原子论则与世界的连续律存在不可调和的矛盾。因此需要引入力（force）的概念，且这个力的概念属于形而上学的范畴。1686 年莱布尼茨在《学人期刊》（*Acta Eruditorum*）上发表的名为《对笛卡尔和其他人关于一条自然定律的一个值得注意的错误的简短证明，按照上帝总是被认作保持同样的运动量的原则，这条定律同样被他们在力学中误用了》① 的论文中首次将“力”表述为他整个哲学体系的核心概念，力就是实体的本质。他认为只在物质（原子）的或纯粹被动的东西（广延）里面找到真正统一性的原则（Les principes d'une véritable Unité）是不可能的，因为物质中的一切都是由可以无限分割的许多部分的聚集或堆积，但真正的单元（des Unitésvéritables）是一种实在的且有生命的点，是有形实体的“原子”，它包含某种形式或能动的成分，因此是一种完全的存在，能够承载真正的世界的复多。于是他再次引入了亚里士多德的“实体形式”的概念，亚里士多德称其为“第一隐德莱希（entéléchies premières）”②，莱布尼茨将其称为“原始的力（force primitives）”，以与“动力的次级的力”相区别。这种“原始的力”“不但包含着实现（acte）或可能性的完成，而且还包含着一种原始的活动（activité）”。③ 这种“原始的力”才是绝对没有部分的单元，是构成所有行动的根源，是通过理智分析世界得出的最终“元素”，因此是构成事物的绝对的最初本原。用它描述宇宙的运行时它可以被视作“数学的点”；用它描述有形实体的收缩时它可以被视作“物理学的点”，在莱布尼茨看来，只有它被视作形而上学的点——一种由形式或灵魂所构成的点时才是精确且实在的，这才能真正符合不可辨识的同一性原则，这种真正的单元

① A Brief Demonstration of A Notable Error of Descartes and Others Concerning A Natural Law, according to Which God Is Said Always to Conserve the same Quantity of Motion; A Law which They Also Misuse in Mechanics. *Acta Eruditorum*, March, 1686. L. E. Loemker, trans. &ed., G. W. Leibniz, *Philosophical Papers and Letters*, 2nd ed., Dordrecht: Reidel, 1969, pp. 296 – 302. 巴洛克时期发表的文章流行这样长的题目。——作者注

② 莱布尼茨曾指出，“隐德莱希”是采用亚里士多德哲学的概念，而形式（form）则是经院哲学的概念，两者只是名称不同，并无实质不同。具体详见 G. I. Gerhardt, ed., *Die Philosophischen Schriften von Gottfried Wilhelm Leibniz*, 7 Vols., Berlin: Weidman, 1875 – 1890, Reprint, Hildesheim: Olms, 1965 –, Ⅳ, p. 395. 因莱布尼茨认为经院哲学存在对亚里士多德哲学的曲解，本书采用“隐德莱希”的说法。

③ ［德］莱布尼茨：《新系统及其说明》，陈修斋译，商务印书馆 2013 年版，第 3 页。

才能构成世界的复多。

同样，为了应对北宋时期佛家之“空”与道家之“无中生有”的宇宙论所造成的“儒门淡薄，收拾不住”（宗门武库）的局面，原本关于宇宙和存在的佛教问题开始进入到儒学传统的研究范畴中。张载建立了一套以气为核心的形而上学宇宙论体系，在体现其完整思想的著作《正蒙》中说：“太虚不能无气，气不能不聚而为万物，万物不能不散而为太虚，循是出入，是皆不得已而然也。”① 太虚与气的关系是“气之聚散于太虚，犹冰凝释于水，知太虚即气，则无无”②。太虚是气的本然之体，是与气本质相同的东西，③ 是形而上学的存在，因此“太虚无形，气之本体”④。张载的气本论代表了中国哲学从物质性的范畴解释世界的构成的努力。“万物虽多，其实一物”⑤ 即为气。“阴阳之气，散则万殊，人莫知其一也”⑥。因此，“知虚空即气，则有无、隐显、神化，性命通一无二，顾聚散、出入，形不形，能推本所从来，则深于易者也。”⑦ 世间万物之有无、有形无形、变化发展、天道人性等都落实在“气”及其变化之上，气是万物本然之源。张载所指的气绝非如蒸汽的气体，而是构成宇宙万物的单位，它处于不断的运动变化之中，或聚而成器，或散而复归混沌之态。因此，气可以分为两种，一种是原始未分处于至清至明的无形状态，这就是虚气；另一种是凝聚成形的化生状态，就是气。“气本之虚则湛无形，感而生则聚而又象”⑧。在张载看来，无物不以“气”成，任何显现都可以用气的性

---

① 《正蒙·太和篇》，《张载集》，中华书局 1978 年版，第 7 页。

② 《正蒙·太和篇》，《张载集》，中华书局 1978 年版，第 8 页。

③ 关于“太虚即气”的解释，学界根据“即”在古汉语中的两种解释分为两派分别持两种不同的观点。一派以张岱年先生为代表，将“即”理解为“是”，即“太虚是气”，二者本质相同，只是分别处于不同的体段；另一派以牟宗三先生为代表，将“即”解释为“相继不离”，即太虚与气是一种本质与现象的关系，前者是本质层面，后者是本质层面的表现。具体请参加张岱年《中国哲学史大纲》，中国社会科学出版社 1982 年版；牟宗三《心体与性体》（上册），吉林出版集团有限责任公司，2013 年。杨立华在气《宋明理学十五讲》与《气本与神化：张载哲学述论》中对此有综合论述。本书认为太虚就是气，证据就在于“气之聚散于太虚，犹冰释于水。”冰与水是本质相同，形态不同的相同物质，同太虚与气的关系。

④ 《正蒙·太和篇》，《张载集》，中华书局 1978 年版，第 7 页。

⑤ 《正蒙·太和篇》，《张载集》，中华书局 1978 年版，第 10 页。

⑥ 《正蒙·乾称篇》，《张载集》，中华书局 1978 年版，第 66 页。

⑦ 《正蒙·太和篇》，《张载集》，中华书局 1978 年版，第 8 页。

⑧ 《正蒙·太和篇》，《张载集》，中华书局 1978 年版，第 10 页。

质来解释。

2. “两一叁”的天道本体论图景

莱布尼茨认为单子作为上帝的创造物，必是无生无灭的。“唯独上帝是原初单一体（Ur-Einheit）或原初单子（Ur-Monade）。一切被创造的或者衍生的单子都是他的产物，可以说它们是通过神性之无瞬息的闪光产生的——只是这闪光受到了本质上有限的创造物的接纳能力的限制。”① 上帝与单子之间的这种被造关系确立了单子的个体性以及与上帝之间的本质共通性。② 由于这种神创关系，作为隐德莱希的承载以及高层次的存在的理性灵魂或心灵必然遵循高贵的法则，“不会感染任何能使它们失去作为心灵社会公民身份的素质”③，它们由于本身作为人格所赋有的道德属性，必然不会消灭。作为被动的力且与灵魂相即不离的形体（或物质）④ 是被隐德莱希统一在一起成为某个具体现实的实体，于是单子无生无灭，永远都处在一种以隐德莱希为中心的“持续不断的涌进和溢出的激流般的状态，始终有些部分进，有些部分出。”⑤ 莱布尼茨由此用以彻底否定灵魂转世或轮回的（Metampsychose）的存在。除了上帝，世间不会存在完全脱离形体的灵魂，形体只是存在同一实体中器官的不同折叠与展开的变形。这是一个动态的瞬息万变的世界图景。在莱布尼茨看来，机械的原则本身以及运动的法则并未对实体及其世界提供充足的理由，因此他引入“力”或“力量（puissance）”作为物质能够活动且能够“抵抗”的内在本质。他认为“力是介于能力与行动之间的东西，它包含着一种努力，一种作为，一种‘隐德莱希’，因为‘力’只要不受什么阻碍，本身就会过渡到行动。”⑥ 因此实体本身就具有动力因，其自身就是运动的原则，力按照自身禀赋的自然目的不断由潜能变为实现，这种承载道德内在性的原则属于形而上学的范畴，

① ［德］莱布尼茨：《神义论》，朱雁冰译，生活·读书·新知三联书店 2007 年版，第 490 页。

② 莱布尼茨将上帝的创世行为表述为“闪耀（fulguration）”，意在“创造”说和“流溢”说之间寻找某种调和的方法。“创造”可能降低上帝与被造实体之间的同一性，“流溢”可能降低被造实体相对于上帝的独立性。“闪耀”则表示单子绝非无中生有的被创造出来，也非上帝的绝对必然的产物或形式。

③ ［德］莱布尼茨：《新系统及其说明》，陈修斋译，商务印书馆 2013 年版，第 5 页。

④ 这里所指的物质包括莱布尼茨的形体（corps）即人和动物的“身体”或“躯体”，也包含一般的物体。

⑤ ［德］莱布尼茨：《神义论》，朱雁冰译，生活·读书·新知三联书店 2007 年版，第 496 页。

⑥ ［德］莱布尼茨：《新系统及其说明》，陈修斋译，商务印书馆 2013 年版，第 25 页。

而非物理学或数学的范畴。由此，莱布尼茨的世界获得了其自在的鲜活的欣欣向荣的生命力。此外，由于力的连续性以及上帝的无限完满性，虚空是不存在的，宇宙万物均处在普遍联系的连续状态中，“自然永远不跳跃”，实体按照隐德莱希的动力因与目的因不断地展开宇宙并实现自身的存在。

张载的虚气论直面的正是释氏之“寂灭”与道家之“无”。“若谓虚能生气，则虚无穷，气有限，体用殊绝，入老氏‘有生于无’自然之论，不识所谓有无混一之常。若谓万象为太虚中所见之物，则物与虚不相资，形自形，性自性，形性、天人不相待而有，陷于浮屠以山河大地为见病之说。”① 虚是无穷的，形是有限的，本体和表现之间是隔绝的，因此道家所谓“有生于无”的观点是错误的。如果太虚中所见之物都是性和形、天与人之间相隔断的，那么“形自形，性自性”的结果必然导致宇宙万物都是虚妄的，因此佛家“万物皆空”的观点也是错误的。张载反对以空或无为本的世界观，其策略就是确定气就是宇宙实有的基础，只有确定了宇宙的实有性，才能为人的生命、人性、伦理和价值的存在奠定基础，避免掉入虚无主义的泥潭。“太虚不能无气，气不能不聚而为万物，万物不能不散而为太虚，循是出入，是皆不得已而然也。”② 既然太虚与气是本质相同的，有形之万物由气构成，那么无形之太虚就是氤氲不息的气化过程的一个过渡阶段，“至虚之实，实而不固；至静之动，动而不穷。实而不固，则一而散；动而不穷，则往且来。”③，是一种不凝固僵化的“一而散”的实体状态，而无形之太虚正是气本来所是的样子。④ 太虚与气的不断生化的状态是宇宙生生不息的本源，中国思维执着于存有的连续和自然的和谐，气是空间连续的物质力量，也是生命的力量，因气也可以被认作是生命力，这便展示了一个虚气循环、无生无灭、生生不息的宇宙图景。

（二）“努力/形体”与“性/形”——结构宇宙论

（1）“努力”与“性”

按照希腊以降的西方传统，力被理解为应该除了产生运动之外别无他处，也就是说如果说力是现实的，那么力就应该存在于实施之中。到了莱布尼茨的时代，人们都试图精确地规定并确定这种力，因此随即而来的是

---

① 《正蒙·太和篇》,《张载集》，中华书局 1978 年版，第 8 页。
② 《正蒙·太和篇》,《张载集》，中华书局 1978 年版，第 7 页。
③ 《正蒙·乾称》,《张载集》，中华书局 1978 年版，第 64 页。
④ 张岱年：《中国哲学史大纲》，中国社会科学出版社 1982 年版，第 44 页。

物理学逐渐脱离自然哲学，与形而上学假设逐渐划清界限。牛顿的“我不做假设”成为新科学的口号。但是莱布尼茨的“力”却有着更根本的内涵，它是一种本质的力［*vim moricem*］，被先验地赋予实体，是实体内在的努力［*conatus*］或“第一隐德莱希”，它专属于不同的实体，先于实体的广延，属于形而上学的范畴。运动只是物体运动的状态的外在现象。在莱布尼茨看来，即使是未能表现为运动的力，也是“致力于”产生作用的。即使物体静止不动，它的内在“努力”也是起作用的。这种“努力”是实体专属的，它的作用是“统摄”实体成为一个独立的统一个体，它不仅是独一无二的，它使实体是其所是，并以此为中心使主体不断展开成为现实的存在。正如罗斯所说，莱布尼茨较之牛顿的高明之处正是在于将形而上学再次引入物理学，19 世纪末 20 世纪初物理学的革命为此提供了例证。① 与张载的“造化所成，无一物相肖者”② 同理，莱布尼茨认为不可辨识的同一性是世界的基本原则之一，实体的“不可辨识”与上帝的理智不符，宇宙中没有任何两个实体是完全相同无法分辨的。因此真正的实体必须能够跳出无限可分性的悖论，通过一种统一自身的力量而成为真正的“一”。这种使实体成为“一”的力量就是这种“努力”，无论其统摄下的形体或物质如何像河流一样处于永恒的流动与变化之中，这种“努力”都是永恒不变的，它是实体是其所是的根基。

张载的“性”与莱布尼茨的“努力”具有某种相通性。张载提出“性者万物之一源，非有我之得私也。”③ 世间万物均有其“性”。“散入无形，适得吾体；聚为有象，不失吾常。”④ “性”是普遍且永存的。针对佛老之论，张载以儒家的天道论为基础“自立说以明性”。⑤ “由太虚，有天之名；由气化，有道之名；合虚与气，有性之名；合性与知觉，有心之名。”⑥ 在这句通常被认作张载哲学总纲的论述中，对“合”的理解则包含了张载关于“性”的思想。首先，“合”理解为“和”。“太虚”是“气”散而未聚的本然状态，因此无形的太虚具有至高无上的“天”的

---

① 罗斯：《莱布尼茨》，张传友译，中国社会科学出版社 1987 年版。
② 《正蒙·太和篇》，《张载集》，中华书局 1978 年版，第 10 页。
③ 《正蒙·诚明篇》，《张载集》，中华书局 1978 年版，第 21 页。
④ 《正蒙·太和篇》，《张载集》，中华书局 1978 年版，第 7 页。
⑤ 《经学理窟·义理》，《张载集》，中华书局 1978 年版，第 275 页。
⑥ 《正蒙·太和篇》，《张载集》，中华书局 1978 年版，第 9 页。

名，不断聚散变化的气构成宇宙万物，被天包载的万物由不断运动变化的“气”构成，“道”由此得名，无论是天之运行还是道之变化，都是固有之“性”，“性”乃太虚之聚散以及气化之道的根源，也是一切造化万物的内在本质。由此，“性与天道不见乎小大之别也”，[①]“天地生万物，所受虽不同，皆无须臾之不感，所谓性即天道也。”[②] 其次，“合”理解为“贯通”。“合虚与气”对应前面“天”与“道”，因此“合虚与气，有性之名”可以理解成“合天与道，有性之名”，太虚乃气之本体，“合”在这里表示贯通，因此性的作用在于贯通虚与气或天与道。于是，“性”规定了人的本质。现实的人性是贯通或统一“天”与“道”，即得自“天”的“天地之性”与得自“形”的“气质之性”的混合体。这正与“性其总，合两也”[③] 的含义相互呼应。根源于太虚本体的“至善”是天地之性的本体依据，也是现实层面的气质之性的道德根据与方向。最后，在上述“合”为“贯通”之意的基础上，“合”理解为一种倾向，即人性本身包含一种内在的倾向，即性表示了一种返回“天地之性”的倾向。“天地之塞，吾其体；天地之帅，吾其性。”[④] 张载将人性分为天地之性与气质之性，天地之性是纯善无恶的，是普遍之人性之根源，才是真正的“性”，“气质之性，君子有弗性者焉”，“形而后有气质之性”，[⑤] 人获得有形之私后获得的气质之性并非真正意义上的人性，需“善反之则天地之性存焉。”[⑥] 因此“天性在人，正犹水性之在冰，凝释虽异，为物一也；受光有大小、昏明，其照纳不二也。”[⑦] 天性犹如冰的水性，虽性状不同，但本质不变，正如人的气质禀性之中的刚柔、智愚、善恶的不同。只有通过“善反”的“成性”过程，即从“蔽”、“塞”变成“通”、“开”，达到“感”和“通”，超越“气质之性”，返回“天地之性”，最终“继善成性”。“合”表示“气质之性”返回“天地之性”的倾向。

---

① 《正蒙·诚明篇》,《张载集》，中华书局 1978 年版，第 20 页。
② 《正蒙·乾称篇》,《张载集》，中华书局 1978 年版，第 63 页。
③ 《正蒙·诚明篇》,《张载集》，中华书局 1978 年版，第 22 页。
④ 《正蒙·乾称篇》,《张载集》，中华书局 1978 年版，第 62 页。
⑤ 《正蒙·诚明篇》,《张载集》，中华书局 1978 年版，第 23 页。
⑥ 《正蒙·诚明篇》,《张载集》，中华书局 1978 年版，第 23 页。
⑦ 《正蒙·诚明篇》,《张载集》，中华书局 1978 年版，第 22 页。

（2）“形体”与“客形”

虽然单子通常被认作是“形而上学的点”，但莱布尼茨明确指出“灵魂决不会没有形体”①。形体的本质是广延，形体并非实体，只有灵魂包含隐德莱希。“我将一个隐德莱希，一个与整个有机形体（organic body）发生联系的原初被动力（primary passive force）赋予单子或简单实体（simple substance）以使之具有完整性……我因此区分：（1）第一隐德莱希（primary entelechy）或灵魂（soul）；（2）原初物质（primary matter）或原初被动力；（3）由这两者组成具有完整性的单子；……”② 这段话说明了三者的不同，单子是简单实体，作为真正自然或世界的个体，虽不可分，却具有内部结构，即由最初元极或灵魂与原初物质或原初被动力两者组成一个完整的单纯实体，这种单纯实体被莱布尼茨常称为有形实体（substances corporelles），以此作为自然的组成单位。在“关于《人类理智新论》中身心问题的补充”一文中，莱布尼茨对弗朗西斯·拉米（Francois Lamy）在其“自我的知识”的批评进行回应时提道：“经院哲学中认为灵魂和物质存在一些不完整性的观点并非人们认为的那样可笑。因为缺少灵魂、形式或元极的物质是纯粹被动的，缺少物质的灵魂是纯粹主动的。一个完整的有形实体，经院哲学中的一［*unum per se*］（多或聚集物的相对概念），必须源自联合体或整体的原则，同时能够组成大量的种类。如果只包含原始物质，则其完全是被动的。”③ 因此，无论是在逻辑的意义上，还是在形而上学的意义上，形体都必然存在，且与隐德莱希共同构成自然实在的基本单元。隐德莱希与形体的结合并非一般性的现象的连接，而是一种有机的联结。作为主体性根本的隐德莱希与不断“流入溢出”的物质形体共同为生生不息的自然世界提供存在论的基础。按照对莱布尼茨“二元平行”论的解释，形体属于现象的领域，是机械的力的王国；隐德莱希属于道德的领域，是神恩的道德的王国。但是无论上帝是位“工程师”还是一位“慈爱的父亲”，形体在莱布尼茨的宇宙论中是具有必要性的。形体的存在，作为被动的力为主动性的“隐德莱希”提供逻辑必然性；作为现实世界的

---

① ［德］莱布尼茨：《新系统及其说明》，陈修斋译，商务印书馆 2013 年版，第 20 页。

② C. I. Gerhardt, ed., *Die Philosophischen Schriften von Gottfried Wilhelm Leibniz*, 7 Vols., Berlin: Weidman, 1875 – 1890, Reprint, Hildesheim: Olms, 1965 –, Ⅱ, p. 252.

③ C. I. Gerhardt, ed., *Die Philosophischen Schriften von Gottfried Wilhelm Leibniz*, 7 Vols., Berlin: Weidman, 1875 – 1890, Reprint, Hildesheim: Olms, 1965 –, Ⅳ, pp. 572 – 573.

有形之物为现实的人之罪恶及其道德伦理提供形而上学的理论基础。

“性通乎气之外，命行乎气之内，气无内外，假有形而言尔。”① 在张载看来，性乃天道，命乃现实，气并无内外之分，只是借助于有形与无形加以言说。张载所谓具有普遍性的“天性”落实到具体的人身上就是“命”，因此气质之性与“命”同属一个层次。“太虚无形，气之本体，其聚其散，变化之客形尔。”② 世间万物分为有形与无形，形有气聚而成，因此称为“客形”。“气聚则离明得施而有形，气不聚则离明不得施而无形。方其聚也，安得不谓之客？方其散也，安得遽谓之无？故圣人仰观俯察，但云‘知幽明之故’，不云‘知有无之故’。盈天地之间者，法象而已；文理之察，非离不相睹也。方其形也，有以知幽之因，方其不形也，有以知明之故。”③ “形”是非恒常的短暂存在，由聚而成，由散而灭。不存在“有无”之境，只存在气的“幽明”之别。太虚与气的关系就是无形之气与有形之气的关系，且无形太虚聚为有形之气而成天地万物，并且“屈伸相感无穷”，此间为万物之生生不息，片刻不停的生生，片刻不停地在“幽明之间”反原。由于“形”之变幻不息，因此“形而下者不足言”，张载的理论面向最终朝向的是形而上的“天”与“神”。“形”与“不形”是区分形而上者与形而下者的标准，因此所有没有形体的存在都属于形而上者。“‘形而上者’是无形体者，故形而上者谓之道也；‘形而下者’是有形体者，故形而下者谓之器。无形迹者即道也，如大德敦化是也；有形迹者即器也，见于事实即礼义是也。”④ 张载说“有变则有象”，因此大德敦化虽无具体形迹，但由其产生的变化是可以因象而被知觉的，因此“道”属于“无形有象”的范围，而“器”属于“有形有象”的范围。但张载的形上学的最高等级是神。“散殊而可象为气，清通而不可象为神。”⑤ 因此，神为张载的气本论提供了安顿价值的可能性，因此张载的宇宙图式已经呈现出来，有形有象的气（或万物）是第一等级，无形有象的太虚属于第二等级，这两个等级构成宇宙的现象层面，无形无象的神处于最高层次，它构成宇宙的本质层面，是价值的落脚点，是贯穿于气与太虚之中的

① 《正蒙·诚明篇》,《张载集》，中华书局 1978 年版，第 21 页。
② 《正蒙·太和篇》,《张载集》，中华书局 1978 年版，第 7 页。
③ 《正蒙·太和篇》,《张载集》，中华书局 1978 年版，第 8 页。
④ 《横渠易说·系辞上》,《张载集》，中华书局 1978 年版，第 207 页。
⑤ 《正蒙·太和篇》,《张载集》，中华书局 1978 年版，第 7 页。

动力因。值得注意的是，张载所谓的神并非莱布尼茨思想中外在的人格化的神或上帝，而是仍然内在于气的，且通过“气”与“化”的过程来表现出来的。“气之性本虚而神，则神与性乃气所固有，此鬼神所以体物而不可遗也。”①

（三）“两一叁”模式——多元宇宙论

莱布尼茨之所以提出力本论的一个最重要的原因主要就是处理“两与一”与“多与一”的关系。“两与一”的关系问题是指笛卡尔二元论哲学所带来的“二元交通”问题，即形体与灵魂的交通问题。作为两种不同质的实体范畴，其两者之间的交流互动在理论上遇到了困难，笛卡尔的“松果腺”甚至成为所有理论的攻击目标。莱布尼茨可谓“另辟蹊径”，将此“二元”的协同一致交于了上帝赋予的“前定和谐”，使得在形而上学上完全独立的“二元”不受任何其他被造物的影响，按照预先规定好了的相互关系产生所谓“二元”系统之间的交通（communication）。“多与一”的关系问题是指笛卡尔将广延作为实体本质从而取消世界的多样性所产生的理论困境，即如果广延作为一种可以被表示为长宽高的连续的同质，世界的多样性将如何作解？斯宾诺莎的“上帝即自然”虽为实体的同一性提供解释，但也面临世界的多样性问题更加无能为力。莱布尼茨的力本论真正使每一个个体性的实体都按其自身确定的本性而演进。他不再强调世界的唯一，因而强调个体性的实体是他们自身活动的原因。“不可辨识的同一性”是莱布尼茨力本论实体观的一个变现，“世上无两片相同的树叶”，有多少隐德莱希就有多少实体。无限多的个体在“前定和谐”的形而上学前提下展开多元宇宙的秩序。莱布尼茨以此构建了一种“二元——上帝——多样”模式的“两一叁”多样宇宙论。

与莱布尼茨先确认“二元系统”然后用“前定和谐”使之“协同如一”，并通过“不可辨识的同一性”保证了世界的“多样性”的“两一叁”的逻辑进路相同，张载关于世界多样性与统一性的思想很有特点，不同于中国传统所谓“道生一，一生二，二生三”的“一两叁”思维，他认为“两不立则一不可见，一不可见则两之用息。两体者，虚实也，动静也，聚散也，清浊也，其究一而已。有两则有一，是太极也。”② 因此，

---

① 《正蒙·乾称篇》，《张载集》，中华书局1978年版，第63页。

② 《横渠易说·说卦》，《张载集》，中华书局1978年版，第233页。

“两”是“一”存在的逻辑前提，有“两”才能有“一”；但是“两”必合于“一”，“一”为“两”提供限制性，这种限制性是动态性宇宙的保证。如果不是先有“两”再有“一”，即“若一则有［两］，有两亦［一］在，无两亦一在。然则两则安用一？”那么就是不管有无“两”，“一”都存在，这显然是逻辑错误。与此同时，“不以太极，空虚而已。”如果不以太极为“一”来统一“两”，则宇宙只是空虚，“非天参也。”[①] 这就取消了世界的多样性和生生不息存在的基础。在张载看来，“两”是世界存在基础形式。“若阴阳之气，则循环迭至，聚散相荡，升降相求，絪缊相揉，盖相兼相制，欲一之而不能，此其所以屈伸无方，运行不息，莫或使之，不曰性命之理，谓之何哉？”[②] 性命之理在于气的阴阳两种作用，既是“相荡”而又“相求”，既是“相兼”而又“相制”，这是世间万物的发展变化的基本原则。

“两一叁”关系确立了张载的宇宙观的逻辑基础。一方面，对立的、分化的、相互运行不息的“两体”是世界存在的本源形态，张载拒绝一种没有分化的、静止的、僵化的、一团死寂的宇宙论，诸如佛老之说。另一方面，如果仅有“两体”，没有一个能够统一阴阳、动静、虚实、昼夜等两端的“一”或“神”，那么世界必定是分裂的，这种宇宙观与现实世界相悖，因此也是不能被接受的。因此“一物两体，气也；一故神（自注：两在故不测），两故化（自注：推行于一），此天之所以参也。”[③] 这种“两一叁”的宇宙观同时也奠定了张载整个哲学思想的基本逻辑框架。首先，世界本源分为两端，此端通过相互感通、相互转化、相互作用实现世界的多样性和生生不息，实现“两端”之“统一”的正是“一”、“太极”、“神”或“性”的作用。即所谓“客感客形与无感无形，惟尽性者一也。”[④] 因此“地所以两，分刚柔男女而效之，法也；天所以参，一太极两仪而象之，性也。”[⑤]

① 《横渠易说·说卦》，《张载集》，中华书局1978年版，第234页。
② 《正蒙·参两篇》，《张载集》，中华书局1978年版，第12页。
③ 《正蒙·参两篇》，《张载集》，中华书局1978年版，第10页。
④ 《正蒙·太和篇》，《张载集》，中华书局1978年版，第7页。
⑤ 《正蒙·参两篇》，《张载集》，中华书局1978年版，第10页。

三　二者代表的中西宇宙观的科学导向

无论是莱布尼茨的“努力”或“隐德莱希”，还是张载的“太虚”与“气”，都代表了重视宇宙论建构及其所承载的解释自然以及人性的重要意义的思想，莱布尼茨的力本论代表了试图调节经院哲学亚里士多德主义的概念与近代怀疑主义方法论以及机械论哲学的努力，张载的气本论则代表了中国哲学尝试从物质层面的范畴解释世界构成的尝试。虽然二者的初衷不同，但最终殊途同归——将一种静态的世界本原融入一种生生不息、五彩斑斓的宇宙图景。

张载作为北宋理学的奠基人物，其唯气的本根论最终指向并落实在人性、价值、道德伦理与人生观上，“形而上者是无形体者，故形而上者谓之道也；形而下者是有形体者，故形而下者谓之器。无形迹者即道也，如大德敦化是也；有形迹者即器也，见于事实即礼义是也。”[①] 因此，有形无形最终都落实到“大德敦化与礼仪伦常”，“性与天道合一存乎诚”[②] 天道的“至诚”为人伦纲常提供应然的价值基础，这里所谓的道是超越或先验于具体有形存在的形而上的动力源，使得“太和”成为一个气与化的世界的整体实然状态，太虚与气在生生不息的实然过程中具体体现诚与人性天理的同一。按照以诚为本的天理，使多样的个殊存在者按照始终贯穿世界的诚，朝向尽性知天的目标，作为体现天理的必要环节去接近于道，这是中国哲学对天道性命的统一性研究范式。

但是，莱布尼茨的力本论与张载的气本论的形而上学及其方法论虽然都指向了实体的物质面向以及世界的活力与生生不息，但最终二者的理论与方法论走向是不同的，甚至是截然相反的。尽管莱布尼茨强调了形而上学在解释世界过程中的不可或缺性，但其形而上学原则是直接落实在物理学以及物理定律的导出——原因和结果相等的形而上学原则致使他坚信自然界中的力的守恒性。在某种意义上我们可以说，莱布尼茨总是试图将自然哲学或物理学中的各种现象的解释都纳入到他的形而上学信念中，如主动性作为实体的本质以及随之而来的“力”作为“无形体的自动

① 《横渠易说·系辞上》，《张载集》，中华书局1978年版，第207页。
② 《正蒙·诚明篇》，《张载集》，中华书局1978年版，第20页。

机”——有形实体的本质以及力的守恒性，并且用他的形而上学（理性与现象相统一）与具体经验科学的结果（完全弹性碰撞中的相对速度、动量和动能守恒，以及与落体运动的不同等）统一成为一种自然科学的体系，其中各部分之间相互支持，这种理论进路与科学方法论反而造就并推动了自然科学的独立，甚至为现代物理学的力、能量和熵理论提供了一种解释范式。

第二节　莱布尼茨科学方法论面对的问题——“外部世界”的客观性

莱布尼茨认为世界的本体是力，力的形而上学根基在于推动单子内在知觉变化的努力，因此单子所有对世界的认知都在自身意识的内部，无论是个体对自身的对象化认识，还是对其他单子及其关系的对象化认知都处于单子的“内部世界”。因此可以说，莱布尼茨面对的自然世界乃至整个统一性世界对于单子来说都因其对象化似乎成为“外部世界”，但实质由于都是单子主体的意识，因而由此建立的科学方法论面对的对象的实质是一种可以被称作主体主义的世界观。在某种意义上，莱布尼茨的单子论可谓是主体主义哲学甚至“唯我论”的典型代表，因为这种以主体或以“我”为唯一基础的自然观缺乏了客观性的基础。康德在处理时空问题、认识论和实践论的核心目标之一就是要解决“外部世界”的客观性问题，虽然最终他以物自体来确保外部世界的“客观性”，但最终他依然在主体性哲学的范围里。

主体主义哲学是由主体性哲学引申而来的一种极端形式。当代哲学的重要任务之一就是对主体性哲学进行意识形态批判，批判的最终指向在于揭示“普遍主体”所掩盖的不平等及其特殊利益。主体性哲学如果将主体“推向极端”就是主体主义哲学，这种哲学有时又被诟病为“唯我论”，主体主义或“唯我”的认识论势必会产生“外部世界”的客观性问题。康德、黑格尔等都致力于解答这个问题。而对这个问题的回应也往往成为这类理论最容易受到“攻击”的软肋。

一　主体主义哲学的“外部世界”问题

如何面对主体主义哲学的“外部世界”问题，首先需要澄清何为主体及主体主义。对此概念内涵的分析继而就会产生“外部世界”的概念。有“内在”则应有“外在”，有“主体”则应有“客体”，有了“客体”则出现了“对象性（gegenständliche）”。因此“外部世界”应该是主体面对的“对象性的世界”。其次要解释何为“客观性”，这不仅涉及本体论中的“物质”，也会涉及认识论中的“对象”，“对象”的确认性依赖于本体的“物质”观。

（一）主体性与主体主义哲学

自柏拉图的理念论开始，在实在世界与现象世界之间游走的哲学家们就已经充分预设了主体的概念，理念论可以被理解为认识主体关于不断变化的实在世界的知识何以可能的问题。亚里士多德的实体概念给予了认识主体一种先验论证，即存在某种不变且可以被主体认识的知识。认识主体与主体性是不同的，主体性的概念来自于中世纪神学中的个体性概念。奥古斯丁在《论意志的自由选择》中涉及了认知者概念，在解决个人过失责任归属问题时讨论人的本质进而讨论了个体性问题。虽然亚里士多德认为知识是关于认识客体的功能并且依赖于认识客体，即主客体的两面性都得到了确认。但由于中世纪对于超自然的神迹或启示等因素的强调，将创造与认识都建立在神学基础之上，作为突显人性的启蒙运动“再次引入”的个体性带有明显的主体性特点——相信自然自成总体，事物具有自因，自我成为主体，于是开创了一种主体主义传统的先河。

笛卡尔将个体性带入进自我意识的自我概念，由个体自我上升到了人类的主体性问题，赋予认识论一种新的形式——就一般而言对于知识条件的主体性考虑。于是亚里士多德的主客体被双面同等确认的局面逐渐改变，走向了主体性的“自我意识”和思维的内在性一面。由此，“从笛卡尔起，我们踏入了一种独立的哲学。这种哲学明白：它自己是独立地从理性而来，自我意识是真理的主要环节。……在这个新的时期，哲学的原则是从自身出发的思维，是内在性，这种内在性一般地表现在基督教里，是新教的原则。现在的一般原则是坚持内在性自身，抛弃僵死的外在性和权威，认为站不住脚。按照这个内在性原则，思维，独立的思维，最内在的东西，最纯粹的内在顶峰，就是现在自觉地提出的这种内在性。”① 这是近代主体主义哲学的集中表述。以思维为出发点表明了主体主义哲学只能在认识论的层面上处理“外部世界”的客观性问题。因此问题转化为如何确保认识的不是幻象，或者说如何将“清晰明白”的确定性与真理等同起来，笛卡尔不能给出任何答案。于是，后笛卡尔的认识论走向了主体性“内部”。

（二）“外部世界”问题

进入主体性的“内部”，对象性的世界即为主体的“外部世界”。如果仅仅由自我意识的主体性出发，就会面临主观性与客观性的问题。如果缺乏了一致或确证的对象，我们的个体认知似乎无法获得客观性的基础。作为主体主义哲学最典型代表的单子论曾遭到罗素尖锐地质询，而质询的实质正是“外部世界”所引起的矛盾。“这里，莱布尼茨本来应该发现存在着一个很大的困难——这困难困扰着每一种单子论，而且一般地也困扰着每一种在承认外部世界的同时又坚持空间的主观性的哲学。”② 如本书前面已经分析过的，罗素认为莱布尼茨其实不自觉地会在两种时空观——主观时空观和客观时空观之间徘徊不定，原因在于主观时空观仅限于每个单子内部知觉之间的关系，而客观时空观给予知觉间的关系涉及知觉的对象作为对应物之间的关系：这种关系涉及所有单子，且在任意一个可能世界中都存在这样一个共同确定的关系，因此这种关系具有某种客观性——都有且只有同一个时间空间关系。此处，“每一个单子论”可以视作主体主义哲学的一种别称，单子论中“纯粹观念的东西”、“理性的存在物”、“心理的东西”等都是对其时空关系的定性。但是这样典型主体主义哲学的表述更加使得时空与“外部世界”的客观性含糊不清。即使康德从主体的认知结构中寻找先天或先验性的客观基础，但与物自体的“隔离”却把世界导向了“不可知”。

（三）主体主义哲学的叙事框架

为了“回应”上述罗素对主体主义认识论矛盾的质疑，以单子论为典型的主体主义哲学会作出如下解释。

① ［德］黑格尔：《哲学史讲演录》（第四卷），贺麟、王太庆译，商务印书馆 2009 年版，第 65 页。

② ［英］罗素：《对莱布尼茨哲学的批评性解释》，段德智、张传有、陈家琪译，商务印书馆 2010 年版，第 151 页。

（1）主客体“同一性”预设

笛卡尔的“我思［*cogito*］”不仅确立了自我意识的主体性，也将哲学关注的重点变成如何建立一种独立于认识客体的普遍科学，这也是莱布尼茨的普遍数学［*mathesis universalis*］计划所蕴含的理想。无论如何，以笛卡尔为代表的主体主义的认识论包含了以下两条层层递进的预设：首先，主体作为一种“旁观者”对意识的内容以清晰性、确定性等标准进行概念的演绎分析，用“审视”的眼光检测认识客体或认识对象；其次是一条更深一层的预设——虽然认识客体被认作独立于主体而存在，但主体与客体是同一的。当主体认识的内容出现不一致时，审问的对象是感知，而非“外部世界”的客观性以及主客体的同一性。这是一种基础主义的信条。

（2）“单元的封闭性”——自足性

主体主义哲学不仅规定了主体内部是所有事件发生与变化的场所，也规定了这种场所的封闭性——无任何互动、无任何外来影响、无任何开放性。主体主义哲学的封闭性特征继承于天主教神学的思维模式——上帝的大全在中世纪主体主义或基础主义的“整全”模式不仅适用于人，也适用于各种独立的事物。后笛卡尔哲学无论是观念论还是唯物论的单元或元素都被设想为一个封闭的整全系统。质料与形式、主体与现象、本质与实存都囊括在这个自成一体的封闭系统中，有关运动和力的起源与规定，主体的内与外、主体与对象以及整个宇宙图景的关系都内在于主体内部，所谓的“外部世界”其实根源于主体对世界的感知与思考方式。单子“无窗”在当今看起来匪夷所思，但在当时却是近代思想主体主义哲学的必然产物。

（3）“外部世界”必然存在的神学前提

中世纪神学背景使得近代哲学几乎没有涉及“外部世界”问题，不涉及当然不表示“外部世界”的问题不存在。从上帝存在的必然性推断出世界存在的必然性这是中世纪神学与早期近代哲学的推理逻辑。如果外部世界不存在，“这是属于不符合神圣智慧的一类事情的，因而不会发生，虽然它们也可以发生。”[①] 反过来，“外部世界”必然存在的终极原因是上帝。但是问题显而易见，如果上帝将外部世界变为“假象”来欺骗我

---

① C. I. Gerhardt ed.，*Die Philosophischen Schriften von Gottfried Wilhelm Leibniz*，7 Vols.，Berlin：Weidman，1875－1890，Reprint，Hildesheim：Olms，1965－，Ⅱ，p. 307.

们，我们该如何分辨真与假？理性主义的工具是理性，经验主义的工具是经验，但二者在哲学史中的争论最终也未能在根本上解决“外部世界”问题。

（4）历史学和心理学解释的尝试

近代主体主义哲学也在历史学和心理学的层面上试图解决外部世界的问题。例如从霍布斯和伽桑迪的原子论出发复兴古希腊的“活力论”、物质“唯灵论”。但是从思想史和思维发生学的视角看，这恰恰说明了近代主体主义哲学本体论的不彻底性，即直接从“物质的本性是什么”的问题出发，而非直面“物质是否存在”这个更为根本的问题。虽然近代将原子论在本体论上得到了复兴，但是近代原子论发展成为了动力学，虽然动力学为近代自然科学的发展提供了良好的基础与方向，但这种动力学在本体论的意义上最终转化成心理学。由此，主体主义提出物质的本性是力的时候它并未回答“外部世界”为何存在。当然近代思想家并非没有遭到“外部世界”问题的非难。例如莱布尼茨在《新论》中说过：“尽管整个人生被说成只是一场大梦，而可见世界只是一个幻象，但是，我还是认为这个梦和幻象相当真实。如果我们很好地运用理智的话，我们就绝不会蒙受它的欺骗。”① 这只是从非哲学的常识的层面上在坚持主客体同一性的信条下认为理性可以保证“内外”一致，且预言在经验世界的成功即是对“外部世界”的最好验证，由此认为这个问题得到了回答。当然这种历史学和心理学的解释恐怕很难具有说服力。

朗格在《唯物论史》中对单子论的批判同样表达了发展为心理学之后的主体主义的“外部世界”问题的实质，但这种发展为极端的唯心论恰恰为唯物论的发展发挥了重要作用，“这乃是预定调和之致命的飞跃。莱布尼茨这种学说，……所以在唯物论史上如此重要，亦即在于此处。原子之相互作用，结果何以会在一个原子或若干原子中生出感觉，乃是不可思考的，所以不容我们采用。原子如从其自身生出感觉，那就有了单子的性质了，它是按照它自己的内的生活法则，发展它自身。单子没有窗，……外界是它的观念；这观念，乃是从它内部生出来的。每一个单子，都是一个独立的世界。……如果单子的观念是从自身生出来的，莱布尼茨又从何知

① C. I. Gerhardt ed., *Die Philosophischen Schriften von Gottfried Wilhelm Leibniz*, 7 Vols., Berlin: Weidman, 1875 – 1890, Reprint, Hildesheim: Olms, 1965 – , Ⅶ, p. 320.

道，在他的自我以外，尚有其他的单子存在呢？”① 因此主体主义的思想家可以相信“在自己的观念以外，绝无任何存在。但就令他们愿意从这见地相信尚有其他的存在”。② 因此形而上学的纯粹抽象性成为主体主义必不可少的先验预设，无所谓经验或感官，这种思辨的抽象理论逐渐独立于个体的人又反过来成为奴役人的“宗教”。

上述四个方面应该集齐了主体哲学面临的“外部世界”的客观性问题以及其解决方案的内容。在17世纪，理性神学的上帝是确保“外部世界”存在对其中每一个实体都保有客观性的基础，到了康德的时期他只能是预设一个物自体，但无论如何，这些预设、方案、解释等都无法真正解决这个问题。如果无法解决这个客观性的问题，莱布尼茨的科学方法论，甚至包括牛顿在内的近代自然哲学的方法论都“无处安身”，科学寻求的世界的客观性更是“无稽之谈”。因此，这个理论困局一直是围绕在近代科学哲学的“一朵乌云”。接下来，我们可以看一下辩证唯物主义试图解决“外部世界”的客观性问题的积极尝试。

二　辩证唯物主义对主体主义哲学的批判

青年马克思在《博士论文》中对德谟克里特抽象僵化的原子概念的批判以及对伊壁鸠鲁具有“偏斜”的原子的青睐都含有对“外部世界”的议题的回应，尤其《1844年经济学哲学手稿》对黑格尔精神概念的剖析同样也蕴含了辩证唯物主义的萌芽，为《费尔巴哈提纲》与《德意志意识形态》的成熟表达作出了充分的思想准备。

（一）辩证唯物主义对“外部世界”问题的澄清

在马克思看来，主体主义哲学的“外部世界”实质上是主体意识的“外化”世界，这种外化就是黑格尔意义上的具有“异在形式的观念”的自然界——观念在这里表现为对自身的否定或外在于自身的东西，那么自然界并非只是在相对的意义上对这种观念来说是外在的，而是外在性构成这样的规定：观念在其中表现为自然界。这种“外在性”的本质仍然是观

① ［德］朗格：《唯物史论》（上卷），李石岑、郭大力译，河南人民出版社2016年版，第463—464页。

② ［德］朗格：《唯物史论》（上卷），李石岑、郭大力译，河南人民出版社2016年版，第464页。

念，即使提到了自然界，也是主体意识设定的“物性”自然界，马克思称这种外在性为“外化”，这种“自然界不过是观念的异在的形式”。[①] 这种主体设定的“外化自然界”是非现实的人和非现实的自然界，它使得现实的人和现实的自然界仅仅成为这种“外化自然界”的谓语和象征。这是一种完全颠倒的关系，这种主体—客体的关系被赋予了神秘性，于是“这就是神秘的主体—客体，或笼罩在客体上的主体性，作为过程的绝对主体，作为使自身外化并且从这种外化返回到自身的、但同时又把外化收回到自身的主体，以及作为这一过程的主体；这就是在自身内部的纯粹的、不停息的旋转。”[②] 马克思在《1844 年经济学哲学手稿》中指出黑格尔的错误同样针对的也是“外部世界”问题的本质，“它们是思想本质，因而只是纯粹的即抽象的哲学思维的异化。因此，整个运动是以绝对知识结束的。这些对象从中异化出来的并以现实性自居而与之对立的，恰恰是抽象的思维。哲学家——他本身是异化的人的抽象形象——把自己变成异化的世界的尺度。因此，全部外化历史和外化的全部消除，不过是抽象的、绝对的思维的生产史，即逻辑的思辨的思维的生产史。”[③] 而当黑格尔将感性、宗教、国家权力等精神性的本质进而认作人的本质，以及将自然界的人性和历史所创造的自然界——人的产品的人性都变相为抽象精神的产品的时候，尽管包含了丰富的辩证法，但他仍然无法解决“外部世界”问题，黑格尔以精神形式出现的一切要素都是马克思要批判并扬弃的内容。

（二）主体主义的“物性”的实质

马克思在对《精神现象学》的摘要中继续指出黑格尔“意识的对象就是自我意识，对象就是对象化的自我意识、作为对象的自我意识”。“对象不仅表现为向自我［das Selbst］复归的东西，……自我不过是被抽象地理解的和通过抽象产生出来的人。人是自我［selbstisch］。”[④] 将自我意识的外化设定物性。因为人等于自我意识，所以人的外化的、对象性的本质即物性对黑格尔意义上的人来说是对象的那个东西，而且只有对黑格尔来说是本质的对象并因而是他的对象性的本质的那个东西，才是他的真正的对象。既然被当作主体的不是现实的人本身，因而也不是自然——人是人的

① 马克思、恩格斯：《马克思恩格斯文集》第 1 卷，人民出版社 2009 年版，第 222 页。
② 马克思、恩格斯：《马克思恩格斯文集》第 1 卷，人民出版社 2009 年版，第 218 页。
③ 马克思、恩格斯：《马克思恩格斯文集》第 1 卷，人民出版社 2009 年版，第 203 页。
④ 马克思、恩格斯：《马克思恩格斯文集》第 1 卷，人民出版社 2009 年版，第 206 页。

自然——而只是人的抽象，即自我意识，所有物性只能是外化的自我意识就是外化的自我意识。“物性是由这种外化设定的。”[①] 马克思指出这种设定的外化的物性并非一个有生命的、自然的、具备并附有对象性的即物质的本质力量的存在物，不是现实的物。它只是一种自我意识纯粹的创造物，没有独立性和现实性，并非马克思所谓的“物质存在物”，因而缺乏真实的客观性。脱离现实性的“外化”世界最终的指向是宗教，这也是马克思宗教批判的逻辑进路。马克思在《博士论文》中指出希腊哲学家对天体的崇拜实质正是对他们自身精神的崇拜。因为“在物质的形态下同抽象的物质作斗争的抽象形式，就是自我意识本身。”[②] “当主观性成为独立的东西时，自我意识就在自身中反映自身，以它特有的形态作为独立的形式同物质相对立。”[③] 当这种抽象的、个别的自我意识被设定为绝对的原则，一切真正的和现实的世界都被取消了。如果这种绝对再“上升”为超验的，这就是宗教的本质。

（三）主体主义的“二律背反”

马克思宗教批判的背后在于为唯物主义的理论做准备。恩格斯强调马克思“同黑格尔哲学的分离在这里也是由于返回到唯物主义观点而发生的。”[④] 尽管通常认为博士期间的青年马克思是“黑格尔的学生”，但是博士论文中对于主体主义“二律背反”的批判充分展示了他通向唯物主义的道路选择。

马克思是就揭示崇拜“自身中包含着个别性因素的独立的自然的人”[⑤] 的信念所蕴含的矛盾开始展示了“形式和物质之间、概念和实存之间的二律背反”。马克思不同意德谟克里特的原子概念的重要原因在于后者将原子作为一种物质基质的“元素”，于是原子按照它们的概念成为自然界的绝对的、本质的形式，而“这个绝对的形式现在降低为现象世界的绝对的物质、无定形的基质了。”[⑥] 马克思认为伊壁鸠鲁的伟大贡献在于将作为“本原”即原则的原子同仅仅作为“元素”的原子区别开来。于是“原子概念中所包含的存在与本质、物质与形式之间的矛盾，表现在单个的原子

① 马克思、恩格斯：《马克思恩格斯文集》第 1 卷，人民出版社 2009 年版，第 208 页。
② 马克思、恩格斯：《马克思恩格斯全集》第 1 卷（上），人民出版社 1995 年版，第 61 页。
③ 马克思、恩格斯：《马克思恩格斯全集》第 1 卷（上），人民出版社 1995 年版，第 62 页。
④ 马克思、恩格斯：《马克思恩格斯选集》第 4 卷，人民出版社 2012 年版，第 249 页。
⑤ 马克思、恩格斯：《马克思恩格斯全集》第 1 卷（上），人民出版社 1995 年版，第 61 页。
⑥ 马克思、恩格斯：《马克思恩格斯全集》第 1 卷（上），人民出版社 1995 年版，第 49 页。

本身内，因此单个的原子具有了质。由于有了质，原子就同它的概念相背离，但同时又在它自己的结构中获得完成。于是，从具有质的原子的排斥及其与排斥相联系的聚集中，就产生出现象世界。”① 原子的概念与实存这两个范畴在原子从潜在到实存的过程中辩证地相互实现，原子的本质蕴含了多样性和个性化，与概念的互动中二者的联系本应该仍然与原子的主体有关，原子的个别性和多样性作为没有绝对规律的可能性才是其现实性的特征，具有个别性和独立性的物质（原子）才是世界的根本。但是与天体这种实存本应该是“原子的偶然复合，天体中发生的过程被说成是这些原子的偶然运动”② 情况相反，天体成为“永恒的和不朽的，因为它们是永远按照同一方式运行的；亚里士多德甚至认为，它们具有特殊的、更高的、不受重力约束的元素。”③ 这种思路为占星术、神话铺平了道路，这当然是马克思不能接受的。按照马克思的分析，如果天体是永恒的和不变的，自身内的重力和自身的运动作为个别性在天体的永恒和绝对中的融合是存在矛盾的，这在实际中取消了天体的自然实在性。如果按照这种理论进路，接下来“把那只在抽象的普遍性的形式下表现其自身的自我意识提升为绝对的原则，”而由于这种“抽象的普遍的自我意识本身具有一种在事物自身中肯定自己的欲望”，当这种欲望得到肯定的时候，事物本身就同时被否定了。④ 这就是主体主义的“二律背反”。

纵观主体主义哲学，无论是斯宾诺莎的唯物主义倾向、莱布尼茨的单子、康德的“人为自然立法”、费希特的“自我”、谢林的同一哲学的理智直观，还是黑格尔的绝对精神，甚至自然哲学的原子论的广延（形状、体积）、重力、可分性、不可入性、时间与空间等问题，都是笛卡尔的二元论的思维投射，几乎都存在马克思上述分析的主体主义的二律背反。

三　辩证唯物主义解决“外部世界”问题的方案

（一）从形式和物质的范畴分析辩证唯物主义

上述马克思指出主体主义二律背反的根本原因在于形式和物质两个范

---

① 马克思、恩格斯：《马克思恩格斯全集》第1卷（上），人民出版社1995年版，第49页。
② 马克思、恩格斯：《马克思恩格斯全集》第1卷（上），人民出版社1995年版，第60页。
③ 马克思、恩格斯：《马克思恩格斯全集》第1卷（上），人民出版社1995年版，第59页。
④ 马克思、恩格斯：《马克思恩格斯全集》第1卷（上），人民出版社1995年版，第63页。

畴最终落入了主体意识或观念的层面，即使这两对范畴构成的矛盾体现了辩证法，但都是虚幻的辩证法，都是自我意识的游戏，其实与“外部世界”无关。因此我们也应该从形式和物质的范畴分析进入马克思的“外部世界”——唯物主义世界观——“观念之物无非就是被移置和运渡到人的头脑中的质料之物罢了。”① 因此，从形式和物质的范畴分析入手，将会对理解马克思的唯物主义提供一种新颖的视角。

马克思与青年黑格尔派分道扬镳的重要原因在于马克思的唯物主义立场的选择。但是马克思提出的唯物主义并非所谓的质料主义或物质主义——与形式相对、为被赋予形式的原材料。朗格认为，“十足的唯物论”的“决定性的特征”是“物质之纯唯物的性质，只认一切现象（包含目的论的现象和精神的现象）的成立，均由于质料合于普遍运动法则的运动。”② 这种定性蕴含了三个预设：内在性、理性、封闭单元——认为物质在主体③这个封闭系统之内生成或形成形式，理性是这个主体封闭单元系统的保障。这种唯物主义是一种内在生成的理性唯物主义，但物质的决定性使其也可以被称为质料主义。但是，质料与形式这对概念的关系十分复杂，马克思就质料和形式的关系及其组成模式在很大程度上继承并发展了亚里士多德原初的思想内涵。④ 按照朗格的观点，二者所占比例的不同决定了存在不同形式与不同程度的唯物主义。极端的唯物主义坚持世界是

---

① Martin Küpper, *Materialismus*, Köln: PapyRossa Verlag, 2017, p. 55.

② ［德］朗格：《唯物史论》（上卷），李石岑、郭大力译，河南人民出版社2016年版，第464页。

③ 此处在黑格尔哲学的传统中认为“主体即实体”。“一切问题的关键在于：不仅把真实的东西或真理理解和表述为实体，而且同样理解和表述为主体。”参见［德］黑格尔《精神现象学》（上卷），贺麟，王玖兴译，上海人民出版社2013年版，第61页。通常将封闭性认作是实体的特性，但此处的封闭性指主体主义哲学中主体的封闭性。

④ 马克思博士论文的选题使马克思对古希腊哲学的兴趣可见一斑，其中对亚里士多德高达33次的引用足见亚里士多德对其思考的影响。戴高礼（Michael DeGolyer）指出：“马克思伟大的毕生之作《资本论》是从亚里士多德开始的，这部著作透露着基于广博的古典教育所生长出来的对主题多年沉思的气息。”参见［美］麦卡锡选编《马克思与亚里士多德：十九世纪德国社会理论与古典的古代》，郝亿春、邓先珍、文贵全等译，陈开华校，华东师范大学出版社2015年版，第148页。亚里士多德建立的包含规则的有序的存在的总体的世界观在理性神学及启蒙运动之后被大为复兴，自然的目的论在形式和质料的关系和组成模式是理解马克思的物质世界的关键。亚里士多德的《物理学》中解释一个具体实体的生成时引入了形式和质料的概念。在现实存在中，形式和质料并不能相互分离，质料和形式对应的是潜在性和现实性。而潜在的动力和目的都是要成为现实，因此形式是现实实体的内在本原，而质料是潜在的拥有形式（1034b1）。到了马克思的时代，形式已经被内化为主体的本质概念，质料也变成现实的可感的外部世界。

由物质或纯粹的质料构成，且万物均可以还原为物质，但这并不代表取消了形式的存在。极端唯物论符合将世界量化从而工具化的世界观。即便有人参加的物质世界，人也被还原为物质世界的一部分。这样的唯物论往往被误认为马克思的“人化自然”或“社会的自然”，但实际上这与马克思唯物主义内涵背道而驰，与马克思所谓“外部世界”的客观性相去甚远。

马克思认为伊壁鸠鲁将原子作为一种“本质”原则，只有原子“有了质，原子同它的概念相背离，但同时又在它自己的结构中获得完成。”[①] 于是，当下的世界是“物质已经同形式和解并成为独立的东西，个别的自我意识便从它的蛹化中脱身而出，宣称它自己是真实的原则，并敌视那已经独立的自然。”[②] 这种独立的自然的反面——真实的原则就是唯物主义的原则，但这种物是与人有关的物，以物为出发点，但以人为立足点。正如马克思对布鲁诺·鲍威尔的批判中指出，后者将思辨哲学推向极端，将自我意识绝对化为典型的主体主义哲学，将封闭的自我意识绝对化从而使其上升为普遍且无限的自我意识，这个“范畴”是根本脱离了人和人的总体关系的人的思想创造物，这种创造物更无法具有特殊性和历史性，更无客观真实性可言。脱离了现实的、活生生的人的真实世界不存在，脱离了物质的、具体环境的作为“范畴”或形式的人也非“现实的人和现实的人类”。这里更加清楚地表明马克思的唯物主义的历史性、具体性和关系性。

于是，“外部世界”在马克思的历史唯物主义视域中，首先是“当现实的、肉体的、站在坚实的呈圆形的地球上呼出和吸入一切自然力的人通过自己的外化把自己现实的、对象性的本质力量设定为异己的对象时”[③] 才出现的，只有这种对象性产物才具有真实客观性。但是对这种客观对象性世界的设定不是主体，而是具有对象性的物质存在物，这种存在物具有“对象性的本质力量的主体性”，是“对象性的存在物”。这种“对象性的存在物”包含对象性的东西，也包含对象性活动，“它所以创造或设定对象，只是因为它是被对象设定的，因为它本来就是自然界。”[④] 如果说把马

① 马克思、恩格斯：《马克思恩格斯全集》第1卷（上），人民出版社1995年版，第49页。
② 马克思、恩格斯：《马克思恩格斯全集》第1卷（上），人民出版社1995年版，第61页。
③ 马克思、恩格斯：《马克思恩格斯文集》第1卷，人民出版社2009年版，第209页。
④ 马克思、恩格斯：《马克思恩格斯文集》第1卷，人民出版社2009年版，第209页。

克思在这里提出的自然界当作我们正在讨论的“外部世界”那就太过于狭隘了，这种理解并非简单地缩小了自然界或“外部世界”的范围，而是出现了一个原则性的错误。因为在马克思看来，“人直接地是自然存在物。”① 这种定性包含了一个矛盾体，一方面说明人具有自然力、生命力、能动性，具有天赋或欲望等一系列的主动性；另一方面由于这种自然存在性，人并非无限制，人这个存在物不仅要受到自身感性的、欲望的、需求的、对象性的各种限制，也要受到来自于在自身之外还存在的“周遭环境”——自然界或人类社会等所带来的被动性。“说一个东西是感性的，是说它是受动的。”② 在这里马克思的唯物论已初见端倪。这种“物”并非传统的“质料”意义上的“物”，也不是主体意识设定的“物性”，而是“人作为对象性的、感性的存在物”，③ 这里不仅具有主动对象化的“对象”，也具有被对象化的“受动性”——存在于自身之外的对象的“他物、另一个现实”④，二者合起来构成马克思意义上的世界。

马克思的唯物主义不仅强调了形式和物质的辩证“双重实现”，而且突显了世界的关系性本质。马克思对于伊壁鸠鲁原子偏斜现象的解释往往是学界关注的亮点。在马克思看来，伊壁鸠鲁的原子论较之德谟克里特进步的原因在于前者提出了原子的偏斜运动，而偏斜的原因在于原子间的碰撞，碰撞导致路径的偏斜正是原子自由的根源。因此，原子的本质（偏斜运动）存在于原子之间，只有唯一原子的世界无法发生相互之间的碰撞。原子的本质存在于原子之间的相互关系之中。同理，马克思认为人的本质也存在于人与人的关系之中，“人的本质不是单个人所固有的抽象物，在其现实性上，它是一切社会关系的总和。”⑤ “只能把人的本质理解为‘类’，理解为一种内在的、无声的、把许多个人自然地联系起来的普遍性。”⑥ 马克思以同一性和矛盾性为统一的基础，以差异性为根本对象，针对相对的构成要素之间的辩证历史性，建构了一个体现相互作用原理且可以进行关系性分析与描述的“外部世界”，这种主体之间、主客体之间、

① 马克思、恩格斯：《马克思恩格斯文集》第1卷，人民出版社2009年版，第209页。
② 马克思、恩格斯：《马克思恩格斯文集》第1卷，人民出版社2009年版，第211页。
③ 马克思、恩格斯：《马克思恩格斯文集》第1卷，人民出版社2009年版，第211页。
④ 马克思、恩格斯：《马克思恩格斯文集》第1卷，人民出版社2009年版，第210页。
⑤ 马克思、恩格斯：《马克思恩格斯文集》第1卷，人民出版社2009年版，第501页。
⑥ 马克思、恩格斯：《马克思恩格斯文集》第1卷，人民出版社2009年版，第505页。

客体之间的多样化世界中的各种本质性关系直接消解了“外部世界”问题，也为马克思的异化思想提供了雏形——马克思基于作为生产者的劳动者和与生产者相关联的其所生产的产品的内在关系中衍生出来的人与物的关系最终归旨于人与人的关系。这种归旨与主体主义抽象的人的主体性和能动性不同，马克思的辩证唯物主义真正以人的主体性和能动性确认了世界的客观性，真正解决了人与世界的统一性和同一性的问题。

（二）真正以人的主体性和能动性确认世界的客观性

马克思在用异化的逻辑批判黑格尔对自然界的外化的时候，已经开始对无内容的纯形式的抽象充满了厌恶，这样的“外部世界”是“无眼、无牙、无耳、无一切的思维”,[①] 只是黑格尔意义上的在“感性的、外在的形式下重复逻辑的抽象概念”，“在自身中转动的并且在任何地方都不向现实看一看的思维劳动的纯粹产物”。[②] 马克思对“自我对象化的内容丰富的、活生生的、感性的、具体的活动”[③] 充满了渴望。马克思《关于费尔巴哈的提纲》第一段就是对于一切对“对象、现实、感性，只是从客体的或者直观的形式去理解，而不是把它们当作感性的人的活动，当作实践去理解，不是从主体方面去理解”[④] 的旧的唯物主义做了清算。扬弃旧唯物主义的一个重要理由在于其否定了物质的能动性。同时马克思辩证地批判了脱离现实且脱离人的感性活动的唯心主义，无论是旧唯物主义还是唯心主义都面临抽象的“对象性”客体时的割裂问题，终究无法解决“外部世界”的客观性问题。

马克思的辩证唯物主义可以看到费希特有关主体的概念，也可以看到马克思与费希特一样坚持主体在根本上的能动性，且这种能动性要受到周遭环境的限制，经济因素是周遭环境中的重要条件。但是，马克思更为清晰地认识到认识所依赖的真正条件在于个体与其周遭环境的联系或关系。因为个体所处的环境可被称为社会现实，这种现实环境是个体本质实现或变化的条件。“马克思对哲学的贡献之一就是通过哲学人类学理论的支撑，进一步推进了后笛卡尔时期知识主体问题的自然化，这有些向亚氏实践理

① 马克思、恩格斯:《马克思恩格斯文集》第1卷，人民出版社2009年版，第220页。
② 马克思、恩格斯:《马克思恩格斯文集》第1卷，人民出版社2009年版，第221页。
③ 马克思、恩格斯:《马克思恩格斯文集》第1卷，人民出版社2009年版，第218页。
④ 马克思、恩格斯:《马克思恩格斯文集》第1卷，人民出版社2009年版，第499页。

论的进路。"① 马克思不再局限于抽象的人的主体性，因为马克思认识到近代哲学虽然强调人的主体性甚至能动性，这个主体性不仅是抽象的，也并非真正的人的概念，它被某种超越维度而赋予的目的或必然性所限制，这种世界图景虽然具有质料的在场，但这种质料性因素被人的权利或与自然的疏离而成为奴役人的力量，尽管启蒙强调人使用自身的理性，但在理性的视野中看到的世界只能是某种可能的现实，而非必然的现实。因此在这种视域下，人不能成为活生生真实的人，人所处的周遭环境也不能成为真正的人组成的人类社会。于是人不仅不能在与周遭环境"打交道"的过程中认识社会现实，更无法在实践的过程中实现自身，获得自由。如果说黑格尔哲学通过主体与社会情境之间的"扭曲关系"提供了一种获得有关事实真相的洞察方法，那么"马克思的贡献则在于穿透现象直入社会现实以把握隐藏在哲学分析背后的先进工业社会运行的真正原则。"②

按照这样的脉络分析青年马克思如何从这两个方面入手，解决了"关于'实体'和'自我意识'的一切'神秘莫测的崇高功业'的问题。"③ ——主体主义的"外部世界"的问题，从根本上消解了"自然和历史的对立"，在一定意义上为"外部世界"提供了客观性，也为现代世界的科学方法论提供了合法性基础。成为对莱布尼茨的单子本体及以此为基础的形而上学与科学方法论"遗留问题"的一种成功回应与解答。

① ［美］麦卡锡选编：《马克思与亚里士多德：十九世纪德国社会理论与古典的古代》，郝亿春、邓先珍、文贵全等译，陈开华校，华东师范大学出版社 2015 年版，第 490 页。

② ［美］麦卡锡选编：《马克思与亚里士多德：十九世纪德国社会理论与古典的古代》，郝亿春、邓先珍、文贵全等译，陈开华校，华东师范大学出版社 2015 年版，第 488 页。

③ 马克思、恩格斯：《马克思恩格斯文集》第 1 卷，人民出版社 2009 年版，第 529 页。

参考文献

莱布尼茨原著文献

Sämtliche Schriften und Briefe, Darmstadt and Berlin: Berlin Academy, 1923 – .

R. Ariew and D. Garber, trans. & eds., G. W. Leibniz, *Philosophical Essays*, Indianapolis: Hackett, 1989.

H. G. Alexander, trans., *The Leibniz-Clarke Correspondence*, Manchester: Manchester University Press, 1956.

R. Ariew, trans., G. W. Leibniz and Samuel Clarke, *Correspondence*, Indianapolis & Cambridge: Hackett, 2000.

R. T. W. Arthur, ed. & trans., G. W. Leibniz, *The Labyrinth of the Continuum: Writings of 1672 to 1686*, Yale University Press, 2001.

L. Dutens, ed., G. W. Leibniz, *Opera Omnia nunc primum collecta, in classes distributa, praefationibus et indicibus exornata*, 6 Vols., Geneva: Fratres De Tournes, 1768.

C. I. Gerhardt, ed., *Leibnizens Mathematische Schriften*, 7 Vols., Berlin: A. Asher; Halle: H. W. Schmidt, 1849 – 1863.

C. I. Gerhardt, ed., *Die Philosophischen Schriften von Gottfried Wilhelm Leibniz*, 7 Vols., Berlin: Weidman, 1875 – 1890, Reprint, Hildesheim: Olms, 1965 – .

Gaston Grua, ed., G. W. Leibniz, *Textes inédits, d'après les manuscrits de la Bibliothèque Provinciale de Hanovre*, 2 Vols., Paris: PUF, 1948.

Heinz-Günther Nesselrath, Hermann Reinbothe, eds., *Das neueste von China, Novissima Sinica*, Cologne: Deutsche China-Gesellschaft, 1979.

Ernst Berland, ed., G. W. Leibniz, *Nachgelassene Schriften physikalischen*, *mechanischen und technischen inhalts*, Leipzig: Teubner, 1906.

G. M. Child, *The Early Mathematical Manuscripts of Leibniz*, Chicago and London, 1920.

Hans Günter Dosch, Glenn W. Most, Enno Rudolph, eds. and trans. , G. W. Leibniz, *Specimen Dynamicum*, latin and German. Hamburg: Meiner, 1982.

E. M. Huggard, trans. , G. W. Leibniz, *Theodicy: Essays on the Goodness of God, the Freedom of Man and the Origin of Evil*, London: Routledge and Kegan Paul, 1951, Reprint, La Salle, Illinois: Open Court, 1985.

L. E. Loemker, trans. & ed. , G. W. Leibniz, *Philosophical Papers and Letters*, 2nd ed. , Dordrecht: Reidel, 1969.

P. P. Wiener, *Leibniz Selections*, N. Y. : Charles Scribner's Sons, 1951.

E. Bodemann, ed. , *Die Leibniz-Handschriften der Königlichen öffentlichen Bibliothek zu Hannover*, Hannover, 1889; Reprinted, Olms: Hildesheim, 1966.

Robert Latta, trans. & ed. , Leibniz, *The Monadology and other Philosophical Writings*, London: Oxford University Press, 1898.

M. T. Mason, *Correspondence with Arnald*, Manchester: Manchester University Press, 1967.

R. N. D. Martin & S. Brown, eds. , G. W. Leibniz, *Discourse on Metaphysics*, Manchester: Manchester University Press, 1998.

Paul & Anne M. Schrecker, *Monadology and other Philosophical Essays*, N. Y. : Bobbs-Merrill, 1965.

M. Morris & G. H. R Parkinson, *Philosophical Writing*, London: Dent, 1973.

Peter Remnant, Jonathan Francis Bennett, Gottfried Wilhelm Leibniz, *New Essays on Human Understanding*, Cambridge: Cambridge University Press, 1996.

G. H. R. Parkinson, G. W. Leibniz, *De Summa Rerum: Metaphysical Papers, 1675 – 1676*, New Haven and London: Yale University Press, 1992.

R. S. Woolhouse, ed. , George Berkeley, *Principles of Human Knowledge and Three Dialogues Between Hylas and Philonous*, London: Penguin, 1988.

R. S. Woolhouse & R. Francks, trans. & eds. , *Leibniz's "New System" and Associated Contemporary Texts*, Oxford: Oxford University Press, 1997.

Brandon C. Look, Donald Rutherford, trans. & eds. , *The Leibniz-Des Bosses*

Correspondence, New Haven and London: Yale University Press, 2007.

中文文献

［德］莱布尼茨：《形而上学序论》，陈德荣译，台湾商务印书馆 1979 年版。
［德］莱布尼茨：《人类理智新论》（上下册），陈修斋译，商务印书馆 1982 年版。
［德］莱布尼茨：《莱布尼茨早期形而上学文集》，段德智、陈修斋、桑靖宇译，商务印书馆 2017 年版。
［德］莱布尼茨：《新系统及其说明》，陈修斋译，商务印书馆 2002 年版。
［德］莱布尼茨：《莱布尼茨与克拉克论战书信集》，陈修斋译，商务印书馆 1996 年版。
［德］莱布尼茨：《神义论》，朱雁冰译，生活·读书·新知三联书店 2007 年版。
［德］莱布尼茨：《莱布尼茨自然哲学著作选》，祖庆年译，中国社会科学出版社 1985 年版。
［德］莱布尼茨：《莱布尼茨自然哲学文集》，段德智编译，商务印书馆 2018 年版。
［法］笛卡尔：《第一哲学沉思录》，庞景仁译，商务印书馆 1986 年版。
［法］笛卡尔：《哲学原理》，关文运译，商务印书馆 1959 年版。
［法］笛卡尔：《探求真理的指导原则》，管震湖译，商务印书馆 1991 年版。
［法］笛卡尔：《谈谈方法》，王太庆译，商务印书馆 2005 年版。
［荷兰］斯宾诺莎：《笛卡尔哲学原理：以几何学方式证明》，王荫庭、洪汉鼎译，商务印书馆 1991 年版。
［荷兰］斯宾诺莎：《伦理学》，贺麟译，上海人民出版社 2009 年版。
［荷兰］斯宾诺莎：《知性改进论》，贺麟译，商务印书馆 1986 年版。
［英］洛克：《人类理解论》，关文运译，商务印书馆 1997 年版。
［古希腊］柏拉图：《柏拉图全集》（一至四卷），王晓朝译，人民出版社 2002 年版。
［古希腊］亚里士多德：《形而上学》，吴寿彭译，商务印书馆 1959 年版。

［古希腊］亚里士多德：《物理学》，张竹明译，商务印书馆 1982 年版。

［古希腊］亚里士多德：《亚里士多德全集》（第一卷），苗力田主编，中国人民大学出版社 1991 年版。

［古希腊］亚里士多德：《亚里士多德全集》（第二卷），苗力田主编，中国人民大学出版社 1991 年版。

［古希腊］亚里士多德：《亚里士多德全集》（第七卷），苗力田主编，中国人民大学出版社 2015 年版。

［英］牛顿：《自然哲学的数学原理》，赵振江译，商务印书馆 2015 年版。

［德］康德：《纯粹理性批判》，邓晓芒译，人民出版社 2004 年版。

［德］康德：《康德著作全集》（第三卷），纯粹理性批判（第 2 版），李秋零译，中国人民大学出版社 2004 年版。

［德］康德：《康德著作全集》（第四卷），纯粹理性批判（第 1 版），李秋零译，中国人民大学出版社 2005 年版。

［德］黑格尔：《哲学史讲演录》（第四卷），贺麟、王太庆译，商务印书馆 1978 年版。

［德］黑格尔：《精神现象学》（上卷），贺麟、王玖兴译，上海人民出版社 2013 年版。

［德］朗格：《唯物史论》（上卷），李石岑、郭大力译，河南人民出版社 2016 年版。

马克思、恩格斯：《马克思恩格斯全集》（第 1 卷）（上），人民出版社 1995 年版。

马克思、恩格斯：《马克思恩格斯全集》（第 3 卷），人民出版社 1960 年版。

马克思、恩格斯：《马克思恩格斯文集》（第 1 卷），人民出版社 2009 年版。

马克思、恩格斯：《马克思恩格斯选集》（第 4 卷），人民出版社 2012 年版。

恩格斯：《自然辩证法》，于光远等译编，人民出版社 1984 年版。

［德］叔本华：《充足理由律的四重根》，陈晓希译，商务印书馆 1996 年版。

［英］罗素：《对莱布尼茨哲学的批评性解释》，段德智、张传有、陈家琪译，商务印书馆 2010 年版。

［英］罗素：《西方哲学史》，马元德译，商务印书馆 1982 年版。
［奥地利］胡塞尔：《欧洲科学危机和超验现象学》，张庆熊译，上海译文出版社 1998 年版。
［德］恩斯特·卡西尔：《启蒙哲学》，顾伟铭译，山东人民出版社 1988 年版。
［德］海德格尔：《路标》，孙周兴译，商务印书馆 2016 年版。
［德］海德格尔：《根据律》，张柯译，商务印书馆 2016 年版。
［德］海德格尔：《林中路》，孙周兴译，上海译文出版社 2004 年版。
［德］海德格尔：《从莱布尼茨出发的逻辑学的形而上学始基》，赵卫国译，西北大学出版社 2015 年版。
［德］海德格尔：《海德格尔选集》（上卷），孙周兴译，上海三联书店 1996 年版。
［法］德勒兹：《褶子：莱布尼茨与巴洛克风格》，杨洁译，湖南文艺出版社 2001 年版。
［法］皮埃尔·阿多：《伊西斯的面纱——自然的观念史随笔》，张卜天译，华东师范大学出版社 2019 年版。
［奥］马赫：《感觉的分析》，洪谦、梁志学等译，商务印书馆 1997 年版。
［法］米歇尔·布莱：《科学的欧洲》，高煜译，中国人民大学出版社 2007 年版。
［俄］亚历山大·柯瓦雷：《牛顿研究》，张卜天译，商务印书馆 2016 年版。
［美］雅各布·克莱因：《雅各布·克莱因思想史文集》，张卜天译，湖南科学技术出版社 2015 年版。
［美］莫里斯·克莱因：《数学与知识的探求》，刘志勇译，复旦大学出版社 2005 年版。
［俄］亚历山大·科瓦雷：《从封闭世界到无限宇宙》，张卜天译，北京大学出版社 2003、2008 年版。
［英］乔里：《莱布尼茨》，杜娟译，华夏出版社 2013 年版。
［英］麦克唐纳·罗斯：《莱布尼茨》，张传友译，中国社会科学出版社 1986 年版。
［法］阿兰·巴迪欧：《存在与事件》，蓝江译，南京大学出版社 2018 年版。

[美] 欧文·埃尔加·米勒:《柏拉图哲学中的数学》，覃方明译，浙江大学出版社 2017 年版。
[法] 洛朗斯·布吉奥:《单子与混沌——莱布尼茨哲学中充满活力的因素》，水金译，第欧根尼（Diogenes），第 161 卷，1993 年。
[美] 麦卡锡选编:《马克思与亚里士多德——十九世纪德国社会理论与古典的古代》，郝亿春、邓先珍、文贵全等译，陈开华校，华东师范大学出版社 2015 年版。
北京大学哲学系外国哲学史教研室编译:《西方哲学原著选读》（上卷），商务印书馆 2016 年版。
段德智:《莱布尼茨哲学研究》，人民出版社 2011 年版。
陈康:《论希腊哲学》，商务印书馆 1987 年版。
严春友:《范畴的世界——西方哲学范畴专题研究》，中国社会科学出版社 2012 年版。
朱谦之:《中国哲学对于欧洲的影响》，福建人民出版社 1985 年版。
汤用彤:《魏晋玄学流别略论》，收于《魏晋玄学论稿》，生活·读书·新知三联书店 2009 年版。
王夫之:《〈姜斋文集〉校注》，湘潭大学出版社 2013 年版。
张载:《张载集》，章锡琛校，中华书局 1978 年版。
张载:《张载全书》，林乐昌编校，西北大学出版社 2015 年版。
张岱年:《中国哲学史大纲》，中国社会科学出版社 1982 年版。
牟宗三:《心体与性体》（上册），吉林出版社 2013 年版。
程颢、程颐:《二程集》，王孝鱼校注，中华书局 2004 年版。
孟子:《孟子》（卷十一），万丽华、蓝旭译注，中华书局 2006 年版。
黎靖德:《朱子语类》（卷四），王星贤校注，中华书局 1986 年版。
林乐昌:《正蒙合校集释》（上），中华书局 2011 年版。
陈来:《诠释与重建》，生活·读书·新知三联书店 2010 年版。
贾公彦:《十三经注疏·周易·彖传》，上海古籍出版社 1997 年版。
周昌忠:《西方科学方法论史》，上海人民出版社 1986 年版。
刘孝廷:《莱布尼茨儒学与精神人文主义》，《国学与西学国际学刊》2019 年第 16 期。
[德] 海德格尔:《晚期海德格尔的三天讨论班纪要》，F·费迪耶、丁耘编译，《哲学译丛》2001 年第 3 期。

桑靖宇:《莱布尼茨思想迷宫的探索——读段德智〈莱布尼茨哲学研究〉》,《哲学研究》2012 年第 5 期。

刘胜利、张卜天:《位置的不动性——亚里士多德位置学说的理论困难》,《中国科技史杂志》2011 年第 3 期。

张汝伦:《中国哲学与当代世界》,《哲学研究》2017 年第 1 期。

桑靖宇:《略论莱布尼茨哲学与现象学的关系——从莱布尼茨到胡塞尔与海德格尔》,《华东师范大学学报》(哲学社会科学版)2005 年第 5 期。

黄裕生:《亚里士多德的本体学说及其真理观》,《哲学门》2000 年第 2 期。

聂敏里:《亚里士多德的形而上学:本质主义、功能主义和自然目的论》,《世界哲学》2011 年第 2 期。

杨立华:《论张载哲学中的感与性》,《中国哲学史》2005 年第 2 期。

段德智:《论莱布尼茨的自主的和神恩的和谐学说及其现时代意义》,《世纪宗教研究》2000 年第 1 期。

田薇:《自力与他力:关于儒家与基督教道德超越观念的检审》,《道德与文明》2006 年第 1 期。

李章印:《对亚里士多德四因说的重新解读》,《哲学研究》2014 年第 6 期。

李猛:《亚里士多德的运动定义:一个存在的解释》,《世界哲学》2011 年第 2 期。

外文文献

J. Cottingham, R. Stoothoff and D. Murdoch, trans. & eds., *The Philosophical Writings of Descartes*, 3 Vols., Cambridge: Cambridge University Press, 1985 – .

A. Wolf, trans. & eds, Spinoza, Baruch, *The Correspondence*, London: George Allen and Unwin, 1928.

J. Barnes, ed., *Complete Works of Aristotle*, 2 Vols., Princeton: Princeton University Press, 1971.

John M. Cooper, D. S. Hutchinson, eds., *Plato: Complete Works*, Indianapolis/Cambridge: Hackett Publishing Company, 1997.

J. Cottingham, trans., *Descartes: Meditations on First Philosophy*, Cambridge: Cambridge University Press, 1986.

Desmond M. Clarke, trans., with an introduction, *Descartes: Discourse on Method, and Related Writings*, London and New York: Penguin Books, 1999.

Jean-luc Marion, *Descartes: Règles utiles et claires pour la direction de l'esprit en la recherche de la vérité*, Paris: Martinus Nijhoff, 1997.

Roger Ariew, ed., *René Descartes: philosophical essays and correspondence*, Indianapolis and Cambridge: Hackett Publishing Company, 2000.

Alain Chauve, *Les Deux Labyrinthes*, Presses Université de France, 1973.

Bertrand Russell, *The Principles of Mathematics*, 2nd. W. W. Norton & Company, Inc., 1938.

Anne-Françoise Schmidt, ed., Bertrand Russell, *Correspondence sur la philosophie, la logique et la politique avec Louis Couturat (1897 - 1913)*, transcription Tazio Carlevaro, 2 Vol., Paris: Kimé 2001.

Benson Mates, *The Philosophy of Leibniz*, New York and Oxford: Oxford University Press, 1986.

Bridges J., ed., Bacon R., *Opus Maius*, 2 Vols., Cambridge: Cambridge Univ. Press, 2010.

Bacon R., *Roger Bacon's Philosophy of Nature, A Critical Edition, with English Translation, Introduction, and Notes, of De Multiplicatione Specierum and De Speculis Comburentibus*, Lindberg, D. (ed & trans.), Oxford: Clarendon Press, 1983.

C. D. Broad, *An Introduction, Leibniz*, Cambridge, 1975.

Christos Evangeliou, *Aristotle's Categories and Porphyry*, Leiden: E. J. Brill, 1988.

Christia Mercer, *Leibniz's Metaphysics, Its Origins and Development*, Cambridge: Cambridge University Press, 2001.

Charles Ramond, *Qualité et quantité dans la philosophie de Spinoza*, Paris: Presses Université de France, 1995.

Daniel Garber, *Descartes' Metaphysical Physics*, Chicago: University of Chicago Press, 1992.

Donald Rutherford, J. A. Cover, *Leibniz: Nature and Freedom*, Oxford: Oxford University Press, 2005.

Dennis Plaisted, *Leibniz on Purely Extrinsic Denominations*, Woodbridge and Suffolk: University of Rochester Press, 2002.

Domenico Bertoloni Meli, *Equivalence and Priority: Newton versus Leibniz*, Oxford: Clarendon Press, 1993.

Donald Rutherford, *Leibniz and the Rational Order of Nature*, Cambridge: Cambridge University Press, 1995.

E. Cassirer, *Leibniz's System in Seinen Wissenschaftlichen Grundlagen*, Marburg: N. C. Elwert'sche Verlagsbuchhandlung, 1902.

Easton S. Roger, *Bacon and His Search for a Universal Science*, New York: Russell & Russell, 1971.

Francois Duchesneau, *Les Modeles du Vivant de Descartes a Leibniz*, Pairs: Librairie Philosophique J. Vrin, 1998.

Frederic M. Wheelock, *Latin-An Introductory Course Based on Ancient Authors*, New York, Evanston, San Francisco, London: Barnes & Noble Books, 1956, 1960, 1963.

Gerhard Köbler, Wolff, *Christian*, *Einleitende Abhandlung über Philosophie im allgemeinen (Discursus praeliminaris de philosophia in genere) übers, eingel. und hg. v. Günter Gawlick/ Olthar Kreimendahl. Frommann-holzboog, Stuttgart*, 2008.

G. H. R. Parkinson, *Truth, Knowledge and Reality: Inquiries into the Foundations of Seventeenth Century Rationalism*, Wiesbaden: Steiner, 1981.

G. H. R. Parkinson, *Logic and Reality in Leibniz's Metaphysics*, Oxford: Clarendon Press, 1965.

Hide Ishiguro, *Leibniz's Philosophy of Logic and Language*, Cambridge: Cambridge University Press, 1990.

Isaac Newton, "*De aere et aethere*" *in Unpublished Scientific Papers of Isaac Newton*, eds. and trans. A. Rupert Hall and Marie Boas Hall, Cambridge: Cambridge University Press, 1962.

Isaac Newton, *The Principia*, trans. , I. Bernard Cohen and Anne Whitman, assisted by Julia Budenz (Berkeley and Los Angeles: University of California Press, 1999).

Jean-luc Marion, *Reduction et Donation*, Paris: Presses Université de France, 1989.

Jean-luc Marion, *Cartesian Question: Method and Metaphysics*, Chicago and London: University of Chicago Press, 1999.

J. A. Cover & John O'Leary-Hawthorne, *Substance and Individuation in Leibniz*, Cambridge, Cambridge University Press, 1999.

Kauppi Raili, *Über die Leibnizsche Logik mit besonderer Berücksichtigung des Problems der Intension und der Extension*, Helsinki (Acta Philosophica Fennica), 1960.

Kenneth Clatterbaugh, *The Causation Debate in Modern Philosophy*, 1637 – 1739, New York: Routledge, 1999.

Kenneth C. Clatterbaugh, *Leibniz's Doctrine of Individual Accidents*, Wiesbaden: Steiner, 1973.

Louis Couturat, *La Logique de Leibniz*, Appendice II, Paris: Félix Alcan, 1904.

Louis Couturat, *Sur la Métaphysique de Leibniz*, Paris: Félix Alcan, 1902.

Michel Serres, *Le Système de Leibniz et Ses Modèles Mathématiques*, Presses Université de France-PUF, 1990.

Michel Fichant, G. W. Leibniz, *La réforme de la dynamique*, De Corporum concursu 1678, et autres text inédits, Paris: Vrin, 1994.

Martin Heidegger, *Der Satz vom Grund*, GA 10, Frankurt: V. Klostermann, 1997.

Martin Küpper, *Materialismus*, Köln: PapyRossa Verlag, 2017.

Margaret Dauler Wilson, *Leibniz's Doctrine of Necessary Truth*, New York and London: Garland Publishing, 1990.

Michel Fichant, *Science et Métaphysique dans Descartes et Leibniz*, Paris: Presses Université de France, 1998.

Maria Rosa Antognazza, *Leibniz: An Intellectual Biography*, Cambridge: Cambridge University Press, 2008.

Nicholas Rescher, *Leibniz's Metaphysics of Nature*, Dordrecht: Reidel Publishing Company, 1981.

Nicholas Jolley, *Leibniz*, London and New York: Routledge, 2005.

Nicholas Jolley, *The Cambridge Companion to Leibniz*, Cambridge: Cambridge University Press, 1995.

Nicholas Jolley, *Leibniz and Locke: A Study of the New Essays on Human Understanding*, Oxford: Clarendon Press, 1984.

Nicholas Jolley, *The Light of the Soul: Theories of Ideas in Leibniz*, Malebranche, and Descartes, Oxford: Clarendon Press, 1990.

Philip Beeley, *Kontinuität und Mechanismus-Zur Philosophie des jungen Leibniz in ihrem ideengeschichtlichen Kontext*, Studia Leibnitiana-Supplementa (STL-Su), 1996.

C. Bazan, trans., *Proclus: Liber de Causis*, Marquette University Press, 1984.

Pauline Phemister, *Leibniz and the Natural World: Activity, Passivity and Corporeal Substances in Leibniz's Philosophy*, the Netherlands: Springer, 2005.

Pauline Phemister, *The Rationalists: Descartes, Spinoza and Leibniz*, Cambridge: Polity Press, 2006.

Paul Lodge, *Leibniz and His Correspondents*, Cambridge: Cambridge University Press, 2004.

R. S. Woolhouse, *Gottfried Wilhelm Leibniz: Critical Assessments* 4 *Vols*, London and New York: Routledge, 1914.

R. S. Woolhouse, *Leibniz: Metaphysics and Philosophy of Science*, Oxford: Oxford University Press, 1981.

Robert Merrihew Adams, *Leibniz: Determinist, Theist, Idealist*, New York and Oxford: Oxford University Press, 1994.

R. C. Sleigh, *Leibniz and Arnauld: A Commentary on Their Correspondence*, New York and London: Yale University Press, 1990.

Richard Arthur, *Cohesion, Division and Harmony: Physical Aspects of Leibniz's Continuum Problem*, *Perspectives on Science*, Vol. 6, No. 1&2, 1998.

B. Hadley, ed., *Samuel Clarke*, *The Works*, Vol. 2, London, 1738; New York: Garland Publishing Co., 2002.

Steven Galt Crowell, *Husserl, Heidegger, and the Space of Meaning: Paths toward Transcendental Phenomenology*, Evanston, Illinois: Northwestern University Press, 2001.

Stafano Di Bella, *The Science of the Individual: Leibniz's Ontology of Individual Substance*, Netherlands: Springer, 2005.

Theodore Kisiel, *The Genesis of Heidegger's Being and Time*, Berkeley Los Angeles London University of California Press, 1993.

Vincenzo De Risi, *Geometry and Monadology: Leibniz's Analysis Situs and Philosophy of Space*, Basel & Boston & Berlin: Birkaeuser, 2007.

W. Lenzen, *Das System der Leibnizschen Logik*, Berlin (de Gruyter), 1990.

W. Kabitz, *Die Philosophie der Jungen Leibniz: Untersuchungen zur Entwicklungsgeschichte Seines Systems*, Heidelberg, Winter 1909.

W. H. Barber, *Leibniz in France-from Arnauld to Voltaire*, Oxford: Clarendon Press, 1955.

Yvon Belaval, *Leibniz Critique de Descartes*, Paris: librairie Gallimard, 1960.

Andreas Blank, "Leibniz's de Summa Rerum and the Panlogistic Interpretation of the Theory of Simple Substances", *British Journal for the History of Philosophy*, Vol. 11, No. 2, 2003.

Anthony Savile, "Leibniz's Contribution to the Theory of Innate Ideas", *Philosophy*, Vol. 47, No. 180, 1972.

Carolyn Iltis, "Leibniz and the Vis Viva Controversy", *Isis*, Vol. 62, No. 1, 1971.

Chris Swoyer, "Leibniz on Intension and Extension", *Noûs*, Vol. 29, No. 1, 1995.

D. P. Walker, "Leibniz and language", *Journal of the Warburg and Courtauld Institutes*, Vol. 35, 1972.

David Blumenfeld, "Leibniz on Contingency and Infinite Analysis", *Philosophy and Phenomenological Research*, Vol. 45, No. 4, 1985.

E. A. Fellmann, "Leibniz and Newton's Principia Mathematica", *Isis*, Vol. 62, No. 2, 1971.

F. B. D. Agostino, "Leibniz on Compossibility and Relational Predicates", *The*

Philosophical Quarterly, Vol. 26, No. 103, 1976.
Florian Cajori, "Grafting of the Theory of Limits on the Calculus of Leibniz", *The American Mathematical Monthly*, Vol. 30, No. 5, 1923.
Fred Feldman, "Leibniz and Leibniz 'Law'", *The Philosophical Review*, Vol. 79, No. 4, 1970.
Florian Cajori, "Leibniz, the Master-Builder of Mathematical Notations", *Isis*, Vol. 7, No. 3, 1925.
Gregory Brown, "Compossibility, Harmony, and Perfection in Leibniz", *The Philosophical Review*, Vol. 86, No. 2, 1987.
H. A. Thurston, "Leibniz's Notion of an Aggregate", *British Journal for the History of Philosophy*, Vol. 9, No. 3, 2001.
Hardy Grant, " Leibniz and the Spell of the Continuous", *The College Mathematics Journal*, Vol. 25, No. 4, 1994.
Louis Conturat. "Sur la Métaphysique de Leibniz (aved un opuscule inédit)", *Revue de Métaphysique et de Morale 10*, 1902.
James Cussens, "Leibniz on Estimating the Uncertain: An English Translation of De Incerti Aestimatione with Commentary", *The Leibniz Review*, 2004 (14), 31 –35.
John O'Leary-Hawthorne and J. A. Cover, "Haecceitism and Anti-Haecceitism in Leibniz's Philosophy", *Noûs*, Vol. 30, No. 4, 1897.
John. W. Nason, "Leibniz and the Logical Argument for Individual Substances", *Mind*, *New Series*, Vol. 51, No. 203, 1942.
James A. Ryan, "Leibniz' binary System and Shao Yong's 'Yijing'", *Philosophy East and West*, Vol. 46, No. 1, 1996.
John T. Robvers, "Leibniz on Force and Absolute Motion", *Philosophy of Science*, Vol. 70, 2003.
Joshua C. Gregory, "Leibniz, Wieland, and the Combinatory Principle", *The Modern Language Review*, Vol. 56, No. 4, 1961.
Joshua C. Gregory, "Leibniz, the Identity of Indiscernibles, and Probability", *Philosophy and Phenomenological Research*, Vol. 14, No. 3, 1954.
John W. Nason, "Leibniz's Attack on the Cartesian Doctrine of Extension", *Jour-*

nal of the History of Ideas, Vol. 7, No. 4, *Leibniz Tercentenary Issue*, 1946.

Loux M., "Form, Species and Predication in Metaphysics Z, H, and Θ", *Mind*, 1979 (88).

Lindberg D., "The Genesis of Kepler's Theory of Light: Light Metaphysics from Plotinus to Kepler", *Osiris*, 1986 (2), 15.

Leroy E. Loemker, "Leibniz's Doctrine of Ideas", *The Philosophical Review*, Vol. 55, No. 3, 1946.

Martin Lin, "Leibniz on the Modal Status of Absolute Space and Time", *Noûs*, 2015, 50 (3).

Margaret D. Wilson, "Leibniz and Locke on 'First Truths'", *Journal of the History of Ideas*, Vol. 28, No. 3, 1967.

Mary Whiton Calkins, "Kant's Conception of the Leibniz Space and Time Doctrine", *The Philosophical Review*, Vol. 6, No. 4, 1897.

Michael J. Futch, "Leibniz's Notation", *The Mathematical Gazette*, Vol. 57, No. 401, 1973.

Nicholas Rescher, "Leibniz' Conception of Quantity, Number, and Infinity", *The Philosophical Review*, Vol. 64, No. 1, 1955.

Paul Redding, "Leibniz and Newton on Space, Time and the Trinity", *Journal of Philosophy: A Cross-disciplinary Inquiry*, 2011, 7 (16).

Paul Schrecker, "Leibniz and the Art of Inventing Algorisms", *Journal of the History of Ideas*, Vol. 1947.

Pauline Phemister, "Leibniz and the Natural World: Activity, Passivity and Corporeal Substances in Leibniz's Philosophy", *The Philosophical Quarterly*, Vol. 57, No. 226, 2007.

Sir David Brewster, *Memoirs of the Life, Writings, and Discoveries of Sir Isaac Newton*, 2 Vols., Edinburgh, 1885.

Stephen Käufer, "On Heidegger on Logic", *Continental Philosophy Review*, 2001 (34), 459.

Cirilo de Melo W. D., "Cussens J. Leibniz on Estimating the Uncertain: an English Translation of De Incerti Aestimatione with Commentary", *The Leibniz Review*, 2004 (14).

Samuel Levey, "Leibniz on Mathematics and the Actually Infinite Division of Matter", *The Philosophical Review*, Vol. 107, No. 1, 1998.

Walter P. Carvin, "Leibniz on Motion and Creation", *Journal of the History of Ideas*, Vol. 33, No. 3, 1972.

Eberhard Knobloch, "Galileo and Leibniz: Different Approaches to Infinity", *Arch. Hist. Exact Sci.*, Vol. 54, 1999.

索　引

附件 2：

第十批《中国社会科学博士后文库》专家推荐表 1

《中国社会科学博士后文库》由中国社会科学院与全国博士后管理委员会共同设立，旨在集中推出选题立意高、成果质量高、真正反映当前我国哲学社会科学领域博士后研究最高学术水准的创新成果，充分发挥哲学社会科学优秀博士后科研成果和优秀博士后人才的引领示范作用，让《文库》著作真正成为时代的符号、学术的示范。

推荐专家姓名	刘孝廷	电　　话	
专业技术职务	教授	研究专长	科技哲学
工作单位	北京师范大学哲学学院	行政职务	无
推荐成果名称	莱布尼茨科学方法论研究		
成果作者姓名	张璐		

（对书稿的学术创新、理论价值、现实意义、政治理论倾向及是否具有出版价值等方面做出全面评价，并指出其不足之处）

莱布尼茨作为欧洲启蒙时代的伟大思想家，其关于科学的思想直到今天依然熠熠闪光。然而直到今天，对于莱布尼茨思想的挖掘实际上才刚刚开始，在莱布尼茨所留下的数量庞大和内容丰富的书信和手稿中，对莱布尼茨的科学方法进行研究已实属不易。在本书的对莱布尼茨的研究中，从大量的原文文献和史料中对莱布尼茨科学方法的产生背景、理论立足、思想内涵、内容形式等进行了全方位的展现。

本书的结构从点到面，铺陈展开，从莱布尼茨的理论环境和研究视角出发，将莱布尼茨科学方法所蕴含的力本论、充足理由律、实体观、时空观等深刻哲学思想进行了较为详尽的论述。对于莱布尼茨的科学方，本书通过“四论”：理性主义和经验主义相结合的体系化方法论、符号表征与计算主义方法论、数学方法论、逻辑方法论展现了莱布尼茨在科学方法上的丰富性和系统性，是对莱布尼茨科学方法思想的全方位呈现和解读；而且还从历史的角度对莱布尼茨的科学实践进行了展开，对莱布尼茨科学方法的应用提供了重要的研究视角。在对莱布尼茨科学方法所蕴含的哲学意义以及产生的影响中，本书对其形而上学预设的预设进行了详尽的分析与阐述。阐述了莱布尼茨科学方法论背后深刻的形而上学基础，以及形而上学基础是如何与莱布尼茨的科学方法进行优良的互动和补充，以更加崭新的理论视角对于莱布尼茨的哲学思想进行了解读。

我愿意推荐此书申请《中国社会科学博士后文库》。

签字：　　刘孝廷

2021 年 3 月 20 日

说明：该推荐表须由具有正高级专业技术职务的同行专家填写，并由推荐人亲自签字，一旦推荐，须承担个人信誉责任。如推荐书稿入选《文库》，推荐专家姓名及推荐意见将印入著作。

第十批《中国社会科学博士后文库》专家推荐表 2

《中国社会科学博士后文库》由中国社会科学院与全国博士后管理委员会共同设立，旨在集中推出选题立意高、成果质量高、真正反映当前我国哲学社会科学领域博士后研究最高学术水准的创新成果，充分发挥哲学社会科学优秀博士后科研成果和优秀博士后人才的引领示范作用，让《文库》著作真正成为时代的符号、学术的示范。

推荐专家姓名	李文潮	电　话	
专业技术职务	教授	研究专长	德国哲学
工作单位	德国柏林-勃兰登堡科学院波茨坦莱布尼茨编辑部，柏林自由大学	行政职务	
推荐成果名称	莱布尼茨科学方法论研究		
成果作者姓名	张璐		

（对书稿的学术创新、理论价值、现实意义、政治理论倾向及是否具有出版价值等方面做出全面评价，并指出其不足之处）

《莱布尼茨科学方法论研究》将研究重心聚焦于莱布尼茨科学方法论之上，全书清晰、凝练的展现了莱布尼茨科学方法论的总体形象，将莱布尼茨在哲学和自然科学上的成就进行聚焦和展现。将被称为“十七世纪的亚里士多德”的莱布尼茨百科全书式的思想中的诸多科学方法的概念、范围、对象与理论进行澄清与归类，将其科学方法中体现出的观念原子主义、百科全书式的折中主义、整体主义、演绎主义归结为其科学方法的形而上学统一性的特征:将数学与计算对自然的数学化处理作为其科学方法统一性的主旋律;将实体与物理世界的二元论与一元论批判、有形实体与自然、物理世界本质的物质化与精神化的处理方法归结为其科学方法的合法性基础:将语言、知识与真理的科学方法一一分析与综合、反省与推证等具体方法归结为其实现科学理论的统一性的科学方法;最后，将微积分思想作为一个案例，对应上述四种归类或维度，具体分析其科学方法在其现实科学实践活动中的统一性应用。作者从独特的研究进路对莱布尼茨的科学方法论进行剖析是对国内研究莱布尼茨科学方法论的重要补充和创新。

本书的文献语言皆是莱布尼茨的拉丁语和德语的原文语言，作者对莱布尼茨大量的原文进行翻译和研究的过程中提高了参考文献的可信度。本书特别对以莱布尼茨为代表的中西视野的比较，展现了莱布尼茨哲学和科学思想与中国哲学思想的渊源，进一步沟通了中西方哲学的比较，对于构建当代中国特色哲学社会科学体系具有一定的理论意义。

我愿意推荐此书申请《中国社会科学博士后文库》。

签字：　　李文潮

2021 年 3 月 22 日

说明：该推荐表须由具有正高级专业技术职务的同行专家填写，并由推荐人亲自签字，一旦推荐，须承担个人信誉责任。如推荐书稿入选《文库》，推荐专家姓名及推荐意见将印入著作。